海港码头建造演化与工程力学研究

芮勇勤　翟亚雄　AWAD　Doan Vanlong　编著

东北大学出版社
·沈　阳·

ⓒ 芮勇勤 等 2024

图书在版编目（CIP）数据

海港码头建造演化与工程力学研究／芮勇勤等编著
. — 沈阳：东北大学出版社，2024.1
ISBN 978-7-5517-3501-8

Ⅰ. ①海… Ⅱ. ①芮… Ⅲ. ①码头工程－工程施工②
码头工程－工程力学 Ⅳ. ①U656.1

中国国家版本馆 CIP 数据核字（2024）第 035698 号

内容摘要

苏丹港、越南海防港项目处于珊瑚礁特殊工程地质环境条件下，地处世界红海优良黄金水道，航运异常繁忙，探究苏丹港旧码头问题的基础上，利用我国建设海港、填海码头施工技术建设新码头意义重大。通过研究珊瑚礁地质下的苏丹港、越南海防港的工作性、力学性能、耐久性能，揭示港口在特殊地质条件下抗波浪和地震影响下的稳定性显得十分必要。

本书主要依托苏丹港、越南海防港的实心方块、沉箱重力式与高桩墩梁桥码头工程，研究文献综述与有限元本构关系分析，通过苏丹港、越南海防港码头疏浚工程与实体仿真建模，进行实心方块、沉箱重力式与高桩墩梁桥码头稳定性分析，实心方块、沉箱重力式与高桩墩梁桥码头抗波浪冲击分析，开展实心方块、沉箱重力式与高桩墩梁桥码头抗波浪冲击地震动力响应分析。渴望为同类工程提供借鉴。

出 版 者：东北大学出版社
　　　　　地址：沈阳市和平区文化路三号巷 11 号
　　　　　邮编：110819
　　　　　电话：024－83680176（总编室）　83687331（营销部）
　　　　　传真：024－83680176（总编室）　83680180（营销部）
　　　　　网址：http://www.neupress.com
　　　　　E-mail: neuph@ neupress.com
印 刷 者：辽宁一诺广告印务有限公司
发 行 者：东北大学出版社
幅面尺寸：185 mm×260 mm
印　　张：23
字　　数：589 千字
出版时间：2024 年 1 月第 1 版
印刷时间：2024 年 1 月第 1 次印刷
责任编辑：杨　坤
责任校对：郎　坤
封面设计：潘正一
责任出版：唐敏志

ISBN 978-7-5517-3501-8　　　　　　　　　　　　　　定　价：98.00 元

前　言

　　苏丹港、越南海防港项目处于珊瑚礁特殊工程地质环境条件下，地处世界红海优良黄金水道，航运异常繁忙，探究苏丹港旧码头问题的基础上，利用我国建设海港、填海码头施工技术建设新码头意义重大。通过研究珊瑚礁地质下的苏丹港、越南海防港的工作性、力学性能、耐久性能，揭示港口在特殊地质条件下抗波浪冲击和地震影响下的稳定性显得十分必要。

　　针对苏丹港建设中存在的问题，在认识国内外实心方块与沉箱重力式海港码头、板桩和高桩结构码头的适应性，面对"一带一路"沿线国家港口码头建设的蓬勃发展，需要进一步研究海港码头抗波浪冲击以及海港码头地震动力响应的力学特性。通过实心方块与沉箱重力式码头建模有限元数值模拟分析，揭示了实心方块重力式码头的稳定性，以及波浪影响码头稳定性的程度。随着地震时程的持续，实心方块重力式码头泊位发生变形的网格整体移动特征，揭示了实心方块重力式码头地震、抗波浪冲击地震动力响应力学特征，例如总速度云图特征、总加速度云图特征、剪应变矢量分布特征、有效应力矢量特征与对比分析。实心方块重力式码头地震、抗波浪冲击地震动力响应力学特征的分析中，破坏区分布特征、地震响应位移、速度和加速度历时特征与实际工程应用对比接近。通过强基沉箱重力式码头地震、强基沉箱重力式码头抗波浪冲击地震动力响应力学特征分析，对比分析了码头的稳定性。结合弱基沉箱重力式码头地震、弱基沉箱重力式码头抗波浪冲击地震动力响应力学特征分析，对比分析了码头的稳定性。经过沉箱重力式码头抗波浪地震响应对比分析，研究了新型深水高桩墩梁桥结构码头及其地震响应与抗波浪冲击地震动力响应分析。以苏丹港新码头工程为例，建立了高桩墩梁桥结构码头的有限元数值模型，得到了地震响应过程力学特性。开展了 2D 平面应变问题 3D 排桩单元的模拟方法研究，即进行了 2D 平面应变问题中的桩结构模拟、3D 排桩单元的假定、3D 排桩单元的参数和 3D 排桩-土相互作用研究，进而开展了高桩墩梁桥结构码头实体地震动力响应分析、高桩墩梁桥结构码头桩体地震动力响应分析和高桩墩梁桥结构码头特征点地震动力响应时程特征分析，揭示了高桩墩梁桥结构码头地震动力响应特征。进行了高桩墩梁桥结构码头实体地震动力响应分析，高桩墩梁桥结构码头桩体地震动力响应分析，高桩墩梁桥结构码头地震动力矢量场特征分析。随着地震动力影响时间的持续，总位移、总速度、总加速度矢量场变化，高桩墩梁桥结构码头有着优越的稳定性特点。高桩墩梁桥结构码头作为适应于深水区域的码头,作为一种成熟的结构形式,因处于特殊的珊瑚礁地质下,进一步分析揭示了常规设计方法无法精确计算各种复杂工况条件下的各类码头结构受力变形情况及其地震动力响应力学特性,研究结果可为工程项目提供思路,也可为类似工程提供安全性的参考。

针对越南海防 Lach Huyen 港建设中存在的问题,研究其建设方案优化,以及地震动力响应稳定性。越南海防 Lach Huyen 港在沿海、河流入海的附近地区,海底下埋藏有深厚的第四纪松软覆盖层,其类型主要有三角洲相沉积、滨海相沉积、湖相沉积和河流冲积沉积等。为了定量掌握 Lach Huyen 港中软土工程的变形性状和破坏规律,对可能产生的破坏进行预测并采取适当的工程对策,建立能反映这种耦合效应的计算模型,因此,建设方案优化及其地震动力响应稳定性特性就显得尤为重要,且具有重要的研究意义。

基于国内外研究状况和存在的问题,展开直立式码头的研究。直立式码头便于船舶系靠、装卸和车辆运转。依托工程概况,构建越南海防 Lach Huyen 港建设方案优化及其地震动力响应稳定性主要研究内容及技术路线。在进行软弱海基处理与动力响应理论综述归纳基础上,重点开展大型码头泊位设计与施工分析,研究了有限元流固耦合分析方法:非饱和渗流特性理论分析方法,岩土本构关系模型,软土硬化模型 HS(Hardening Soil Model)参数及确定方法,软土/软弱夹层的本构模型,有限元强度折减法,地震动力响应分析原理与方法。基于高桩板/桩梁板港岸码头基本构造特点,开展日本码头方案与典型加固处理方案、日本码头优化方案,探讨中国码头新型方案,对 Lach Huyen 港高桩梁板码头施工设计方案进行了深入的研究。利用有限元数值模拟动力分析方法,建立高桩板港岸码头流固耦合与动力响应分析模型,开展悬式高桩板港岸码头流固耦合力学特征、嵌岩高桩板港岸码头流固耦合力学特征、牵引式高桩板港岸码头流固耦合力学特征、牵引式高桩板港岸码头地震动力响应力学特征、加固处理牵引式高桩板港岸码头地震动力响应应力学特征,揭示日本高桩板码头流固耦合地震动力响应特征。进行高桩梁板+牵引悬式高桩板码头流固耦合地震动力响应分析(日本)、高桩梁板+牵引嵌岩高桩板码头流固耦合地震动力响应分析、高桩梁板+牵引悬式高桩板+反压护坡码头流固耦合地震动力响应分析、高桩墩桥梁+牵引悬式高桩板码头流固耦合地震动力响应分析,进而开展高桩梁板码头流固耦合地震动力响应对比分析。针对越南海防 Lach Huyen 港建设中高桩梁板码头结构分析与设计,进一步开展高桩梁板码头桩梁板结构设计、高桩梁板码头高桩结构设计,建立形成高桩梁板码头施工关键技术、高桩梁板装载机码头设计施工技术,实现越南海防 Lach Huyen 港建设方案优化及其地震动力响应稳定性研究,可为越南海防 Lach Huyen 港建设提供参考借鉴。

作 者

2023 年 9 月

目 录

第1章　苏丹港研究背景与目的意义

苏丹港项目处于珊瑚礁特殊工程地质环境条件下，地处世界红海优良黄金水道，航运异常繁忙，在探究苏丹港旧码头问题的基础上，利用我国建设海港、填海码头施工技术建设新码头意义重大。通过研究珊瑚礁地质下的苏丹港的工作性、力学性能、耐久性能，揭示港口在特殊地质条件下抗波浪冲击和地震影响下的稳定性显得十分必要。

以苏丹港新码头工程为例，建立强基和弱基下旧码头和新型码头的有限元数值模型，得到地震响应过程力学特性。重力式码头作为一种成熟的结构形式，因处于特殊的珊瑚礁地质下，进一步分析揭示常规设计方法无法精确计算各种复杂工况条件下的各类码头结构受力变形情况及其地震动力响应力学特性。其研究结果可为工程项目提供思路，也为类似工程提供安全性的参考。

1.1　研究背景

我国大陆海岸线约 1.8 万 km；大小岛屿 6500 多个，岛屿岸线约 1.4 万 km；流域面积在 $100km^2$ 以上的河流有 5700 余条，总长 4.3 万 km。

进入 21 世纪以来，我国沿海港口建设发展迅猛，地况条件较好的海湾和海岸已经基本消耗殆尽，筑港条件变得越来越复杂，浪高湍急、地基承载力较弱，近十年港口码头货运效率不断提高，在面对港口水工建设的同时对港口沿岸如何运用水环境提高货运效率也进行了探索。（如图 1.1 所示）

珊瑚礁，即指在岛礁珊瑚群死亡之后，经过长时间沉降，形成了一种岩土体。珊瑚礁岩体质地坚硬，是由于它主要组成部分是碳酸钙，因此又称为礁灰岩。珊瑚礁多生长于热带，地域辽阔，我国南部的南海诸岛就地处特殊的珊瑚礁条件下，国外的红海和印度西部海域也广有珊瑚礁存在。随着我国南海诸岛资源的开发以及我国对外港口项目的承接，例如港口码头、人工岛和防波堤等，首先需要考虑的地质条件就是珊瑚礁地质，例如位于红海沿岸的苏丹、沙特阿拉伯地区等。但是在珊瑚礁岩土上建造工程的经验缺少，迄今为止有关珊瑚礁岩土方面的相关规范和工程地质勘察也尚无记录，所以有关珊瑚礁岩土工程在设计和施工中的一些问题急需研究，为之后南海岛礁建设和海外项目增加经验。

重力式码头结构坚固、成本低、材料消耗少、稳定性能好，而且便于施工，港口建设中，重力式码头的普及度也越加广泛。苏丹港泊位工程、苏丹港绿地工程以及新集装箱工程等对于重力式码头的应用越来越高。有关重力式码头地基承载力计算方法依照国内外规范中要求，采用的是应用于石英砂、黏土类岩土的理论方法，针对于珊瑚礁岩土的计算理论尚无明确规定。珊瑚礁岩土结构多变，多孔隙、易破碎。珊瑚礁岩土力学性质研究资料显示，压力小于 400kPa 时颗粒破碎相当有限，压力大于 600kPa 时，珊瑚礁钙质砂颗粒大量破碎。港口工程中重力式结构地基顶部应力一般在 400~600kPa，因此在地基应力水平不高的情况下，重力式码头结构地基计算可考虑采用常规理论进行计算。

苏丹港珊瑚礁是一种比较特殊的岩土介质，它本身性质特异，是由珊瑚群体死亡后的残骸和碎屑凝聚在一起的沉积物。珊瑚礁对于环境要求较高，普遍存在于热带海洋中，我国珊瑚礁主要分布在南方诸岛。南海上的岛礁大部分是由珊瑚礁组成，礁体厚度达到了 2100 多米，经南沙群岛地质考察分析，1713m 以下的珊瑚礁已发生岩变化，形成礁灰岩；1713m 以上为松散未胶结或弱胶结的珊瑚礁碎屑堆积。

(a)烟台港

(b)洋山深水港

(c)巴基斯坦瓜达尔深水港

(d)巴西桑托斯港

图 1.1　世界典型港口水工建筑物码头

1.2　研究目的

随着港口建设的飞速发展,珊瑚礁工程是我们不得不克服的一道难关,面对着复杂的珊瑚礁工程建设,对于珊瑚礁地质的研究也在不断地深入。根据现有理论研究,固体颗粒具有不可压缩性和不破碎性,而对于珊瑚礁颗粒,通过实验发现,它具有破碎性,这与变形和强度息息相关。现如今,正式的珊瑚礁地质报告在国内外尚无完善的研究。开展珊瑚礁工程地质研究,将为未来珊瑚礁工程建设提供可靠的依据,完善了地质领域的另一块拼图,为之后的工程事业添砖加瓦。随着海洋资源的不断开发利用,珊瑚岛礁的应用也越来越广。珊瑚礁工程在我国的应用遍及各行各业,例如军事、民生以及科学研究等。但珊瑚礁工程因缺少经验与技术依托,都一定程度上存在着场址选择不合理、成本高,以及裂缝、渗漏、地基塌陷、潜蚀和工程护坡失稳等工程问题。在面对地震以及海浪等特殊工况作用下码头是否能保持自身的稳定性,是否具有足够的抵抗变形破坏的能力缺乏充分的验证,珊瑚礁工程在未来面临着扩大化、普及化的趋势,如何解决在珊瑚礁工程建设过程中出现的工程地质问题,需要我们尽快加大投入对于珊瑚礁工程地质特性的研究。这可以为之后我国南海岛礁的码头建设以及国际上的承包海港建设提供可靠的数据支持以及经验。有关珊瑚礁工程面对地震、海啸等特殊地质灾害时的相关经验较少,未在这方面有过丰富的技术支持,为此,我们可以在相关特殊珊瑚礁地质条件下的工程进行一些预防性假设和研究,为未来相关工程提供施工思路和预防措施,从而极大地保证人们的生命财产安全。通过苏丹港实心方块与沉箱重力式码头实体仿真建模,开展苏丹港实心方块与沉箱重力式码头抗波浪冲击和地震作用下的动力响应分析,研究苏丹港实心方块与沉箱重力式码头地震响应力学特性。

在认识国内外实心方块与沉箱重力海港码头、板桩和高桩结构码头的适应性之后,面对"一带一路"沿线国家港口码头建设的蓬勃发展,需要进一步研究海港码头抗波浪冲击以及海港码头地震动力响应的力学特性。

1.3　研究意义

(1)我国南海分布着广阔的珊瑚礁,我国在南海布局的军事化建设、民生以及海洋资源开发都是基于珊瑚礁工程,因此珊瑚礁对于我国来说意义非凡。南海的珊瑚礁工程建设近些年来愈发的兴起,但是过去有关珊瑚礁工程实践的经验较少,对珊瑚礁岩土的认知尚处于摸索阶段。珊瑚礁岩土和陆地岩土之间存在着较大的性能差异,珊瑚礁岩土结构孔隙多,容易发生碎裂,可被压缩等,这些特性在珊瑚礁工程建设中不利于工程施工和安全性,通过对珊瑚礁地质的考察研究,可以为珊瑚礁工程建设提供可靠的理论依据,为珊瑚礁岩土特性的研究提供经验。

(2)珊瑚礁性能多样,在珊瑚礁工程建设中,需要考虑到礁体的稳定性、地质特性、本身的岩土性能以及周围的海水因素等,港口工程规模较大,成本高,对于材料的质量要求高且材料需求量大,对建筑环境也有较高要求且需要对地基的稳定性进行考察。

(3)苏丹港位于红海之滨,始建于1906年,是苏丹最大的港口,这里生活的人们都与港口有着千丝万缕的联系。作为非洲东北部的重要海运枢纽之一,苏丹港是"一带一路"海上丝绸之路红海上重要的交通节点。在这里,中国港湾工程有限责任公司深耕二十多年,让这座百年老港焕发出新的生机。1998年,中国港湾工程有限责任公司通过最初的工程项目开始走进苏丹。通过与苏丹港务局二十余年的携手合作,已帮助苏丹港建设了多个大规模的集装箱码头,可以进出10万吨级的货轮,还建成了石油和成品油码头,成为红海上具有较强硬件优势的海运港口之一,也是东非重要的能源输出和货运集散基地。

(4)汪稔等认为,珊瑚礁岩土地质考察的研究重点是稳定性,珊瑚礁上部的礁体残骸和生物碎屑层与下部的珊瑚礁灰岩的受力性能研究尤其重要,要确定其是否可以作为良好持力层。研究结果表明,珊瑚礁沉积物的结构、地貌、水动力和环境对珊瑚礁的发育、地层设计和地貌演化具有重要意义,并且是重要的因素。

(5)沿岸波浪的冲刷对珊瑚礁地层的成形有重要作用。在珊瑚礁范围内,海浪触及珊瑚分枝迫使其缩小,可破坏珊瑚礁的结构并影响其形成,从而导致珊瑚礁局部被侵蚀,甚至导致珊瑚礁倒塌。礁石的边缘和外礁坪是波浪能量损失的主要区域。波浪对珊瑚礁的冲击引起的共振也会导致礁体边缘失稳。

1.4　依托工程

苏丹港位于苏丹北部、埃及南部的红海西岸。附近铁路和公路连接了苏丹各地(如图1.2所示)。

(a)中国海军护航舰艇编队(2015年8月靠泊苏丹港高桩板梁码头)　　(b)苏丹新集装箱码头由中国港湾工程有限责任公司承建

（c）苏丹港新集装箱码头为两个 7 万吨级集装箱泊位（2007 年 1 月开工，2009 年 11 月竣工）

图 1.2　苏丹港高桩板梁码头和新集装箱重力式码头

苏丹港西南方向 20 多千米处建设有苏丹国际机场，交通方便，可直通埃塞俄比亚、埃及、沙特阿拉伯等国家和地区。苏丹港历史悠久，拥有 24 个码头，包括 17 个杂货码头、5 个集装箱码头、1 个石油码头和 1 个客运码头（位于距苏丹港约 60km 的 Savage 市）。

1.4.1　地形地貌

（1）海岸。苏丹港的海岸系 1~20 泊位位于自然构造活动形成的指状沟的边缘，海岸线呈锯齿状。其他码头泊位前方为珊瑚礁盆，地形较为平坦，海水深度较小，对深水区和浅水区有明显的区分带，盆地的前线距海岸 500~1500m，疏浚形成港池和进港通道，珊瑚礁的前线为港口创造了天然的防波堤。

（2）沙滩、沙坝。苏丹港口的旧港口为一深切海沟，没有海滩或水坝。

（3）海底地形。苏丹港口的海底地形呈"V"字。深海和浅海之间的过渡非常明显。在退潮时，两区域交接的珊瑚礁能够露出在海平面上，等海水涨潮又重新被淹没。深海区具有地势陡峭且水深的特征，浅海区具有地势平坦且水浅的特征。苏丹港的典型海岸地质结构如图 1.3 所示。

1.4.2　地质构造及地质特征

苏丹港地处红海沉陷带，活动特征明显，并伴随着周围海岸移动。海岸带附近土层主要由石灰岩、粉砂和砂组成。海岸带上部主要是珊瑚礁沉积层，珊瑚礁主要由珊瑚、生物碎屑、小型壳类生物和海藻组成，经过海水不断冲刷，慢慢形成一种特殊的钙质结构。珊瑚群体之间存在着许多孔隙，这些孔隙随着海水的流动，被冲刷而来的一些砂土和生物碎屑所填充。珊瑚礁在海洋一些软体动物如蜗牛等侵蚀下，结构会发生脆性变化，随着海水冲刷，变得很容易破碎，随着时间的持续，破碎的珊瑚礁灰岩被打磨成砂，

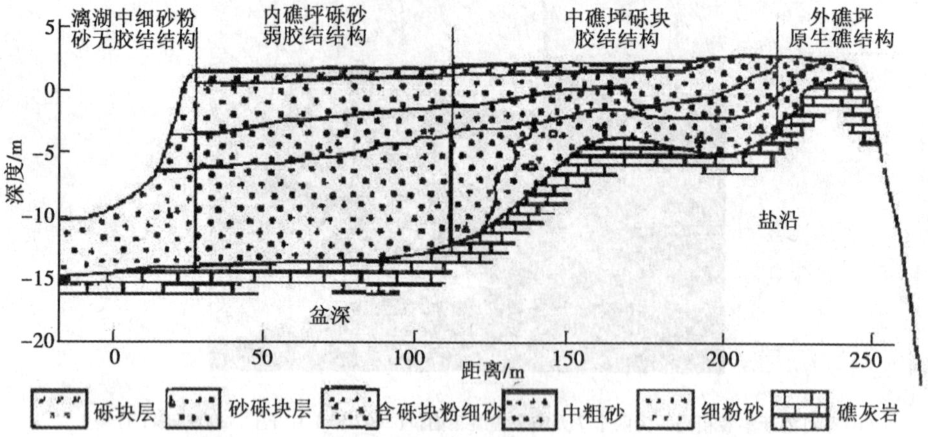

图1.3 苏丹港的典型海岸地质结构示意图

沉积在珊瑚礁底且不断累积。由于特殊的环境影响,珊瑚礁通常生长在生物碎屑层上,经过长时间积累,礁灰岩会把生物碎屑遮住,而海水的微小垂直运动极有可能使得珊瑚礁停止生长,这就导致了珊瑚礁灰岩伴随着受力不均的灰岩层和软弱胶结的碎屑层交替出现。同时,偶然的地质灾害如洪水可能导致粉砂层的形成。

1.4.3 地震及砂土液化判别

(1)地震。尽管历次的勘察都没有探测该区的地震活动性情况,但由于红海沉陷带的构造具有活动性,因此,根据前人资料,设计时以地震系数 $\alpha = 0.05g$ 来考虑。

(2)砂土液化判别。根据现有的钻探资料,主要为珊瑚礁灰岩组成,基本不存在饱和液化砂层或粉土层。

1.4.4 地层分布及特征

(1)勘区地层单元体划分。根据现有钻孔揭露出的岩土层,将勘区各层从上到下分为五个大单元体,分述如下。① 珊瑚礁灰岩:颜色灰白、少量偏黄、湿度与硬度适中、结构易碎,含有少量生物碎屑和残骸,孔洞偏多,形状分布均匀。根据钻探揭示,达玛成品油码头开挖显示出较连续的中等风化礁灰岩,该灰岩相对连续,更薄、更细且埋深小于码头开挖深度。经分析得该层是由生物碎屑沉积形成的珊瑚礁灰岩,一般位于海床表面,多覆盖在已风化的珊瑚礁灰岩之上。② 残积土:颜色浅灰、少量偏白、微湿,含有较少的块状珊瑚。整体呈现出粉土或粒径不均匀的粉砂状。整体分布较均匀,厚度较大,掺杂着中风化与强风化礁灰岩,还含有大量的珊瑚化石。③ 全风化珊瑚礁灰岩:颜色灰白,湿度较大,密实度较高,岩石较为粗糙,含有大量粒径较大的碎屑颗粒,易溶于水。部分掺杂着粒径较大的珊瑚礁碎块(直径为2~6cm),孔隙较多,土层分布不均匀。④ 强风化珊瑚礁灰岩:颜色灰白,湿度较大,密实度高,礁灰岩块较为粗大(直径为2~

5cm），孔隙较多，空隙内含有大量的白色砂状物质。厚度较大，局部掺杂着中风化与强风化礁灰岩，还含有大量的珊瑚化石。⑤中等风化珊瑚礁灰岩：颜色灰白，湿度较低，质地较硬，内部呈大颗粒径的碎块。孔洞较少，内部含有较小粒径的碎块（直径为1~2cm），局部掺杂着粉末状的珊瑚礁灰岩风化物。厚度变化较大。

（2）珊瑚礁灰岩的主要特征。根据相关地质勘察结果和钻探记录，珊瑚礁灰岩主要特征有：孔隙较多，含有较多的生物化石以及生物碎屑；结构不稳定，容易导致受力不均，含有较多孔隙的灰岩强度大，孔隙少的灰岩强度小。

1.4.5　工程建设评价

（1）地层评述。

①珊瑚礁灰岩：岩质较硬、较脆，并且具有高强度和高承载能力，不利于基槽开挖和疏浚工程。②残积土：密实度较低，分布不均匀。承载力偏低，标准贯入试验击数受化石含量影响。③全风化珊瑚礁灰岩：密实度较高。承载力较高，标准贯入试验击数受化石含量影响。④强风化珊瑚礁灰岩：密实度高，分布均匀，承载力高，是本区良好持力层。⑤中等风化珊瑚礁灰岩：岩质较硬，承载力高，是本区良好持力层。

（2）基础形式。

位于最上部的珊瑚礁灰岩残积土，土质较松散，承载能力差，不适合作为良好持力层；区域下部全风化珊瑚礁灰岩、强风化珊瑚礁灰岩和中等风化珊瑚礁灰岩密实度高，承载能力强，都可以作为海港码头基础的良好持力层。码头基础可采用重力式基础，也可采用桩基础。该区域地层差异较大，应充分参考相关地质条件下的工程经验，搜集相关地质勘查资料；由于各层位含有较多的珊瑚化石，影响到标准贯入试验结果，即SPT击数代表性差。珊瑚礁灰岩孔隙较多，结构受力不均，总体强度不高，疏浚困难不大。

第2章 苏丹港研究内容与技术路线

通过苏丹港实心方块与沉箱重力式码头实体仿真建模，进行苏丹港实心方块与沉箱重力式码头重载下的力学特性及苏丹港实心方块与沉箱重力式码头抗波浪冲击下的动力响应分析，进而开展苏丹港实心方块与沉箱重力式码头抗波浪冲击和地震作用下的动力响应分析，研究苏丹港实心方块与沉箱重力式码头地震响应力学特性。

2.1 主要研究内容

以下对苏丹港码头建造演化及其地震响应力学特性进行研究，具体研究内容如下。

（1）研究文献综述与苏丹港码头类型方案。

① 研究苏丹港现状：苏丹港港区珊瑚礁工程地质特性和苏丹新旧海港工程规划与设计，结合港口规划与平面布置，研究结构选型，沉箱重力式海港码头的设计施工方案方法。

② 国内外实心方块与沉箱重力海港码头、板桩和高桩结构码头的适应性，面对"一带一路"沿线国家港口码头建设的蓬勃发展，需要进一步研究海港码头抗波浪冲击以及海港码头地震动力响应的力学特性。

③ 针对实心方块与沉箱重力海港码头、板桩和高桩结构码头的建设，研究非饱和渗流特性理论分析方法的应用技术：稳态流、界面单元、非饱和渗流材料模型问题研究。开展研究岩土本构关系模型问题：岩土模型参数的选择和判断、界面/弱面、摩尔-库仑模型 MC（Mohr-Coulomb model）参数及确定方法、软土硬化模型 HS（Hardening Soil model）参数及确定方法、小应变土体硬化模型 HSS（Hardening Soil Small strain model）和软土/软弱夹层的本构模型，为开展潮汐或海浪作用与有限元强度折减稳定性分析奠定基础。

④ 针对码头基础施工中的问题，开展重力式码头珊瑚礁地基承载力计算：地基承载力计算方法确定、地基承载力计算，以及主要计算荷载的考虑。

⑤ 珊瑚礁作为一种独特的岩土介质类型，尽管它具有孔隙率大、排水性好、黏结力小等接近砂性土的性质，但同时它又具有易破碎、结构多变、强度差别大等不确定性，建议地基承载力验算时的抗力分项系数取规范。

（2）有限元数值模拟分析的应用。

通过实心方块与沉箱重力式码头建模有限元数值模拟分析，揭示实心方块与沉箱重力式码头稳定性及波浪影响码头稳定性的程度。

（3）实心方块重力码头抗波浪地震性能研究。

① 随着地震时程时间的持续，码头泊位发生变形的网格整体移动特征。实心方块重力码头地震、抗波浪冲击地震动力响应力学特征，总速度云图特征、总加速度云图特征、剪应变矢量分布特征、有效应力矢量特征对比分析。

② 实心方块重力码头地震、抗波浪冲击地震动力响应力学特征的分析中，破坏区分布特征，地震响应位移、速度和加速度历时特征，与实际工程应用对比。

（4）沉箱重力码头抗波浪地震动力响应特性。

① 强基沉箱重力式码头地震、强基沉箱重力式码头抗波浪冲击地震动力响应力学特征分析，对比分析码头的稳定性。

② 弱基沉箱重力式码头地震、弱基沉箱重力式码头抗波浪冲击地震动力响应力学特征分析，对比分析码头的稳定性。

③ 沉箱重力码头抗波浪地震响应对比分析，新型深水高桩墩梁桥结构码头及其地震响应与抗波浪冲击地震动力响应分析研究。

（5）高桩墩梁桥结构码头地震响应影响。

① 进行 2D 平面应变问题 3D 排桩单元的模拟方法研究，即进行 2D 平面应变问题中的桩结构模拟、3D 排桩单元的假定、3D 排桩单元的参数和 3D 排桩－土相互作用研究，进而为开展高桩墩梁桥结构码头实体地震动力响应分析、高桩墩梁桥结构码头桩体地震动力响应分析和高桩墩梁桥结构码头特征点地震动力响应时程特征提供技术支撑，揭示高桩墩梁桥结构码头地震动力响应特征。

② 高桩墩梁桥结构码头实体地震动力响应分析，高桩墩梁桥结构码头桩体地震动力响应分析，高桩墩梁桥结构码头地震动力矢量场特征。随着地震动力影响时间的持续，总位移、总速度、总加速度矢量场发生变化。

2.2　研究技术路线

针对苏丹港实心方块与沉箱重力码头地震响应力学特性研究，在文献综述与有限元本构关系分析的基础上，深入研究苏丹港码头疏浚工程设计施工，通过苏丹港实心方块与沉箱重力式码头实体仿真建模，进行苏丹港实心方块与沉箱重力式码头重载下的力学特性及苏丹港实心方块与沉箱重力式码头抗波浪冲击下的动力响应分析，进而开展苏丹港实心方块与沉箱重力式码头抗波浪冲击和地震作用下的动力响应分析。

通过实心方块与沉箱重力式码头建模有限元数值模拟分析，揭示实心方块重力式码头稳定性及波浪影响码头稳定性的程度。深入开展实心方块重力码头抗波浪地震响应分析、沉箱重力码头抗波浪地震响应分析、高桩墩梁桥结构码头地震响应分析，研究苏丹港实心方块与沉箱重力式码头地震响应力学特性。

第3章 国内外海港码头建造

本章将首先介绍国内外海港码头设计建设概况，然后重点研究国内外实心方块与沉箱重力式海港码头适应性。典型海岸结构如图 3.1 所示。

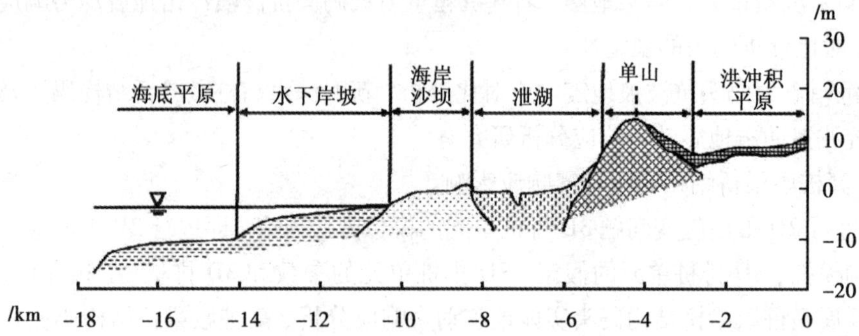

图 3.1 典型海岸结构示意图

3.1 国内外海港码头设计建设

现今国内外海港码头多用重力式、板桩式和高桩式结构。

（1）重力式。

重力式码头耐久性好，能抵抗大船、漂浮物的撞击，对超载、工艺变化适应能力最强，是当下海港码头最为常见的形式。但重力式码头由于自重较大，对地基承载力要求较高，一般须做抛石基床，适用于地质条件较好且有大量砂石料的地方。

（2）板桩式。

板桩式码头结构简单，建设材料用量小，造价低，且便于预制和施工。但由于板桩墙结构的直立形式，造成港口水域内波浪反射严重，泊稳条件差；而且这种结构的耐久性较差，一般适用于有掩护且墙身高度不太大的中小型码头（万吨以下泊位）。

（3）高桩式。

高桩式码头用系列长桩打入地基形成基础，用以承受上部结构传来的荷载，其优点是结构简单，能承受较大的荷载，砂石料用量少，对挖泥超深适应能力强，同时避免了板桩墙结构的直立形式，港口水域内波浪反射小，泊稳条件好。这种结构形式多适用于软土层较厚，又适合打桩的地基。

自中华人民共和国成立以后，我国港口发展大体经历了四个阶段。

① 恢复发展阶段。从新中华人民共和国成立到 1979 年，我国港口建设逐步复苏，建设了一批万吨级以上的散杂货和货运码头。

② 快速发展阶段。从 1980 年到 2000 年，随着我国改革开放的实施，沿海的 14 个开放城市首当其冲，成为港口建设的主阵地，建立了一大批深水海港，之后又建立了一批专业性码头，如专业化煤炭下水码头、专业化集装箱码头、铁矿石码头以及海轮港区，渐渐进入了重力式码头阶段。

③ 高速发展阶段。进入 21 世纪之后的十年，我国的经济飞速发展，伴随着经济发展和临港工业的起步，码头建设进入高速发展阶段。之后为适应国际运输大型化和专业化的发展趋势，我国依靠自主创新能力，发展了一批 30 万吨级的专业化码头，面临复杂情况下的深水港建设技术已经进入了世界前列，渐渐地，高桩码头越来越多应用于深水海港建设。

④ 平稳发展阶段。从 2011 年起，全球经济处于下行阶段，今后一个时期沿海港口建设将进入平稳发展增长阶段。在"一带一路"等倡议的带领下，我国尽可能多地积极参与其他国家的港口建设，积累更多不同地质条件下的建设经验，为未来国内可能面对的未知地址港口建设积累经验。

在 20 世纪 70 年代，美国为解决深水港建设问题，建立了一批 30m 水深的离岸式码头；中东地区近年来建立了一批深水综合性港口。在国外的码头建设项目中，依旧是以大型的专用码头为主，其中大部分是集装箱码头。在不同的地质条件下，采用了不同的结构形式。日本、荷兰等国家因地处沿海，海港主要建在填筑软土上，主要采用钢管桩为基础，多为大型的沉箱式重力码头和高桩码头。

3.2　国内外重力式与高桩海港码头适应性

在海上运输事业中，港口技术在实现运输和存储方面发挥着重要作用。在港口工程中，码头占据着重要的地位，不仅应用于大型和小型船舶的对接服务中，还用于各种货物商品功能。如果码头的稳定性能不佳，很容易导致各类安全事故发生。重力式墩码头具有良好的稳定性和对多种类型地质条件的高度适应性。在港口工程技术中，对于重力墩的使用要克服各种类型的干扰问题，并有效地保障其应用效果。

3.2.1 重力式码头的结构形式

重力式码头的结构形式主要有实心方块式和沉箱式。重力式码头在我国的沿海港口建设中应用较广，由于它本身的结构坚固，稳定性也好，也具有较高的承载能力和各种动载作用，对于荷载的适应能力强，在近些年的深水海港建设中，沉箱重力式码头应用得越来越多，成为未来发展的趋势。

3.2.2 高桩码头的结构形式

高桩码头的结构形式主要有承台式、桁架式、无梁板式和梁板式，现如今高桩码头主流形式多为梁板式，其主要由面板、纵梁、横梁、桩帽等构件组成。梁板式上部结构采用预制式，某些构件如面板等采用预应力钢筋混凝土。各部位合理受力，预应力技术提高了结构的抗弯和抗裂性能，降低了材料成本；横向的排架间距大，使桩的承载能力充分发挥；搭配合理，施工速度快，经济成本划算。正因为这种结构的种种优势，使得高桩码头得以迅速发展，在全世界都有较高的普及度和认可度。

在实际工程中，波浪影响是一个必然要面对的问题，通常会有一系列研究方法，例如，实验研究、模型模拟、现场勘测等。波浪在近海和外海的差异性较大，包括能量传播以及外形尺寸，传播形态也是一个非常复杂的过程。为了研究复杂地形的港域波浪特性，研究物理模型可以更好地反映波浪的传播变形特性。从 20 世纪 70 年代开始，丹麦水工研究所就开展可应用不规则波进行放浪掩护试验。1974 年，Zwamborn J.A.等开展了物理模型试验，研究南非理查德港港域波浪条件及航道开挖对于波浪传播的影响。随着港口发展的不断进步，波浪物理模型已经非常普遍，例如，我国东营港、三亚南山港池、青岛造船基地、烟台港、青岛董家口港区、广东平海电厂码头工程、揭阳港通用码头工程等均开展了物理模型试验。不同风力、方向角下的海浪模拟如图 3.2 所示。

(a)风速 5，方向角 0°　　　　　　　　　　(b)风速 10，方向角 0°

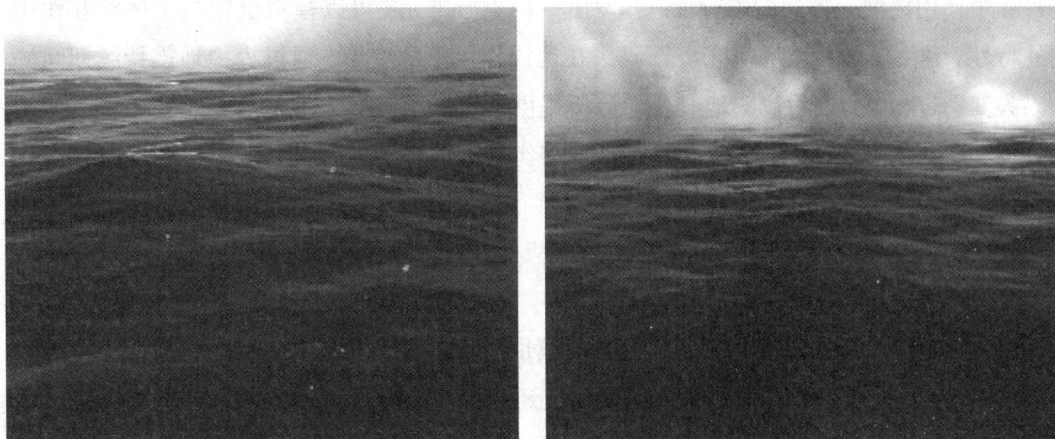

（c）风速 5，方向角 30°　　　　　　　　　　　　（d）风速 10，方向角 30°

图 3.2　不同风力、方向角下的海浪模拟

对码头之类的水工结构进行了地质勘察研究、模型分析、数值模拟、动力响应研究以及土压力等理论应用研究，对不同类型的码头、水坝等水工结构进行了抗震性能研究。邓重健在与实测动力特性资料进行对比后，对不同类型码头、水坝等水工结构进行了岸坡稳定、地震惯性力以及地震动土压力和地震动水压力等有关计算，并针对地基岩土的强度特性和稳定性研究以及场地土的类别判定和饱和砂土的液化等制定了进一步措施。

对港口水工结构进行了原型动力测定：天津、上海、武汉等一线城市港口的码头形式主要是高桩墩梁式，通过脉动、撞击、机振等方式用于测定结构的自振周期和阻尼比。对南通港和秦皇岛海港等沉箱重力码头，采用脉动、撞击等方法，测定了自振周期和阻尼比。对江阴港、泉州港等方块重力码头，采用水下爆破方式测定了沿断面高度的加速度分布。对港口水工建筑物进行了振动模型试验：Antonios Vytiniotis 等进行了高桩码头抗震模型试验和高桩墩式码头抗震模型试验。Yuksel 等进行了重力式方块码头抗震模型试验。王云球对砂土及黏性土的动土压力进行了试验研究，提出了黏性土的地震土压力的计算方法以及相应的计算图表及公式。董涛对动水压力进行了理论研究，发表了《矩形弧立墩在水中振动时的附加质量》论文，用两种数值解法近似确定了各种不同边长的矩形弧立墩在水中作平移振动、摇摆派动时的附加质量和附加惯性矩，并把平移振动时的附加质量与印度、苏联及我国的有关规范进行了比较，提出了关于上部结构附加动力放大倍数的理论计算，对突出于建筑物上面的轻型构造或固定设备等，在地震中的附加动力放大倍数进行了理论计算。

关于码头结构抗震研究的数值分析的部分研究列举如下：P.Dakoulas, Qi Dong 等建立了二维平面应变模型模拟了挡土墙结构，分析在地震作用下挡土墙位移受高度影响产生的变化。大连大学王桂萱等分析了地震作用下沉箱结构及其后方回填部位发生变形的过程中使用离散元方法的可行性，开发出一种矩形单元，可以模拟沉箱与土体相互作用的特性，建立二维模型，研究沉箱码头在地震作用下的变形，通过模拟地震持续期间的码头变形过程，为之后码头地震变形分析提供了依据。河海大学刘汉龙等使用多重剪切机构的塑性模型，对重力式码头进行了地震作用下的力学特性分析，分析结果与现场实际记录结果相符合。天津大学刘海笑等对具有多阻尼和多材料特点的沉箱结构进行了地震响应的研究和分析，得出了结构的应力-应变曲线，为后续设计提供了理论支撑，之后又提出了沉箱结构平面分析方法。

世界上港口码头发展越来越迅速，规模也呈现出大型化趋势，目前，码头抗震研究多集中于高桩码头，重力式码头的抗震研究还较少。Wang Bin 等发现当今世界码头抗震研究多集中在已发生过地震灾害的地区，而对于未发生过地震地区的码头，从未通过模拟或试验进行研究，所以有关特殊地质区域的码头的建设可参考资料过少，对于码头的安全性能和预防措施也缺乏足够的理论依据和数据支撑。当前，现行规范《水运工程抗震设计规范》(JTS 146—2012)(以下简称《规范》)在计算重力式码头沿高度作用于某质点的水平向地震惯性力标准值时，将 1998 年版《水运工程抗震设计规范》(JTJ 225—98)中的综合影响系数 C 值改为无论高度是否大于 10m，均选取综合影响系数 C 值取 0.3，同时建议对于重要的重力式码头，当码头高度大于 30m 时，除应按照《规范》进行计算外，宜同时采用时程分析法或者振型分解反应谱法进行抗震分析，以及参照《码头结构设计规范》(JTS 167—2018)。

第 4 章　苏丹港码头类型与建造演化

本章将开展海港码头抗波浪冲击、海港码头地震动力响应研究。同时，首先介绍苏丹港建设的地质特点，然后结合其特殊的自然条件，介绍在珊瑚礁地貌、地质条件下的海港规划与设计。结合港口规划与平面布置，研究水工结构选型：苏丹已建海港码头的结构形式主要有重力式码头，如旧式码头形式-实心方块重力式码头，新型码头形式-沉箱重力式码头，新型码头形式-桩基结构（钢管桩、灌注桩）梁板结构码头。同时，开展沉箱重力式海港码头设计施工方案研究。

4.1　海港码头潮汐或海浪作用

潮汐或海浪作用下的海岸带码头影响特点如图 4.1 所示。

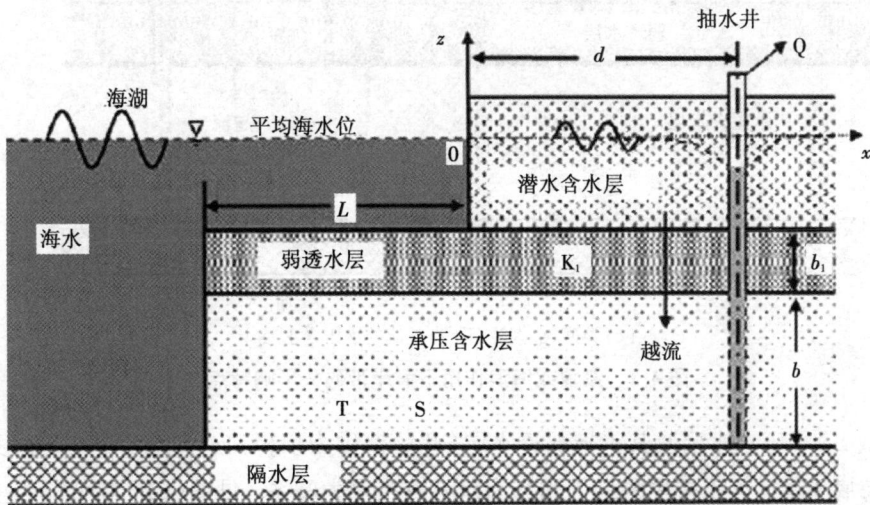

（a）类型 1：承压含水层海底末端与海水有直接水力联系

15

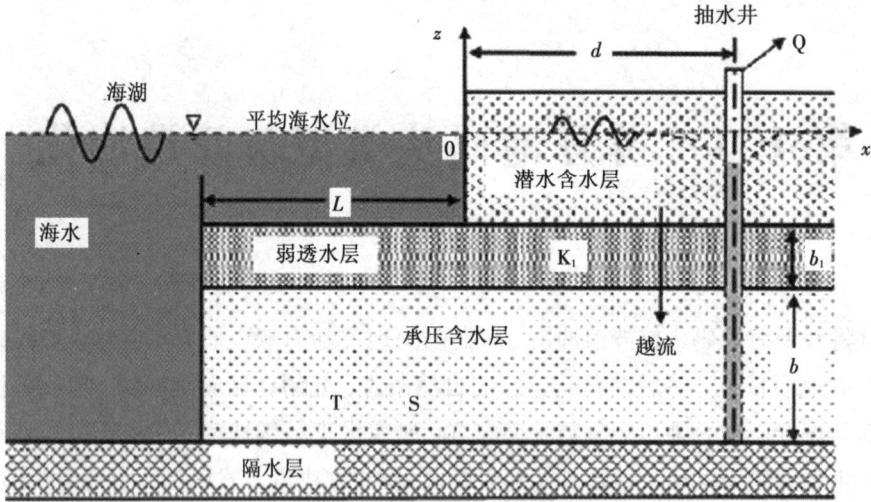

（b）类型2：承压含水层末端被隔水层覆盖

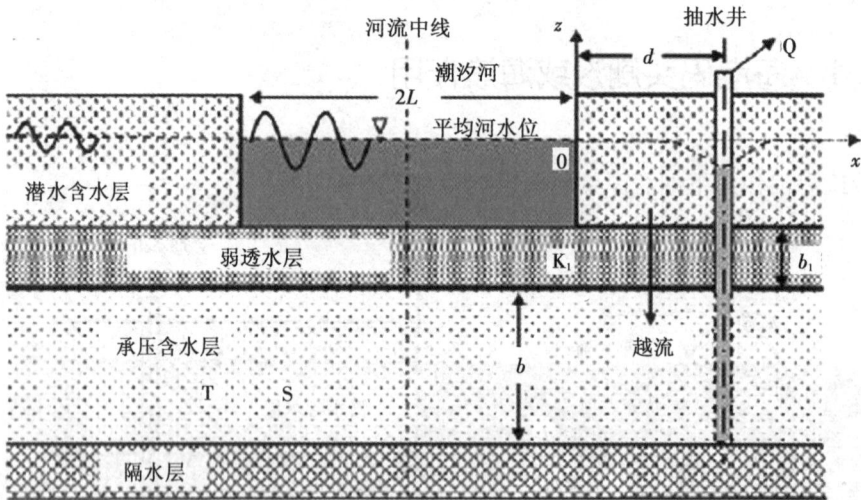

（c）类型3：潮汐河下有越流的承压含水层

图4.1 潮汐或海浪作用下海岸带码头影响特点

类型1：承压含水层及其上覆弱透水层（此后被称为顶板）向海底延伸一定长度。在含水层海底末端，含水层中的地下水与海水有直接水力联系，见图（a）。类型2与类型1的差别在于含水层的海底末端被不透水的盖层覆盖，见图（b）。类型3：含水层及其顶板在各个方向上无限延伸。在含水层顶板上部有一条笔直的潮汐河，河宽为2L。河流将潜水含水层分为两个部分，见图（c）。

真实的海浪波动轨迹模型如图4.2所示，其仿真结果可近似地认为是海浪的位移与波动，如图4.3所示。

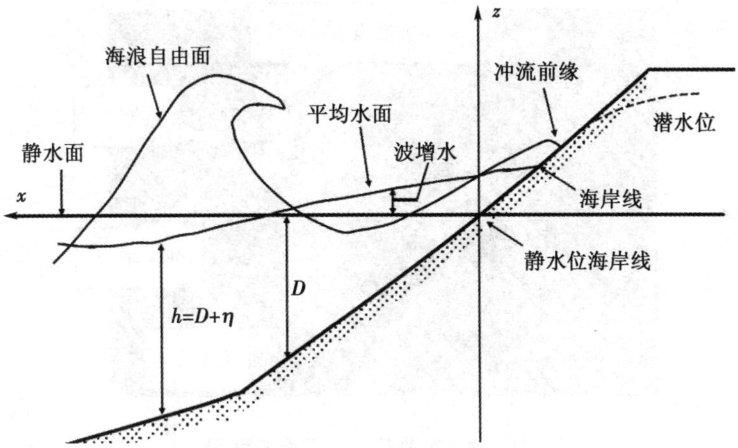

图 4.2　真实的海浪波动轨迹模型

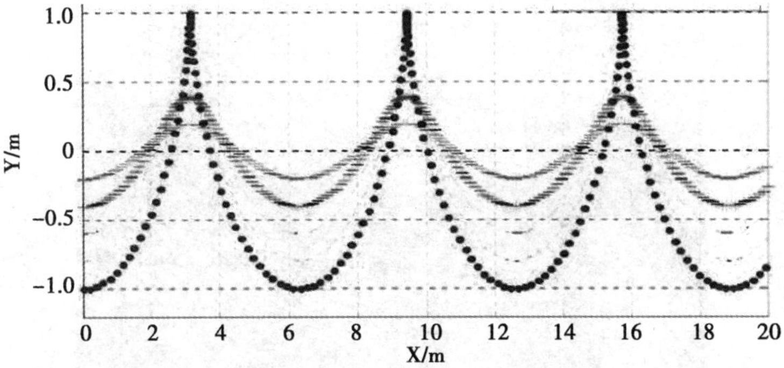

图 4.3　不同参数下的 Gerstner 波形

4.2　苏丹海港工程规划与设计

苏丹港位于非洲东部，1906 年由英国进行承建，建立了 5 个泊位(如图 4.4 所示)。1997 年开始，中国港湾工程有限责任公司与苏丹开启了深度合作，苏丹港在中国的建造下焕然一新(如图 4.5、图 4.6 所示)。苏丹港口局原总经理罗菲说："20 年间，只有中国不遗余力地帮助苏丹。"苏丹港主要由苏丹港和萨瓦金港两个港区组成。苏丹海港气候温差大，自北向南由热带沙漠气候向热带季风气候过渡。苏丹港地貌相带划分：外礁坪原生礁结构带，中礁坪砾块胶结结构带，内礁坪砾砂弱胶结结构带，潟湖中细砂粉砂无胶结结构带(如图 1.3 所示)。

外礁坪区域地势陡峭，面向海坡面受海浪冲刷较多，结构多变，能否保持岩体自身稳定性是一个还未探索成功的问题，所以不宜施工建设大型水工结构建筑物。

图 4.4　苏丹绿地港平面布置图

图 4.5　苏丹港全貌

图 4.6　运营中的苏丹新集装箱码头

目前，苏丹已建海港码头的结构形式主要有重力式(实心方块、沉箱重力，如图 4.7、图 4.8 所示)，桩基结构(钢管桩、灌注桩)码头。

苏丹港 17、18 泊位延长段工程位于非洲东北部红海中部海岸。该工程主要参照了中国新型码头结构进行建造，有效地提高了苏丹港区的丰富性，也侧面证明了中国码头

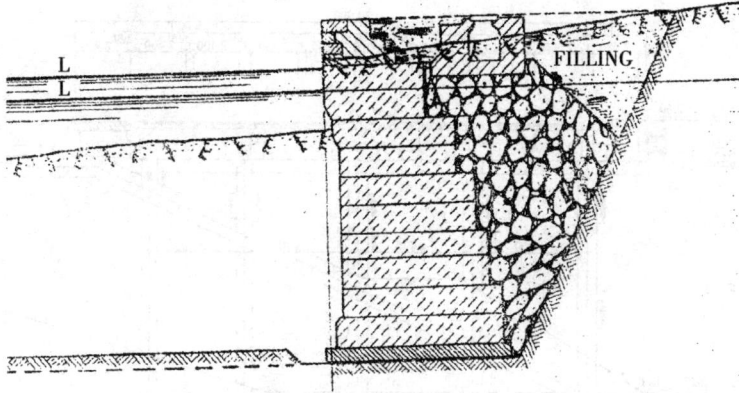

图 4.7　实心方块结构典型断面图(英国)

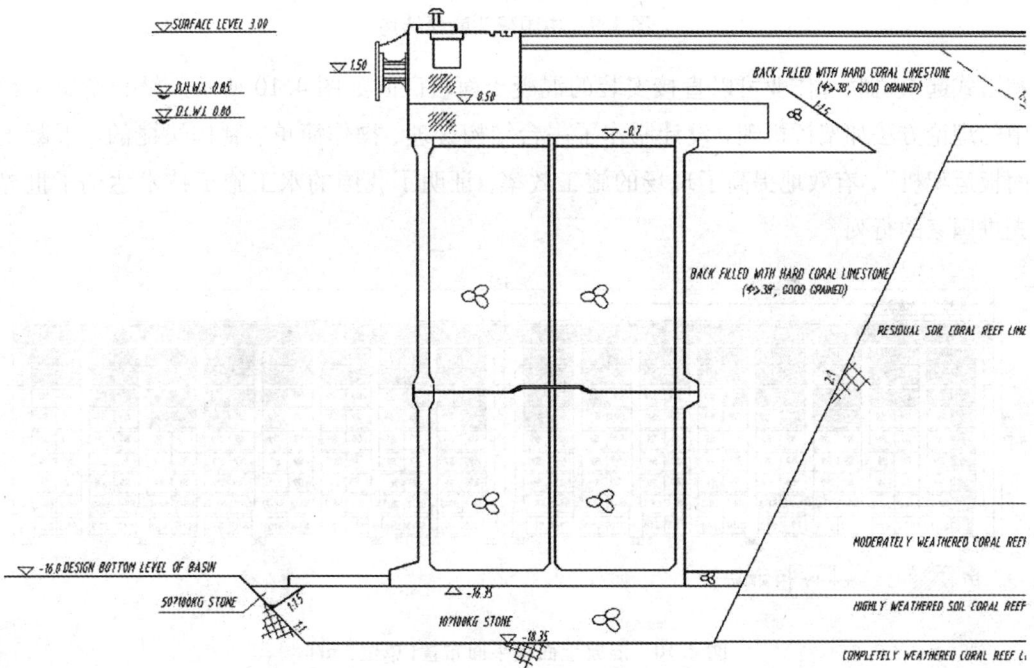

图 4.8　沉箱重力结构典型断面图(中国)

形式的优越性和适用性,是在原苏丹港 17、18 泊位的基础上向西延伸 142m,设计船型为 3.5 万吨级集装箱船和 5 万吨油轮。码头为高桩梁板式结构,桩基为 $\phi800\sim1000mm$ 钢管桩,码头上部为水上现浇混凝土纵、横梁和预制安装混凝土面板结构。码头长 142m,宽 32m,码头面高程+2.35m,前沿基槽底高程-13.0m,护岸段长 63.9m。预制安装混凝土面板 288 块,面板单块质量为 6.5t,简支板 34 块,单块质量为 15t。码头断面结构如图 4.9 所示。

　　我国在不使用大型机械的前提下,由陆地运输进行施工安装码头面板在世界上是首例,施工现场的设备资源仅有 1 台 30t 汽车式起重机和 1 台塔式起重机。汽车式起重机

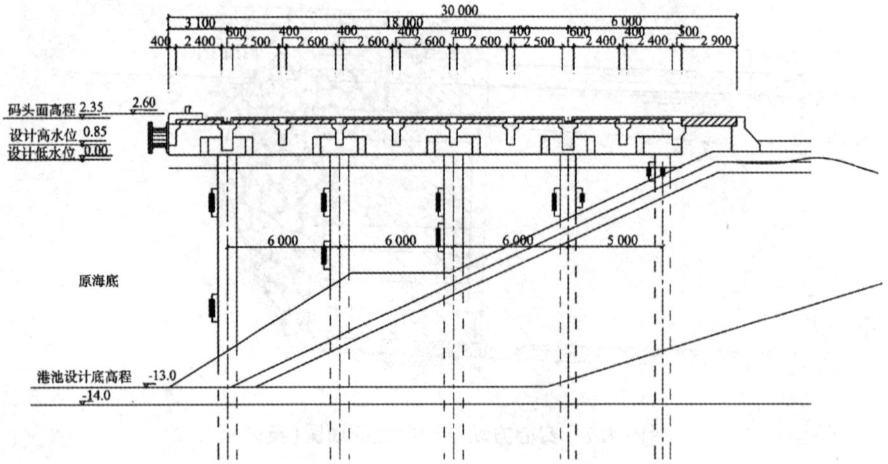

图 4.9 中国码头断面结构

和塔式起重机联合作业可以直接安装的混凝土面板区间如图 4.10 所示。结合桥梁工程
中的理论方法如架桥机理，设计制作了一台结构合理、操作简单、制作快捷的"混凝土
面板运架机"，有效地提高了现场的施工效率，证明了我国的水工施工技术达到了世界
先进国家的行列。

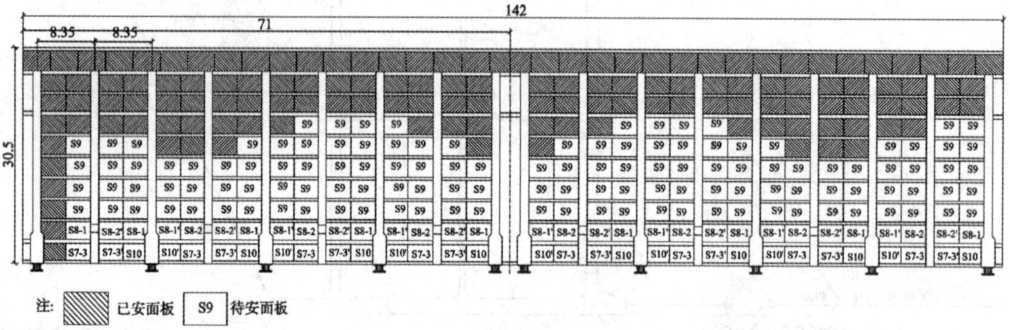

图 4.10 混凝土面板平面布置(单位：m)

4.3 重力式码头珊瑚礁地基承载力计算

苏丹港新集装箱泊位位于苏丹港南部海港区域，地处人字形门口部位。码头岸线长
781m，前沿水深−16.0m，码头面高程+3.0m，包括两个 5 万吨级集装箱泊位(即 13、14
号泊位)，结构设计按 7 万吨级集装箱船预留。该工程于 2007 年开始建设，2011 年建成
投产运营。码头结构采用连片式空心方块结构，基础持力层选取珊瑚礁灰岩或珊瑚礁灰
岩残积土。先进行基槽开挖，基槽前方开挖边坡为 1∶1，基槽后方开挖边坡为 2∶1。然
后抛填 10~100kg 块石形成基床。空心方块内回填 2~50kg 块石；空心方块上现浇钢筋混

凝土卸荷板和胸墙，方块后方回填珊瑚礁灰岩(如图 4.11、图 4.12 所示)。

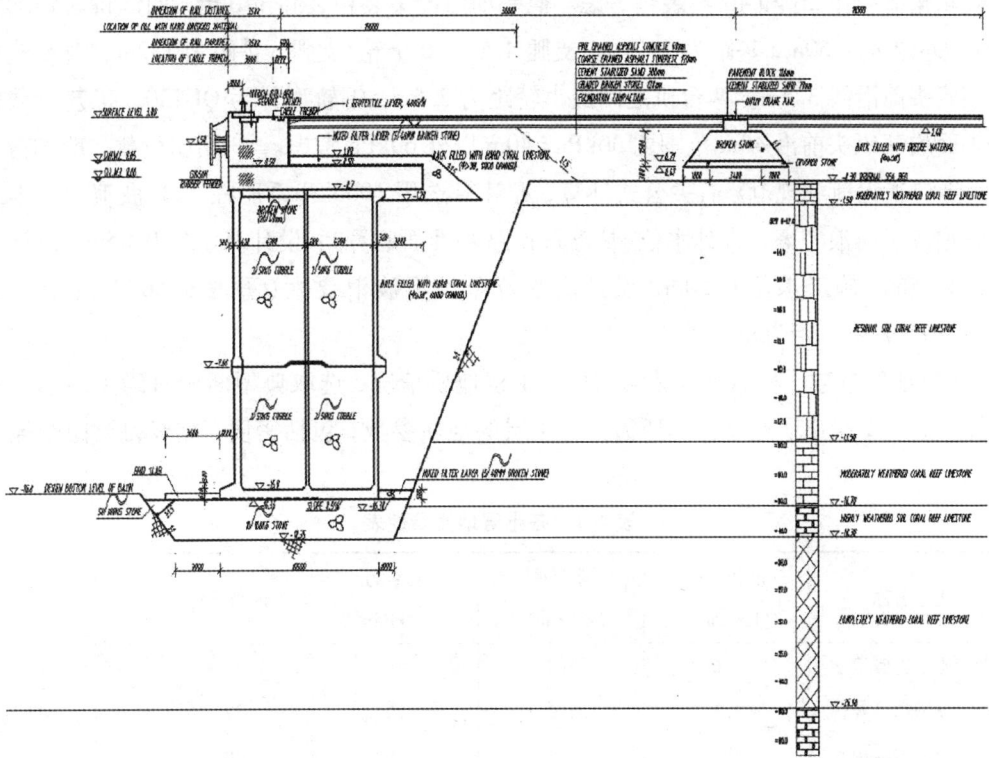

图 4.11　新集装箱码头(强基工程典型断面)

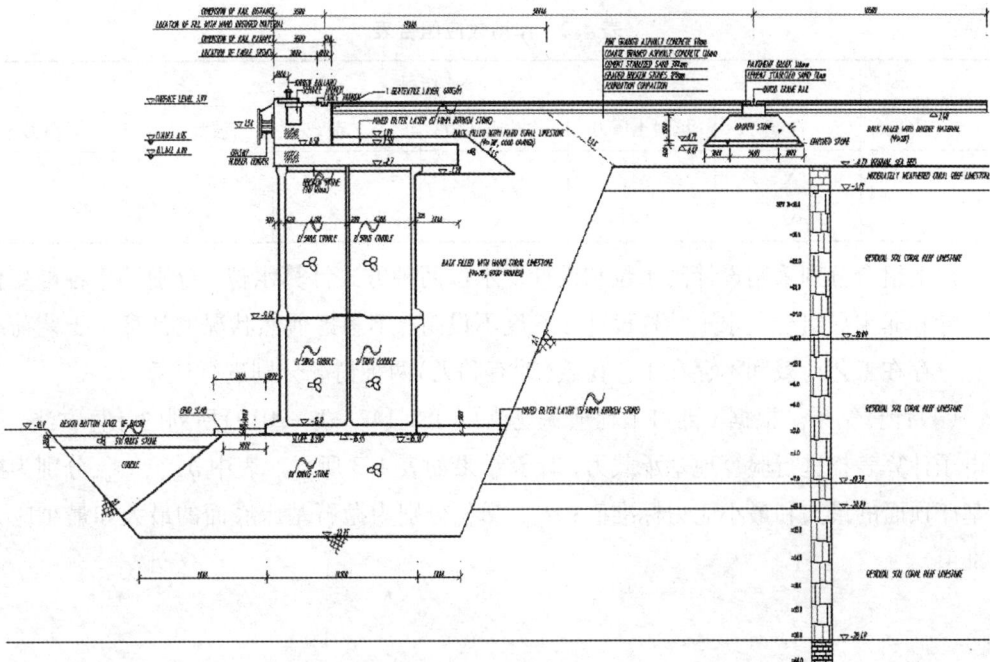

图 4.12　新集装箱码头(弱基工程典型断面)

（1）计算荷载。① 工艺荷载。码头前沿作业地带可堆放 2 层 20′和 40′重箱。集装箱堆载箱角荷载按 20′和 40′集装箱考虑。码头前沿配集装箱装卸桥 6 台；两岸桥轨距均为 30m，外伸距为 60m，基距为 14.1m，支腿 4 个，10 个轮/支腿，轮距为 1.2m。海测轨中心距码头前沿线 3.5m。两台机之间最小轮距为 2.5m；钢轨型号为 QU120。工艺荷载按码头面均载码头前沿 40m 范围内 30kPa，40m 以外 60kPa 考虑。② 船舶荷载。船舶荷载按《港口工程荷载规范》有关公式计算，经计算选用 1000kN 系船柱。③ 波浪力。本工程波浪按正向浪考虑。设计水位（从苏丹铁路基准面起算）：设计高水位 0.85m，设计低水位 0.00m，施工水位 0.50m；设计高水位条件下波浪要素（重现期 50 年）：$H1\% = 5.4m$，$T = 7.6s$，$L = 78m$。

（2）地质参数。根据新集装箱泊位的工程地质情况，选取典型断面对码头地基进行验算。表 4.1 给出了地基计算所需要各土层的地质参数，包括密度、黏聚力及内摩擦角等。

表 4.1　各土层地质参数表

土层名称	饱和容重 /(kN·m⁻³)	浮容重 /(kN·m⁻³)	黏聚力 /kPa	内摩擦角	开挖坡角
珊瑚礁灰岩残积土	1.6	1.0	0	35°	38°
全风化珊瑚礁灰岩	1.7	1.2	20	37°	42°~47°
强风化珊瑚礁灰岩	1.8	1.3	50	40°	
中风化珊瑚礁灰岩	1.9	1.4	250	40°	

（3）作用效应组合（如表 4.2 所示）。

表 4.2　作用效应组合表

组合	作用					
	自重	填料土压力	均载土压力	工艺荷载	波浪力	系缆力
组合一	√	√	√	√		√
组合二	√	√	√	√	√	

以上组合分别采用设计高水位和设计低水位两种方式计算水位，分别计算各可变作用主导和非主导组合。水工结构设计按 6 度不设防，不考虑偶然状况的计算。工艺荷载计算分存在工艺荷载和不存在工艺荷载（即有和无）两种情况分别进行计算。

（4）计算结果。根据《港口工程地基规范》（JST 147—1—2019）所列的计算方法，编写电子计算表格进行验算地基承载力，计算结果如表 4.3 所示。表中 σ_{max}、σ_{min} 分别为抛石基床顶面的最大和最小应力标准值；σ'_{max}、σ'_{min} 分别为抛石基床底面的最大和最小应力标准值。

表 4.3　基床与地基承载力验算结果表

断　面	σ_{max}/kPa	σ_{min}/kPa	σ'_{max}/kPa	σ'_{min}/kPa	地基抗力分项系数
典型断面一(钻孔 BH9)	527.54	0.00	427.78	20.00	3.69
典型断面二(钻孔 BH2)	540.53	49.89	312.25	83.28	3.51

可见，全风化和强风化珊瑚礁灰岩都适宜作为重力码头地基的持力层，港口工程地基应力控制在 400~600kPa 时，采用港口工程规范推荐的方法进行地基验算和分析是可行的。港口工程不仅考虑自重作用，还必须考虑工艺荷载等竖向力，以及波浪力、系缆力、土压力和水压力等水平力。珊瑚礁的结构受力不均，持力层的选取尤为重要，所以在计算地基承载力时选取抗力分项系数的较高值 3.0。以后特殊珊瑚礁条件的工程建设越来越多，如何获取相关计算理论和参数指标是未来的研究方向。

4.4　苏丹港码头类型与建造方案对比

(1)苏丹港实心方块式重力码头是由预制混凝土砌块构成的，实心方块式的码头一般结构比较坚固，使用年限长，稳定性能好，也便于维护和修理，一般适用于地基较好、现场存在大量建筑材料的地方，而苏丹港地处珊瑚礁区域，现在材料资源丰富，满足实心方块式码头的材料需求。

(2)苏丹港沉箱重力式码头结构为钢筋混凝土沉箱，施工流程是由预制场制作完成后托运到施工水域现场，之后进行现场定位下沉至整平好的基床上，相比起实心方块式来说，施工更加方便，对于成本来说更为划算，沉箱重力式码头整体性更好，施工速度更快，适用范围更广，适用于地基较好的深水港区。

(3)高桩码头是由基桩和桩台两部分组成，基桩长度较长，尤其位于地基表面上的部分，是作为主要的受力构件存在的，现如今，应用最为广泛的是预应力钢筋混凝土桩。桩台构成了码头的平面，所受荷载和外力多通过桩身传递给地基。高桩码头适应性较广，对于地基的依赖性较弱，在较好或较差的地基上都可以进行施工，高桩码头因基桩较高，波浪和海水对码头影响性较小，可在桩身之间穿过，不发生反射，稳定性也较好。

通过三种类型码头方案对比，充分了解到各种类型码头的优缺点，进而选择最适合珊瑚礁地质的码头类型。

综上所述，本章结合苏丹海港建设的地质特点及其特殊的自然条件，开展了珊瑚礁地貌、地质条件下的海港规划与设计研究。研究了国内外实心方块与沉箱重力式海港码头适应性，以及海港码头抗波浪冲击、海港码头地震动力响应研究。同时，开展了非饱和渗流特性理论方法、岩土本构关系模型、潮汐或海浪作用研究，得到如下主要成果。

(1)研究了苏丹港现状：苏丹港港区珊瑚礁工程地质特性和苏丹新旧海港工程规划与设计；结合港口规划与平面布置，研究了水工结构选型：苏丹已建海港码头的结构形式主要有重力式码头，如旧式码头形式—实心方块重力式码头，新型码头形式—沉箱重力式码头，新型码头形式—桩基结构(钢管桩、灌注桩)梁板结构码头。

(2)针对码头基础施工中的问题，开展了重力式码头珊瑚礁地基承载力计算：地基承载力计算方法确定、地基承载力计算。计算荷载主要考虑：① 工艺荷载按码头面均载码头前沿40m范围内30kPa，40m以外60kPa考虑；② 船舶荷载：船舶荷载按《港口工程荷载规范》有关公式计算，经计算选用1000kN系船柱；③ 波浪力：本工程波浪按正向浪考虑。

设计水位(从苏丹铁路基准面起算)：设计高水位0.85m；设计低水位0.00m；施工水位0.50m；设计高水位条件下波浪要素(重现期50年)：$H1\% = 5.4m$，$T = 7.6s$，$L = 78m$。根据工程地质条件下的勘察结果，对新集装箱码头的两个典型断面进行地基验算。

(3)针对作用效应组合计算选择全风化和强风化珊瑚礁灰岩作为重力码头地基的持力层，港口工程地基应力控制在400~600kPa时，采用港口工程规范推荐的方法进行地基验算和分析是可行的。港口工程不仅考虑自重作用，还必须考虑工艺荷载等竖向力，以及波浪力、系缆力、土压力和水压力等水平力。珊瑚礁的结构受力不均，持力层的选取尤为重要，所以在计算地基承载力时选取抗力分项系数的较高值3.0。以后特殊珊瑚礁条件的工程建设越来越多，如何获取相关计算理论和参数指标是未来的研究方向。

(4)针对国内外海港码头设计建设概况，国内海港码头多采用新型重力式、板桩式和高桩式结构。国外海港码头建设更多地建造专业化码头和集装箱码头，减少建造传统性的杂货码头和综合性码头，因为后者在装卸和管理方面效率低。针对国内外实心方块与沉箱重力式海港码头、板桩和高桩结构码头的适应性，在"一带一路"沿线国家港口码头的建设中蓬勃发展，需要进一步加强海港码头抗波浪冲击研究，以及海港码头地震动力响应研究。

第 5 章　非饱和渗流与本构模型理论分析方法

动力作用,尤其是地震作用亦是诱发事故的重要原因。强震作用下,强大的外力作用及地震液化对稳定性起到控制性作用。地震对稳定性作用的研究也是当前热点问题,对防灾减灾具有重要的现实意义。模拟岩土与结构体力学行为的方法有很多种,但它们的精度各不相同。例如,线性及各向同性弹性的胡克定律是最简单的应力-应变关系。由于它仅仅涉及两个输入参数,即弹性模量 E 和泊松比 ν ,通常认为这种应力-应变关系太粗糙了,不能把握岩土体行为的本质特点。然而,对于大量结构单元和岩层的模拟,线弹性性质往往是比较合适的,为此深入研究岩土非饱和渗流与本构模型理论和分析方法显得尤为重要。

5.1　非饱和渗流特性理论分析

5.1.1　稳态流的基本方程

多孔介质中的渗流可以用达西定律来描述。考虑在竖向 $x-y$ 平面内的渗流:

$$\left.\begin{aligned}q_x &= -k_x \frac{\partial \phi}{\partial x} \\ q_y &= -k_y \frac{\partial \phi}{\partial y}\end{aligned}\right\}$$

(5.1)

式中: q_x , q_y ——比流量,由渗透系数 k_x , k_y 和地下水头梯度计算得到。水头 ϕ 定义为:

$$\phi = y - \frac{p}{\gamma_w}$$

(5.2)

式中: y ——竖直位置;

p ——孔隙水压力(压力为负);

γ_w ——水的重度。

对于稳态流而言,其应用的连续条件为:

$$\frac{\partial q_x}{\partial x} + \frac{\partial q_y}{\partial y} = 0$$

(5.3)

等式(5.3)表示单位时间内流入单元体的总水量等于流出的总水量，如图 5.1 所示。

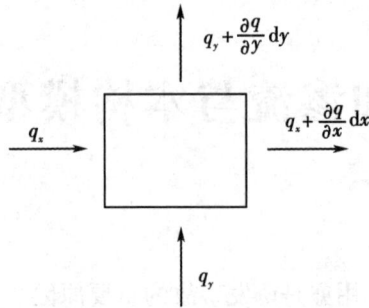

图 5.1　连续性条件示意图

5.1.2　界面单元中的渗流

在地下水渗流计算中界面单元需要特殊处理，可以被冻结或者激活。当单元被冻结时，所有的孔压自由度是完全耦合的；当界面单元激活时是不透水的(隔水帷幕)。

5.1.3　非饱和渗流材料模型

非饱和渗流的模拟基于 Van Genuchten 材料模型。根据该模型，饱和度与有效压力水头关系如下：

$$S(\phi_p) = S_{res} + (S_{sat} - S_{res}) \left[1 + (g_a | \phi_p |)^{g_n} \right]^{\left(\frac{g_n - 1}{g_n} \right)} \tag{5.4}$$

Van Genuchten 假定了参数剩余体积含水量 S_{res}，该参数用来描述在吸力水头下保留在孔隙中的部分流体。一般情况下，在饱和条件下孔隙不会完全充满水，由于空气滞留在孔隙中，此时饱和度 S_{sat} 小于 1。其他参数 g_a、g_l、g_n 需要对特定的材料进行测定。有效饱和度 S_e 表述为：

$$S_e = \frac{S - S_{res}}{S_{sat} - S_{res}} \tag{5.5}$$

根据 Van Genuchten 模型，相对渗透率表述为：

$$k_{rel}(S) = (S_e)^{g_l} \left[1 - (1 - S_e^{\frac{g_n}{g_n - 1}})^{\frac{g_n - 1}{g_n}} \right]^2 \tag{5.6}$$

使用该表达式计算饱和度时，相对渗透率可以直接用有效压力来表示。

5.1.4　Van Genuchten 渗流模型

水特征曲线 SWCC 描述地下水渗流非饱和区域(通常位于水位线以上)渗流参数。SWCC 描述的是不同应力状态下，土体持有水分的能力。有很多模型可以描述非饱和土的渗流行为。地下水渗流文献中最常见的是 Van Genuchten(1980)提出的模型，Van Genuchten 函数为 3 参数等式，将饱和度与有效压力水头 ϕ_p 关联在一起：

$$S(\phi_p) = S_{res} + (S_{sat} - S_{res}) \left[1 + (g_a | \phi_p)^{g_n} \right]^{g_c} \tag{5.7}$$

$$\phi_p = \frac{p_w}{\gamma_w} \tag{5.8}$$

式中：p_w——吸力孔压；

　　　γ_w——孔隙流体单位重度；

　　　S_{res}——剩余饱和度，描述部分流体在高吸力水头的情况下仍存在于孔隙中；

　　　S_{sat}——一般地，饱和条件下孔隙不会被水完全填充，其中可能包含空气，因此该值小于 1；

　　　g_a——拟合参数，与土体的进气值相关，对特定材料需要测量获得，单位为 1/L，正值；

　　　g_n——达到进气值后的拟合参数，该参数为水的抽取率的函数，对于特性材料需要测量得到该参数；

　　　g_c——一般 Van Genuchten 等式中用到的拟合参数。

假定将 Van Genuchten 转换为 2 参数等式。

$$g_c = \frac{1 - g_n}{g_n} \tag{5.9}$$

Van Genuchten 关系为中低吸力情况提供了合理结果。对于较高吸力值，饱和度保持在剩余饱和度。图 5.2 和图 5.3 显示了参数 g_a 和 g_n 对 SWCC 形状的影响。相对渗透性与饱和度的关系通过有效饱和度表示。

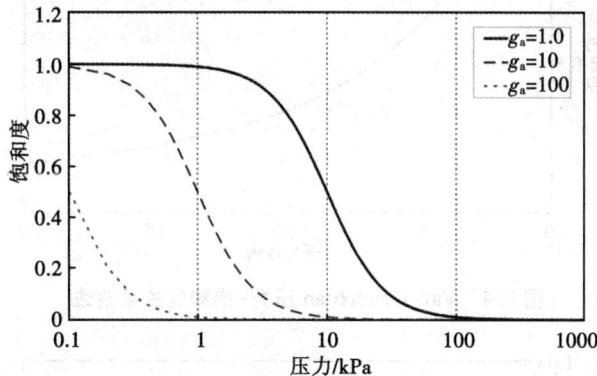

图 5.2　参数 g_a 对 SWCC 的影响

有效饱和度 S_e 表述为：

$$S_e = \frac{S - S_{res}}{S_{sat} - S_{res}} \tag{5.10}$$

根据 Van Genuchten 模型，相对渗透率表述为：

$$k_{rel}(S) = (S_e)^{g_l} \left[1 - \left(1 - S_e^{\frac{g_n}{g_n-1}} \right)^{\frac{g_n-1}{g_n}} \right]^2 \tag{5.11}$$

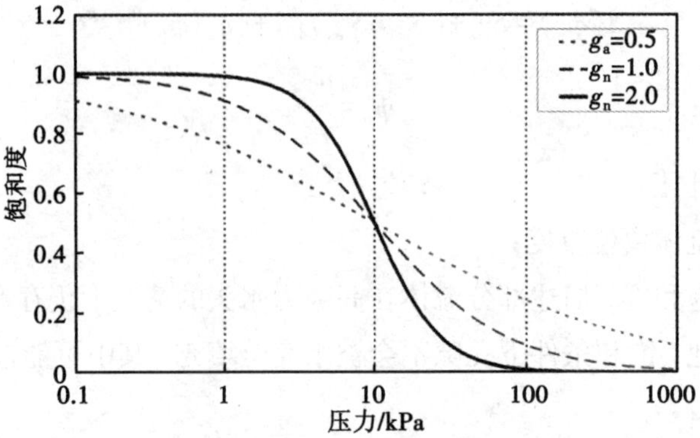

图 5.3　参数 g_n 对 SWCC 的影响

式中：g_l——拟合参数，对于特定材料需要测定。注意，使用上述表达式，相对渗透性可直接与吸力孔压相关。

饱和度的获取与吸力孔压相关：

$$\frac{\partial S(p_w)}{\partial p_w} = (S_{sat} - S_{res})\left[\frac{1-g_n}{g_n}\right]\left[g_n\left(\frac{g_a}{\gamma_w}\right)^{g_n} \cdot p_w^{(g_n-1)}\right]\left[1+\left(g_a \cdot \frac{p_w}{\gamma_w}\right)^{g_n}\right]^{\left(1-\frac{2g_n}{g_n}\right)} \quad (5.12)$$

图 5.4 和图 5.5 显示了某砂土材料的使用情况，Van Genuchten 模型对应的参数 S_{sat} = 1.0，S_{res} = 0.027，g_a = 2.24m^{-1}，g_l = 0.0，g_n = 2.286。

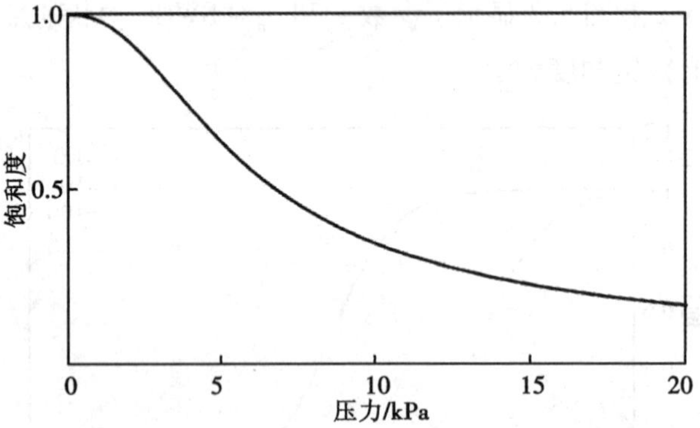

图 5.4　Van Genuchten 压力-饱和度关系曲线

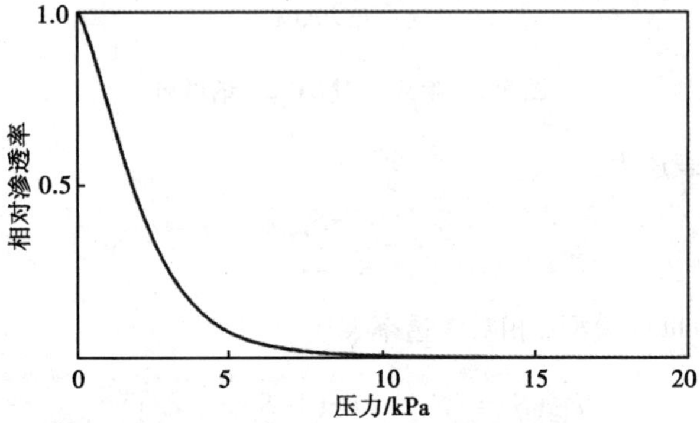

图 5.5　Van Genuchten 压力-相对渗透率关系曲线

5.1.5　近似 Van Genuchten 渗流模型

Van Genuchten 模型线性化模式可以获得模型参数的近似值。因此，饱和度与孔隙水头的关系表述如下：

$$S(\phi_p) = \begin{cases} 1 & , \quad \phi_p \geq 0 \\ 1 + \dfrac{\phi_p}{|\phi_{ps}|} & , \quad \phi_{ps} < \phi_p < 0 \\ 0 & , \quad \phi_p \leq \phi_{ps} \end{cases} \tag{5.13}$$

变量 ϕ_{ps} 为与材料有关的压力水头，定义的是在静水压力条件下非饱和区域的范围。小于其初始值时，饱和度假定为 0；饱和条件下，饱和度等于 1。相对渗透率和压力水头之间的关系表述为：

$$k_{rel}(\phi_p) = \begin{cases} 1 & , \quad \phi_p \geq 0 \\ 10^{\frac{4\phi_p}{|\phi_{pk}|}} & , \quad \phi_{pk} < \phi_p < 0 \\ 10^{-4} & , \quad \phi_p \leq \phi_{pk} \end{cases} \tag{5.14}$$

由上式可知，在渗流区域，渗透系数与压力水头成对数-线性关系，其中 ϕ_{pk} 为压力水头，在该压力水头下，相对渗透系数降为 10^{-4}。当压力水头较大时，渗透系数保持为常数。在饱和条件下，相对渗透率为 1，且有效渗透性为饱和渗透性，假定为常数。

近似 Van Genuchten 模型的参数从经典 Van Genuchten 模型的参数转化而来，以满足强大的线性模型的计算需要。对于参数 ϕ_{ps}，转化方式如下：

$$\phi_{ps} = \frac{1}{S_{\phi_p} - S_{sat}} \tag{5.15}$$

参数 ϕ_{pk} 等于压力水头，根据 Van Genuchten 模型，相对渗透率为 10^{-2}，最低限值为 $-0.5m$。图 5.6 描述了压力水头与饱和度的函数关系（根据近似 Van Genuchten 模型，并使用 $\phi_{ps} = 1.48$）。图 5.7 给出了 $\phi_{pk} = 1.15$ 时的压力-相对渗透率关系。地下水渗流问题还需要边界条件和初始条件。

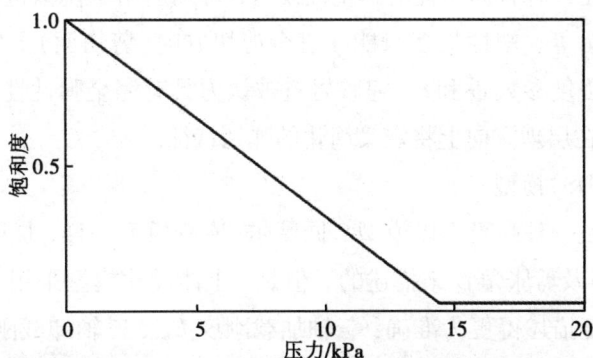

图 5.6　近似 Van Genutchen 压力-饱和度关系曲线

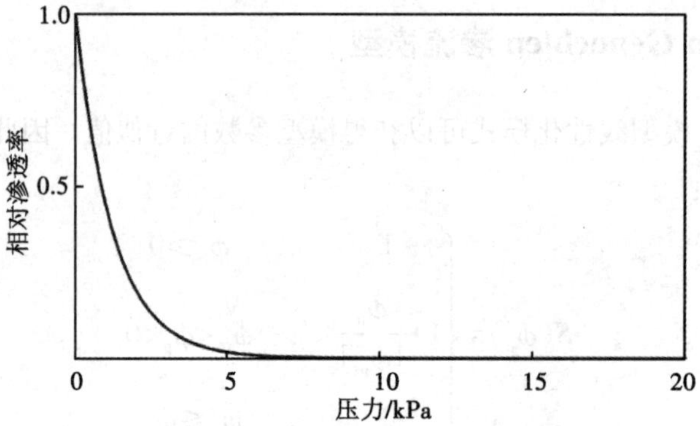

图 5.7 近似 Van Genuchten 压力−相对渗透率曲线

5.2 本构模型种类及其选用

5.2.1 本构模型种类及其特点

（1）线弹性（LE）模型。

线弹性模型是基于各向同性胡克定理。它引入两个基本参数，弹性模量 E 和泊松比 ν。尽管线弹性模型不适合模拟土体，但可用来模拟刚体，例如混凝土或者完整岩体。

（2）摩尔−库仑（Mohr-Coulomb，MC）模型。

弹塑性摩尔−库仑模型包括 5 个输入参数，即表示土体弹性的 E 和 ν，表示土体塑性的 ϕ 和 c，以及剪胀角 ψ。摩尔−库仑模型描述了对岩土行为的一种"一阶"近似。这种模型推荐用于问题的初步分析。对于每个土层，可以估计出一个平均刚度常数。由于这个刚度是常数，计算往往会相对较快。初始的土体条件在许多土体变形问题中也起着关键的作用。通过选择适当 K_0 值，可以生成初始水平土应力。

（3）节理岩石（JR）模型。

节理岩石模型是一种各向异性的弹塑性模型，特别适用于模拟包括层理尤其是断层方向在内的岩层行为等。塑性最多只能在三个剪切方向（剪切面）上发生。每个剪切面都有它自身的抗剪强度参数 ϕ 和 c。完整岩石被认为具有完全弹性性质，其刚度特性由常数 E 和 ν 表示。在层理方向上将定义简化的弹性特征。

（4）土体硬化（HS）模型。

土体硬化模型是一种高级土体模型。同摩尔−库仑模型一样，极限应力状态是由摩擦角 ϕ、黏聚力 c 以及剪胀角 ψ 来描述的。但是，土体硬化模型采用 3 个不同的输入刚度，可以将土体刚度描述得更为准确：三轴加载刚度 E_{50}、三轴卸载刚度 E_{ur} 和固结仪加载刚度 E_{oed}。一般取 $E_{ur} \approx 3E_{50}$ 和 $E_{oed} \approx E_{50}$ 作为不同土体类型的平均值，但是，对于非常软的土或者非常硬的土通常会给出不同的 E_{oed}/E_{50} 比值。

对比摩尔-库仑模型，土体硬化模型还可以用来解决模量依赖于应力的情况。这意味着所有的刚度随着压力的增加而增加。因此，输入的 3 个刚度值与一个参考应力有关，这个参考应力值通常取为 100kPa。

（5）小应变土体硬化（HSS）模型。

HSS 模型是对上述 HS 模型的一个修正，依据土体在小应变的情况下土体刚度增大。在小应变水平时，大多数土表现出的刚度比该工程应变水平时更高，且这个刚度分布与应变是非线性的关系。该行为在 HSS 模型中通过一个应变-历史参数和 2 个材料参数来描述。如：G_0^{ref} 和 $\gamma_{0.7}$，G_0^{ref} 是小应变剪切模量，$\gamma_{0.7}$ 是剪切模量达到小应变剪切模量的70%时的应变水平。HSS 高级特性主要体现在工作荷载条件。模型给出比 HS 更可靠的位移。当在动力中应用时，HSS 模型同样引入黏滞材料阻尼。

（6）软土蠕变（SSC）模型。

HS 模型适用于所有的土，但是它不能用来解释黏性效应，即蠕变和应力松弛。事实上，所有的土都会产生一定的蠕变，这样，主压缩后面就会跟随着某种程度的次压缩。而蠕变和松弛主要是指各种软土，包括正常固结黏土、粉土和泥炭土。在这种情况下采用软土蠕变模型。请注意，软土蠕变模型是一个新近开发的应用于地基和路基等的沉陷问题的模型。对于隧道或者其他开挖问题中通常会遇到的卸载问题，软土蠕变模型几乎比不上简单的摩尔-库仑模型。就像摩尔-库仑模型一样，在软土蠕变模型中，恰当的初始土条件也相当重要。对于土体硬化模型和软土蠕变模型来说，由于它们还要解释超固结效应，因此初始土条件中还包括先期固结应力的数据。

（7）软土（SS）模型。

软土模型是一种 Cam-Clay 类型的模型，特别适用于接近正常固结的黏性土的主压缩。尽管这种模型的模拟能力可以被 HS 模型取代，当前仍然保留了这种软土模型。

（8）改进的 Cam-Clay（MCC）模型。

改进的 Cam-Clay 模型是对 Muir Wood（1990）描述的原始 Cam-Clay 模型的一种改写。它主要用于模拟接近正常固结的黏性土。

（9）NGI-ADP 模型。

NGI-ADP 模型是一个各向异性不排水剪切强度模型。土体剪切强度以主动、被动和剪切的 S_u 值来定义。

（10）胡克-布朗（HB）模型。

胡克-布朗模型是基于胡克-布朗破坏准则（2002）的一个各向同性理想弹塑性模型。这个非线性应力相关准则通过连续方程描述剪切破坏和拉伸破坏，深为地质学家和岩石工程师所熟悉。除了弹性参数 E 和 ν，模型还引入实用岩石参数，如完整岩体单轴压缩强度（σ_{ci}）、地质强度指数（GSI）和扰动系数（D）。

综上所述，不同模型的分析表现为：如果要对所考虑的问题进行一个简单迅速的初步分析,建议使用摩尔-库仑模型。当缺乏好的土工数据时,进一步的高级分析是没有用的。在许多情况下,当拥有主导土层的好的数据时,可以利用土体硬化模型来进行一个额外的分析。毫无疑问,同时拥有三轴试验和固结仪试验结果的可能性是很小的。但是,原位试验数据的修正值对高质量试验数据来说是一个有益的补充。软土蠕变模型可以用于分析蠕变(即极软土的次压缩)。用不同的土工模型来分析同一个岩土问题显得代价过高,但是它们往往是值得的。首先,用摩尔-库仑模型来分析是相对较快而且简单的;其次,这一过程通常会减小计算结果的误差。

5.2.2　本构模型种类及其选用局限性

土工模型是对岩土行为的一种定性描述,而模型参数是对岩土行为的一种定量描述。尽管数值模拟在开发程序及其模型上面花了很多工夫,但它对现实情况的模拟仍然只是一个近似,这就意味着在数值和模型方面都有不可避免的误差。此外,模拟现实情况的准确度在很大程度上还依赖于用户对所要模拟问题的熟练程度、对各类模型及其局限性的了解、模型参数的选择和对计算结果可信度的判断能力。当前局限性如下:

(1)线弹性模型。

土体行为具有高非线性和不可逆性。线弹性材料不足以描述土体的一些必要特性。线弹性模型可用来模拟强块体结构或基岩。线弹性模型中的应力状态不受限制,模型具有无限的强度。一定要谨慎地使用这个模型,防止加载高于实际材料的强度。

(2)摩尔-库仑模型。

理想弹塑性模型MC是一个一阶模型,它包括仅有几个土体行为的特性。尽管考虑了随深度变化的刚度增量,但MC模型既不能考虑应力相关又不能考虑刚度或各向同性刚度的应力路径。总的说来,MC破坏准则可以非常好地描述破坏时的有效应力状态,有效强度参数ϕ'和c'。对于不排水材料,MC模型可以使用$\phi=0$,$c=c_u(s_u)$,来控制不排水强度。在这种情况下,注意模型不能包括固结的剪切强度的增量。

(3)HS模型。

这是一个硬化模型,不能用来说明由于岩土剪胀和崩解效应带来的软化性质。事实上,它是一个各向同性的硬化模型,因此,不能用来模拟滞后或者反复循环加载情形。如果要准确地模拟反复循环加载情形,需要一个更为复杂的模型。要说明的是,由于材料刚度矩阵在计算的每一步都需要重新形成和分解,HS模型通常需要较长的计算时间。

(4)HSS模型。

HSS模型加入了土体的应力历史和应变相关刚度,一定程度上,它可以模拟循环加载。但它没有加入循环加载下的逐级软化,所以,不适合软化占主导的循环加载。

(5)SSC模型。

上述局限性对软土蠕变(SSC)模型同样存在。此外,SSC模型通常会过高地预计弹性岩土的行为范围。特别是在包括隧道修建在内的开挖问题上。还要注意正常固结土的初始应力。尽管使用 $OCR=1$ 看似合理，但对于应力水平受控于初始应力的问题，将导致过高估计变形。实际上，与初始有效应力相比，大多数土都有微小增加的预固结应力。在开始分析具有外荷载的问题前，强烈建议执行一个计算阶段，设置小的间隔，不要施加荷载，根据经验来检验地表沉降率。

（6）SS 模型。

局限性（包括 HS 和 SSC 模型的）存在于 SS 模型中。事实上，SS 模型可以被 HS 模型所取代，这种模型是为了方便那些熟悉它的用户而保留下来的。SS 模型的应用范围局限在压缩占主导地位的情形下。显然，在开挖问题上不推荐使用这种模型。

（7）MCC 模型。

同样的局限性（包括 HS 模型和 SSC 模型的）存在于 MCC 模型中。此外，MCC 模型允许极高的剪应力存在，特别是在应力路径穿过临界状态线的情形下。进一步说，改进的 Cam-Clay 模型可以给出特定应力路径的软化行为。如果没有特殊的正规化技巧，那么，软化行为可能会导致网格相关和迭代过程中的收敛问题。改进的 Cam-Clay 模型在实际应用中是不被推荐的。

（8）NGI-ADP 模型。

NGI-ADP 模型是一个不排水剪切强度模型。可用排水或者有效应力分析，注意剪切强度不会随着有效应力改变而自动更新。同样注意 NGI-ADP 模型不包括拉伸截断。

（9）胡克-布朗模型。

胡克-布朗模型是各向异性连续模型。因此，该模型不适合成层或者节理岩体等具有明显的刚度各向异性或者一个两个主导滑移方向的对象，其行为可用节理岩体模型。

（10）界面。

界面单元通常用双线性的摩尔-库仑模型模拟。当一个更高级的模型被用于相应的材料数据集时，界面单元仅需要选择那些与摩尔-库仑模型相关的数据：c，ϕ，ψ，E，ν。在这种情况下，界面刚度值取的就是弹性岩土刚度值。因此，$E=E_{ur}$，其中 E_{ur} 是应力水平相关的，即 E_{ur} 与 σ_m 成幂比例。对于软土蠕变模型来说，幂指数 m 等于 1，E_{ur} 在很大程度上由膨胀指数 κ^* 确定。

（11）不排水行为。

总的来说，需要注意不排水条件，因为各种模型中所遵循有效应力路径很可能发生偏离。尽管数值模拟有选项在有效应力分析中处理不排水行为，但不排水强度 c_u 和 s_u 的使用可能优先选择有效应力属性（c'，ϕ'）。请注意直接输入的不排水强度不能自动包括剪切强度随固结的增加。无论任何原因，无论用户决定使用有效应力强度属性，强烈推荐检查输出程序中的滑动剪切强度的结果。

5.3 基于塑性理论的摩尔-库仑模型

塑性理论是在常规应力状态，描述弹塑性力学行为的需要：弹性范围内的应力应变行为；屈服或破坏方程；流动法则；应变硬化的定义（屈服函数随应力而改变）。对于标准摩尔-库仑模型，弹性区域是新弹性，没有应变硬化。

（1）理想塑性理论模型。

弹塑性理论的一个基本原理是：应变和应变率可以分解成弹性部分和塑性部分。胡克定律是用来联系应力率和弹性应变率的。根据经典塑性理论（Hill，1950），塑性应变率与屈服函数对应力的导数成比例。这就意味着塑性应变率可以由垂直于屈服面的向量来表示。这个定理的经典形式被称为相关塑性。

然而，对于摩尔-库仑型屈服函数，相关塑性理论将会导致对剪胀的过高估计（见图5.8）。

通常塑性应变率可以写为：

$$\dot{\underline{\sigma}}' = \underline{\underline{D}}^e \dot{\underline{\varepsilon}}^e = \underline{\underline{D}}^e (\dot{\underline{\varepsilon}} - \dot{\underline{\varepsilon}}^p) ; \quad \dot{\underline{\varepsilon}}^p = \lambda \frac{\partial g}{\partial \underline{\sigma}'} \tag{5.16}$$

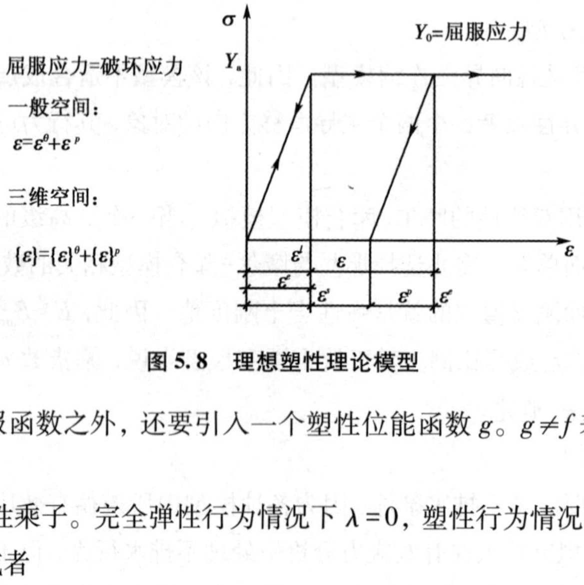

图 5.8 理想塑性理论模型

因此，除了屈服函数之外，还要引入一个塑性位能函数 g。$g \neq f$ 表示非相关塑性的情况。

在这里 λ 是塑性乘子。完全弹性行为情况下 $\lambda = 0$，塑性行为情况下 λ 为正：

$\lambda = 0$，当 $f < 0$ 或者

$$\frac{\partial f^T}{\partial \underline{\sigma}'} \underline{\underline{D}}^e \dot{\underline{\varepsilon}} \leq 0 \tag{5.17}$$

$\lambda > 0$，当 $f = 0$ 或者

$$\frac{\partial f^T}{\partial \underline{\sigma}'} \underline{\underline{D}}^e \dot{\underline{\varepsilon}} > 0 \tag{5.18}$$

这些方程可以用来得到弹塑性情况下有效应力率和有效应变率之间的关系如下

(Smith 和 Griffith, 1982；Vermeer 和 de Borst, 1984):

$$\dot{\underline{\sigma}}' = \left(\underline{\underline{D}}^e - \frac{\alpha}{d}\underline{\underline{D}}^e\frac{\partial g}{\partial \underline{\sigma}'}\frac{\partial f^T}{\partial \underline{\sigma}'}\underline{\underline{D}}^e\right)\dot{\underline{\varepsilon}}$$

$$d = \frac{\partial f^T}{\partial \underline{\sigma}'}\underline{\underline{D}}^e\frac{\partial g}{\partial \underline{\sigma}'}$$

(5.19)

　　参数 α 起着一个开关的作用。如果材料行为是弹性的，α 的值就等于零；当材料行为是塑性的，α 的值就等于 1。

　　上述的塑性理论限制在光滑屈服面情况下，不包括摩尔-库仑模型中出现的那种多段屈服面包线。Koiter(1960)和其他人已经将塑性理论推广到了这种屈服面的情况，用来处理包括两个或者多个塑性势函数的流函数顶点：

$$\dot{\underline{\varepsilon}}^p = \lambda_1\frac{\partial g_1}{\partial \underline{\sigma}'} + \lambda_2\frac{\partial g_2}{\partial \underline{\sigma}'} + \cdots$$

(5.20)

类似地，几个拟无关屈服函数$(f_1, f_2, \cdots)$被用于确定乘子$(\lambda_1, \lambda_2, \cdots)$的大小。

(2)非理想塑性理论模型

图 5.9 所示为非理想塑性理论模型。

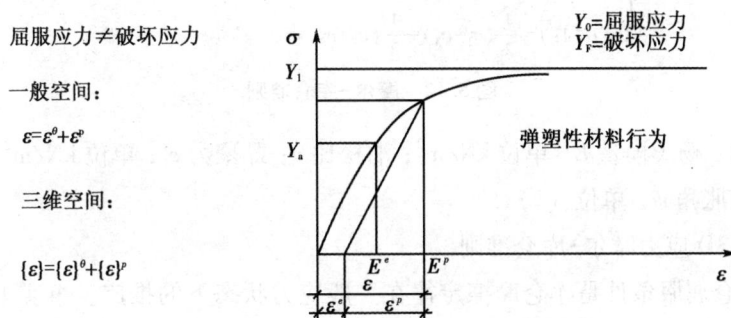

图 5.9　非理想塑性理论模型

(3)软化弹塑性理论模型

图 5.10 中材料属性决定软化的比例。

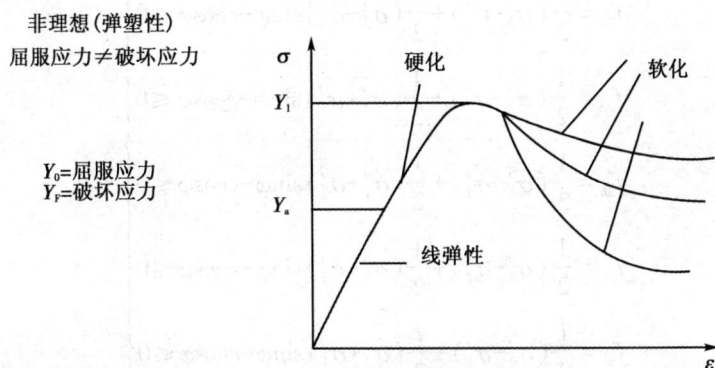

图 5.10　软化弹塑性理论模型

（4）屈服/破坏方程

图 5.11 所示为屈服/破坏方程示意图。图中，$f=0$ 表示应力空间的屈服面。

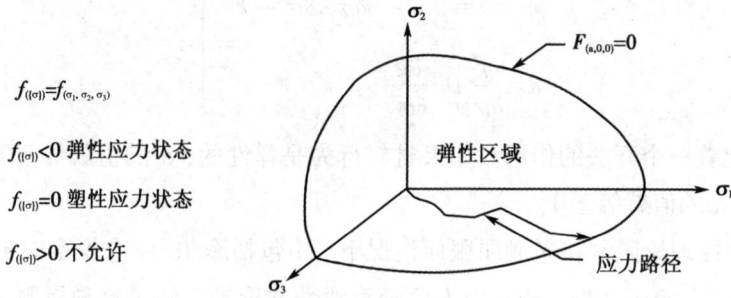

图 5.11　屈服/破坏方程

（5）摩尔-库仑准则

图 5.12 所示为摩尔-库仑准则示意图。

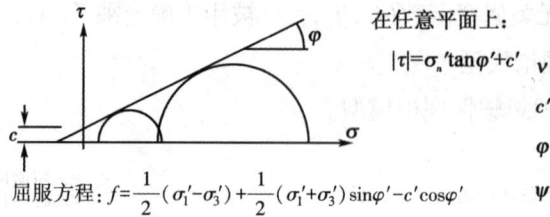

图 5.12　摩尔-库仑准则

基本参数：杨氏模量 E，单位 kN/m^2；泊松比 ν；黏聚力 c'，单位 kN/m^2；摩擦角 φ'，单位：$(°)$；剪胀角 ψ，单位：$(°)$。

（6）空间 3D 应力摩尔-库仑准则

摩尔-库仑屈服条件是库仑摩擦定律在一般应力状态下的推广。事实上，这个条件保证了一个材料单元内的任意平面都将遵守库仑摩擦定律。如果用主应力来描述，完全 MC 屈服条件由 6 个屈服函数组成：

$$
\left.
\begin{aligned}
f_{1a} &= \frac{1}{2}(\sigma_2' - \sigma_3') + \frac{1}{2}(\sigma_2' + \sigma_3')\sin\varphi - c\cos\varphi \leq 0 \\
f_{1b} &= \frac{1}{2}(\sigma_3' - \sigma_2') + \frac{1}{2}(\sigma_2' + \sigma_3')\sin\varphi - c\cos\varphi \leq 0 \\
f_{2a} &= \frac{1}{2}(\sigma_3' - \sigma_1') + \frac{1}{2}(\sigma_3' + \sigma_1')\sin\varphi - c\cos\varphi \leq 0 \\
f_{2b} &= \frac{1}{2}(\sigma_1' - \sigma_3') + \frac{1}{2}(\sigma_1' + \sigma_3')\sin\varphi - c\cos\varphi \leq 0 \\
f_{3a} &= \frac{1}{2}(\sigma_1' - \sigma_2') + \frac{1}{2}(\sigma_1' + \sigma_2')\sin\varphi - c\cos\varphi \leq 0 \\
f_{3b} &= \frac{1}{2}(\sigma_2' - \sigma_1') + \frac{1}{2}(\sigma_2' + \sigma_1')\sin\varphi - c\cos\varphi \leq 0
\end{aligned}
\right\}
$$

$$（5.21）$$

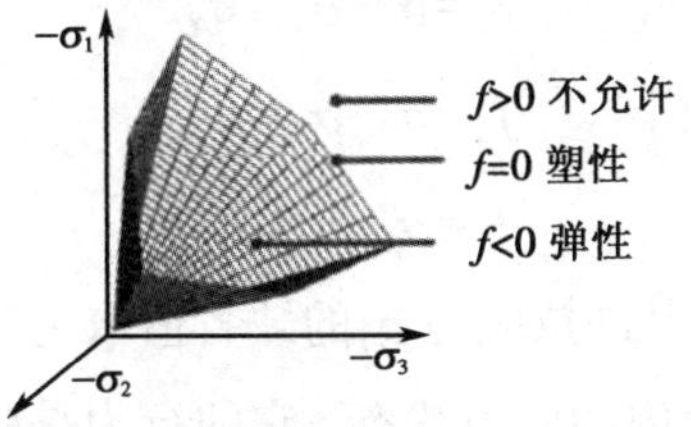

$$f = \frac{1}{2}(\sigma_1' - \sigma_3') + \frac{1}{2}(\sigma_1' + \sigma_3')\sin\varphi' - c'\cos\varphi'$$

图 5.13　空间 3D 应力摩尔-库仑准则

出现在上述屈服函数中的两个塑性模型参数就是众所周知的摩擦角和黏聚力。如图 5.13 所示,这些屈服函数可以共同表示主应力空间中的一个六棱锥。除了这些屈服函数,摩尔-库仑模型还定义了 6 个塑性势函数:

$$
\left.
\begin{aligned}
g_{1a} &= \frac{1}{2}(\sigma_2' - \sigma_3') + \frac{1}{2}(\sigma_2' + \sigma_3')\sin\psi \\[4pt]
g_{1b} &= \frac{1}{2}(\sigma_3' - \sigma_2') + \frac{1}{2}(\sigma_2' + \sigma_3')\sin\psi \\[4pt]
g_{2a} &= \frac{1}{2}(\sigma_3' - \sigma_1') + \frac{1}{2}(\sigma_3' + \sigma_1')\sin\psi \\[4pt]
g_{2b} &= \frac{1}{2}(\sigma_1' - \sigma_3') + \frac{1}{2}(\sigma_1' + \sigma_3')\sin\psi \\[4pt]
g_{3a} &= \frac{1}{2}(\sigma_1' - \sigma_2') + \frac{1}{2}(\sigma_1' + \sigma_2')\sin\psi \\[4pt]
g_{3b} &= \frac{1}{2}(\sigma_2' - \sigma_1') + \frac{1}{2}(\sigma_2' + \sigma_1')\sin\psi
\end{aligned}
\right\}
\tag{5.22}
$$

这些塑性势函数包含了第三个塑性参数,即剪胀角 ψ。它用于模拟正的塑性体积应变增量(剪胀现象),就像在密实的土中实际观察到的那样。后面将对 MC 模型中用到的所有模型参数做一个讨论。在一般应力状态下运用摩尔-库仑模型时,如果两个屈服面相交,需要作特殊处理。有些程序使用从一个屈服面到另一个屈服面的光滑过渡,即将棱角磨光(Smith 和 Griffith,1982)。MC 模型使用准确形式,即从一个屈服面到另一个屈服面用的是准确变化。关于棱角处理的详细情况可以参阅相关文献(Koiter,1960;Van Langen 和 Vermeer,1990)。对于 $c > 0$,标准摩尔-库仑准则允许有拉应力。事实上,它允许的拉应力大小随着黏性的增加而增加。实际情况是,土不能承受或者仅能承受极小的拉应力。这种性质可以通过指定"拉伸截断"来模拟。

在这种情况下,不允许有正的主应力摩尔圆。"拉伸截断"将引入另外三个屈服函数,定义如下:

$$\left.\begin{array}{l} f_4 = \sigma_1' - \sigma_t \leqslant 0 \\ f_5 = \sigma_2' - \sigma_t \leqslant 0 \\ f_6 = \sigma_3' - \sigma_t \leqslant 0 \end{array}\right\} \tag{5.23}$$

当使用"拉伸截断"时,允许拉应力 σ_t 的缺省值取为零。对这三个屈服函数采用相关联的流动法则。对于屈服面内的应力状态,它的行为是弹性的并且遵守各向同性的线弹性胡克定律。因此,除了塑性参数 c 和 ψ,还需要输入弹性弹性模量 E 和泊松比 ν。

(7)偏平面摩尔-库仑准则

图 5.14 所示为偏平面摩尔-库仑准则示意图。

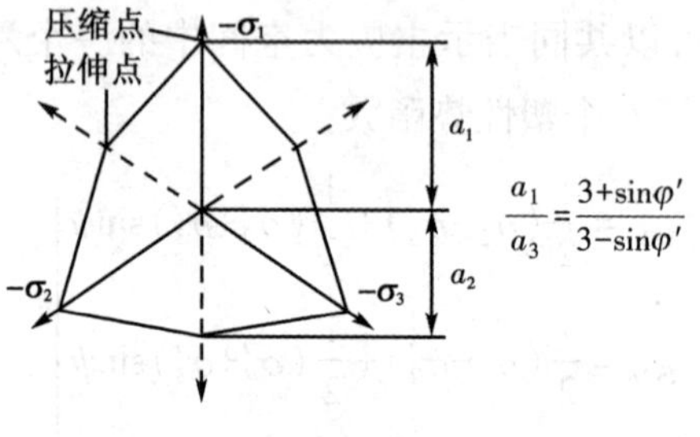

图 5.14 偏平面摩尔-库仑准则

(8)流动法则

屈服/破坏准则给出是否塑性应变,但是无法给出塑性应变增量的大小与方向。因此,需要建立另一个方程,即塑性势方程。图 5.15 所示为塑性势方程示意图。

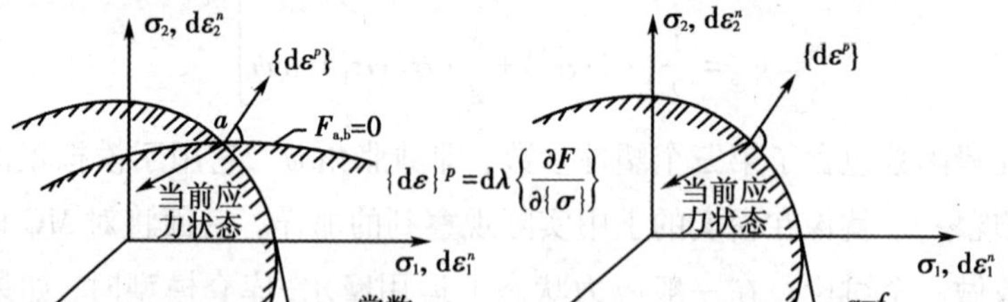

图 5.15 塑性势方程

塑性应变增量

$$\{d\varepsilon\}^p = d\lambda \left\{ \frac{\partial g}{|\partial \sigma|} \right\} \tag{5.24}$$

式中,g——塑性势,$g = g_{(|\sigma|)}$;

dλ——常量(非材料参数)。

不相关流动法则:

$$\{d\varepsilon\}^p = d\lambda \left\{ \frac{\partial g}{\partial(\sigma)} \right\}, \quad g \neq f \tag{5.25}$$

相关流动法则：

$$\{d\varepsilon\}^p = d\lambda \left\{ \frac{\partial F}{\partial\{\sigma\}} \right\}, \quad g = f \tag{5.26}$$

(9)摩尔-库仑塑性势

图 5.16 所示为摩尔-库仑塑性势示意图。

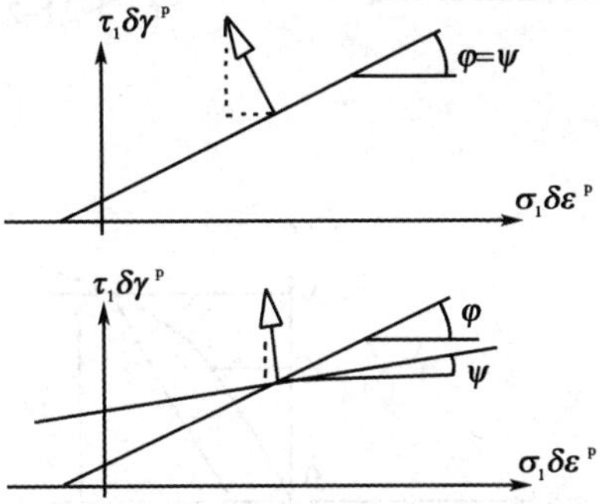

图 5.16　摩尔-库仑塑性势

$$\left. \begin{array}{l} f = \dfrac{1}{2}(\sigma_1' - \sigma_3') + \dfrac{1}{2}(\sigma_1' + \sigma_3')\sin\varphi' - c'\cos\varphi' \\[2mm] g = \dfrac{1}{2}(\sigma_1' - \sigma_3') + \dfrac{1}{2}(\sigma_1' + \sigma_3')\sin\psi + \cos\psi \end{array} \right\} \tag{5.27}$$

(10)摩尔-库仑剪胀

强度达到摩尔强度后的剪胀，强度=摩擦+剪胀。其中，Kinematic 硬化是指移动硬化特性。如图 5.17 和图 5.18 所示。

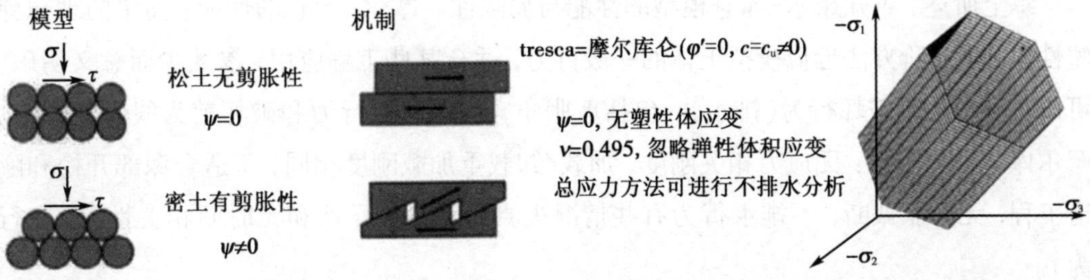

(a)有无剪胀特性　　　　　　　　　(b)Tresca 破坏准则

图 5.17　摩尔-库仑有无剪胀性与 Tresca 破坏准则

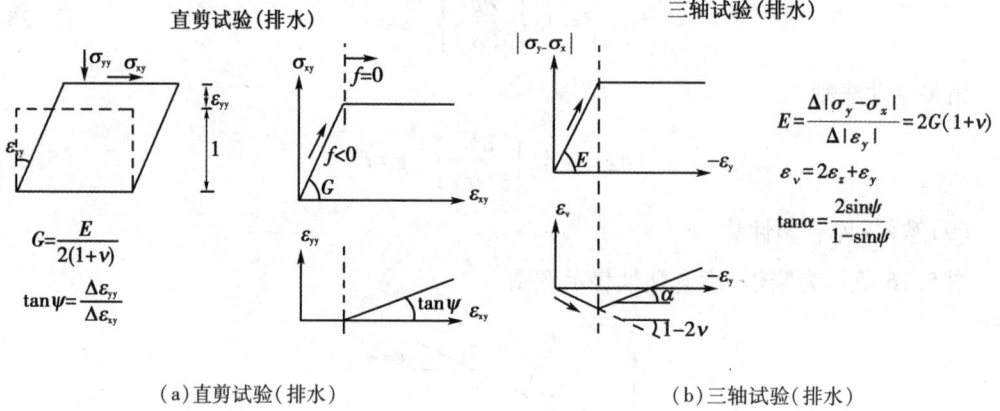

（a）直剪试验（排水）　　　　　　　　　（b）三轴试验（排水）

$$F(\{\sigma\}_0\{\varepsilon\}^p)=0 \quad 一般为 F(\{\sigma\}_0 h)=0; \quad h=f(\{\varepsilon\}^p)$$

（c）摩尔-库仑应变硬化特性

图 5.18　摩尔-库仑排水剪切特性与应变硬化特性

综上所述，可知摩尔-库仑模型的性能与局限性。摩尔-库仑的性能：简单的理想弹塑性模型，一阶方法近似模拟土体的一般行为，适合某些工程应用，参数少而意义明确，可以很好地表示破坏行为（排水），包括剪胀角，各向同性行为和破坏前为线弹性行为。摩尔库仑的局限性：无应力相关刚度，加载/卸载重加载刚度相同，不适合深部开挖和隧道工程，无剪胀截断，不排水行为有些情况失真，无各向异性和无时间相关性（蠕变行为）。

5.4　基于塑性理论的典型本构模型比较

沈珠江院士认为计算岩土力学的核心问题是本构模型。下面讨论基坑数值分析土体本构模型的选择。目前，已有几百种土体的本构模型，常见的可以分为三大类即弹性模型、弹-理想塑性模型和应变硬化弹塑性模型，如表 5.1 所示。

表 5.1 主要本构模型

模型大类	本构模型
弹性模型	线弹性模型、非线性弹性、Duncan-Chang(DC)模型
弹-理想塑性模型	Mohr-Coulomb(MC)模型、Druker-Prager(DP)模型、
应变硬化弹塑性模型	Modified Cam-Clay(MCC)模型、Hardening Soil(HS)模型、小应变土体硬化(HSS)模型

MC、HS 以及 MCC 三个本构模型选择的对比分析情况如图 5.19 所示。

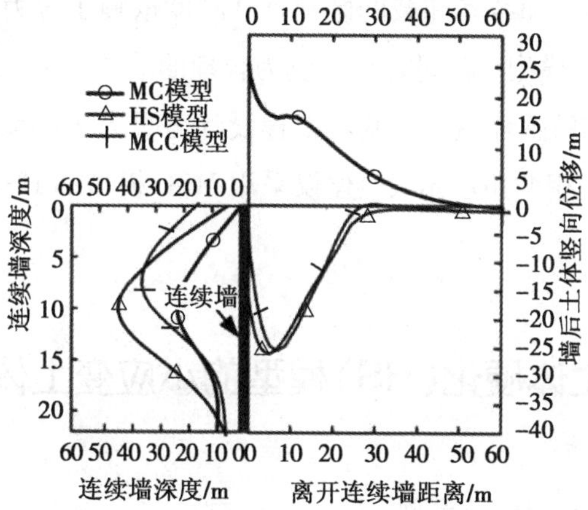

图 5.19 不同本构模型对比分析情况

研究基坑墙体侧移，HS 模型和 MCC 模型得到的变形较接近，MC 模型得到的侧移则要小得多，原因是 HS 模型和 MCC 模型在卸载时较加载具有更大的模量，而 MC 模型的加载和卸载模量相同，且无法考虑应力路径的影响，这导致 MC 模型产生很大的坑底回弹，从而减小了墙体的变形。从墙后地表竖向位移来看，HS 模型和 MCC 模型得到了与工程经验相符合的凹槽型沉降，而 MC 模型的墙后地表位移则表现为回弹，这与工程经验不符。产生这种差别的原因是 MC 模型的回弹过大而使得墙体的回弹过大，进而显著地影响了墙后地表的变形。表 5.2 为各种本构模型在基坑数值开挖分析中的适用性。

表 5.2 各种本构模型在基坑数值开挖分析中的适用性

本构模型的类型		不适合一般分析	适合初步分析	适合准确分析	适合高级分析
弹性模型	线弹性模型	√			
	横观各向同性	√			
	DC 模型		√		
弹-理想塑性模型	MC 模型		√		
	DP 模型		√		

表5.2(续)

本构模型的类型		不适合一般分析	适合初步分析	适合准确分析	适合高级分析
硬化模型	MCC 模型			√	
	HS 模型			√	
小应变模型	MIT-E3、HSS 模型				√

弹性模型由于不能反映土体的塑性性质、不能较好地模拟主动土压力和被动土压力因而不适合于基坑开挖的分析。弹-理想塑性的 MC 模型和 DP 模型由于采用单一刚度往往导致很大的坑底回弹，难以同时给出合理的墙体变形和墙后土体变形。能考虑软黏土应变硬化特征、能区分加载和卸载的区别且其刚度依赖于应力历史和应力路径的硬化模型如 MCC 模型和 HS 模型，能同时给出较为合理的墙体变形及墙后土体变形情况。

由上述分析可知：敏感环境下的基坑工程设计需重点关心墙后土体的变形情况，从满足工程需要和方便实用的角度出发，建议采用 MCC 模型和 HS 模型进行敏感环境下的基坑开挖数值分析。

5.5 基于土体硬化(HS)模型的小应变土体硬化(HSS)模型

(1)小应变土体硬化(HSS)模型

最初的土体硬化模型假设土体在卸载和再加载时是弹性的。但是实际上土体刚度为完全弹性的应变范围十分狭小。随着应变范围的扩大，土体剪切刚度会显示出非线性。通过绘制土体刚度和 log 应变图可以发现，土体刚度呈 S 曲线状衰减。图 5.20 显示了这种刚度衰减曲线。它的轮廓线(剪切应变参数)可以由现场土工测试和实验室测试得到。通过经典试验(例如三轴试验、普通固结试验)在实验室中测得的刚度参数已经不到初始状态的一半了。

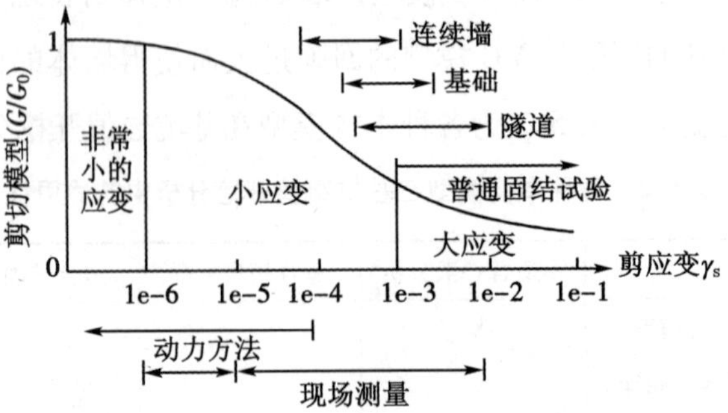

图 5.20 土体的典型剪切刚度-应变曲线

用于分析土工结构的土体刚度并不是依照图 5.20 在施工完成时的刚度。需要考虑小应变土体刚度和土体在整个应变范围内的非线性。HSS 模型继承了 HS 模型的所有特性，提供了解决这类问题的可能性。HSS 模型是基于 HS 模型而建立的，两者有着几乎相同的参数。实际上，模型中只增加了两个参数用于描述小应变刚度行为：初始小应变模量 G_0；剪切应变水平 $\gamma_{0.7}$——割线模量 G_s 减小到 $70\%G_0$ 时的应变水平。

（2）用双曲线准则描述小应变刚度

在土体动力学中，小应变刚度已经广为人知。在静力分析中，这个土体动力学中的发现一直没有被实际应用。静力土体与动力土体的刚度区别应该归因于荷载种类（例如惯性力和应变），而不是范围巨大的应变范围，后者在动力情况（包括地震）下很少考虑。惯性力和应变率只对初始土体刚度有很小的影响。所以，动力土体刚度和小应变刚度实际上是相同的。

土体动力学中最常用的模型大概就是 Hardin-Drnevich 模型。由试验数据充分证明了小应变情况下的应力-应变曲线可以用简单的双曲线形式来模拟。类似地，Kondner 在 Hardin 和 Drnevich（1972）的提议下发表了应用于大应变的双曲线准则。

$$\frac{G_S}{G_0} = \frac{1}{1 + \left| \dfrac{\gamma}{\gamma_r} \right|} \tag{5.28}$$

其中极限剪切应变 γ_r 定义为：

$$\gamma_r = \frac{\tau_{max}}{G_0} \tag{5.29}$$

式中：τ_{max}——破坏时的剪应力。

式（5.28）和式（5.29）将大应变（破坏）与小应变行为很好地联系起来。

为了避免错误地使用较大的极限剪应变，Santos 和 Correia（2001）建议使用割线模量 G_s 减小到初始值的 70% 时的剪应变 $\gamma_{0.7}$ 来替代 γ_r。

$$\frac{G_S}{G_0} = \frac{1}{1 + a \left| \dfrac{\gamma}{\gamma_{0.7}} \right|} \tag{5.30}$$

其中 $a = 0.385$。

事实上，使用 $a = 0.385$ 和 $\gamma_r = \gamma_{0.7}$ 意味着 $\dfrac{G_s}{G_0} = 0.722$。所以，大约 70% 应该精确地称为 72.2%。图 5.21 显示了修正后的 Hardin-Drnevich 关系曲线（归一化）。

（3）土体硬化（HS）模型中使用 Hardin-Drnevich 关系

软黏土的小应变刚度可以与分子间体积损失以及土体骨架间的表面力相结合。一旦荷载方向相反，刚度恢复到依据初始土体刚度确定的最大值。然后，随着反向荷载加载，

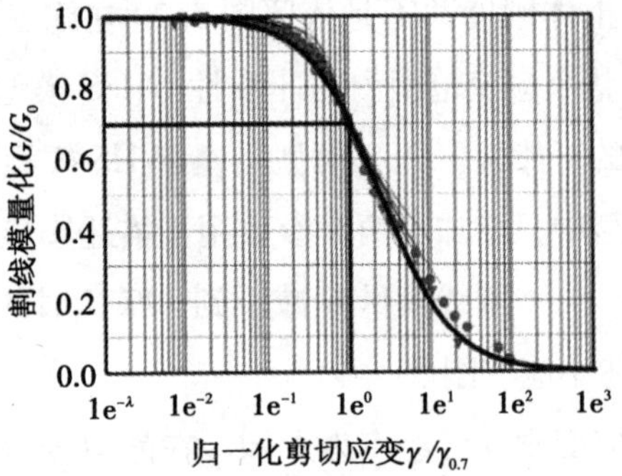

图 5.21 Hardin-Drnevich 关系曲线与实测数据对比

刚度又逐渐减小。应力历史相关,多轴扩张的 Hardin-Drnevich 关系需要加入 HS 模型中。这个扩充最初由 Benz(2006)以小应变模型的方式提出。Benz 定义了剪切应变标量 γ_{hist}:

$$\gamma_{hist} = \sqrt{3} \frac{\| \underline{\underline{H}} \Delta \underline{e} \|}{\| \Delta \underline{e} \|} \tag{5.31}$$

式中:$\Delta \underline{e}$——当前偏应变增量;

$\underline{\underline{H}}$——材料应变历史的对称张量。

一旦监测到应变方向反向,$\underline{\underline{H}}$ 就会在实际应变增量 Δe 增加前部分或是全部重置。依据 Simpson(1992)的块体模型理论:所有 3 个方向主应变偏量都检测应变方向,就像 3 个独立的 Brick 模型。应变张量 $\underline{H}$ 和随应力路径变化的更多细节请查阅 Benz(2006)的相关文献。

剪切应变标量 γ_{hist} 的值由式(5.31)计算得到。剪切应变标量定义为:

$$\gamma = \frac{3}{2} \varepsilon_q \tag{5.32}$$

式中:ε_q——第二偏应变不变量。

在三维空间中 γ 可以写成:

$$\gamma = \varepsilon_{axial} - \varepsilon_{lateral} \tag{5.32}$$

在小应变土体硬化(HSS)模型中,应力应变关系可以用割线模量简单表示为:

$$\tau = G_s \gamma = \frac{G_0 \gamma}{1 + 0.385 \dfrac{\gamma}{\gamma_{0.7}}} \tag{5.34}$$

对剪切应变进行求导可以得到切线剪切模量:

$$G_t = \frac{G_0}{\left(1 + 0.385 \dfrac{\gamma}{\gamma_{0.7}}\right)^2} \tag{5.35}$$

刚度减小曲线一直到材料塑性区。在土体硬化(HS)模型和小应变土体硬化(HSS)

模型中,塑性应变产生的刚度退化使用应变强化来模拟。

在小应变土体硬化(HSS)模型中,小应变刚度减小曲线有一个下限,它可以由常规试验室试验得到,切线剪切模量 G_t 的下限是卸载再加载模量 G_{ur},与材料参数 E_{ur} 和 ν_{ur} 相关:

$$\left.\begin{array}{l}G_t \geqslant G_{ur} \\ G_{ur} = \dfrac{E_{ur}}{2(1+\nu_{ur})}\end{array}\right\} \tag{5.36}$$

截断剪切应变 $\gamma_{\text{cut-off}}$ 计算公式为:

$$\gamma_{\text{cut-off}} = \frac{1}{0.385}\left(\sqrt{\frac{G_0}{G_{ur}}}-1\right)\gamma_{0.7} \tag{5.37}$$

在小应变土体硬化(HSS)模型中,实际准弹性切线模量是通过切线刚度在实际剪应变增量范围内积分求得的。小应变土体硬化模型 HSS 中使用的刚度减小曲线如图 5.22 所示。

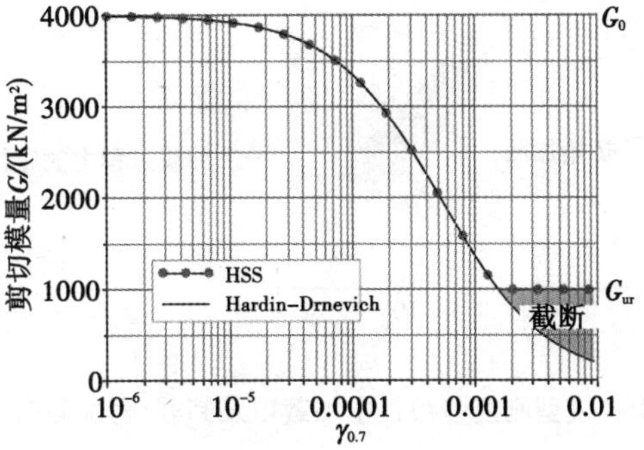

图 5.22　小应变土体硬化模型(HSS)中使用的刚度减小曲线以及截断

(4)原始(初始)加载与卸载/再加载

Masing(1962)在研究材料的滞回行为中发现土体卸载/再加载循环中遵循以下准则:卸载时的剪切模量等于初次加载时的初始切线模量。卸载再加载的曲线形状与初始加载曲线形状相同,数值增大 2 倍。

对于上面提到的剪切应变 $\gamma_{0.7}$,Masing 可以通过下面的设定来满足 Hardin-Drnevich 关系(见图 5.23 和图 5.24)。

$$\gamma_{0.7\text{re-loading}} = 2\gamma_{0.7\text{virgin-loading}} \tag{5.38}$$

HSS 模型通过把用户提供的初始加载剪切模量加倍来满足 Masing 的准则。如果考虑塑性强化,初始加载时的小应变刚度就会很快减小,用户定义的初始剪切应变通常需要加倍。HSS 模型中的强化准则可以很好地适应这种小应变刚度减小。图 5.23 和图 5.24 举例说明了 Masing 准则以及初始加载、卸载/再加载刚度减小。

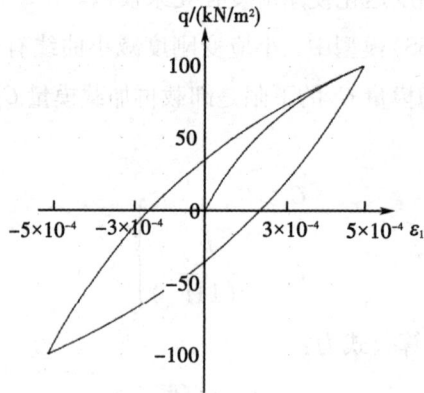

图5.23 土体材料滞回性能

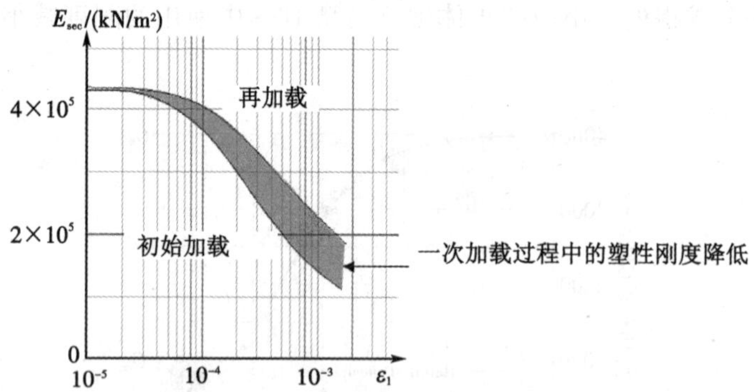

图5.24 HSS模型刚度参数在主加载以及卸载/再加载时减小示意图

（5）模型参数及确定方法

相比 HS 模型，HSS 模型需要两个额外的刚度参数输入：G_0^{ref} 和 $\gamma_{0.7}$。所有其他参数，包括代替刚度参数，都保持不变。G_0^{ref} 定义为参考最小主应力 $-\sigma_3'=p^{ref}$ 的非常小应变（如：$\varepsilon<10^{-6}$）下的剪切模量。卸载泊松比 ν_{ur} 设为恒定，因而剪切刚度 G_0^{ref} 可以通过小应变弹性模量很快计算出来 $G_0^{ref}=E_0^{ref}/[2(1+\nu_{ur})]$。界限剪应变 $\gamma_{0.7}$ 使得割线剪切模量 G_s^{ref} 衰退为 $0.722G_0^{ref}$。界限应变 $\gamma_{0.7}$ 是自初次加载。总之，除了 HS 模型需要输入的参数外，HSS 模型需要输入刚度参数：G_0^{ref} 为小应变（$\varepsilon<10^{-6}$）的参考剪切模量，kN/m^2；$\gamma_{0.7}$ 为 $G_s^{ref}=0.722G_0^{ref}$ 时的剪切应变。图5.25 表明了三轴试验的模型刚度参数 E_{50}、E_{ur} 和 $E_0=2G_0$ $(1+\nu_{ur})$。对于 E_{ur} 和 $2G_0$ 对应的应变，可以参考前面的论述。如果默认值 $E_0^{ref}=G_{ur}^{ref}$，没有小应变硬化行为发生，HSS 模型就相当于 HS 模型。

① 弹性模量（E）。初始斜率用 E_0 表示，50%强度处割线模量用 E_{50} 表示，如图5.26所示。对于土体加载问题一般使用 E_{50}；如果考虑隧道等开挖卸载问题，一般需要用 E_{ur}

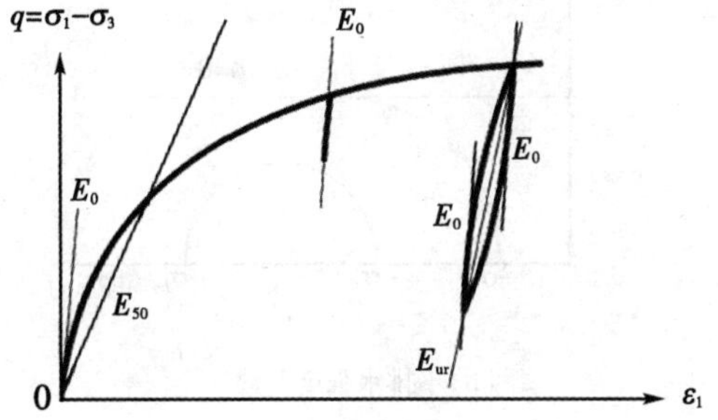

图 5.25　HSS 模型中的刚度参数 $E_0 = 2G_0(1+\nu_{ur})$

替换 E_{50}。

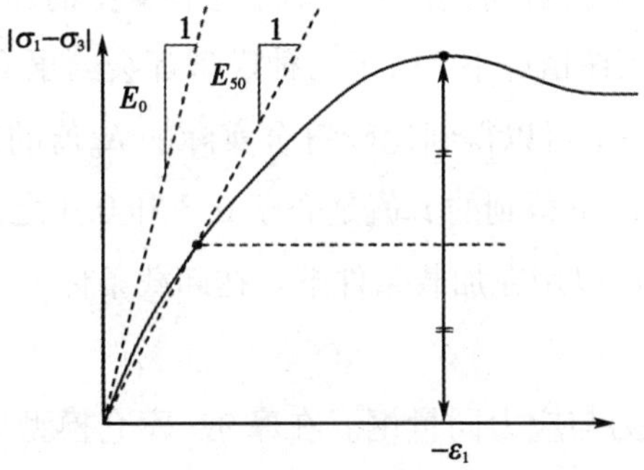

图 5.26　E_0 和 E_{50} 的定义方法(标准排水三轴试验结果)

对于岩土材料而言，不管是卸载模量还是初始加载模量，往往都会随着围压的增加而增大。给出了一个刚度会随着深度增加而增加的特殊输入选项，如图 5.27 所示。另外，观测到刚度与应力路径相关。卸载重加载的刚度比首次加载的刚度更大。所以，土体观测到(排水)压缩的弹性模量比剪切的更低。因此，当使用恒定的刚度模量来模拟土体行为，可以选择一个与应力水平和应力路径发展相关的值。

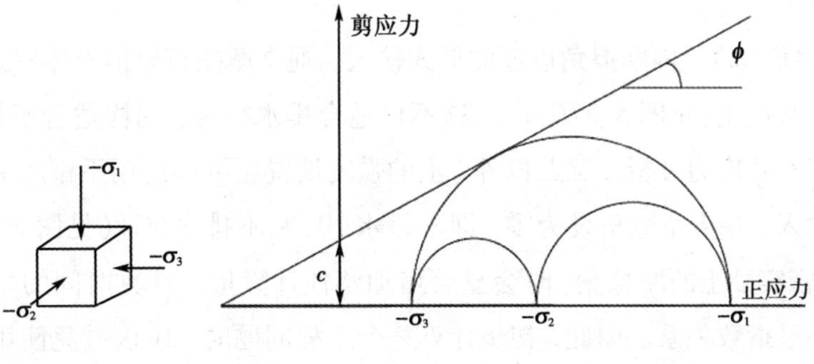

(a)有效应力强度参数

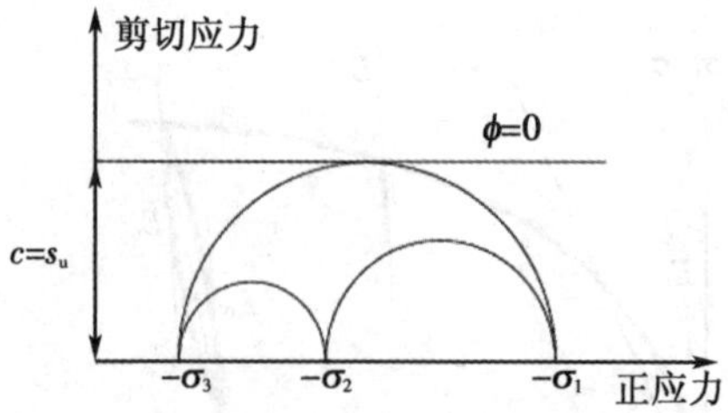

（b）不排水强度参数

图5.27 应力圆与库仑破坏线

② 泊松比（ν）。当弹性模型或者 MC 模型用于重力荷载（塑性计算中 $\sum M_{weight}$ 从 0 增加到 1）问题时，泊松比的选择特别简单。对于这种类型的加载，给出比较符合实际的比值 $K_0 = \sigma_h / \sigma_v$。在一维压缩情况下，由于两种模型都会给出众所周知的比值：$\sigma_h / \sigma_v = \nu / (1-\nu)$，因此容易选择一个可以得到比较符合实际的 K_0 值的泊松比。通过匹配 K_0 值，可以估计 ν 值。在许多情况下得到的 ν 值是介于 0.3 和 0.4 之间的。一般地说，除了一维压缩，这个范围的值还可以用在加载条件下。在卸载条件下，使用 0.15~0.25 更为普遍。

③ 内聚力（c）。内聚力与应力同量纲。在摩尔-库仑模型中，内聚力参数可以用来模拟土体的有效内聚力，与土体真实的有效摩擦角联合使用（见图5.27（a））。不仅适用于排水土体行为，也适合于不排水（A）的材料行为，两种情况下，都可以执行有效应力分析。除此以外，当设置为不排水（B）和不排水（C）时，内聚力参数可以使用不排水剪切强度参数 c_u（或者 s_u），同时设置摩擦角为 0。设置为不排水（A）时，使用有效应力强度参数分析的劣势在于，模型中的不排水剪切强度与室内试验获得的不排水剪切强度不易相符，原因在于它们的应力路径往往不同。在这方面，高级土体模型比摩尔-库仑模型表现更好。但所有情况下，建议检查所有计算阶段中的应力状态和当前真实剪切强度（$|\sigma_1 - \sigma_3| \leq s_u$）。

④ 内摩擦角（ϕ）。内摩擦角以度的形式输入。通常摩擦角模拟土体有效摩擦，并与有效内聚力一起使用（见图5.27（a））。这不仅适合排水行为，同样适合不排水（A），因为它们都基于有效应力分析。除此以外，土的强度设置还可以使用不排水剪切强度作为内聚力参数输入，并将摩擦角设为零，即不排水（B）和不排水（C）（见图5.27（b））。摩擦角较大（如密实砂土的摩擦角）时会显著增加塑性计算量。计算时间的增加量大致与摩擦角的大小呈指数关系。因此，初步计算某个工程问题时，应该避免使用较大的摩擦角。如图5.27中摩尔应力圆所示，摩擦角在很大程度上决定了抗剪强度。

图5.28 所示是一种更为一般的屈服准则。摩尔-库仑破坏准则被证明比 DP 近似更好地描述了土体，因为后者的破坏面在轴对称情况下往往是很不准确的。

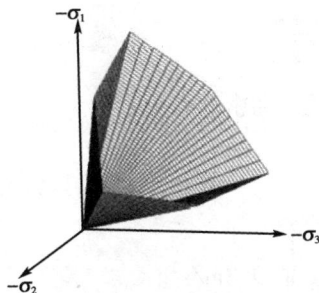

图 5.28　主应力空间下无黏性土的破坏面

⑤ 剪胀角(ψ)。剪胀角(ψ)是以度的方式指定的。除了严重的超固结土层以外,黏性土通常没有什么剪胀性($\psi=0$)。砂土的剪胀性依赖于密度和摩擦角。对于石英砂土来说,$\psi=\phi-30°$,ψ 的值比 ϕ 的值小 30°,然而剪胀角在多数情况下为零。ψ 的小的负值仅仅对极松的砂土是实际的。摩擦角与剪胀角之间的进一步关系可以参见 Bolton(1986)相关文章。

一个正值摩擦角表示在排水条件下土体的剪切将导致体积持续膨胀。这有些不真实,对于多数土,膨胀在某个程度会达到一个极限值,进一步的剪切变形将不会带来体积膨胀。在不排水条件下,正的剪胀角加上体积改变,将导致拉伸孔隙应力(负孔压)的产生。因此,在不排水有效应力分析中,土体强度可能被高估。当土体强度使用 $c=c_u$(s_u)和 $\phi=0$,不排水(B)或者不排水(C),剪胀角必须设置为零。特别注意,使用正值的剪胀角并且把材料类型设置为不排水(A)时,模型可能因为吸力而产生无限大的土体强度。

⑥ 剪切模量(G)。剪切模量 G 与应力是同一量纲。根据胡克定律,弹性模量和剪切模量的关系如下:

$$G=\frac{E}{1+(1+\nu)} \tag{5.39}$$

泊松比不变的情况下,给 G 或 E_{oed} 输入一个值,将导致 E 的改变。

⑦ 固结仪模量(E_{oed})。固结仪模量 E_{oed}(侧限压缩模量),与应力量纲相同。根据胡克定律,可得固结仪模量:

$$E_{oed}=\frac{(1-\nu)E}{(1-2\nu)(1+\nu)} \tag{5.40}$$

泊松比不变的情况下,给 G 或 E_{oed} 输入一个值,将导致 E 的改变。

⑧ 压缩波速(V_P)与剪切波速(V_S)。一维空间压缩波速与固结仪模量和密度有关:

$$V_P=\sqrt{\frac{E_{oed}}{\rho}} \tag{5.41}$$

其中，$E_{\text{oed}} = \dfrac{(1-\nu)E}{(1+\nu)(1-2\nu)}$，$\rho = \dfrac{\gamma_{\text{unsat}}}{g}$。

一维空间剪切波速与剪切模量和密度有关：

$$V_s = \sqrt{\dfrac{G}{\rho}} \qquad (5.42)$$

其中，$G = \dfrac{E}{2(1+\nu)}$，$\rho \leqslant = \dfrac{\gamma_{\text{unsat}}}{g}$。$g$ 取 9.8m/s^2。

⑨ 摩尔-库仑模型的高级参数。当使用摩尔-库仑模型时，高级参数的特征包括：刚度和内聚力强度随着深度的增加而增加，使用"拉伸截断"选项。事实上，后一个选项的使用是缺省设置，但是如果需要的话，可以在这里将它设置为无效。

• 刚度的增加（E_{inc}）。在真实土体中，刚度在很大程度上依赖于应力水平，这就意味着刚度通常随着深度的增加而增加。当使用摩尔-库仑模型时，刚度是一个常数值，E_{inc} 就是用来说明刚度随着深度的增加而增加的，它表示弹性模量在每个单位深度上的增加量（单位：应力/单位深度）。在由 y_{ref} 参数给定的水平上，刚度就等于弹性模量的参考值 E'_{ref}，即在参数表中输入的值。

$$E(y) = E_{\text{ref}} + (y_{\text{ref}} - y)E_{\text{inc}} \qquad (y < y_{\text{ref}}) \qquad (5.43)$$

弹性模量在应力点上的实际值由参考值和 E'_{inc} 得到。要注意，在计算中，随着深度而增加的刚度值并不是应力状态的函数。

• 内聚力的增加（c_{inc} 或者 $s_{\text{u, inc}}$）。对于黏性土层提供了一个高级输入选项，反映内聚力随着深度的增加而增加。c_{inc} 就是用来说明内聚力随着深度的增加而增加的，它表示每单位深度上内聚力的增加量。在由 y_{ref} 参数给定的水平上，内聚力就等于内聚力的参考值 c_{ref}，即在参数表中输入的值。内聚力在应力点上的实际值由参考值和 c_{inc} 得到。

$$c(y) = c_{\text{ref}} + (y_{\text{ref}} - y)c_{\text{inc}} \qquad (y < y_{\text{ref}})$$
$$s_{\text{u}}(y) = s_{\text{u, ref}} + (y_{\text{ref}} - y)s_{\text{u, inc}} \qquad (y < y_{\text{ref}}) \qquad (5.44)$$

• 拉伸截断。在一些实际问题中要考虑到拉应力的问题。根据图 5.27 所显示的库仑包络线，这种情况在剪应力（摩尔圆的半径）充分小的时候是允许的。然而，沟渠附近的土体表层有时会出现拉力裂缝。这就说明除了剪切以外，土壤还可能受到拉力的破坏。分析中选择拉伸截断就反映了这种行为。这种情况下，不允许有正主应力的摩尔圆。当选择拉伸截断时，可以输入允许的拉力强度。对于摩尔-库仑模型和 HS 模型来说，采用拉伸截断时抗拉强度的缺省值为零。

• 动力计算中的摩尔-库仑模型。当在动力计算中，使用摩尔-库仑模型，刚度参数的设置需要考虑正确的波速。一般来说小应变刚度比工程中的应变水平下的刚度更适合。当受到动力或者循环加载时，摩尔-库仑模型一般仅仅表现为弹性行为，而且没有滞回阻尼,也没有应变或孔压或者液化。为了模拟土体的阻力特性,需要定义瑞利阻尼。

(6) G_0 和 $\gamma_{0.7}$ 参数

一些系数影响着小应变参数 G_0 和 $\gamma_{0.7}$。最重要的是,岩土体材料的应力状态和孔隙比 e 的影响。在 HSS 模型,应力相关的剪切模量 G_0 按照幂法则考虑:

$$G_0 = G_0^{\text{ref}} \left(\frac{c\cos\varphi - \sigma'\sin\varphi}{c\cos\varphi - p^{\text{ref}}\sin\varphi} \right)^m \tag{5.45}$$

上式类似于其他刚度参数公式。界限剪切应变 $\gamma_{0.7}$ 独立于主应力。

假设 HSS/HS 模型中的计算孔隙比改变很小,材料参数不因孔隙比改变而更新。材料初始孔隙比对找到小应变剪切刚度非常有帮助,可以参考许多相关资料(Benz,2006)。适合多数土体的估计值由 Hardin 和 Black(1969)给出:

$$G_0^{\text{ref}} = \frac{(2.97-e)^2}{1+e} \tag{5.46}$$

Alpan(1970)根据经验给出动力土体刚度与静力土体刚度的关系。如图 5.29 所示。

在 Alpan 的图中,动力土体刚度等于小应变刚度 G_0 或 E_0。在 HSS 模型中,考虑静力刚度 E_{static} 定义约等于卸载/重加载刚度 E_{ur}。

可以根据卸载/重加载 E_{ur} 来估算土体小应变刚度。尽管 Alpan 建议 E_0/E_{ur} 对于非常软的黏土可以超过 10,但是在 HSS 模型中,限制最大 E_0/E_{ur} 或 G_0/G_{ur} 为 10。

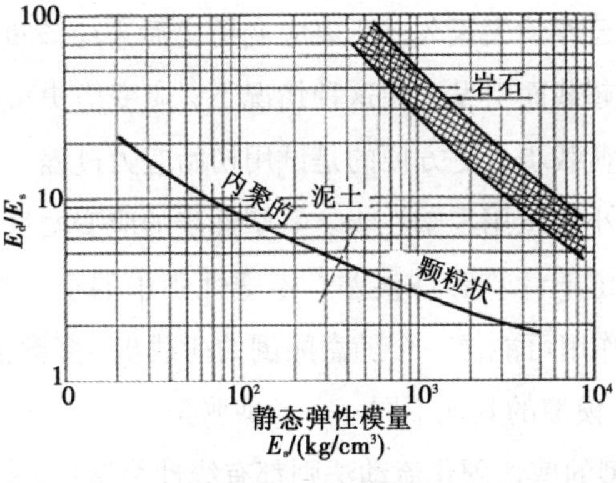

图 5.29　动力刚度($E_d=E_0$)与静力刚度($E_s=E_{\text{ur}}$)的关系

在这个实测数据中,关系适用于界限剪应变 $\gamma_{0.7}$。图 5.30 给出了剪切应变与塑性指数的关系。使用起初的 Hardin-Drnevich 关系,界限剪切应变 $\gamma_{0.7}$ 可以与模型的破坏参数相关。应用摩尔-库仑破坏准则:

$$\gamma_{0.7} \approx \frac{1}{9G_0}\{2c'[1+\cos(2\varphi')] - \sigma_1'(1+K_0)\sin(2\varphi)\} \tag{5.47}$$

式中:K_0——水平应力系数;

　　　σ_1'——有效垂直应力(压为负)。

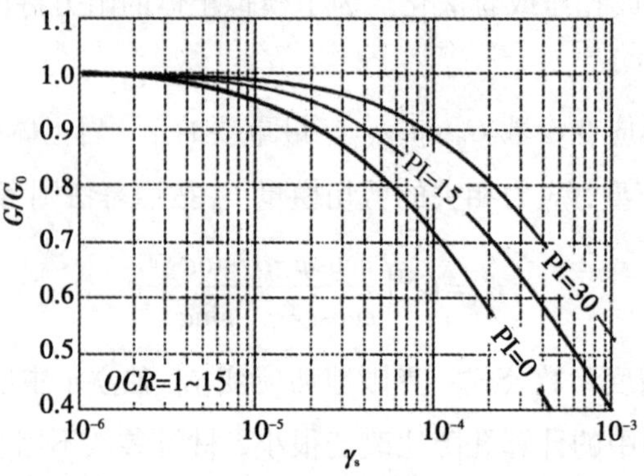

图 5.30　Vucetic 与 Dobry 给出的塑性指数对刚度的影响

（7）模型初始化

应力松弛消除了土的先期应力的影响。在应力松弛和联结形成期间，土体的颗粒（或级配）组成逐渐成熟，在此期间，土的应力历史消除。

考虑到自然沉积土体的第二个过程发展较快，多数边界值问题里应变历史应该开始于零（$H=0$）。这在 HSS 模型中是一个默认的设置。

然而，一些时候可能需要初始应变历史。在这种情况下，应变历史可以设置，通过在开始计算之前施加一个附加荷载步。这样一个附加荷载步可以用于模拟超固结土。计算前一般超固结的过程已经消失很久。所以应变历史后来应该重新设置。然而，应变历史已经通过增加和去除超载而引发。在这种情况下，应变历史可以手动重置，通过代替材料或者施加一个小的荷载步。更方便的是试用初始应力过程。

当使用 HSS 模型，小心试用零塑性步。零塑性步的应变增量完全来自系统中小的数值不平衡，该不平衡决定于计算容许误差。零塑性步中的小应变增量方向因此是任意的。因此，零塑性步的作用可能像一个随意颠倒的荷载步，多数情况不需要。

（8）HSS 模型与 HS 模型的其他不同——动剪胀角

HS 模型和 HSS 模型的剪切硬化流动法则都有线性关系：

$$\dot{\varepsilon}_v^p = \sin\psi_m \dot{\gamma}^p \tag{5.48}$$

动剪胀角 ψ_m 在压缩的情况下，HSS 模型和 HS 模型有不同定义。HS 模型中假定如下：

对于 $\sin\varphi_m < 3/4\sin\varphi$，$\psi_m = 0$；对于 $\sin\varphi_m \geq 3/4\sin\varphi$ 且 $\psi > 0$，$\sin\psi_m = \max\left(\dfrac{\sin\varphi_m - \sin\varphi_{cv}}{1 - \sin\varphi_m \sin\varphi_{cv}}, 0\right)$；对于 $\sin\varphi_m \geq 3/4\sin\varphi$ 且 $\psi < 0$，$\psi_m = \psi$；如果 $\varphi = 0$，$\psi_m = 0$。

其中 φ_{cv} 是一个临界状态摩擦角，作为一个与密度相关材料常量，φ_m 是一个动摩擦角：

$$\sin\varphi_m = \frac{\sigma_1' - \sigma_3'}{\sigma_1' + \sigma_3' - 2c\cot\varphi} \tag{5.49}$$

对于小摩擦角和负的 ψ_m，通过 Rowe 的公式计算，ψ_m 在 HS 模型中设为零。设定更低的 ψ_m 值有时候会导致塑性体积应变太小。

因此，HSS 模型采用 Li 和 Dafalias 的一个方法，每当 ψ_m 通过 Rowe 公式计算则是负值。在这种情况下，动摩擦在 HSS 模型中计算如下：

$$\sin\psi_m = \frac{1}{10}\left\{ M\exp\left[\frac{1}{15}\ln\left(\frac{\eta}{M}\frac{q}{q_a}\right)\right] + \eta \right\} \tag{5.50}$$

其中，M 是破坏应力比，$\eta = q/p$ 是真实应力比。方程是 Li 和 Dafalias 的孔隙比相关方程的简化版。

5.6　土体硬化(HS)模型和小应变土体硬化(HSS)模型特征

(1)土体固结仪试验加载-卸载

土体硬化 HS 卸载：卸载泊松比较小，水平应力变化小。摩尔-库仑卸载：卸载泊松比即为加载泊松比，水平应力按照加载路径变化。如图 5.31 所示。

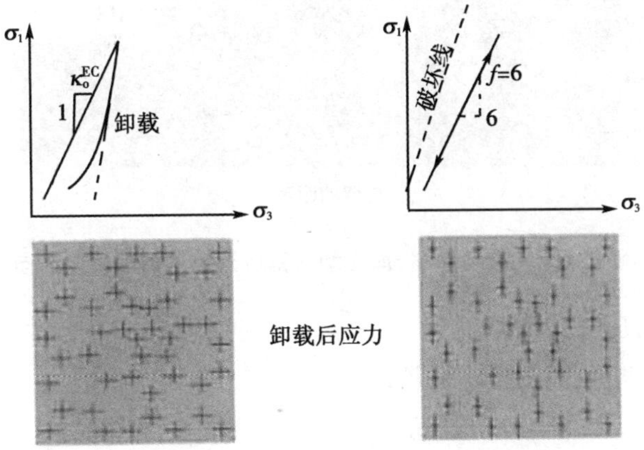

(a)实测 HS 模型　　　　　　　(b)摩尔-库仑模型

图 5.31　土体硬化 HS 卸载与摩尔-库仑卸载特性

① 条形基础沉降，加载应力路径下，各模型沉降分布结果差异较小。如图 5.32 所示。

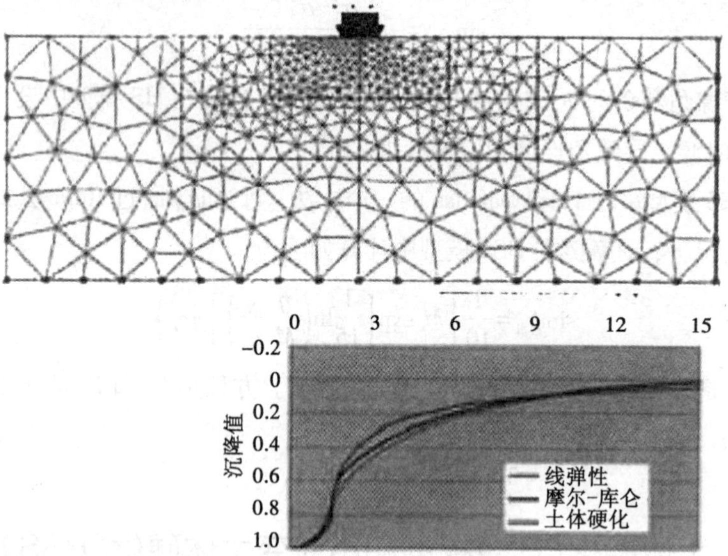

图 5.32 土体硬化 HS 卸载与摩尔-库仑卸载条形基础沉降特性

② 基坑开挖下挡墙后方竖向位移差异见图 5.33。

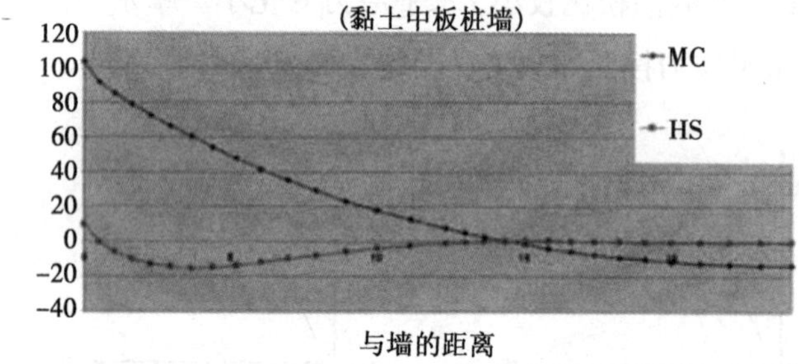

图 5.33 土体硬化 HS 卸载与摩尔-库仑卸载基坑开挖下挡墙后方竖向位移差异特性

（2）双曲线应力应变关系

① 标准三轴试验数据如图 5.34 所示。

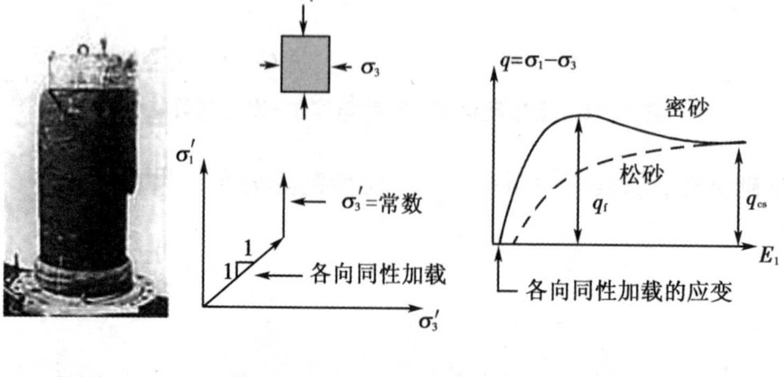

图 5.34 土体硬化 HS 标准三轴试验各向同性加载的应变特性

② 双曲线逼近方程应变特性如图 5.35 所示。主要参考 Kondner 和 Zelasko(1963) 的"砂土的双曲应力-应变公式"。

$$\varepsilon_1 = \frac{q_a}{2E_{50}} \cdot \frac{q}{q_a - q}$$

$$q_a = (\sigma_3' + a) \cdot \frac{2\sin\varphi_a'}{1 - \sin\varphi_a'}, \quad \varphi_a' = \varphi'$$

图 5.35　土体硬化 HS 双曲线逼近方程各向同性加载的应变特性

基本参数：E 为杨氏模量，单位为 kN/m^2；ν 为泊松比；c' 为黏聚力，单位为 kN/m^2，φ' 为摩擦角，单位为(°)，ψ 为剪胀角，单位为(°)。

③ 割线模量 E_{50} 的定义方程应变特性见图 5.36。

$$\varepsilon_1 = \frac{q_a}{2E_{50}} \cdot \frac{q}{q_a - q}$$

图 5.36　土体硬化 HS 割线模量 E_{50} 的定义方程各向同性加载的应变特性

E_{50}^{ref} 为初次加载达到 50% 强度的参考模量：

$$E_{50} = E_{50}^{ref} \left(\frac{\sigma_3' + a}{p_{ref} + a} \right)^m \tag{5.51}$$

其中，$m_{砂土} = 0.5$；$m_{黏土} = 1$。

④ 修正邓肯-张模型方程应变特性见图 5.37。主要参考 Duncan 和 Chang(1970) 的《土壤应力应变的非线性分析》。

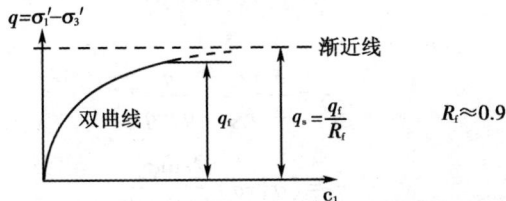

$$q_a = \frac{q_f}{R_f} \qquad R_f \approx 0.9$$

图 5.37　土体硬化 HS 修正邓肯-张模型方程各向同性加载的应变特性

图中,双曲线部分 $q<q_{\mathrm{f}}$;水平线部分 $q=q_{\mathrm{f}}$。

$$q_1 = (\sigma_3'+a)\frac{2\sin\varphi'}{1-\sin\varphi'} \tag{5.53}$$

摩尔-库仑破坏偏应力:$a=c'\cot\varphi'$

⑤ 排水试验数据(超固结 Frankfurt 黏土)见图 5.38。主要参考 Amann、Breth 和 Stroh (1975)的文献。

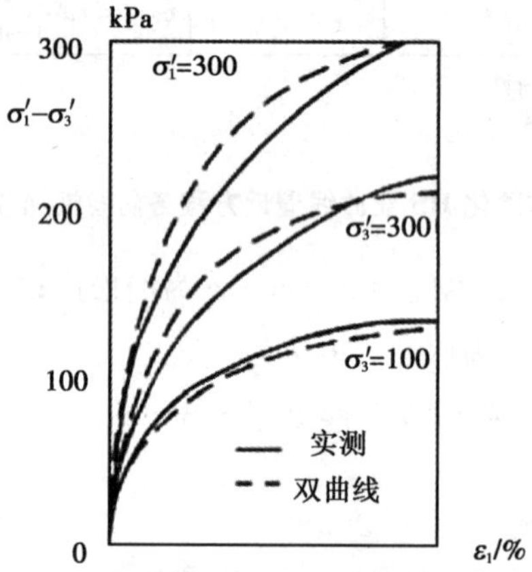

图 5.38 土体硬化 HS 排水试验数据(超固结 Frankfurt 黏土)各向同性加载的应变特性

(3)剪应变等值线

① 三轴试验曲线的双曲线逼近应变特性见图 5.39。

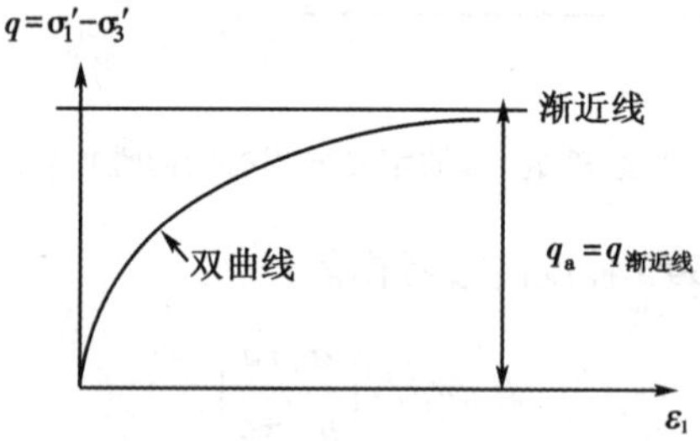

图 5.39 土体硬化 HS 三轴试验曲线的双曲线逼近各向同性加载的应变特性

剪切应变:

$$\gamma = \varepsilon_1-\varepsilon_3 \approx \frac{3}{2}\varepsilon_1 \tag{5.54}$$

$$\gamma = \frac{3}{4}\frac{q_a}{E_{50}}\cdot\frac{q}{q_a-q} \tag{5.55}$$

$$q_a = (\sigma_3'+a)\frac{2\sin\varphi_a'}{1-\sin\varphi_a'} \tag{5.56}$$

$$\varepsilon_1 = \frac{q_a}{2E_{50}}\cdot\frac{q}{q_a-q} \tag{5.57}$$

② p-q 平面中的剪应变等值线($c'=0$)应变特性见图 5.40。

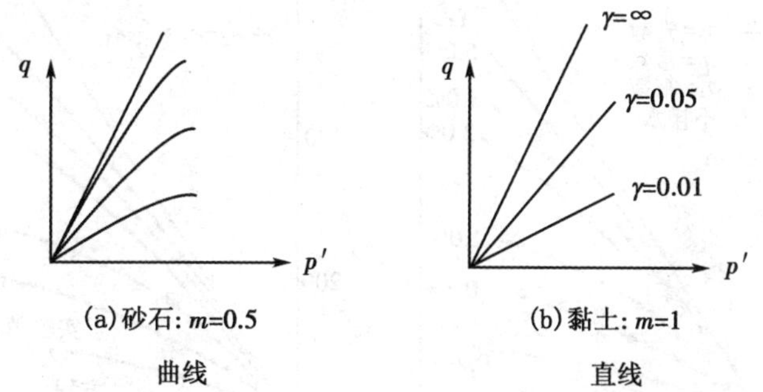

(a) 砂石：$m=0.5$　　　　　　　(b) 黏土：$m=1$

曲线　　　　　　　　　　　　　直线

图 5.40　土体硬化 HS p-q 平面中的剪应变等值线($c'=0$)各向同性加载的应变特性

$$\gamma = \frac{3}{4}\frac{q_a}{E_{50}} \cdot \frac{q}{q_a - q} \tag{5.58}$$

$$E_{50} = E_{50}^{\mathrm{rsf}}\left(\frac{\sigma_3' + c'\cot\varphi_a'}{p_{\mathrm{ref}} + c'\cot\varphi_a'}\right)^m \tag{5.59}$$

$$q_a = (\sigma_3' + a)\frac{2\sin\varphi_a'}{1 - \sin\varphi_a'} \tag{5.60}$$

③ Fuji 河沙实验数据(Ishihara，1975)应变特性见图 5.41。

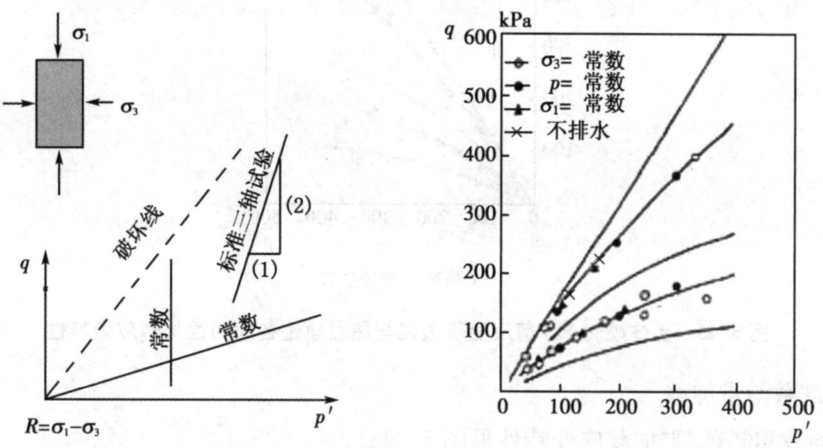

图 5.41　土体硬化 HS Fuji 河沙试验数据各向同性加载应变特性

④ 实测剪应变等值线和双曲线应变特性见图 5.42。

$$\gamma = \frac{3q_a}{4E_{50}}\frac{q}{q - q_a} \tag{5.61}$$

$$E_{50} = E_{50}^{\mathrm{ref}}\left(\frac{\sigma_3' + a}{p_{\mathrm{ref}} + a}\right)^m \tag{5.62}$$

$$q_a = (\sigma_3' + a)\frac{2\sin\varphi_a}{1 - \sin\varphi_a} \tag{5.63}$$

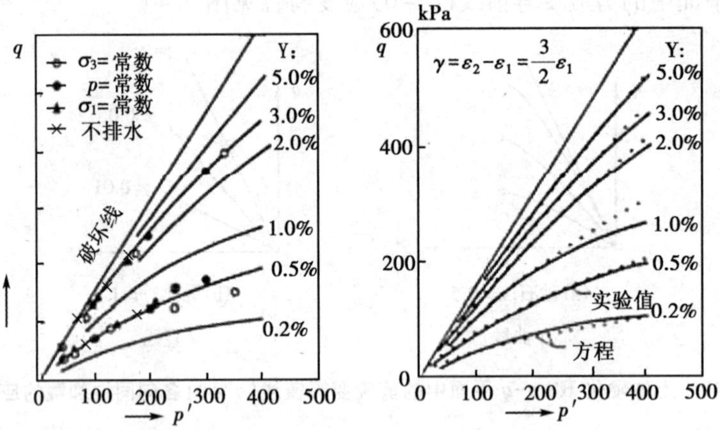

图 5.42 土体硬化 HS 实测剪应变等值线和双曲线各向同性加载应变特性

其中，$a=0$，$\varphi_a=38°$，$E_{50}^{ref}=30$ MPa，m＝0.5。

⑤ 剪应变等值线与屈服轨迹 a 应变特性见图 5.43。

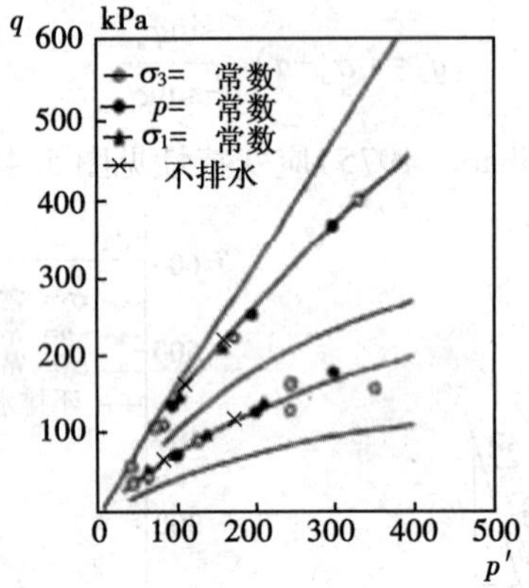

实测剪应变等值线

图 5.43 土体硬化 HS 剪应变等值线与屈服轨迹各向同性加载应变特性

（4）卸载与重加载

① 加载和卸载/重加载应变特性见图 5.44。

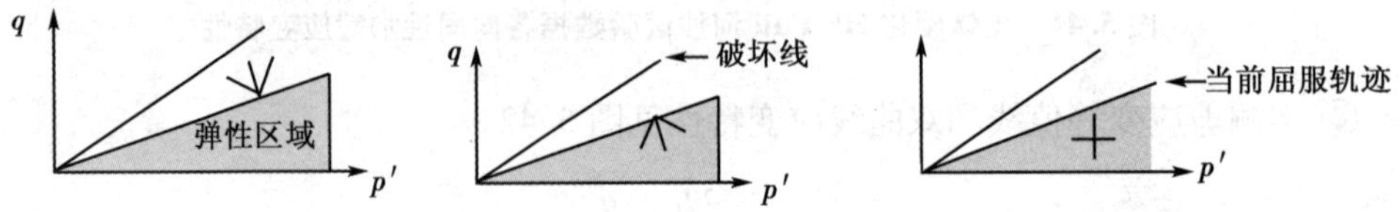

图 5.44 土体硬化 HS 加载和卸载/重加载各向同性应变特性

- 塑性状态加载：应力点在屈服轨迹上。应力增量指向弹性区城外。这将导致塑性屈服，如：塑性应变与弹性区扩张，材料硬化。
- 塑性状态卸载：应力点在屈服轨迹上。应力增量指向弹性区城内。这将导致弹性应变增量，应变增量与应力增量符合胡克定律，刚度为 E_{ur}。

• 弹性状态卸载/重加载：应力点位于弹性区域内，所有可能的应力增量都将产生弹性应变。

② 标准三轴试验卸载/重加载应变特性见图 5.45。

图 5.45　土体硬化 HS 标准三轴试验卸载/重加载各向同性应变特性

③ 砂土的卸载/重加载标准三轴试验应变特性见图 5.46。

④ 土体硬化 HS 胡克定律各向弹性各向同性应变特性见下式。

$$\left.\begin{aligned}
\Delta \varepsilon_1^c &= \frac{1}{E_{ur}}(\Delta \sigma'_1 - \nu_{ur} \cdot \Delta \sigma'_2 - \nu_{ur} \cdot \Delta \sigma'_3) \\
\Delta \varepsilon_2^c &= \frac{1}{E_{ur}}(-\nu_{ur} \cdot \Delta \sigma'_1 + \Delta \sigma'_2 - \nu_{ur} \cdot \Delta \sigma'_3) \\
\Delta \varepsilon_3^c &= \frac{1}{E_{ur}}(-\nu_{ur} \cdot \Delta \sigma'_1 - \nu_{ur} \cdot \Delta \sigma'_2 + \Delta \sigma'_3)
\end{aligned}\right\} \tag{5.64}$$

$$\nu_{ur} = \text{Poisson's ratio} \approx 0.2 \tag{5.65}$$

$$E_{ur} = E_{50}^{ref}\left(\frac{\sigma'_3 + a}{p_{ref} + a}\right)^m \tag{5.66}$$

$$a = c'\cot\varphi' \tag{5.67}$$

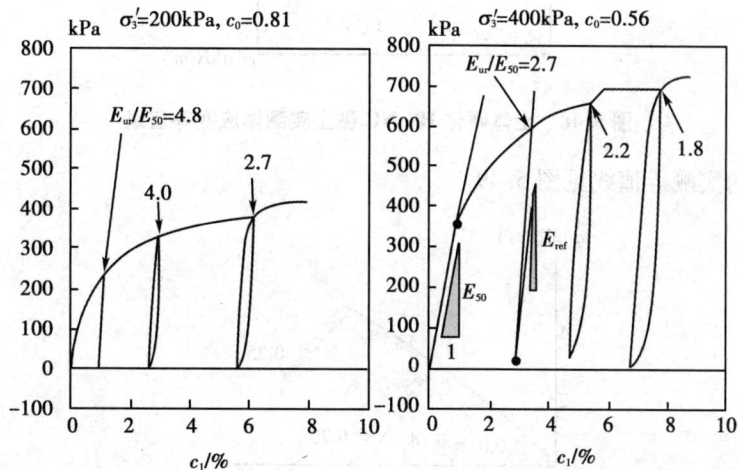

图 5.46　土体硬化 HS 砂土的卸载/重加载标准三轴试验各向同性应变特性

(5)密度硬化

① 三轴试验经典结果硬化特性见图 5.47。

临界孔隙率：松砂受剪切时体积变小，即孔隙比减小。密砂受剪切时发生剪胀现象，使孔隙比增大。在密砂与松砂之间，总有某个孔隙比使砂受剪切时体积不变即临界孔隙率。

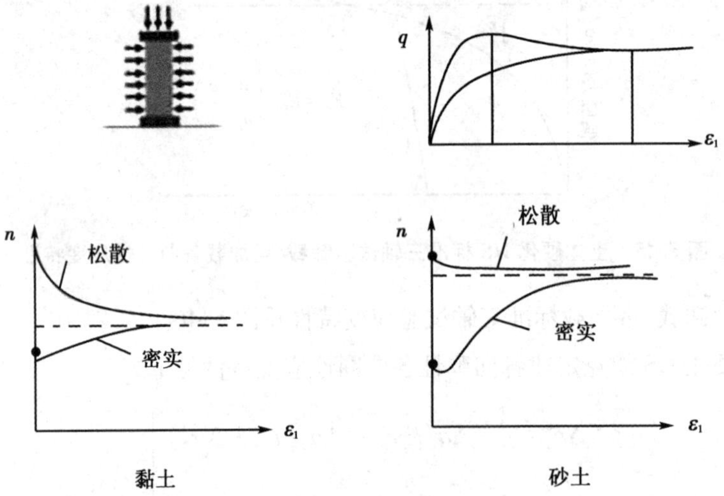

图 5.47　土体硬化 HS 三轴试验经典结果密度硬化特性

② NC 黏土实测体应变等值线见图 5.48。

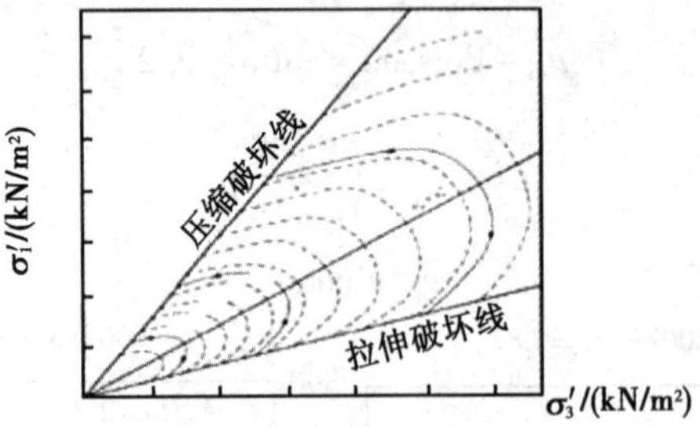

图 5.48　土体硬化 HS NC 黏土实测体应变等值线

③ 黏土的实测等值线见图 5.49。

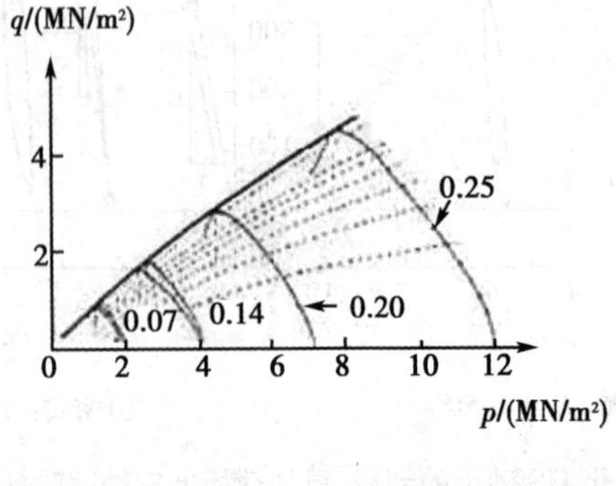

图 5.49　土体硬化 HS 黏土的实测等值线

④ 等值线类椭圆见图 5.50。

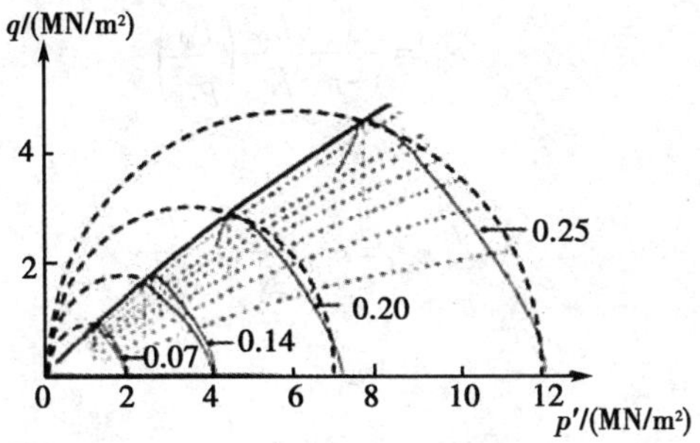

图 5.50　土体硬化 HS 等值线类椭圆

⑤ 密度硬化,体应变等值线椭圆中,椭圆用于修正剑桥模型,见图 5.51。

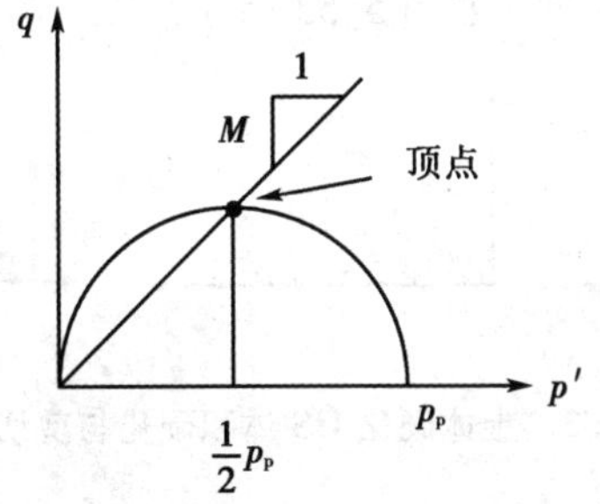

图 5.51　土体硬化 HS 体应变等值线椭圆

$$p'+\frac{q^2}{M^2 p'}=p_p \tag{5.68}$$

其中:$M=\dfrac{6\sin\varphi'}{3-\sin\varphi'}$。

⑥ 松砂体应变等值线见图 5.52。

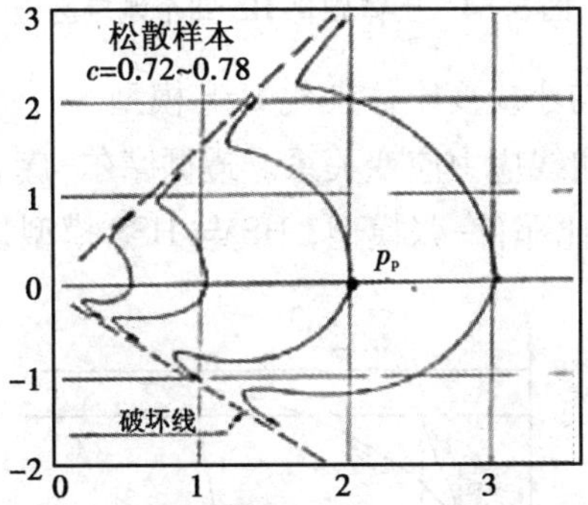

K_{ref}=参考体积模量

图 5.52　土体硬化 HS 松砂体应变等值线

图中,K_{ref}=参考体积模量。

一般情况 $m \neq 1$：

$$\varepsilon_{ref} = \frac{1}{1-m} \frac{p_{ref}}{K_{ref}} \left(\frac{p_p}{p_{ref}}\right)^{1-m}$$ (5.69)

特殊情况 $m = 1$：

$$\varepsilon_{ref} = \varepsilon'_{ref} + \frac{p_{ref}}{K_{ref}} \ln \frac{p_p}{p_{ref}}$$ (5.70)

椭圆：

$$p_p = p' + \frac{q^2}{M^2 p'}$$ (5.71)

（6）双硬化

① 体积硬化与剪切硬化。体积硬化在正常固结黏土和松砂土中占主导；剪切应变硬化在超固结黏土和密砂土占主导。如图5.53所示。

图5.53 土体硬化HS体积硬化与剪切硬化

② 四个刚度区域见图5.54。

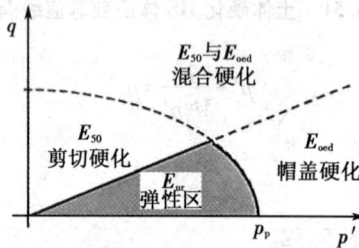

图5.54 土体硬化HS四个刚度区域

（7）土体硬化HS模型与小应变土体硬化HSS模型

① 三轴压缩试验中双曲线应力应变关系。遵循摩尔-库仑破坏准则的双曲线模型是HS和HSS模型的基础。相比邓肯-张模型，HS与HSS模型是弹塑性模型。见图5.55。

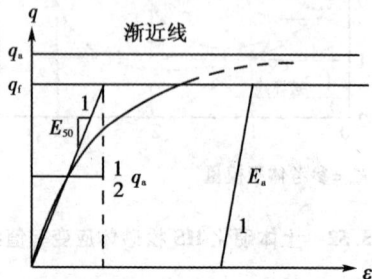

图5.55 三轴压缩试验中双曲线应力应变关系

三轴加载中邓肯-张或双曲线模型：

对于 $q<q_{\mathrm{f}}'$：

$$\varepsilon_1=\varepsilon_{50}\frac{q}{q_{\mathrm{a}}-q}\qquad(5.72)$$

其中：

$$q_{\mathrm{f}}=\frac{2\sin\varphi}{1-\sin\varphi}(\sigma_3'+c\cot\varphi)$$

$$q_{\mathrm{a}}=\frac{q_{\mathrm{f}}}{R_{\mathrm{f}}}\geqslant q_{\mathrm{f}}$$

R_{f} 为破坏比，默认为 0.9。

② 动摩擦中塑性应变（剪切硬化）见图 5.56。

屈服方程：

$$f'=\frac{q_{\mathrm{a}}}{E_{50}}\frac{q}{q_{\mathrm{a}}-q}-\frac{2q}{E_{\mathrm{ur}}}-\gamma^{\mathrm{ps}}\qquad(5.73)$$

其中，γ^{ps} 是状态参数，它记录锥面的展开。γ^{ps} 的发展法则：$\mathrm{d}\gamma^{\mathrm{ps}}=\mathrm{d}\lambda^{\mathrm{s}}$ 其中 $\mathrm{d}\lambda^{\mathrm{s}}$ 是模型锥形屈服面的乘子。

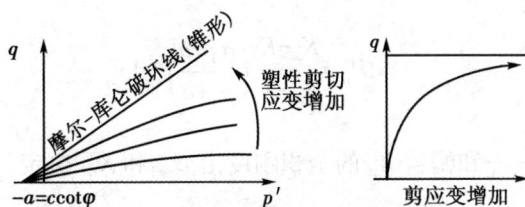

图 5.56　动摩擦中塑性应变（剪切硬化）

③ 主压缩中塑性应变（密度硬化）。见图 5.57。

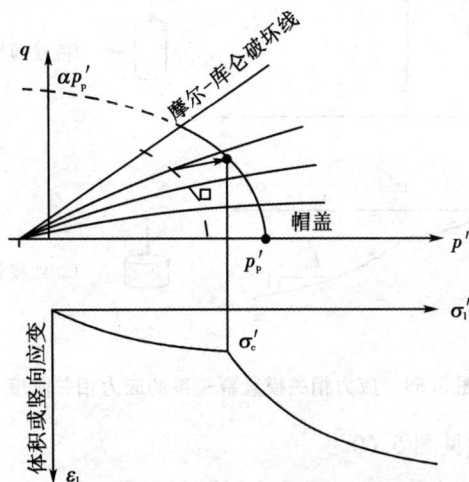

图 5.57　主压缩中塑性应变（密度硬化）

屈服方程：

$$f' = \frac{\bar{q}^2}{\alpha^2} - p^2 - p_p^2 \tag{5.74}$$

其中：p_p 是状态参数，它记录帽盖的位移。

④ 幂关系的应力相关刚度见图 5.58。

图 5.58 主应力空间下摩尔-库仑 MC 的锥面被帽盖封闭幂关系的应力相关刚度

主应力空间下摩尔-库仑的锥面被帽盖封闭。

因此：

$$\bar{q} = f(\sigma_1, \sigma_2, \delta_3, \varphi) \tag{5.75}$$

演化法则：

$$dP_p = \frac{K_s - K_c}{K_s - K_c} \left(\frac{\sigma_1 + a}{p + a} \right)^m d\varepsilon_v^p \tag{5.76}$$

其中：$K_s = \dfrac{E_{ur}^{ref}}{3(1-2v)}$ 和帽盖 K_c 的全积刚度由 E_{oed} 和 K_0^{nc} 决定。

应力相关模量见图 5.59。

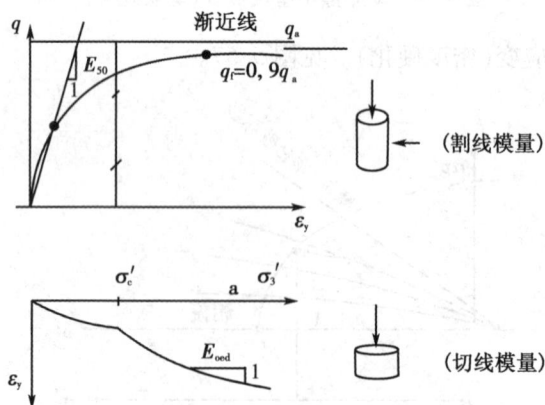

图 5.59 应力相关模量幂关系的应力相关刚度

⑤ 弹性卸载/重加载见图 5.60。

$$E_{ur} = \frac{E_{ur}}{3(1-2\nu_{ur})} \tag{5.77}$$

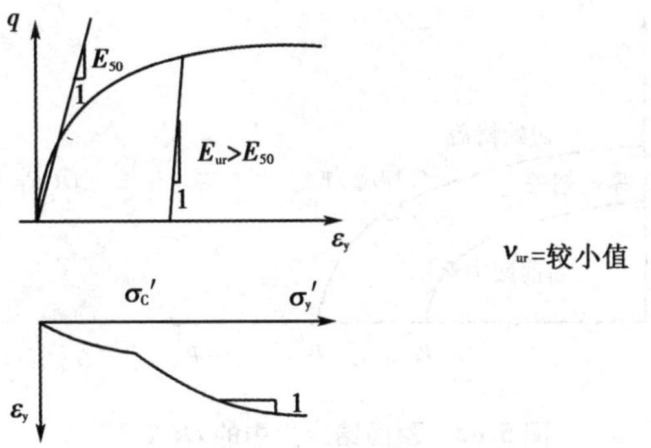

图 5.60　弹性卸载/重加载

$$G_{ur} = \frac{E_{ur}}{2(1+\nu_{ur})} \qquad (5.78)$$

$$E_{ur} = \frac{E_{ur}(1-\nu_{ur})}{(1-2\nu_{ur})(1+\nu_{ur})} \qquad (5.79)$$

⑥ 预固结应力的记忆见图 5.61。

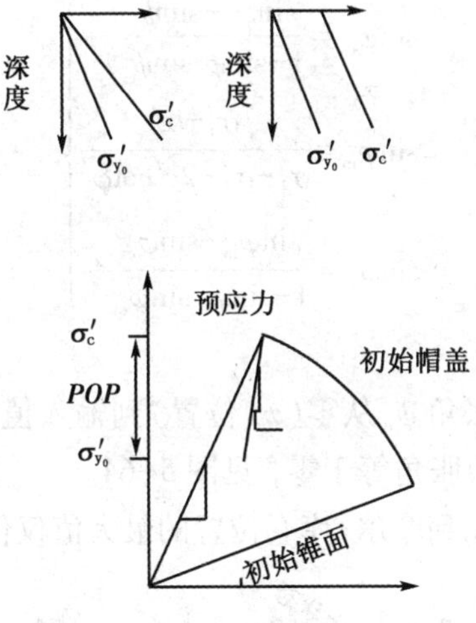

图 5.61　预固结应力的记忆

预固结通过与竖向应力相关的 OCR 和 POP 来输入，并转化为 p_p。

初始水平应力：

$$\sigma_{10}' = K_0'\sigma_c' - (\sigma_c' - \sigma_{y0}') \cdot \frac{\nu_{ur}}{1+\nu_{ur}} \qquad (5.80)$$

默认：$K_0' = 1-\sin\varphi$，如果达到 MC 屈服，则被修正。

输出的 OCR 是基于等效各向同性主应力，见图 2.62。

⑦ 摩尔-库仑线下的剪胀见图 5.63。

剪胀方程：Rowe(1962)修正，输入的摩擦角决定摩尔-库仑强度。剪胀角改变应变；较高的剪胀角获得较大体积膨胀和较小的主方向屈服应变。

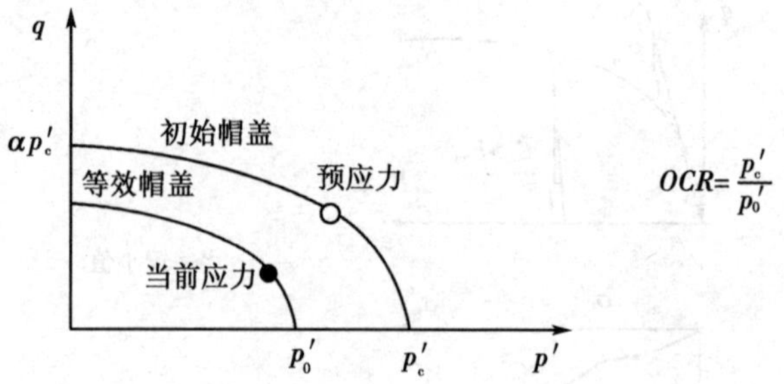

图 5.62　预固结应力中的 OCR

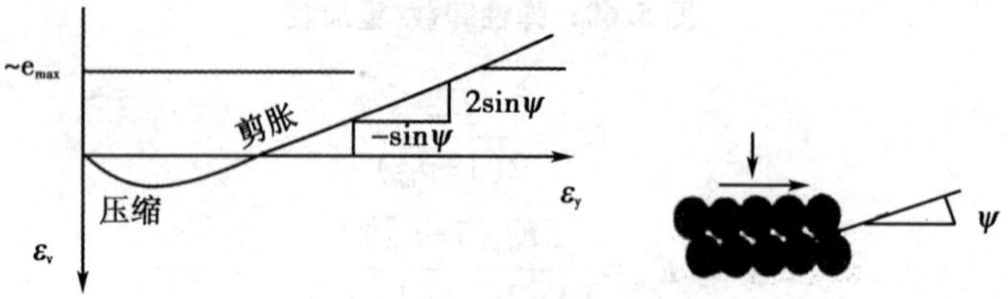

$$OCR=\frac{p'_c}{p'_0}$$

图 5.63　摩尔-库仑线下的剪胀

$$\left.\begin{array}{l}\sin\varphi_{cv}=\dfrac{\sin\varphi'-\sin\psi}{1-\sin\varphi'\sin\psi}\\[3mm]\sin\varphi_m=\dfrac{\sigma'_1-\sigma'_3}{\sigma'_1+\sigma'_3-2c'\cot\varphi'}\\[3mm]\sin\psi_m=\dfrac{\sin\varphi_m-\sin\varphi_{cv}}{1-\sin\varphi_m\sin\varphi_{cv}}\end{array}\right\}\qquad(5.81)$$

从破坏线认识剪胀：

非关联流动：增加的剪胀角 ψ_m 从零（φ_{cv} 位置）到输入值 ψ_{input}（摩尔-库仑线）。Rowe 认为对于 $\sin\psi_m<0.75\sin\psi$，剪胀角等于零，见图5-64。

关联流动：压缩从零增加到摩尔-库仑位置的最大值仅仅帽盖移动，见图5.65。

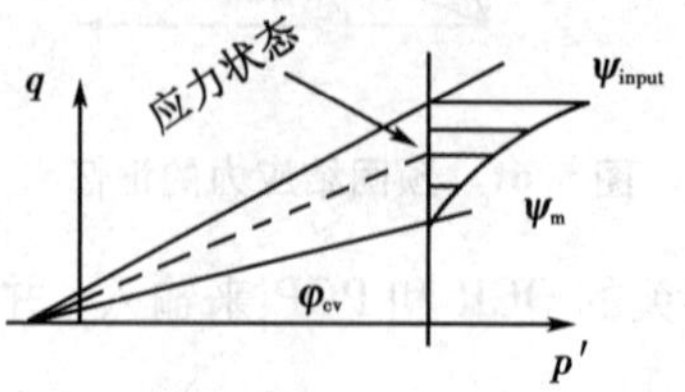

图 5.64　从破坏线认识非关联流动剪胀

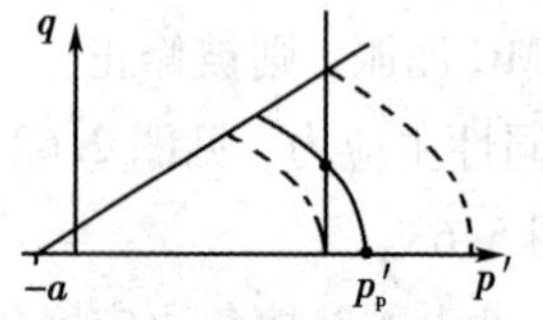

图 5.65　从破坏线认识关联流动剪胀

⑧ 小应变刚度。土体硬化 HS 中的压缩见图 5.66。

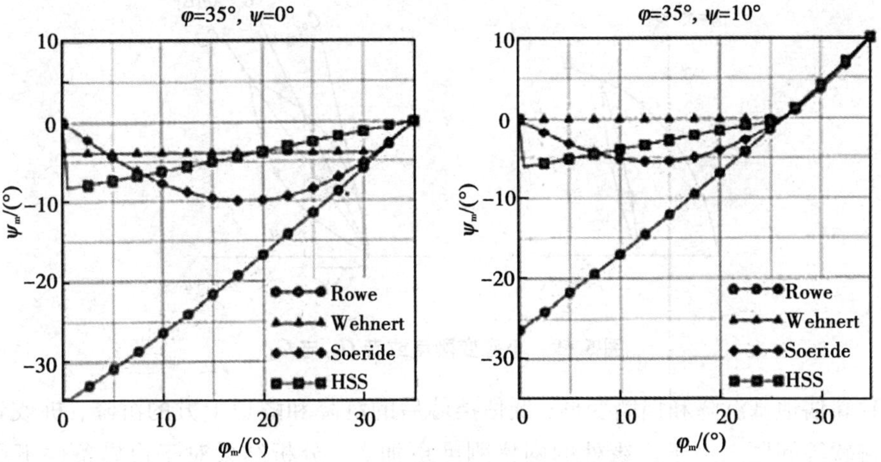

图 5.66 土体硬化 HS 中的压缩

土体硬化 HS 与小应变土体硬化 HSS 模型,当卸载-加载的幅值减小,滞回消失,因此,近乎真实的弹性响应仅在非常小的滞回环的情况发生。真正的弹性刚度叫作小应变刚度。如图 5.67 所示。

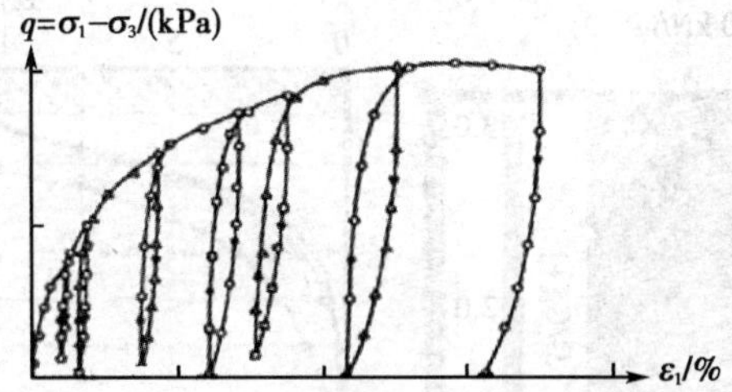

图 5.67 小应变刚度

小应变刚度或者 E_{ur} 和 E_0。土体硬化 HS 模型中定义屈服面内的刚度的卸载-加载 E_{ur} 是卸载重加载(大的)滞回环的割线模量,小应变(或小滞回)下 $E_0 = E_{ur}$。见图 5.68。

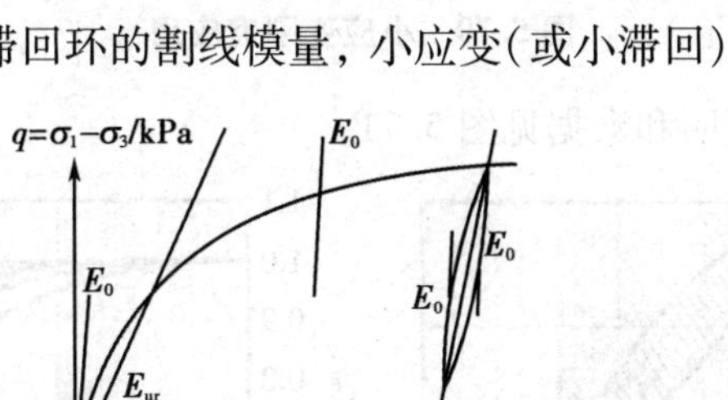

图 5.68 小应变刚度或者 E_{ur} 与 E_0

小应变刚度或者 G_{ur} 和 G_0。来自试验室的土体刚度一般给出割线剪切模量-剪切应变关系图。$G = G(\gamma)$ 是一个应用于荷载翻转后的剪切应变的函数。见图 5.69。

⑨ 小应变刚度的重要性。小应变刚度通过经典室内试验获得发现。因此,不考虑它

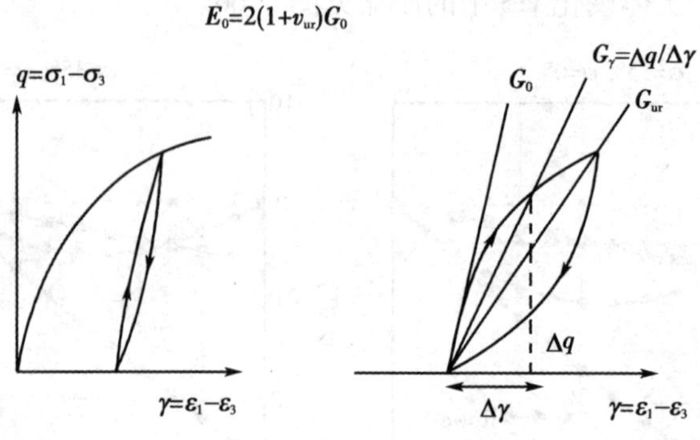

$$E_0 = 2(1+v_{ur})G_0$$

图 5.69　小应变刚度或者 G_{ur} 与 G_0

可能导致高估地基沉降和挡墙变形；低估挡墙后的沉降和隧道上方的沉降；桩或者锚杆表现的偏软等问题。由于边缘处的网格刚度更加大，分析结果对于边界条件不那么敏感，大网格不再导致额外的位移。小应变刚度与动力刚度：真实的弹性刚度首先在土体动力试验中获得的。明显动力情况的土体刚度比自然荷载下土体的刚度大很多。发现小应变下的刚度与动力实测测得结果差异很小。所以，有时将动力下的土体刚度作为小应变刚度是合理的。刚度衰减曲线特征见图 5.70。

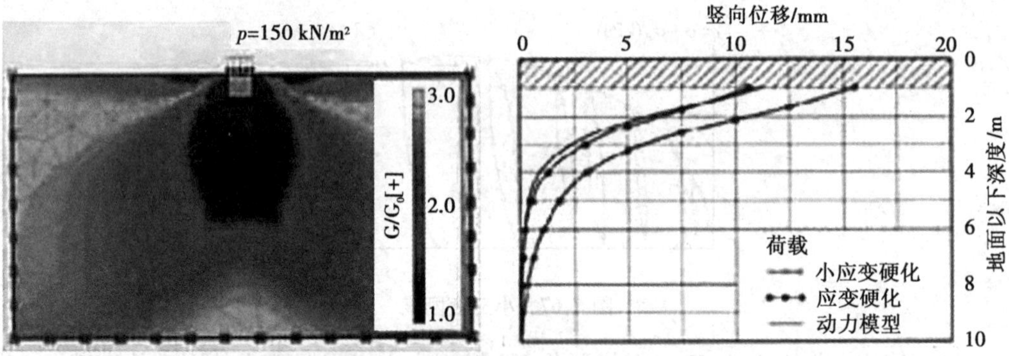

图 5.70　小应变刚度应用

小应变刚度的试验证明和数据见图 5.71。

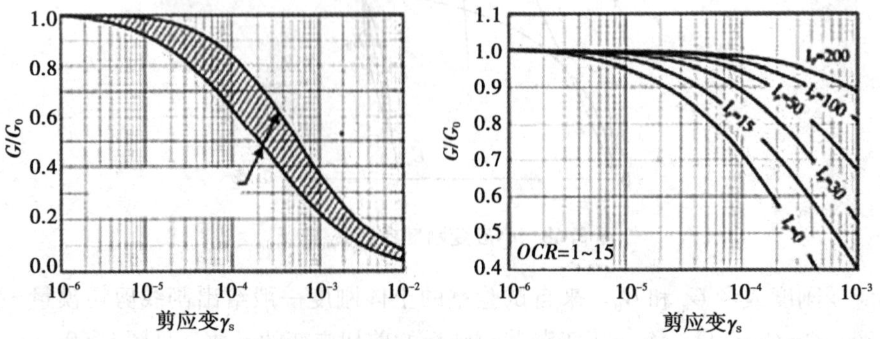

（a）Seed 和 Idris 刚度衰减曲线　　　　　（b）Vucetic 和 Dobry 刚度衰减曲线

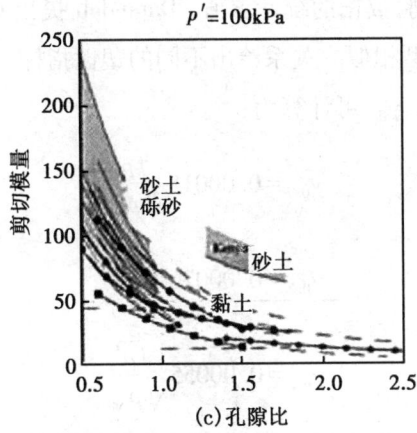

图 5.71　小应变刚度的试验证明和数据

经验公式：

$$E_0 = 2(1+\nu_{ur})G_0 \tag{5.82}$$

进一步的关系式为：

$$G_0 = G_0^{\text{ref}}\left(\frac{p'}{p_{\text{ret}}}\right)^m \tag{5.83}$$

其中 $G_0^{\text{ref}} = \text{function}(e) \cdot OCR'$

对于 $W_l < 50\%$，Biarez 和 Hicher 给出：

$$E_0 = E_0^{\text{ref}} = \sqrt{\frac{p'}{p_{\text{ref}}}} \tag{5.84}$$

其中 $E_0^{\text{ref}} = \dfrac{140}{e}$ MPa。

E_0 经验数据和经验关系，Alpan 假定 $E_{\text{dynamic}}/E_{\text{static}} = E_0/E_{\text{ur}}$，则可获得 E_0 与 E_{ur} 的关系，如图 5.72 所示。

图 5.72　E_0 经验数据和经验关系

$\gamma_{0.7}$ 经验关系。基于实验数据的统计求值，Darandeli 提出双曲线刚度衰减模型关系，与小应变土体硬化 HSS 模型相似。关系给出不同的塑性指标。

基于 Darandeli 的成果，$\gamma_{0.7}$ 可计算为：

$$IP = 0 \colon \qquad \gamma_{0.7} = 0.00015\sqrt{\frac{p'}{p_{\text{ref}}}} \qquad\qquad (5.85)$$

$$IP = 30 \colon \qquad \gamma_{0.7} = 0.00026\sqrt{\frac{p'}{p_{\text{ref}}}} \qquad\qquad (5.86)$$

$$IP = 100 \colon \qquad \gamma_{0.7} = 0.00055\sqrt{\frac{p'}{p_{\text{ref}}}} \qquad\qquad (5.87)$$

$\gamma_{0.7}$ 的应力相关性在小应变土体硬化 HSS 模型中并没有实现。如果需要，可以通过建立子类组归并到边界值问题。可参考 Darendeli 和 Menhmet(2001)的相关论述。

（8）一维状态的小应变土体硬化 HSS 模型

Hardin 和 Drnevich 的一维模型见图 5.73。

Hardin 和 Drnevich 模型：

$$\frac{G}{G_0} = \frac{1}{1 + \dfrac{\gamma}{\gamma_1}} \qquad\qquad (5.88)$$

HSS 模型修正：

$$\frac{G}{G_0} = \frac{1}{1 + \dfrac{3\gamma}{7\gamma_{2,3}}} \qquad\qquad (5.89)$$

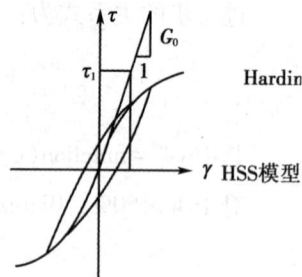

图 5.73 一维状态的小应变土体硬化 HSS 模型

刚度退化。左边：切线模量衰减→参数输入。右边：割线模量衰减→刚度退化截断。如果小应变土体硬化 HSS 中的小应变刚度关系预计到小于 Gurref 的割线刚度，模型的弹性刚度设置为定值，随后硬化的塑性说明刚度进一步衰减。如图 5.74 所示。

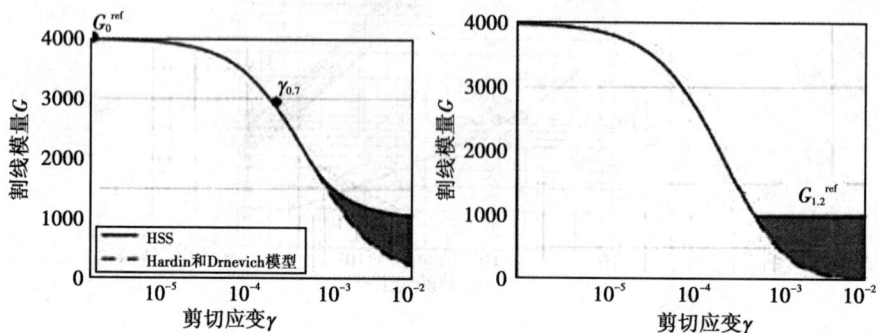

图 5.74 刚度退化

（9）小应变土体硬化 HSS 与土体硬化 HS 模型的不同

三轴试验中的模型性能。试验参数：$E_{ur}^{ref} = 90MPa$，$E_0^{ref} = 270MPa$，$m = 0.55$，$\gamma_{0.7} = 2\times10^{-4}$。土体硬化 HS 模型与小应变土体硬化 HSS 模型的应力-应变曲线几乎相同（见图 5.75）。

（a）HS 模型　　　　　　　　　　（b）HSS 模型

图 5.75　小应变土体硬化 HSS 模型-刚度退化

然而，注意曲线第一部分，两个模型是不一样的。

案例 A。Limburg 开挖基坑槽地面沉降见图 5.76。对比分析：摩尔-库仑模型 $E = E_{50}$；摩尔-库仑模型 $E = E_{ur}$；土体硬化 HS 模型 $E_{oed} = E_{50}$。

图 5.76　Limburg 开挖基坑槽地面沉降

Limburg 开挖墙体水平位移如图 5.77 所示。

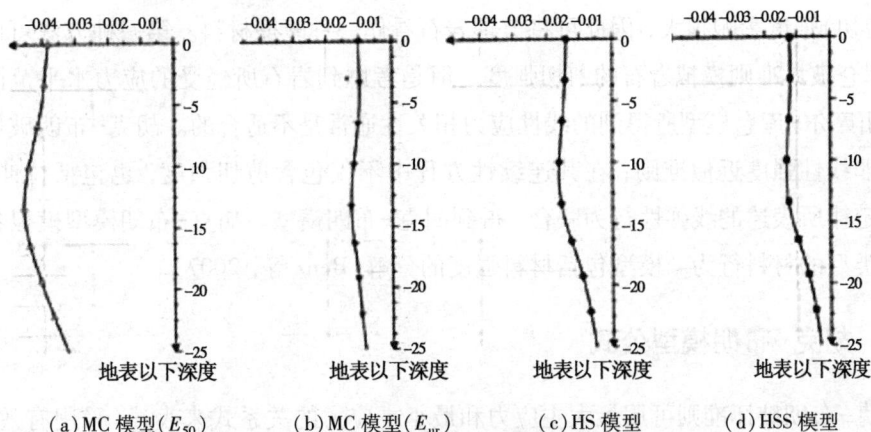

（a）MC 模型（E_{50}）　　（b）MC 模型（E_{ur}）　　（c）HS 模型　　（d）HSS 模型

图 5.77　Limburg 开挖基坑槽墙体水平位移

Limburg 开挖基坑弯矩如图 5.78 所示。

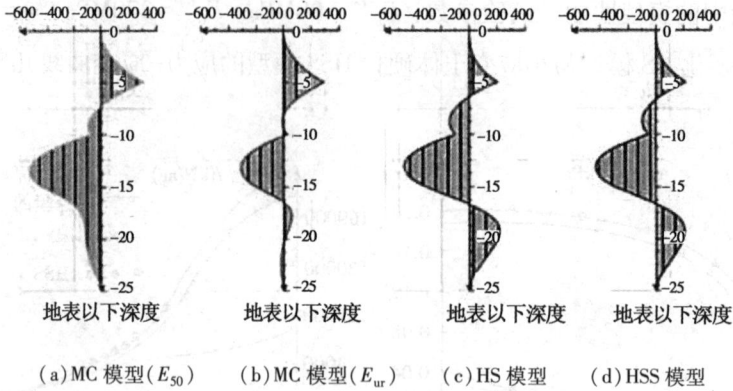

(a)MC 模型(E_{50})　(b)MC 模型(E_{ur})　(c)HS 模型　(d)HSS 模型

图 5.78　Limburg 开挖基坑弯矩

案例 B。隧道案例。如图 5.79 所示。

图 5.79　隧道开挖支护

5.7　胡克-布朗模型(岩石行为)

　　岩石一般比较硬，强度较大，从这个角度来看，岩石的材料行为与土有很大差别。岩石的刚度几乎与应力水平无关，因此可将岩石的刚度看作常数。另外，应力水平对岩石的(剪切)强度影响很大，因此可将节理岩石看作一种摩擦材料。第一种方法可以通过摩尔-库仑破坏准则模拟岩石的剪切强度。但是考虑到岩石所经受的应力水平范围可能很大，由摩尔-库仑模型所得到的线性应力相关性通常是不适合的。胡克-布朗破坏准则是一种非线性强度近似准则，在其连续性方程中不仅包含剪切强度，也包括拉伸强度。与胡克定律所表述的线弹性行为联合，得到胡克-布朗模型。胡克-布朗模型模拟各向同性岩石类型的材料行为。模型包括材料强度的分解(Benz 等，2007)。

5.7.1　胡克-布朗模型公式

　　胡克-布朗破坏准则可用最大主应力和最小主应力的关系式来表述(采用有效应力，

拉应力为正，压应力为负）：

$$\sigma_1' = \sigma_3' - \left(m_b \frac{-\sigma_3'}{\sigma_{ci}} + s \right)^a \tag{5.90}$$

式中：m_b——对完整岩石参数 m_i 折减，依赖于地质强度指数（GSI）和扰动因子（D）参数：

$$m_b = m_i \exp\left(\frac{GSI - 100}{28 - 14D} \right) \tag{5.91}$$

s，a——岩块的辅助材料参数，可表述为：

$$s = \exp\left(\frac{GSI - 100}{9 - 3D} \right) \tag{5.92}$$

$$a = \frac{1}{2} + \frac{1}{6} \left[\exp\left(-\frac{GSI}{15} \right) - \exp\left(-\frac{20}{3} \right) \right] \tag{5.93}$$

σ_{ci}——完整岩石材料的单轴抗压强度（定义为正值）。根据该值可得出特定岩石单轴抗压强度 σ_c 为：

$$\sigma_c = \sigma_{ci} s^a \tag{5.94}$$

特定岩石抗拉强度 σ_t：

$$\sigma_t = \frac{s\sigma_{ci}}{m_b} \tag{5.95}$$

胡克-布朗破坏准则描述如图 5.80 所示。

在塑性理论中，胡克-布朗破坏准则重新写为下述破坏函数：

$$f_{HB} = \sigma_1' - \sigma_3' + \bar{f}(\sigma_3') \tag{5.96}$$

其中 $\bar{f}(\sigma_3') = \sigma_{ci} \left(m_b \dfrac{\sigma_3'}{\sigma_{ci}} + s \right)^a$。

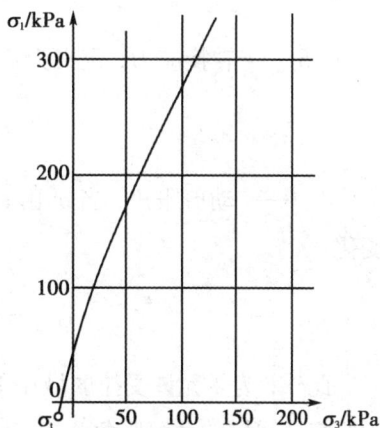

图 5.80　胡克-布朗破坏准则

对于一般三维应力状态，处理屈服角需要更多的屈服函数，这点与摩尔-库仑准则相似。定义压为负，且考虑主应力顺序 $\sigma_1' \leqslant \sigma_2' \leqslant \sigma_3'$，准则可用两个屈服函数来描述：

$$f_{HB,13} = \sigma_1' - \sigma_3' + \bar{f}(\sigma_3') \tag{5.97}$$

其中 $\bar{f}(\sigma_3') = \sigma_{ci} \left(m_b - \dfrac{\sigma_3'}{\sigma_{ci}} + s \right)^a$。

$$f_{HB,12} = \sigma_1' - \sigma_2' + \bar{f}(\sigma_2') \tag{5.98}$$

其中 $\bar{f}(\sigma_2') = \sigma_{ci} \left(m_b - \dfrac{\sigma_2'}{\sigma_{ci}} + s \right)^a$。

主应力空间中的胡克-布朗破坏面（$f_i = 0$）如图 5.81 所示。

除了上述两个屈服函数以外，胡克-布朗准则中定义了两个相关塑性势函数：

$$g_{HB,13} = S_i - \left(\frac{1 + \sin\psi_{mob}}{1 - \sin\psi_{mob}} \right) s_3 \tag{5.99}$$

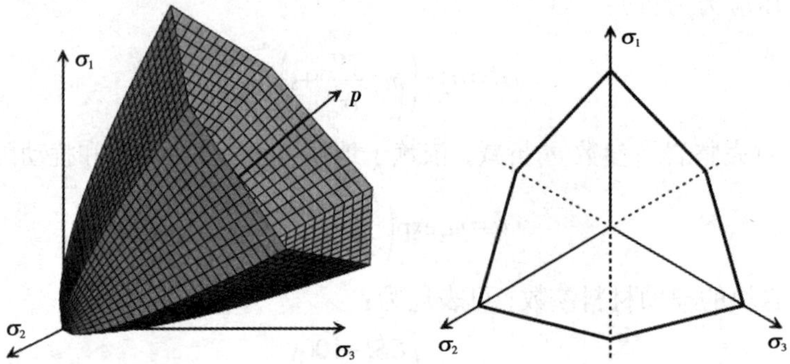

图 5.81　主应力空间中的胡克-布朗破坏面

$$g_{HB,12} = S_i - \left(\frac{1+\sin\psi_{mob}}{1-\sin\psi_{mob}} \right) s_2 \qquad (5.100)$$

其中：S_i——转换应力，定义为：

$$S_i = -\frac{\sigma_1}{m_b\sigma_{ci}} + \frac{s}{m_b^2} \quad (i=1,2,3) \qquad (5.101)$$

ψ_{mob}——动剪胀角，当 σ_3' 由其输入值（$\sigma_3'=0$）降低为 $0(-\sigma_3'=\sigma_\psi)$ 时，动剪胀角随之变化：

$$\psi_{mob} = \frac{\sigma_\psi + \sigma_3'}{\sigma_\psi}\psi \geqslant 0 \quad (0 \geqslant -\sigma_3' \geqslant \sigma_\psi) \qquad (5.102)$$

此外，为了允许受拉区域中的塑性膨胀，人为给定了递增的动剪胀角：

$$\psi_{mob} = \psi + \frac{\sigma_3'}{\sigma_t}(90° - \psi) \quad (\sigma_t \geqslant -\sigma_3' \geqslant 0)$$

$$(5.103)$$

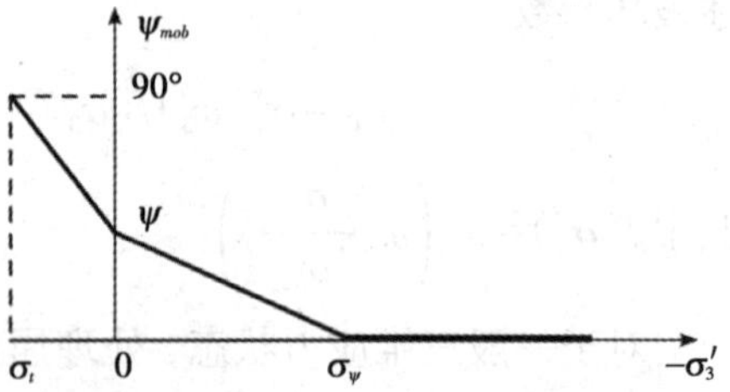

图 5.82　动剪胀角的变化

动剪胀角随 σ_3' 的变化如图 5.82 所示。

关于胡克-布朗模型的弹性行为，即各向同性线弹性行为胡克定律。模型的参数包括弹性模量 E（代表节理岩体破坏前的原位刚度）、泊松比 ν（描述侧向应变）。

5.7.2　胡克-布朗与摩尔-库仑之间的转换

对比胡克-布朗破坏准则和摩尔-库仑破坏准则在应用中的情况，需要特殊的应力范围，该范围内在指定围压下达到平衡（考虑拉为正，压为负）。

$$-\sigma_t \geqslant -\sigma_3' \geqslant -\sigma_{3,max}' \qquad (5.104)$$

此时，摩尔-库仑有效强度参数 c'、φ' 之间存在下述关系（Carranza-Torres，2004）：

$$\sin\varphi' = \frac{6am_b(s+m_b\sigma'_{3n})^{a-1}}{2(1+a)(2+a)+6am_b(s+m_b\sigma'_{3n})^{a-1}} \tag{5.105}$$

$$c' = \frac{\sigma_{ci}\left[(1+2a)s+(1-a)m_b\sigma'_{3n}\right](s+m_b\sigma'_{3n})^{a-1}}{(1+a)(2+a)\sqrt{1+\dfrac{6am_b(s+m_b\sigma'_{3n})^{a-1}}{(1+a)(2+a)}}} \tag{5.106}$$

其中，$\sigma'_{3n}=\sigma'_{3,\,max}/\sigma_{ci}$。围压的上限值 $\sigma'_{3,\,max}$ 取决于实际情况。

5.7.3　胡克-布朗模型中的参数

胡克-布朗模型中一共有 8 个参数。参数及其标准单位如表 5.3 所示。

表 5.3　胡克-布朗模型参数

符号	名称	单位
E	弹性模量	kN/m^2
ν	泊松比	—
σ_{ci}	完整岩石的单轴抗压强度（大于 0）	kN/m^2
m_i	完整岩石参数	—
GSI	地质强度指数	—
D	扰动因子	—
ψ	剪胀角（$\sigma'_3=0$ 时）	(°)
σ_ψ	$\psi=0°$ 时围压 σ'_3 的绝对值	kN/m^2

（1）弹性模量（E）

对于岩石层，弹性模量 E 视为常数。在胡克-布朗模型中该模量可通过岩石质量参数来估计（Hoek，Carranza-Torres 和 Corkum，2002）：

$$E = \left(1-\frac{D}{2}\right)\sqrt{\frac{\sigma_{ci}}{p^{ref}}} \cdot 10^{\frac{GSI-10}{40}} \tag{5.107}$$

其中，$p^{ref}=10^5 kPa$，并假定平方根的最大值为 1。

弹性模量单位为 kN/m^2（$1kN/m^2=1kPa$），即由上述公式所得到的数值应该乘以 10^6。弹性模量的精确值可通过岩石的单轴抗压试验或直剪试验得到。

（2）泊松比（ν）

泊松比 ν 的范围一般为 [0.1，0.4]。不同岩石类别泊松比典型数值如图 5.83 所示。

（3）完整岩石单轴抗压强度（σ_{ci}）

完整岩石的单轴抗压强度 σ_{ci} 可通过试验（如单轴压缩）获得。室内试验试样一般为完整岩石，因此其 $GSI=100$，$D=0$。典型数据如表 5.4 所示（Hoek，1999）。

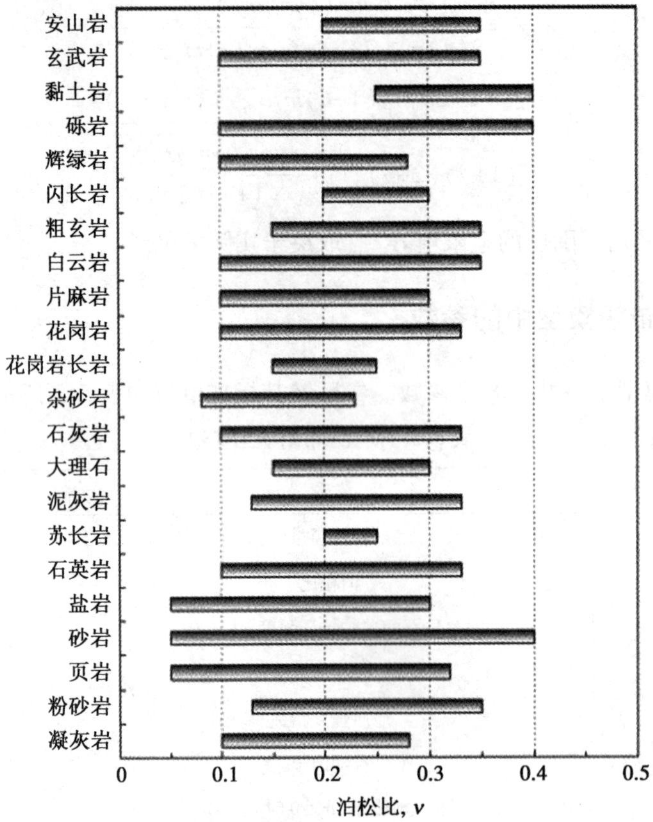

安山岩
玄武岩
黏土岩
砾岩
辉绿岩
闪长岩
粗玄岩
白云岩
片麻岩
花岗岩
花岗岩长岩
杂砂岩
石灰岩
大理石
泥灰岩
苏长岩
石英岩
盐岩
砂岩
页岩
粉砂岩
凝灰岩

0   0.1   0.2   0.3   0.4   0.5

泊松比, v

图 5.83　典型泊松比数值

表 5.4　完整单轴抗压强度

级别	分类	单轴抗压强度/MPa	强度的现场评价	示例
R6	极坚硬	>250	岩样用地质锤可敲动	新鲜玄武岩、角岩、辉绿岩、片麻岩、花岗岩、石英岩
R5	非常坚硬	100~250	需多次敲击岩样方可击裂岩样	闪岩、砂岩、玄武岩、辉长岩、片麻岩、花岗闪长岩、石灰岩、大理石、流纹岩、凝灰岩
R4	坚硬	50~100	需敲击1次以上方可击裂岩样	石灰岩、大理石、千枚岩、砂岩、片岩、页岩
R3	中等坚硬	25~50	用小刀刮不动,用地质锤一击即可击裂	黏土岩、煤块、混凝土、片岩、页岩、粉砂岩
R2	软弱	5~25	用小刀刮比较困难,地质锤点击可看到轻微凹陷	白垩、盐岩、明矾
R1	非常软弱	1~5	地质锤稳固点击时可弄碎岩样,小刀可削得动	强风化或风化岩石
R0	极其软弱	0.25~1	手指可按出凹痕	硬质断层黏土

（4）完整岩石参数（m_i）

完整岩石参数为经验模型参数,依赖于岩石类型。典型数值如表5.5所示。

表 2.5　完整岩石参数

岩石类型	岩组	岩石结构 粗粒	中粒	细粒	极细粒
沉积岩	碎屑岩类	砾岩① 角砾岩①	砂岩(17±4)	粉砂岩(7±2) 杂砂岩(18±3)	黏土岩(4±2) 页岩(6±2) 泥灰岩(7±2)
	碳酸盐类	粗晶石灰岩(17±3)	亮晶石灰岩(10±2)	微晶石灰岩(9±2)	白云岩(9±3)
	蒸发岩类		石膏 8±2	硬石膏 12±2	
	有机质类				白垩(7±2)
变质岩	无片状构造	大理岩(9±3)	角页岩(19±4) 变质砂岩(19±3)	石英岩(20±3)	
	微状构造	混合岩(29±3)	角闪岩(26±6)	片麻岩(28±5)	
	片状构造②		片岩(12±3)	千枚岩(7±3)	板岩(7±4)
火成岩	深成岩 浅色	花岗岩(32±3)	闪长岩(25±5) 花岗闪长岩(29±3)		
	深成岩 黑色	辉长岩(27±3)	粗粒玄武岩(16±5) 长岩(20±5)		
	浅成岩		斑岩(20±5)	辉绿岩(15±5)	
	喷出岩 熔岩		流纹岩(25±5) 安山岩 25±5	石英安山岩(25±3) 玄武岩(25±5)	橄榄岩(25±5)
	喷出岩 火山碎屑岩	集块岩(19±3)	角砾岩(19±5)	凝灰岩(13±5)	

（5）地质强度指数（GSI）

GSI 可以基于图 5.84 的描绘来选取。

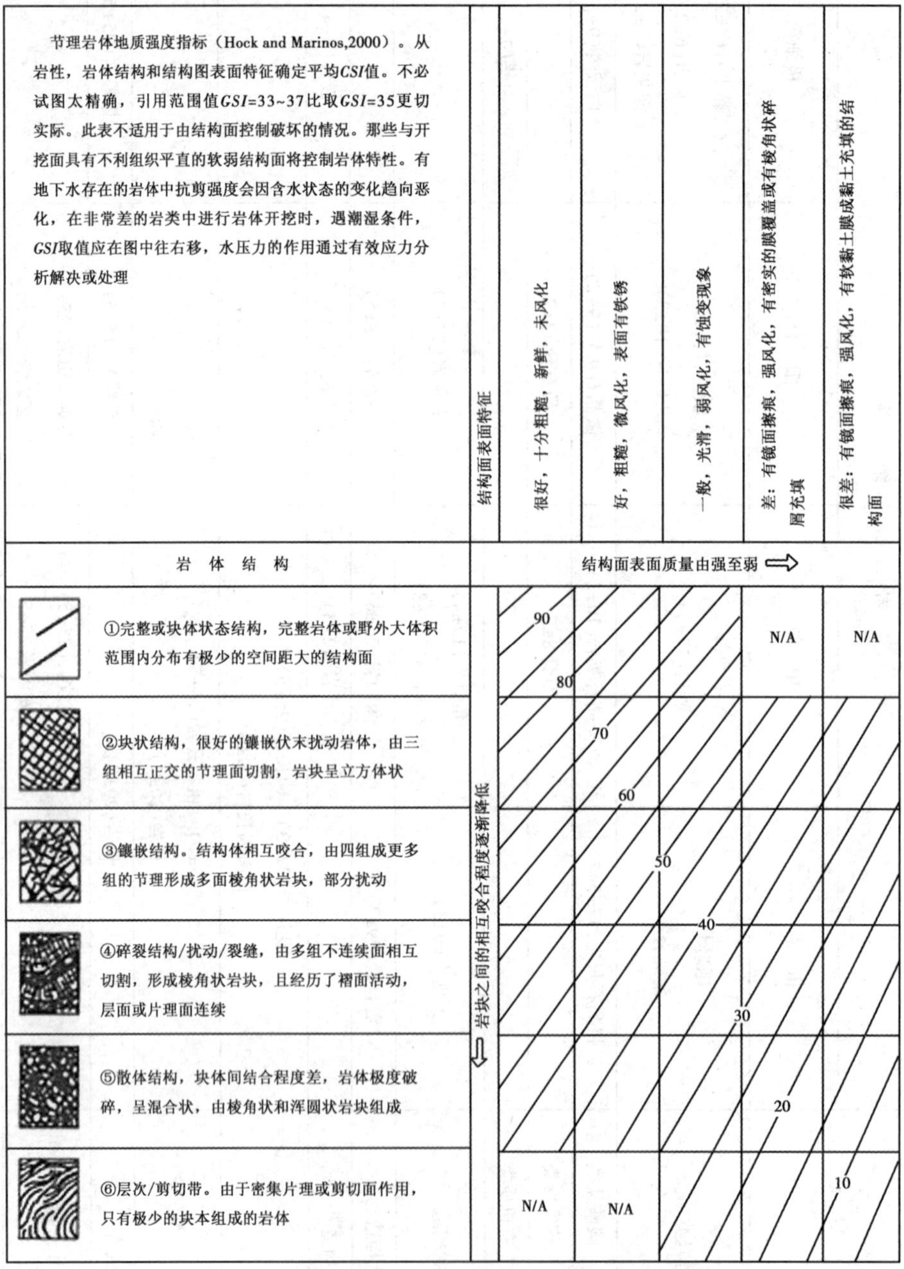

节理岩体地质强度指标（Hock and Marinos,2000）。从岩性、岩体结构和结构图表面特征确定平均CSI值。不必试图太精确，引用范围值GSI=33~37比取GSI=35更切实际。此表不适用于由结构面控制破坏的情况。那些与开挖面具有不利组织平直的软弱结构面将控制岩体特性。有地下水存在的岩体中抗剪强度会因含水状态的变化趋向恶化，在非常差的岩类中进行岩体开挖时，遇潮湿条件，GSI取值应在图中往右移，水压力的作用通过有效应力分析解决或处理	结构面表面特征	很好、十分粗糙、新鲜、未风化	好、粗糙、微风化、表面有铁锈	一般、光滑、弱风化、有蚀变现象	差：有镜面擦痕、强风化、有密实的膜覆盖或有棱角状碎屑充填	很差：有镜面擦痕、强风化、有软黏土膜成泥成的结构面
岩 体 结 构		结构面表面质量由强至弱 $\Rightarrow$				
①完整或块体状态结构，完整岩体或野外大体积范围内分布有极少的空间距大的结构面	岩块之间的相互咬合程度逐渐降低 $\Leftarrow$	90 / 80			N/A	N/A
②块状结构，很好的镶嵌伏未扰动岩体，由三组相互正交的节理面切割，岩块呈立方体状			70 / 60			
③镶嵌结构。结构体相互咬合，由四组成更多组的节理形成多面棱角状岩块，部分扰动				50		
④碎裂结构/扰动/裂缝，由多组不连续面相互切割，形成棱角状岩块，且经历了褶面活动，层面或片理面连续					40 / 30	
⑤散体结构，块体间结合程度差，岩体极度破碎，呈混合状，由棱角状和浑圆状岩块组成						20
⑥层次/剪切带。由于密集片理或剪切面作用，只有极少的块本组成的岩体		N/A	N/A			10

图 5.84 地质强度指数的选取

（6）扰动因子（D）

扰动因子依赖于力学过程中对岩石的扰动程度，这些力学过程可能为发生在开挖、隧道或矿山活动中的爆破、隧道钻挖、机械设备的动力或人工开挖。没有扰动，则 $D=0$，剧烈扰动，则 $D=1$。更多信息可参见 Hoek（2006）相关文献。

（7）剪胀角（ψ）和围压（σ_ψ）

当围压相对较低且经受剪切时，岩石可能表现出剪胀材料特性。围压较大时，剪胀受抑制。

这种行为通过下述方法来模拟：当 $\sigma_3' = 0$ 时给定某个 ψ 值，ψ 值随围压增大而线性衰减；当 $\sigma_3' = \sigma_\psi$ 时，ψ 值减小为 0。其中 σ_ψ 为输入值。

5.7.4　胡克-布朗模型在动力计算中的应用

在动力计算中使用胡克-布朗模型时，需要选择刚度，以便模型正确预测岩石中的波速。当经受动力或循环荷载时，胡克-布朗模型一般只表现出弹性行为，没有（迟滞）阻尼效应，也没有应变或孔压或液化的累积。为了模拟岩石的阻尼特性，需要定义瑞利阻尼。

5.8　界面/弱面与软土/软弱夹层的本构模型

5.8.1　界面/弱面本构模型

界面单元通常用双线性的摩尔-库仑模型模拟。当在相应的材料数据库中选用高级模型时，界面单元仅选择那些与摩尔-库仑模型相关的数据（c，ϕ，ψ，E，ν）。在这种情况下，界面刚度值取的就是土的弹性刚度值。因此，$E = E_{ur}$，其中 E_{ur} 是应力水平相关的，即 E_{ur} 与 σ_m 成幂指数比例关系。对于软土模型、软土蠕变模型和修正剑桥黏土模型，幂指数 m 等于 1，并且 E_{ur} 在很大程度上由膨胀指数 K^* 确定。

5.8.2　软土/软弱夹层的本构模型

一般情况下，考虑的软土是指接近正常固结的黏土、粉质黏土、泥炭和软弱夹层。黏土、粉质黏土、泥炭这些材料的特性在于它们的高压缩性，黏土、粉质黏土、泥炭和软弱夹层又具有典型的流变特性。Janbu 在固结仪实验中发现，正常固结的黏土比正常固结的砂土软 10 倍，这说明软土极度的可压缩性。软土的另外一个特征是土体刚度的线性应力相关性。根据 HS 模型得到：

$$E_{oed} = E_{oed}^{ref} (\sigma / p_{ref})^m \tag{5.108}$$

这至少对 $c = 0$ 是成立的。当 $m = 1$ 可以得到一个线性关系。实际上，当指数等于 1 时，上面的刚度退化公式为：

$$E_{oed} = \sigma / \lambda^*$$
$$\lambda^* = p_{ref} / E_{oed}^{ref} \tag{5.109}$$

在 $m=1$ 的特殊情况下，软土硬化模型公式积分可以得到主固结仪加载下著名的对数压缩法则：

$$\left.\begin{array}{l} \dot{\varepsilon}=\lambda^{*}\,\dot{\sigma}/\sigma \\ \varepsilon=\lambda^{*}\ln\sigma \end{array}\right\} \tag{5.110}$$

在许多实际的软土研究中，修正的压缩指数 λ^{*} 是已知的，可以从下列关系式中算得固结仪模量：

$$E_{\mathrm{oed}}^{\mathrm{ref}}=p_{\mathrm{ref}}/\lambda^{*} \tag{5.111}$$

5.9 有限元强度折减、极限平衡法与地震响应分析方法

目前，稳定性分析计算是将其视为复杂边坡来处理，仍沿用土力学的传统理论进行分析。边坡稳定分析方法种类繁多，各种分析方法都有各自的特点及适用范围，而得到广泛认可的有极限平衡条分法、有限元法（有限元强度折减法和有限元极限平衡法）等确定性方法。

5.9.1　边坡稳定性分析方法

① 极限平衡条分法将滑坡体视为刚体，不考虑土体的应力-应变关系，在计算边坡安全系数时需事先假定滑动面的位置和形状，然后，通过试算找到最小安全系数和最危险滑动面，给计算精度和效率带来了一定影响。极限平衡条分法根据满足平衡条件的不同可分为非严格条分法和严格条分法。

② 有限元法作为一种广泛应用的数值计算方法，它可以全面满足静力许可、应变相容和应力-应变之间的本构关系，还可以对复杂地貌、地质的边坡进行模拟。

有限元强度折减法作为有限元法的一种，在理论体系上比极限平衡条分法更为严格，无须假定滑动面的形状和位置，但需反复折减试算。对于非均质边坡，不同土层采用同一折减系数是否合理，带有结构物的边坡是否折减结构物的强度等问题有待进一步研究。

有限元极限平衡法理论体系严密，无须反复折减，计算效率高，这对于指导施工设计是非常重要的。

5.9.2　有限元强度折减法

有限元强度折减法（finite element strength reduction method）是指在外荷载保持不变的情况下，边坡内岩土体所发挥的最大抗剪强度与外荷载在边坡内所产生的实际剪应力之比。这里定义的抗剪强度折减系数，与极限平衡分析中所定义的土坡稳定安全系数本质上是一致的。所谓抗剪强度折减系数，就是将岩土体的抗剪强度指标 c 和 ϕ 用一个折减

系数 F_s 进行折减，然后用折减后的虚拟抗剪强度指标 c_F 和 ϕ_F，取代原来的抗剪强度指标 c 和 ϕ，如下式所示。

$$\left.\begin{array}{l} c_F = c/F_s \\ \phi_F = \arctan(\tan\phi/F_s) \end{array}\right\} \tag{5.112}$$

$$\tau_{fF} = c_F + \sigma\tan\phi_F \tag{5.113}$$

式中：c_F——折减后岩土体虚拟的黏聚力；

　　　ϕ_F——折减后岩土体虚拟的内摩擦角；

　　　τ_{fF}——折减后的抗剪强度。

折减系数 F_s 的初始值取得足够小，以保证开始时是一个近乎弹性的问题。然后不断增加 F_s 的值，折减后的抗剪强度指标逐步减小，直到某一个折减抗剪强度下整个边坡发生失稳，那么在发生整体失稳之前的那个折减系数值，即岩土体的实际抗剪强度指标与发生虚拟破坏时折减强度指标的比值，就是这个边坡的稳定安全系数。

基于有限元数值模拟理论，针对排土场特征边坡开展强度折减计算时，混合排弃土、基岩等岩土体均采用下式所示的摩尔-库仑模型屈服准则：

$$f_s = \sigma_1 - \sigma_3\frac{1+\sin\phi}{1-\sin\phi} - 2c\sqrt{\frac{1+\sin\phi}{1-\sin\phi}} \tag{5.114}$$

式中：σ_1，σ_3——最大和最小主应力；

　　　c——黏聚力。

　　　ϕ——内摩擦角。

当 $f_s > 0$ 时，材料将发生剪切破坏。在通常应力状态下，岩体的抗拉强度很低。因此，可根据抗拉强度准则（$\sigma_3 \geqslant \sigma_T$）判断岩体是否产生张拉破坏。强度折减计算时，不考虑地震及爆破振动效应的影响，对边坡稳定性只进行静力分析。

考虑稳态渗流时，将渗流力作为初始应力施加于土体上，对强度参数不断折减，以有限元数值计算是否收敛作为失稳破坏标准。

5.9.3　有限元极限平衡法

通过有限元计算输出模型区域内的真实应力场分布，采用插值方法得到已给定滑动面上的应力值，按照所采用的安全系数的定义计算沿滑动面的安全系数，用优化方法寻找最小安全系数及相应的滑动面，物理意义明确，滑动面上的应力更加真实符合实际，可以得到确定的最危险滑动面，易于推广和工程应用。

（1）安全系数定义

在平面应变问题中，土体中任意一点的土体抗剪强度可依据摩尔-库仑强度准则确定，其抗剪强度为

$$\left. \begin{array}{l} \tau_1 = \sigma_n \tan\phi + c \\[2ex] F_s = \dfrac{\displaystyle\int_l (\sigma_n \tan\phi + c)\,\mathrm{d}l}{\displaystyle\int_l \tau\,\mathrm{d}l} \end{array} \right\} \tag{5.115}$$

式中：σ_n——法向应力；

$\quad c$——土体的黏聚力；

$\quad \phi$——土体的内摩擦角；

$\quad F_s$——滑动面安全系数，定义为沿滑动面土体抗剪强度与实际剪应力的比值。

（2）最危险滑动面搜索

土工结构滑动稳定性分析问题可以看成带有约束条件的广义数学规划问题，可简单描述为：将安全系数定为目标函数，约束条件是曲线在一定区域内，在已知的应力场内搜寻曲线使其安全系数达到最小。为求解方便，将应力场拓广到整个平面，可以消除约束条件。用 Geo-slope SIGMA/W、SLOPE/W，对于每一个积分点，在确定它在有限元应力计算的网格中所属单元的基础上，插值得到其应力，引入高斯积分法，按照式（5.115）计算 F_s 值，采用 Hooke-Jeeves 模式搜索法即可求出最危险滑动面及相应的安全系数。

（3）有限元极限平衡法实现

采用 Geo-slope SIGMA/W，基于非关联流动法则，选择理想弹塑性本构模型和摩尔-库仑屈服准则进行数值模拟，选用 4 节点平面应变单元，得到整体的应力场分布，用线性插值方法确定给定滑动面上各控制节点的应力值，依据式（5.115）定义安全系数计算最危险滑动面的抗滑安全系数，采用广义数学规划法中的模式搜索法，即 Hooke-Jeeves法优化搜索最危险滑动面的位置及其对应的最小安全系数。

5.9.4 非饱和渗流-固体耦合原理与方法

基于岩土体饱和-非饱和渗流运动微分方程推导，运用有限元法得到渗流-应力的耦合方程，以岩土介质饱和-非饱和渗流理论为依据，建立非饱和渗流-固体耦合原理与方法。

（1）渗流场基本方程

在非稳态渗流场下，多孔介质中地下水运动的微分方程可依据达西定律和质量守恒定律来推导，即根据渗流场中水在某一单元体内的积累速率等于该单元体水量随时间变化的速率。若取一微单元体，其体积为 $\mathrm{d}x\mathrm{d}y\mathrm{d}z$。设介质在 x，y，z 的 3 个方向的渗透速率分别为 v_x，v_y，v_z，则通过 3 个方向流进的水体质量分别为 $\rho v_x \mathrm{d}y\mathrm{d}z$、$\rho v_y \mathrm{d}x\mathrm{d}z$、$\rho v_z \mathrm{d}y\mathrm{d}x$，通过 3 个方向流出的水体质量分别为：

$$\left[\rho v_x + \frac{\partial(\rho v_x)}{\partial x}\right]\mathrm{d}y\mathrm{d}z,\quad \left[\rho v_y + \frac{\partial(\rho v_y)}{\partial y}\right]\mathrm{d}x\mathrm{d}z,\quad \left[\rho v_z + \frac{\partial(\rho v_z)}{\partial z}\right]\mathrm{d}y\mathrm{d}x \tag{5.116}$$

可得到单位时间内流入和流出单元体水量的变化量为：

$$\Delta Q = -\left[\frac{\partial(\rho v_x)}{\partial x} + \frac{\partial(\rho v_y)}{\partial y} + \frac{\partial(\rho v_z)}{\partial z}\right]\mathrm{d}x\mathrm{d}y\mathrm{d}z \tag{5.117}$$

相应的体积水质量 Θ 为 $n\rho\mathrm{d}x\mathrm{d}y\mathrm{d}z$，$\Theta$ 随时间的变化率为：

$$\frac{\partial\Theta}{\partial t} = \frac{\partial(n\rho\mathrm{d}x\mathrm{d}y\mathrm{d}z)}{\partial t} \tag{5.118}$$

根据达西定律和质量守恒定律，由式(5.117)和式(5.118)可得到不考虑水的密度变化时的多孔介质渗流基本微分方程为：

$$\frac{\partial}{\partial x}\left(k_x,\frac{\partial H}{\partial x}\right) + \frac{\partial}{\partial y}\left(k_y,\frac{\partial H}{\partial y}\right) + \frac{\partial}{\partial z}\left(k_z,\frac{\partial H}{\partial z}\right) + Q = \frac{\partial n}{\partial t} \tag{5.119}$$

式中：k_x，k_y，k_z——x，y，z 方向的渗透系数，m/s；

　　　Q——源汇项，m^3/s。

对于非饱和土，渗透系数取：

$$k_{mn} = k_r(\theta)k_{ij} \quad (0 \leqslant k_r \leqslant 1) \tag{5.120}$$

式中：k_{ij}——饱和土渗透系数；

　　　k_r——非饱和渗透系数相对应饱和渗透系数的比值。

由于介质体应变：

$$\left.\begin{array}{l} \varepsilon_v = \dfrac{\Delta V}{V} = \dfrac{\Delta V_s + \Delta V_v}{V} \\[3mm] \dfrac{\partial V_s}{\partial t} = 0 \\[3mm] \dfrac{\mathrm{d}\varepsilon_v}{\mathrm{d}t} = \dfrac{\partial n}{\partial t} \end{array}\right\} \tag{5.121}$$

假设土体颗粒是不可压缩的，则有介质体应变的变化率就是孔隙率的变化率。

（2）渗流力学行为及有限元方程建立

在一定的水头差作用下，水会在土骨架之间的孔隙中发生流动，对土粒骨架形成渗透力。这种渗透体积力与土骨架对水的渗流所产生的阻力构成一对作用力与反作用力。渗流水头为：

$$H = Z' + \frac{P}{\gamma_w} \tag{5.122}$$

式中：Z'——位置水头；

　　　γ_w——水的重度；

　　　P——渗透体积力。

渗流体积力与水力梯度成正比，则各方向的渗流体积力为：

$$\boldsymbol{P} = \left\{ \begin{array}{c} P_x \\ P_y \\ P_z \end{array} \right\} = \gamma_w \left\{ \begin{array}{c} \dfrac{\partial H}{\partial x} \\[2mm] \dfrac{\partial H}{\partial y} \\[2mm] \dfrac{\partial H}{\partial z} + f \end{array} \right\} \tag{5.123}$$

式中：P_x，P_y，P_z——x，y，z 方向的渗透体积力；

$\qquad\quad f$——浮力。

将渗透力转化为单元节点力，则有：

$$\boldsymbol{P}^{\mathrm{e}} = \iiint \boldsymbol{N}^{\mathrm{T}} \boldsymbol{P} \mid J \mid \mathrm{d}\xi \mathrm{d}\eta \mathrm{d}\zeta \tag{5.124}$$

式中：$\mid J \mid$——Jaccobin 行列式；

$\quad \xi$，η，ζ——局部坐标系；

$\quad [\boldsymbol{N}]$——单元节点形函数矩阵。

在饱和-非饱和岩土体中，总应力和有效应力之间的关系，根据有效应力原理为：

$$\boldsymbol{\sigma} = \boldsymbol{\sigma}' + \boldsymbol{M} p \tag{5.125}$$

式中：$\boldsymbol{M}$——法向应力中单位列阵；

$\quad p$——孔隙水压力。

根据虚功原理，应力的增量型平衡方程可写为：

$$\int_{\Omega} \delta \boldsymbol{\varepsilon}^{\mathrm{T}} \mathrm{d}\boldsymbol{\sigma} \mathrm{d}\Omega - \int_{\Omega} \delta \boldsymbol{u}^{\mathrm{T}} \mathrm{d}b \mathrm{d}\Omega - \int_{\Gamma} \delta \boldsymbol{u}^{\mathrm{T}} \mathrm{d}l \mathrm{d}\Gamma = 0 \tag{5.126}$$

式中：$\mathrm{d}\boldsymbol{\sigma}$——总应力增量；

$\quad \mathrm{d}b$，$\mathrm{d}l$——体积力和面力增量；

$\quad \delta\varepsilon$，δu——虚应变和虚位移。

联立土体中渗流作用力方程和应力方程，通过有限单元法可得到如下渗流-应力的耦合方程：

$$\left. \begin{array}{c} \boldsymbol{K}\boldsymbol{\delta} = \boldsymbol{F} + \boldsymbol{P}^{\mathrm{e}} \\ \boldsymbol{K}_s \boldsymbol{H} = \boldsymbol{F}' \\ k_{ij} = k(\sigma_{ij}) \end{array} \right\} \tag{5.127}$$

式中：$\boldsymbol{K}$——单元刚度矩阵；

$\quad \boldsymbol{F}$——节点荷载；

$\quad \boldsymbol{P}^{\mathrm{e}}$——上述渗透体积力引起的节点荷载；

$\quad \boldsymbol{\delta}$——节点位移；

$\quad \boldsymbol{F}'$——渗流自由项系数；

$\quad \boldsymbol{K}_s$——整体渗透矩阵。

（3）饱和-非饱和土渗流-固体耦合原理

　　由以上分析可见，岩土体中因水相的渗透流动会产生相应的渗流体积力。通过有效应力原理可知，其节点总应力将随之改变。由此，以不同的本构理论可反算出岩土体体积应变率。土体的渗流场是一组与介质渗透系数 k_{ij} 密切相关的函数。根据饱和-非饱和土理论可知，k_{ij} 受到基质吸力、孔隙率温度、体积含水率等多种因素的影响。可见，渗流与应力-应变行为是一个相互影响的复杂过程。数值分析中可根据不同的非饱和理论设定 k_{ij} 函数式，将计算方程在时间和空间上离散，采取相应的数值计算方法，如：有限元法、差分法等，进行迭代计算。

5.9.5　地震响应分析原理与方法

　　地震动力对工程的影响主要有：地震期间出现的位移、变形和惯性力；产生的超孔隙水压力（液化问题）；土的剪切强度的衰减；惯性力、超孔隙水压力和剪切应力降低对稳定的影响；超孔隙水压力的重分布和地震后的应变软化；永久变形及大面积液化引起的破坏。研究表明地震停止之后出现的围堰导流堤、重力坝变形经常超过标准永久大变形。震后变形不是惯性力和位移引起的，是超孔隙水压力和土强度降低两者的耦合，尤其出现在人造工程中。地震震源以地震波的形式释放应变能，地震波使地震具有巨大的破坏力，包括两种在介质内部传播的体波和两种限于界面附近传播的面波。

　　（1）体波

　　纵波能通过任何物质传播，而横波是切变波，只能通过固体物质传播。纵波（P 波）在任何固体物质中的传播速度都比横波（S 波）快，在近地表一般岩石中，$V_P = 5 \sim 6\mathrm{km/s}$，$V_S = 3 \sim 4\mathrm{km/s}$。在多数情况下，物质的密度越大，地震波速度越快。

　　根据弹性理论，纵波传播速度 V_P 和横波传播速度 V_S 计算公式见下式。

$$\left.\begin{aligned} V_P &= \sqrt{\dfrac{E(1-\nu)}{\rho(1+\nu)(1-2\nu)}} \\ V_S &= \sqrt{\dfrac{E}{2\rho(1+\nu)}} = \sqrt{\dfrac{G}{\rho}} \end{aligned}\right\} \tag{5.128}$$

式中：E——介质的弹性模量。

　　　　ν——介质的泊松比；

　　　　ρ——介质的密度；

　　　　G——介质的剪切模量。

　　（2）面波

　　面波（L 波）是体波达到界面后激发的次生波，沿着地球表面或地球内的边界传播。

　　（3）地震动力模型

　　地震动力模型中最简单模型是线弹性模型。计算时泊松比 ν 最大值不应大于 0.49。

$$\begin{Bmatrix} \sigma_x \\ \sigma_y \\ \sigma_z \\ \tau_{xy} \end{Bmatrix} = \frac{E}{(1+\nu)(1-2\nu)} \begin{bmatrix} 1-\nu & \nu & \nu & 0 \\ \nu & 1-\nu & \nu & 0 \\ \nu & \nu & 1-\nu & 0 \\ 0 & 0 & 0 & \frac{1-2\nu}{2} \end{bmatrix} \begin{Bmatrix} \varepsilon_x \\ \varepsilon_y \\ \varepsilon_z \\ \gamma_{xy} \end{Bmatrix} \tag{5.129}$$

建立等效线性模型时,需确定等效线性剪切模量 G 和相应的阻尼比。

$$A_{\max}^i = \max\left[\sqrt{\sum_{n=1}^{n_p} (\alpha_n^i)^2 / n_p} \right] \tag{5.130}$$

式中:α_n^i——节结点 n 对 i 步迭代的动态节点位移。

一次动力荷载停止计算的依据是位移最大标准值变化小于指定的容许值或者迭代达到了指定最大迭代步。位移收敛准则如下:

$$\delta A_{\max} = \frac{|A_{\max}^{i+1} - A_{\max}^i|}{A_{\max}^i} < [A_{\max}] \tag{5.131}$$

(4)有限元地震荷载产生的应力

地震荷载的表达式:

$$\boldsymbol{F}_g = \boldsymbol{M}\ddot{\boldsymbol{a}}_g \tag{5.132}$$

式中:$\boldsymbol{M}$——质量矩阵;

$\ddot{\boldsymbol{a}}_g$——应用结点的加速度。

(5)时程分析

时程分析采用的动力平衡方程如下:

$$\boldsymbol{M}\ddot{\boldsymbol{a}}_g + \boldsymbol{D}\dot{\boldsymbol{a}} + \boldsymbol{K}\boldsymbol{a} = p(t) \tag{5.133}$$

式中:$\boldsymbol{M}$——质量矩阵;

$\boldsymbol{D}$——阻尼矩阵;

$\boldsymbol{K}$——刚度矩阵;

$p(t)$——动力荷载;

$\dot{\boldsymbol{a}}$、$\boldsymbol{a}$——相对速度和位移。

5.9.6 有限元数值模拟动力分析方法

(1)建立模型

要求满足抵抗地震作用,地震力发生在工程建造完成之后运营期间。模型参数还要考虑材料的阻尼黏性作用,所以要输入瑞利阻尼系数 α 和 β;模型边界条件选取标准地震边界,地震波谱选用 UPLAND 记录的真实地震加速度数据分析如图 5.85 所示。

(2)边界条件与阻尼

有限元数值模拟分析地震动力计算过程中,为了防止应力波的反射,并且不允许模

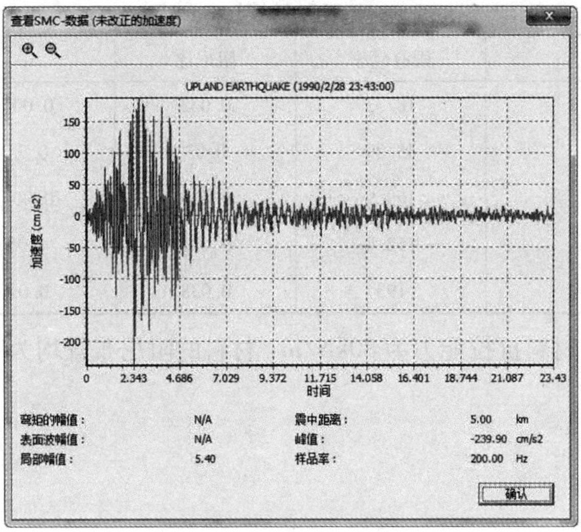

图 5.85　地震波谱加速度-时间曲线

型中的某些能量发散，边界条件应抵消反射，即地震分析中的吸收边界。吸收边界用于吸收动力荷载在边界上引起的应力增量，否则动力荷载将在土体内部发生反射。吸收边界中的阻尼器替代某个方向的固定约束，阻尼器要确保边界上的应力增加被吸收不反弹，之后边界移动。在 x 方向上被阻尼器吸收的垂直和剪切应力分量为：

$$\left.\begin{array}{l}\sigma_n = -C_1\rho V_{\mathrm{p}}\dot{u}_x \\ \tau = -C_2\rho V_{\mathrm{s}}\dot{u}_y\end{array}\right\} \tag{5.134}$$

其中：ρ——材料密度；V_{p}——压缩波速；V_{s}——剪切波速；C_1、C_2——促进吸收效果的松弛系数。

取 $C_1 = 1$、$C_2 = 0.25$ 可使波在边界上得到合理的吸收。材料阻尼是由摩擦角不可逆变形如塑性变形或黏性变形引起的，故土体材料越具黏性或者塑性，地震震动能量越易消散。有限元数值计算中，C 是质量和刚度矩阵的函数：

$$C = \alpha_R M + \beta_R K \tag{5.135}$$

（3）材料的本构模型与物理力学参数

由于土体在加载过程中变形复杂，很难用数学模型模拟出真实的土体动态变形特性，多数有限元土体本构模型的建立都在工程实验和模型简化基础上进行。但是，由于土体变形过程中弹性阶段不能和塑性阶段分开，采用设定高级模型参数添加阻尼系数，如表 5.6 中所列。

表 5.6　地层土体阻尼参数

模型土体	固有频率	阻尼比	α	β
混凝土	18.34	0.031	0.41	0.002
复合地基	45.29	0.03	0.74	0.004

表5.4(续)

模型土体	固有频率	阻尼比	α	β
粉质黏土	187.3	0.033	0.001	0.001
中砂土	45.29	0.03	0.74	0.004
黏土	160.9	0.033	0.001	0.001
粗砂土	152.0	0.037	4.05	0.0001
基岩	193	0.038	0.01	0.01

另外，土工格栅材料抗拉能力为80kN/m，材料的阻尼布置均为0.01。

第6章 实心方块与沉箱重力式码头稳定性分析

本章将重点开展实心方块与沉箱重力式码头稳定性分析,建立实心方块与沉箱重力式海港码头规定要求与作用组合设计理念:进行其作用组合、基础与基槽构造、墙后回填和倒滤层与倒滤井构造、码头结构与构件计算与稳定性验算、承载力、沉降和整体稳定性验算和构件强度与裂缝验算,通过实心方块与沉箱重力式码头建模,开展实心方块重力式码头稳定性分析、强基沉箱重力式码头稳定性分析和弱基沉箱重力式码头稳定性分析。

6.1 重力式海港码头规定要求与设计理念

重力式码头平面布置可分为岸壁式和墩式。岸壁式码头可采用方块、沉箱、扶壁、坐床式圆筒以及现浇混凝土或浆砌石等结构形式;墩式码头可采用沉箱、方块或坐床式圆筒等结构形式。剩余水头应根据码头的排水性能和材料的渗透性决定。墙后设置抛石棱体或回填料粗于中砂时,可不计算剩余水头。对由暴雨引起墙后地下水位变化的码头,尚应考虑暴雨引起墙后地下水位升高而增加的水头。

当重力式码头墙前进行波波高大于1m时,应考虑波浪作用。波浪力的标准值应按现行行业标准《港口与航道水文规范》(JTS 145—2015)的有关规定确定。波浪等条件比较复杂时,重力墩结构群墩中单个墩所受的波浪力应通过模型试验确定。当装卸工艺对码头使用期变位有较高要求时,应分析引起变位的有关因素,并宜采取相应的结构或施工措施减少变位。

6.1.1 作用组合

重力式码头作用和作用组合应符合有关规定。重力式码头承载能力极限状态的持久组合应进行下列计算或验算:对墙底面和墙身各水平缝及齿缝计算面前趾的抗倾稳定性;沿墙底面和墙身各水平缝的抗滑稳定性;沿基床底面的抗滑稳定性;基床和地基承载力;墙底面合力作用位置;整体稳定性;卸荷板、沉箱、扶壁、空心块体和圆筒等构件承载力。这些都属于持久组合(如图6.1所示)。

重力式码头承载能力极限状态的地震组合验算应符合现行行业标准《水运工程抗震设计规范》(JTS 146—2012)的有关规定。重力式码头正常使用极限状态设计应按相应作用组合进行下列计算或验算：卸荷板、沉箱、扶壁、空心块体和圆筒等构件的裂缝宽度；地基沉降。这些都属于长期效应（准永久）组合。Dan M. Frangopol 等认为码头墙后单宽主动土压力的标准值宜按图 6.1 规定计算。

α—墙背与铅垂线的夹角；β—地面与水平面的夹角；δ—填料与墙背的摩擦角；
e_{qn1}、e_{n2}、e_{qn2}—墙背第 n 层填料顶层、底层土压力强度；E_{nt}—第 n 填料层土压力合力；
h_1、h_2、h_n—第 1、2、n 层填料的厚度；q—地面上的均布荷载

图 6.1　无黏性填料土压力图

直接浇筑在岩基上的码头，墙后土压力可采用主动土压力的 1.25 倍。根据墙背形式、粗糙程度和地面坡度等，墙背与填料的摩擦角的标准值可按下列规定确定：仰斜的混凝土或砌体墙背采用 1/2~2/3 倍填料内摩擦角标准值；阶梯形墙背采用 2/3 倍填料内摩擦角标准值；垂直的混凝土或砌体墙背采用 1/3~1/2 倍填料内摩擦角标准值；卸荷板以下墙背采用 1/3 倍填料内摩擦角标准值；俯斜的混凝土或砌体墙背采用 1/3 倍填料内摩擦角标准值。减压棱体和卸荷板对土压力的影响，如图 6.2 所示。

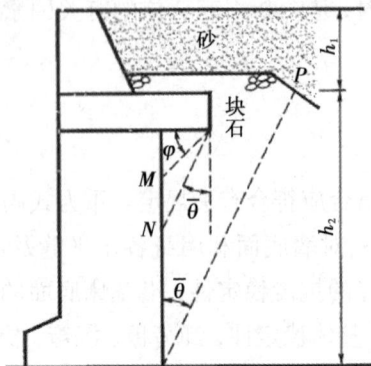

φ—填料内摩擦角；P—出坡点；M、N—卸荷板作用影响点；$\bar{\theta}$—加权平均破裂角；
h_1—上层填料计算厚度；h_2—下层填料计算厚度

图 6.2　有减压棱体和卸荷板的土压力计算图

6.1.2　基础与基槽构造

重力式海港码头的基础选择与处理。对于岩石地基,当预制构件直接坐落在岩面上时,应以二片石、碎石整平岩面,其厚度不应小于 0.3m;岩面较低时也可以采用抛石基床基础。

对于非岩石地基,采用水下安装的预制结构时,应设置抛石基床。陈柏云采用现场浇筑混凝土或浆砌石结构,地基承载力不足时应设置基础,基础可采用块石基床、钢筋混凝土基础板或桩基等形式;地基承载力足够时可设置 100~200mm 厚的混凝土垫层,其埋置深度应在冲刷线以下并不宜小于 0.5m。

抛石基床根据码头所处地域以及地质条件、所建海港码头水深,可以选择以下 3 种基床,如图 6.3 所示。

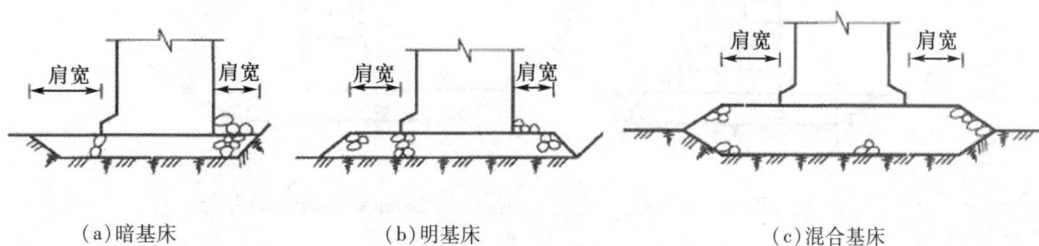

(a)暗基床　　　　　　(b)明基床　　　　　　(c)混合基床

图 6.3　抛石基床断面形式图

6.1.3　墙身与胸墙构造

码头墙身结构底部突出部分与船壳板龙骨之间的最小净距不应小于 0.3m。重力式码头墙身必须沿长度方向设置变形缝。变形缝的缝宽可为 20~50mm,做成上下垂直的通缝。现场浇筑混凝土或浆砌石部位的变形缝宜用弹性材料填充。变形缝的间距应根据气温情况、结构形式、地基条件和基床厚度确定,宜为 10~30m。在下列位置应设置变形缝:新旧建筑物衔接处;码头水深或结构形式改变处;地基土质差别较大处;基床厚度突变处;沉箱或圆筒接缝处。码头端部宜设置翼墙或在顺岸方向做成斜坡。当翼墙长度超过 10m 时,应设置变形缝。

6.1.4　墙后回填和倒滤层、倒滤井构造

重力式码头墙后填料宜选用渗水性好的材料。重力式码头必须采取防止回填材料流失的倒滤措施。倒滤措施可采用下列形式:在墙后抛填棱体面上设置倒滤层;在墙身接缝处设置倒滤井或倒滤空腔,其形式按规定确定。减压棱体的设置以及减压棱体的断面尺寸,由建筑结构的形式和当地的建筑材料储备来决定。抛填棱体的材料可选用块石或当地产量大、价廉、坚固、质轻、内摩擦角大的其他材料。棱体顶面高出墙身不宜小于

0.5m。在棱体的顶面、坡面、胸墙变形缝、卸荷板顶面接缝处应设置倒滤层。抛石棱体顶面和坡面的表层应抛设 0.5~0.8m 厚的二片石，其上再设置倒滤层。倒滤层可采用碎石倒滤层或碎石与土工织物结合使用的倒滤层。碎石倒滤层可采用分层或不分层倒滤层。

6.1.5 码头结构与构件计算和稳定性验算

重力式码头应进行稳定性验算——重力式码头的抗滑、抗倾稳定性验算。

沿基床底面的抗滑稳定性应按图 6.4 所示的图式验算。

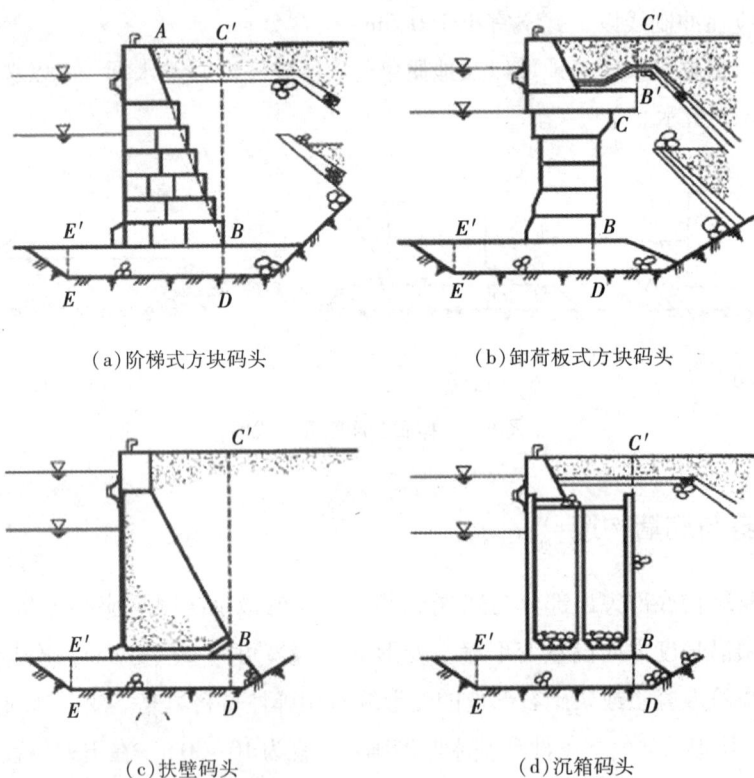

(a)阶梯式方块码头　　　　(b)卸荷板式方块码头

(c)扶壁码头　　　　(d)沉箱码头

图 6.4　沿基床底面的抗滑稳定性计算图式

基床中通过墙踵或后趾的直立面上应考虑主动土压力作用，公式中增加抗力 E_P 项，E_P 可按关规定计算，并乘以折减系数 0.3 作为标准值。基床厚度较薄或墙前土层软弱时可不考虑 E_P。基床肩宽较大时，应考虑 EE' 面在基床前端以内的可能性。对于明基床，基床前肩宽度较小、厚度较大时，尚应验算墙踵或后趾至前肩坡脚的抗滑稳定性。

6.1.6 承载力、沉降和整体稳定性验算

码头与地基整体滑动稳定性验算应符合现行行业标准《水运工程地基设计规范》（JTS 147—2017）的有关规定。

当地基浅层有软弱夹层或基槽内有换填处理时，尚应验算沿软弱夹层或基槽底面的复式滑动抗滑稳定性。重力式码头地基沉降计算应符合现行行业标准《水运工程地基设计规范》(JTS 147—2017)的有关规定。沿码头长度方向使用的荷载、地基压缩层厚度、土的压缩性有较大变化时，应分段计算沉降量。方块码头和扶壁码头计算断面地基平均沉降量不应大于 200mm，坐床式圆筒码头不应大于 250mm，沉箱码头不应大于 250mm。对重力墩式码头，尚应计算断面不均匀沉降。墩的偏转角度限值，应根据使用要求确定。

6.1.7 构件强度与裂缝验算

构件承载力计算的作用分项系数应按规范取值，基床反力分项系数取 1.35，静水压力及其浮托力分项系数取 1.20。当自重、固定设备重力和填料重力的合力接近或大于可变作用时，其作用分项系数取 1.30。构件裂缝宽度验算，对于持久状况的长期组合，作用在底板上的竖向作用宜取标准值乘以综合准永久值系数 0.85。

6.2 实心方块与沉箱重力式码头建模

6.2.1 实心方块重力式海港码头有限元几何模型(如图 6.5 所示)、有限元数值模拟网格模型(如图 6.6 所示)

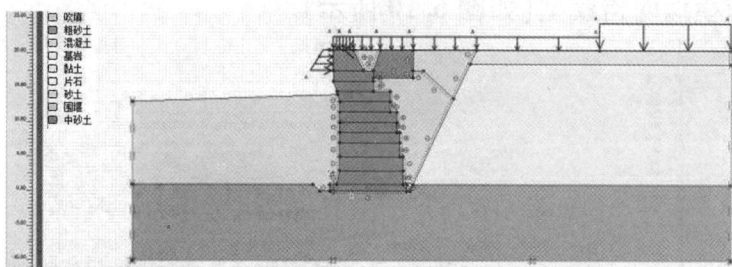

图 6.5 实心方块重力式海港码头有限元几何模型

图 6.6 实心方块重力式海港码头有限元数值模拟网格模型

6.2.2 强基沉箱重力式海港码头有限元几何模型(如图 6.7 所示)、有限元数值模拟网格模型(如图 6.8 所示)

图 6.7 强基沉箱重力式海港码头有限元几何模型

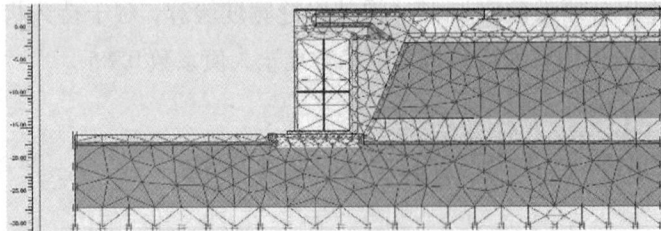

图 6.8 强基沉箱重力式海港码头有限元数值模拟网格模型

6.2.3 弱基沉箱重力式海港码头有限元几何模型(如图 6.9 所示)、有限元数值模拟网格模型(如图 6.10 所示)

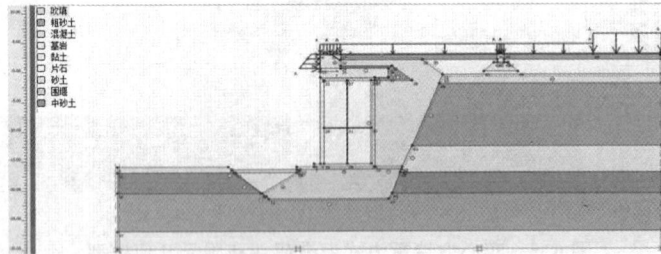

图 6.9 弱基沉箱重力式海港码头有限元几何模型

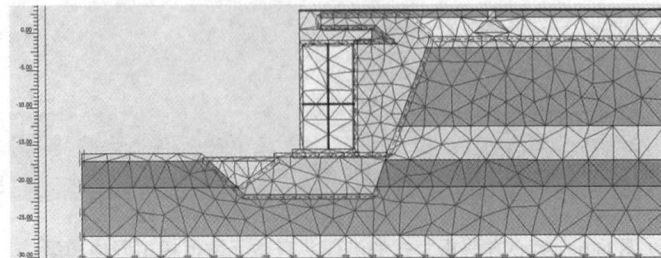

图 6.10 弱基沉箱重力式海港码头有限元数值模拟网格模型

6.2.4　有限元本构关系选择

岩土体和重力坝材料与大多数结构材料相比,应力-应变关系是非常复杂的,土体材料表现出较强的非线性特性,随着荷载的增加,土体的塑性表现得越明显,甚至固结流变。本构的选择一般都是适用于某种加载条件下的某一类土的研究,模拟这类土体的本构特性,对于本构的选取,通常考虑精度和可靠性方面相结合,不仅要精确地反映出土体的特性,并且对于参数的选取还要结合难易程度,针对自己要分析的某一场地的特性,选择最适合这类场地的本构模型。室内试验与现场观测都表明土体材料具有明显的各向异性,土体的应力-应变关系十分复杂,土体的非线性应力-应变表现出非线性、滞后性和变形积累三方面特性。主要开展弹塑性、固结、非饱和渗流和流固耦合分析,选择基于 Van Genuchten 模型进行非饱和渗流的模拟方法。合理选择线弹性模型 LM(Linear elastic model)、摩尔-库仑模型 MC(Mohr-Coulomb model)、小应变土体硬化模型 HSS (Hardening Soil Small strain model)和软土蠕变模型 SSC(Soft Soil Creep model),考虑有限元强度折减法(finite element strength reduction method)和地震响应原理方法分析,并应用于珊瑚礁工程,揭示苏丹港构筑及其地震动力响应力学特性。

6.2.5　物理力学指标

岩土体和重力坝材料的物理力学指标如表 6.1 和表 6.2 所示。

表 6.1　摩尔-库仑模型 MC(Mohr-Coulomb model)土层的物理力学指标

材料类型	$c/(\text{kN} \cdot \text{m}^{-2})$	φ	$\gamma_{\text{unsat}}/(\text{kN} \cdot \text{m}^{-3})$	$\gamma_{\text{sat}}/(\text{kN} \cdot \text{m}^{-3})$	μ	$E/(\text{kN} \cdot \text{m}^{-2})$
码头面板①	1500	53°	25	25	0.18	21200000
混凝土②	1500	43°	25	25	0.18	21200000
码头(回填)③	500	33°	25	25	0.18	21200000
复合地基④	30	30°	18	20	0.33	150000

表 6.2　HSS 和 SSC 本构土层的物理力学指标

参　数	粉质砂土⑤	中砂土⑥	砂土⑦	粗砂土⑧	基岩⑨
排水类型	排水	排水	排水	排水	排水
$\gamma_{\text{unsat}}/(\text{kN} \cdot \text{m}^{-3})$	15	16.5	16	17	20
$\gamma_{\text{sat}}/(\text{kN} \cdot \text{m}^{-3})$	18	20	18.5	21	20
$E_{50}/(\text{kN} \cdot \text{m}^{-2})$	9700	98000	10000	120000	420000
$E_{\text{oed}}/(\text{kN} \cdot \text{m}^{-2})$	9700	98000	10000	120000	420000
$E_{\text{ur}}/(\text{kN} \cdot \text{m}^{-2})$	29100	294000	30000	560000	1260000
m	1	0.5	0.9	0.5	0.5
$c/(\text{kN} \cdot \text{m}^{-2})$	5.5	1	4	1	100
φ	24°	31°	25°	33°	43°
ψ	0	0	0	3	13
R_{inter}	0.65	0.65	0.8	0.8	0.9

注:对比方案计算时将相应 E_{50},E_{oed},E_{ur} 值提高 10 倍进行假设。

◢◣ 6.3 实心方块重力式码头稳定性分析

6.3.1 实心方块重力式码头形式

实心方块重力式码头断面可采用阶梯式、衡重式和卸荷板式等形式，如图 6.11 所示。实心方块重力式码头宜采用混凝土方块结构。混凝土方块结构是耐久性和稳定性更好的结构形式，混凝土实心方块长边尺寸与高度之比不应大于 3，短边尺寸与高度之比不宜小于 1，且短边尺寸不应小于 0.8m。方块间垂直砌缝的设计宽度宜为 20～30mm。上下两层相邻方块间垂直砌缝应互相错开，错缝间距应符合下列规定：在横断面内不小于方块高度的 1/2 或 0.8m，在纵断面内不小于方块高度的 1/3 或 0.5m。卸荷板设计应进行承载力和裂缝宽度验算，作用分项系数应采用规范中的数值。混凝土和浆砌石实心方块宜预埋吊孔盒并采用丁字杆起吊。

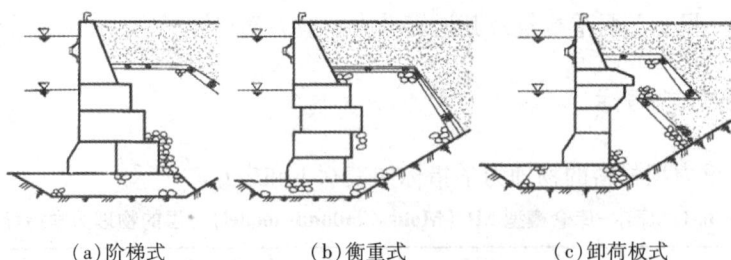

(a)阶梯式　　　(b)衡重式　　　(c)卸荷板式

图 6.11　实心方块重力式码头断面形式

6.3.2 施工码头稳定性分析

(1)最大主应变特征：最大主应变矢量分布如图 6.12 所示，最大主应变矢量值 16.52%，强度折减稳定性系数为 1.842。

图 6.12　最大主应变矢量分布(1)

(2)最大有效主应力特征：最大主应力矢量分布如图 6.13 所示，最大主应力矢量值 -420.49Pa。

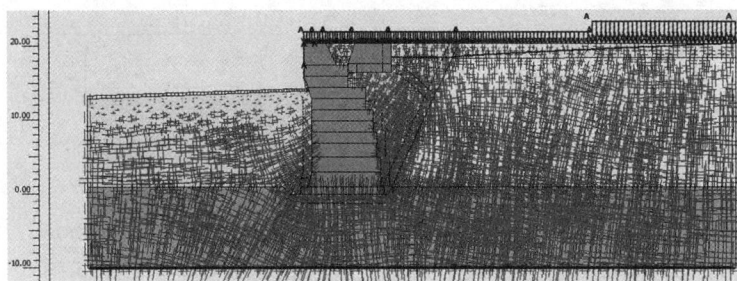

图 6.13　最大主应力矢量分布(1)

（3）最大水平位移分布特征：最大水平位移分布如图 6.14 所示，最大水平位移值 41.05mm。

图 6.14　最大水平位移云图(1)

（4）塑性区分布特征：塑性区分布如图 6.15 所示，变化剧烈。

图 6.15　塑性区破坏点分布(1)

（5）典型水平位移曲线特征：A-A*、B-B*、C-C* 水平位移曲线如图 6.16 所示。码头地面水平位移变化剧烈，实心方块重力式码头竖向需要有主动土压力控制保持稳定，实心方块底部水平位移变化不大。

（6）典型应变曲线特征：A-A*、B-B*、C-C* 应变曲线如图 6.17 所示。码头地面应变变化剧烈，实心方块重力式码头竖向需要有主动土压力控制保持稳定，实心方块底部应变变化剧烈。

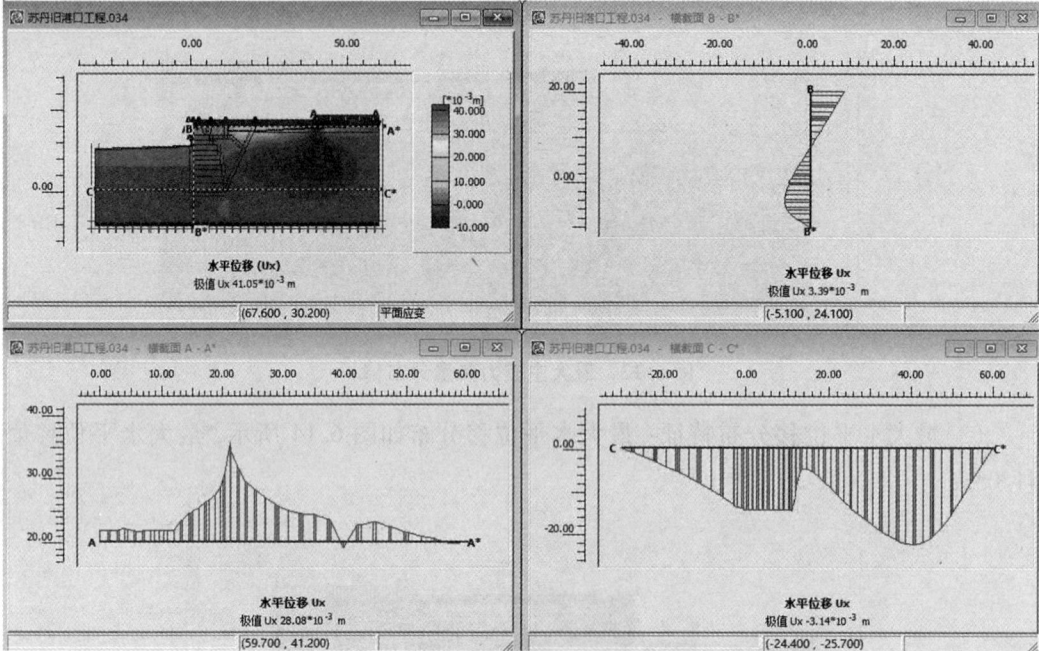

图 6.16　典型水平位移曲线分布(1)

图 6.17　典型应变曲线分布(1)

6.3.3　波浪影响码头稳定性分析

（1）最大主应变特征：最大主应变矢量分布如图 6.18 所示，最大主应变矢量值 28.50%，强度折减稳定性系数为 1.528。

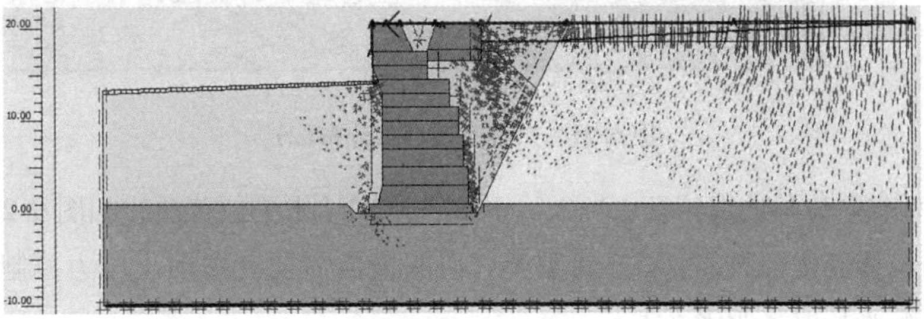

图 6.18　最大主应变矢量分布(2)

（2）最大有效主应力特征：最大主应力矢量分布如图 6.19 所示，最大主应力矢量值 −546.45Pa。

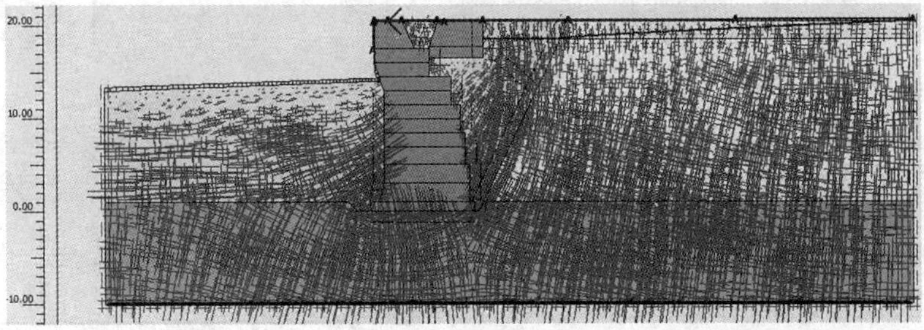

图 6.19　最大主应力矢量分布(2)

（3）最大水平位移分布特征：最大水平位移分布如图 6.20 所示，最大水平位移值 49.70mm。

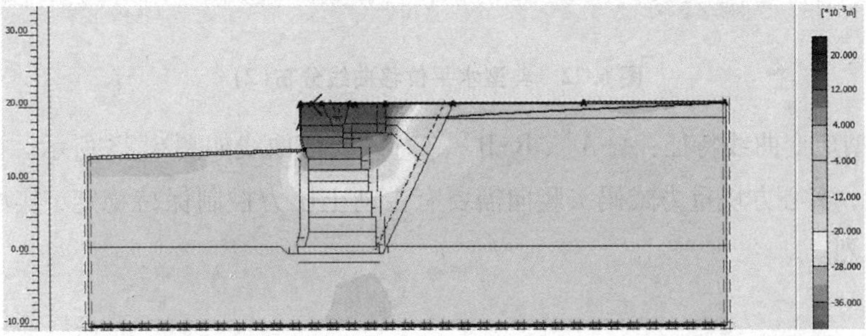

图 6.20　最大水平位移云图(2)

（4）塑性区分布特征：塑性区分布如图6.21所示，变化剧烈。

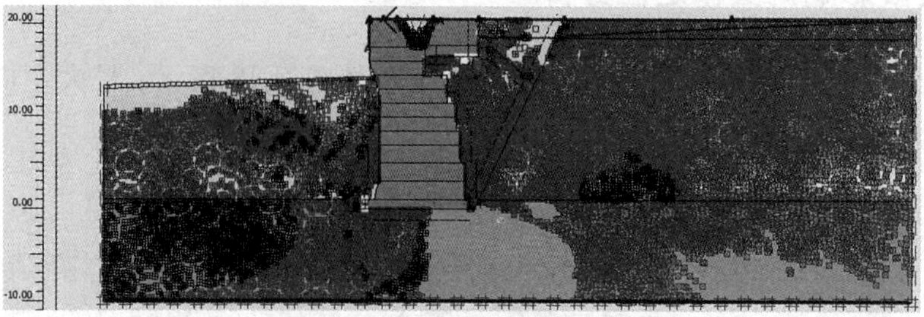

图 6.21　塑性区破坏点分布（2）

（5）典型水平位移曲线特征：A-A*、B-B*、C-C*水平位移曲线如图6.22所示。码头地面水平位移变化剧烈，实心方块重力式码头竖向需要有主动土压力控制保持稳定，实心方块底部水平位移变化不大。

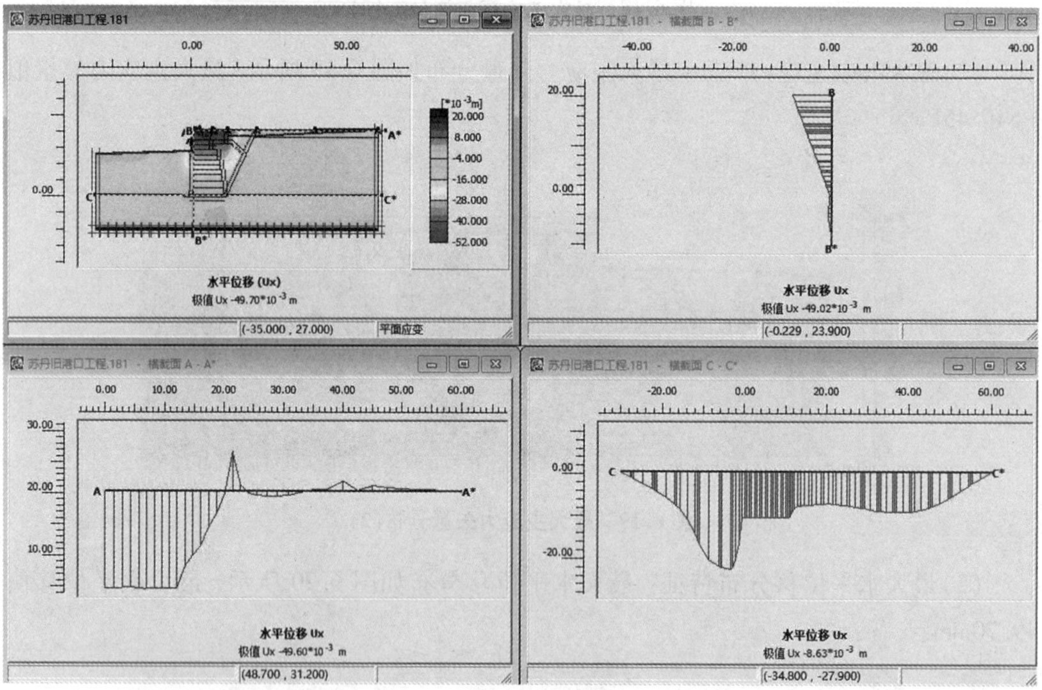

图 6.22　典型水平位移曲线分布（2）

（6）典型应变曲线特征：A-A*、B-B*、C-C*应变曲线如图6.23所示。码头地面应变变化剧烈，实心方块重力式码头竖向需要有主动土压力控制保持稳定，实心方块底部应变变化剧烈。

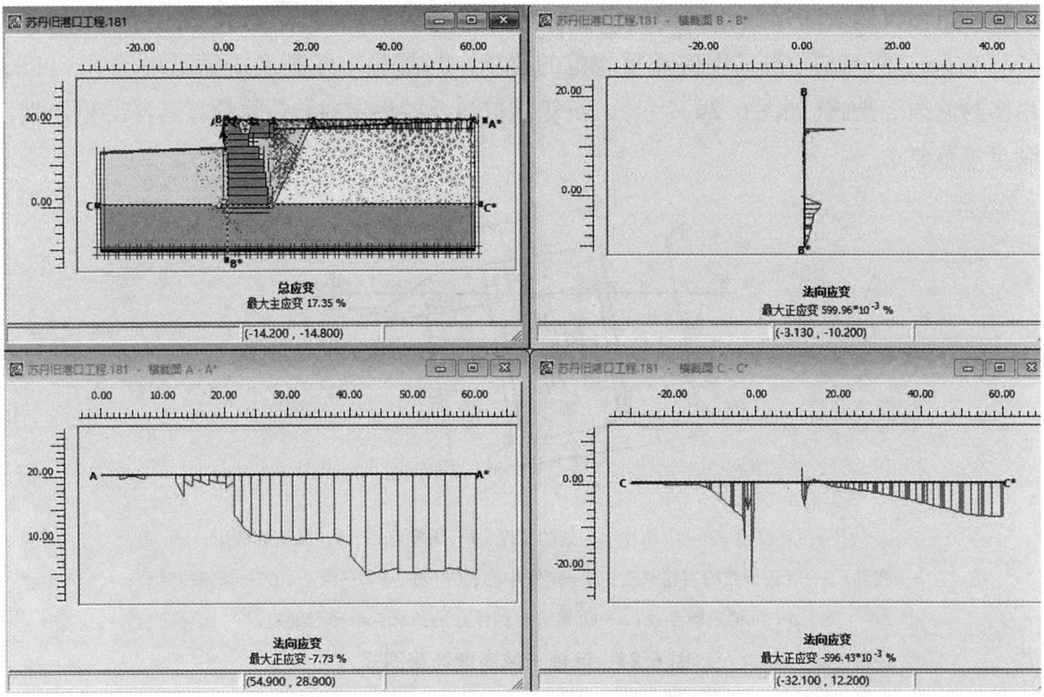

图 6.23　典型应变曲线分布(2)

6.4　强基沉箱重力式码头稳定性分析

沉箱重力式码头的墙身宜采用钢筋混凝土沉箱结构,沉箱可由外壁、隔墙、底板和墙趾等构件组成。岸壁式码头沉箱的平面形状宜采用矩形,墩式码头沉箱宜采用圆形。有特殊要求时,也可采用其他形式。

6.4.1　沉箱重力式码头形式

沉箱构造钢筋中的架立钢筋和分布钢筋直径宜采用 10~16mm,沉箱加强角应设置构造斜钢筋,其直径不宜小于 10mm。墙后有抛石棱体时可采用平接形式,墙后无抛石棱体时可采用对头接形式。对头接空腔宽度可采用 300~800mm,腔内应设置倒滤层。沉箱内的填料宜采用砂或块石。胸墙直接坐落在箱顶部时,箱顶部宜嵌入胸墙内 300~500mm。

6.4.2　岸壁式沉箱重力式码头要求

沉箱设计应计算或验算下列内容:沉箱的吃水、干舷高度和浮游稳定性;外壁、隔墙、底板、墙趾的承载力和裂缝宽度。沉箱溜放、漂浮、浮运和沉放时,沉箱底部的富裕水深应根据自然条件和施工要求确定。沉放时，沉箱底部与基床顶面间的富裕水深宜取0.3~0.5m。沉箱的干舷高度应满足规范的要求。当沉箱干舷高度不满足要求时，可采用密封舱顶等措施(如图6.24所示)。沉箱靠自身浮游稳定时，必须验算其浮游稳定性，满足规范要求。

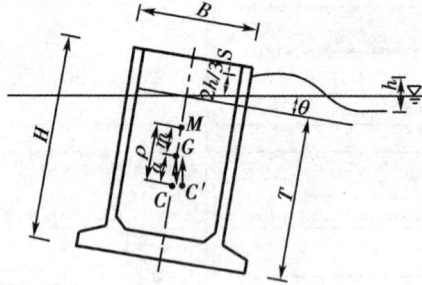

H—沉箱高度；B—沉箱在水面处的宽度；T—沉箱吃水；θ—沉箱的倾角；

h—波高；S—沉箱干弦的富裕高度；M—定倾中心；G—重心；C—浮心；C'—倾斜的浮心；

ρ—沉箱定倾半径；a—沉箱重心到浮心的距离；m—定倾高度

图6.24　沉箱干舷高度计算图式

6.4.3　施工码头稳定性分析

(1)最大主应变特征：最大主应变矢量分布如图6.25所示，最大主应变矢量值42.54%，强度折减稳定性系数为7.972。

(2)最大有效主应力特征：最大主应力矢量分布如图6.26所示，最大主应力矢量值−781.46Pa。

图6.25　最大主应变矢量分布(3)

图6.26　最大主应力矢量分布(3)

（3）最大总位移分布特征：最大总位移分布如图 6.27 所示，最大总位移值 51.77mm。

图 6.27　最大总位移云图(1)

（4）塑性区分布特征：塑性区分布如图 6.28 所示。

图 6.28　塑性区破坏点分布(3)

（5）典型总位移曲线特征：A-A*、B-B*、C-C* 总位移曲线如图 6.29 所示。码头地面水平位移变化平缓，箱体重力码头竖向总位移变化平缓，自身重力保持稳定，箱体底部总位移变化一般。

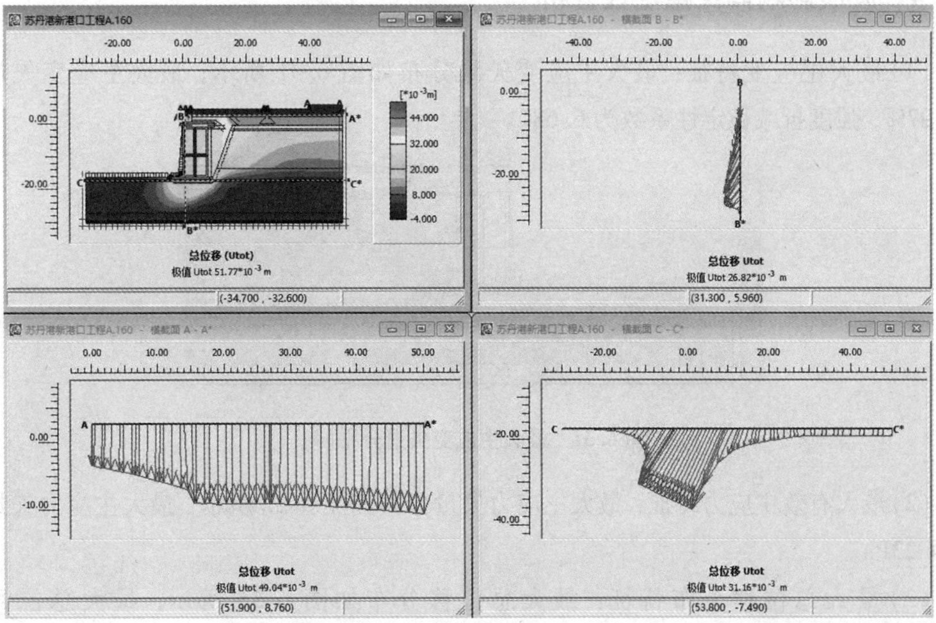

图 6.29　典型总位移曲线分布(1)

（6）典型应变曲线特征：A-A*、B-B*、C-C*应变曲线如图6.30所示。码头地面应变变化剧烈，箱体重力码头竖向应变变化平缓，自身重力保持稳定，箱体底部水平位移变化剧烈。

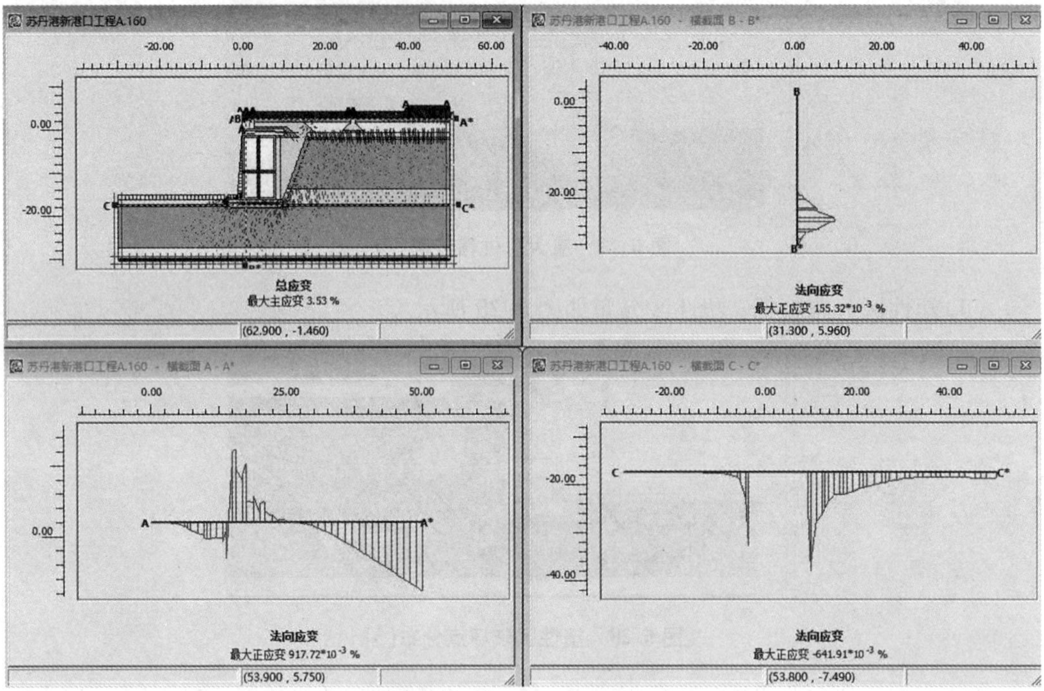

图6.30　典型应变曲线分布（3）

6.4.4　波浪影响码头稳定性分析

（1）最大主应变特征：最大主应变矢量分布如图6.31所示，最大主应变矢量值134.97%，强度折减稳定性系数为6.680。

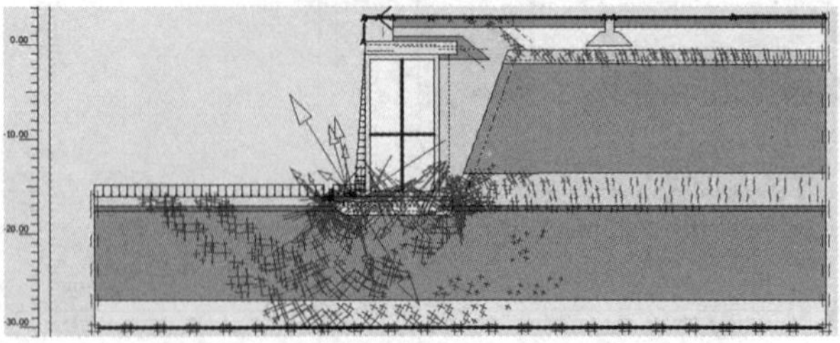

图6.31　最大主应变矢量分布（4）

（2）最大有效主应力特征：最大主应力矢量分布如图6.32所示，最大主应力矢量值-714.23Pa。

（3）最大总位移分布特征：最大总位移分布如图6.33所示，最大总位移值52.73mm。

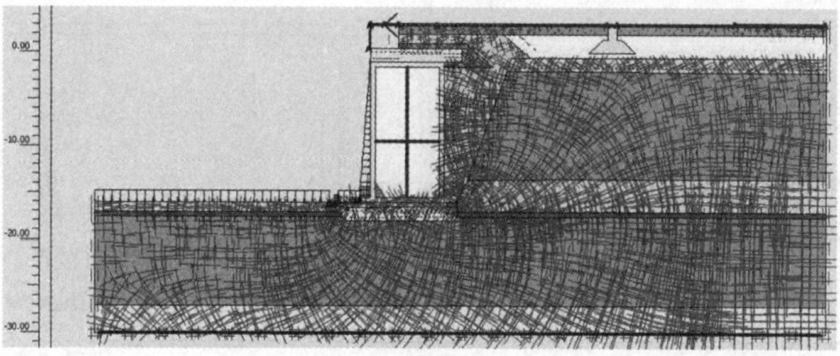

图 6.32　最大主应力矢量分布(4)

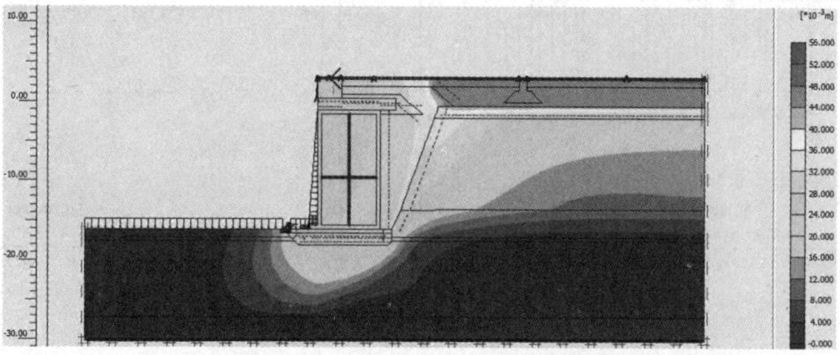

图 6.33　最大总位移云图(2)

(4)塑性区分布特征：塑性区分布如图 6.34 所示。

图 6.34　塑性区破坏点分布(4)

(5)典型总位移曲线特征：A-A*、B-B*、C-C*典型总位移曲线如图 6.35 所示。码头地面水平位移变化平缓，箱体重力码头竖向水平位移变化平缓，自身重力保持稳定，箱体底部水平位移变化一般。

(6)典型应变曲线特征：A-A*、B-B*、C-C*应变曲线如图 6.36 所示。码头地面应变变化剧烈，箱体重力码头竖向应变变化平缓，自身重力保持稳定，箱体底部水平位移变化剧烈。

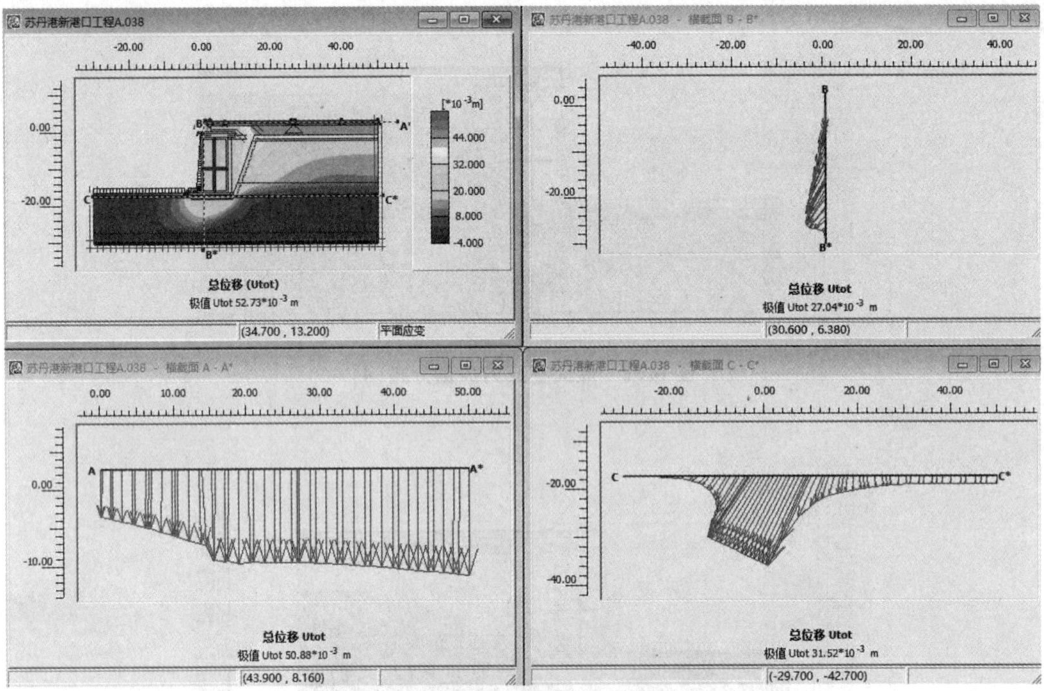

图 6.35　典型总位移曲线分布(2)

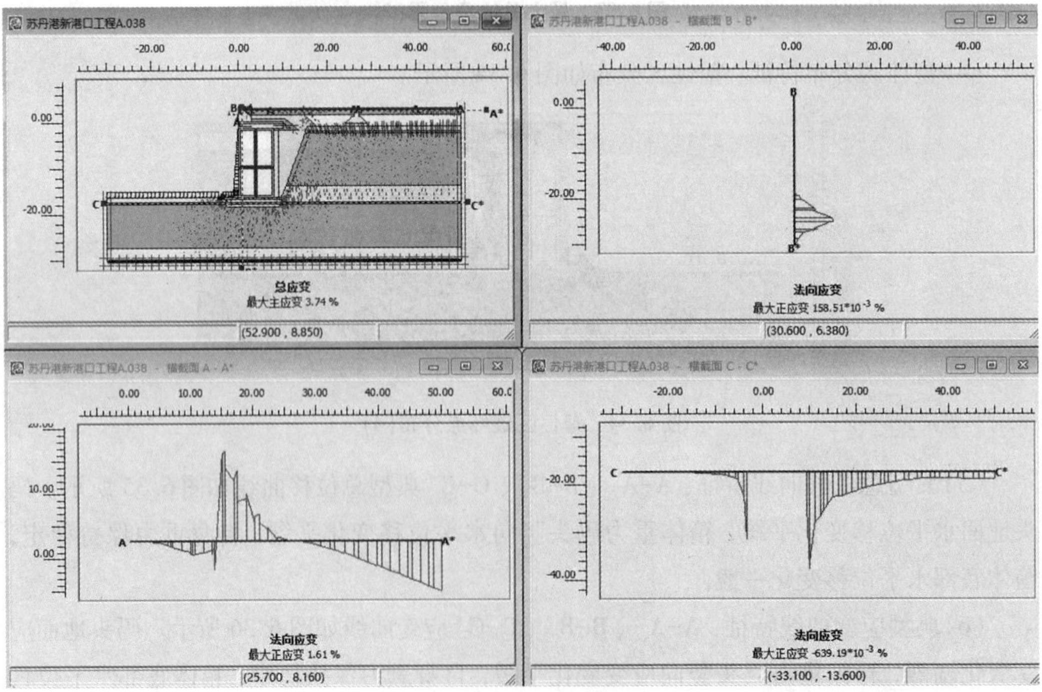

图 6.36　典型应变曲线分布(4)

6.5　弱基沉箱重力式码头稳定性分析

沉箱重力式码头地基承载力不均,对于地基的适应性较高,也多适用于软土地基,可作为良好的持力层,但遇到地基较软、承载力不够时,可加深基槽开挖深度,来增大地基的承载力,因此,弱基条件下的沉箱重力式码头的稳定性研究也是很有必要的,紧密依托实际工程,进行弱基沉箱重力式码头的稳定性分析,并与强基沉箱重力式码头和实心方块重力式码头进行对比,可知不同方案的码头类型的优缺点,并有针对性地进行加固和维护,更有力地保证了安全。

6.5.1　施工码头稳定性分析

(1)最大主应变特征:最大主应变矢量分布如图 6.37 所示,最大主应变矢量值 217.26%,强度折减稳定性系数为 2.464。

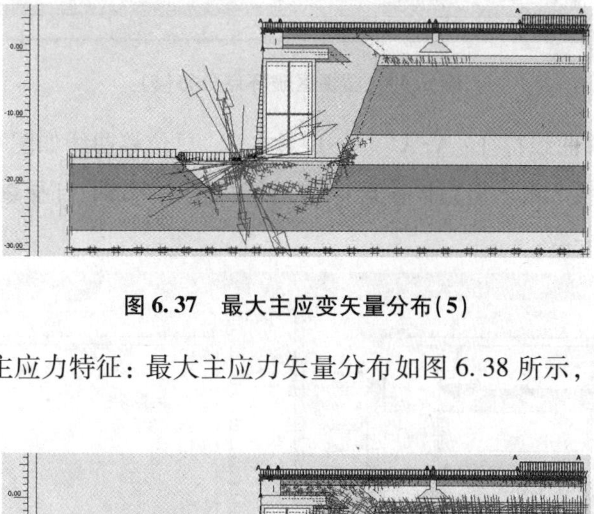

图 6.37　最大主应变矢量分布(5)

(2)最大有效主应力特征:最大主应力矢量分布如图 6.38 所示,最大主应力矢量值 −466.54Pa。

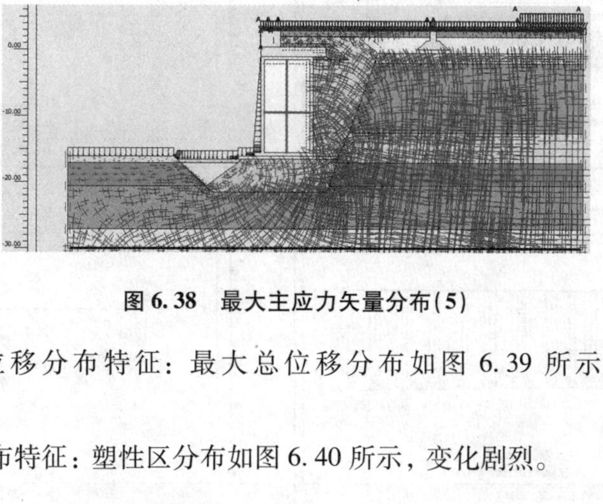

图 6.38　最大主应力矢量分布(5)

(3)最大总位移分布特征:最大总位移分布如图 6.39 所示,最大总位移值 85.08mm。

(4)塑性区分布特征:塑性区分布如图 6.40 所示,变化剧烈。

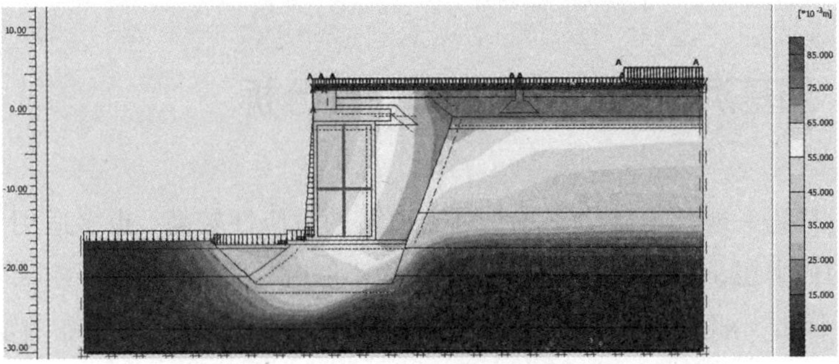

图 6.39　最大总位移云图(3)

图 6.40　塑性区破坏点分布(5)

　　(5)典型总位移曲线特征：A-A*、B-B*、C-C*总位移曲线如图 6.41 所示。码头地面水平位移变化平缓，箱体重力码头竖向水平位移变化平缓，自身重力保持稳定，箱体底部水平位移变化一般。

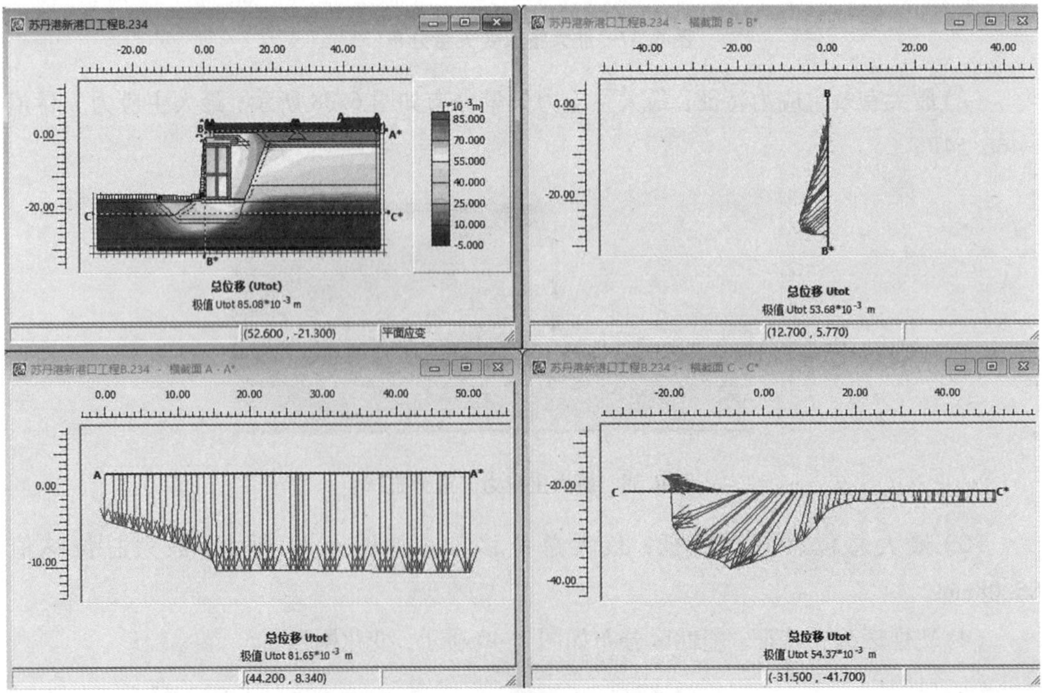

图 6.41　典型总位移曲线分布(3)

（6）典型应变曲线特征：A-A*、B-B*、C-C*应变曲线如图 6.42 所示。码头地面应变变化剧烈，箱体重力码头竖向应变变化平缓，自身重力保持稳定，箱体底部水平位移变化剧烈。

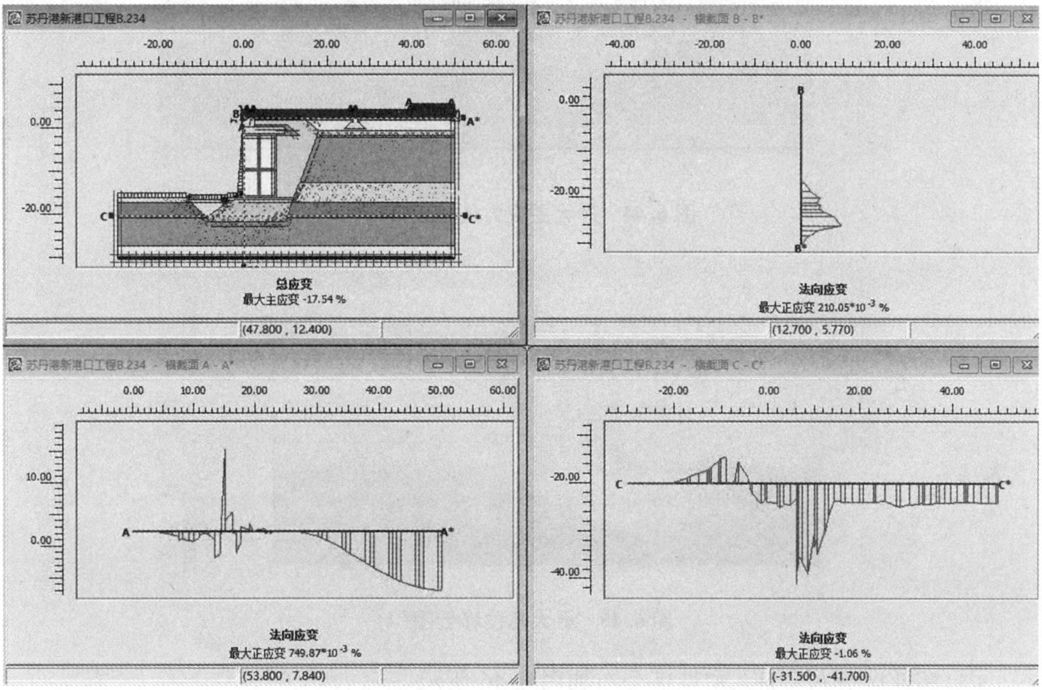

图 6.42　典型应变曲线分布(5)

6.5.2　波浪影响码头稳定性分析

（1）最大主应变特征：最大主应变矢量分布如图 6.43 所示，最大主应变矢量值 170.54%，强度折减稳定性系数为 2.265。

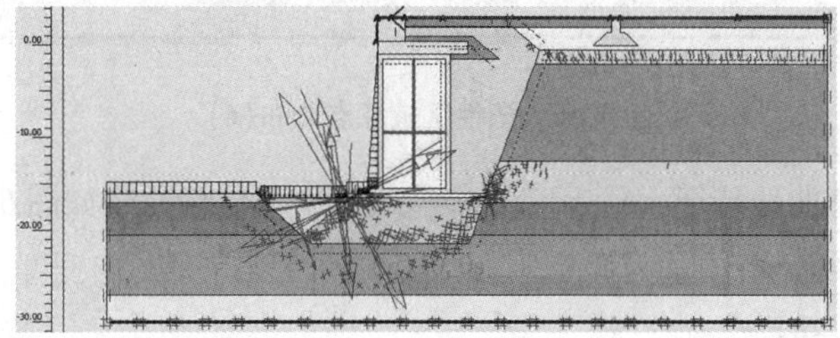

图 6.43　最大主应变矢量分布(6)

（2）最大有效主应力特征：最大主应力矢量分布如图 6.44 所示，最大主应力矢量值 −533.49Pa。

（3）最大总位移分布特征：最大总位移分布如图 6.45 所示，最大总位移值 85.07mm。

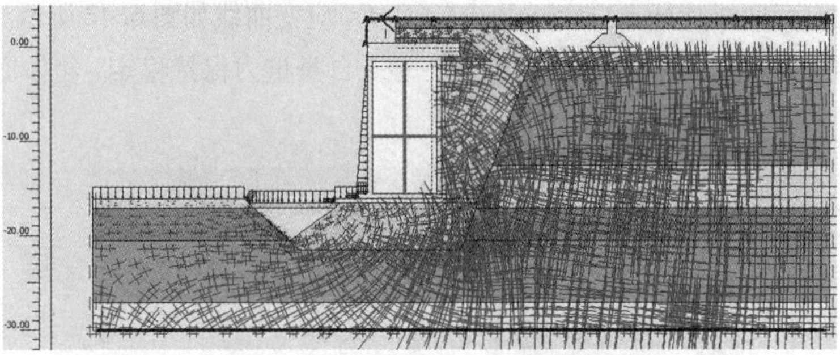

图 6.44　最大主应力矢量分布(6)

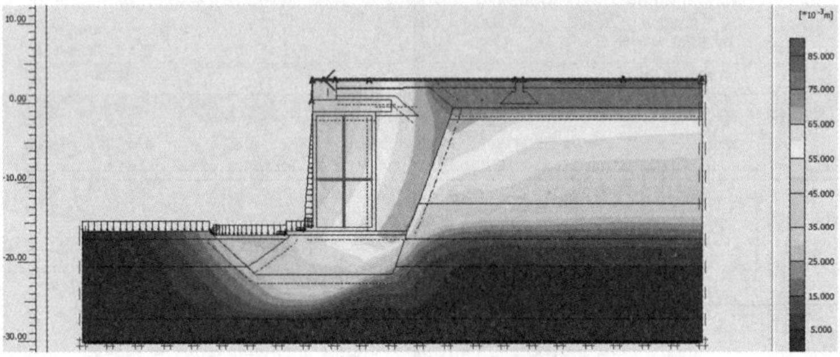

图 6.45　最大总位移云图(4)

(4)塑性区分布特征：塑性区分布如图 6.46 所示。

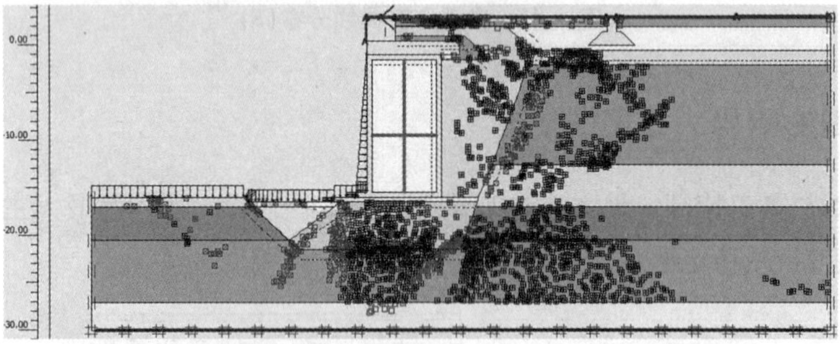

图 6.46　塑性区破坏点分布(6)

(5)典型总位移曲线特征：A-A*、B-B*、C-C*总位移曲线如图 6.47 所示。码头地面水平位移变化平缓，箱体重力码头竖向水平位移变化平缓，自身重力保持稳定，箱体底部水平位移变化一般。

(6)典型应变曲线特征：A-A*、B-B*、C-C*应变曲线如图 6.48 所示。码头地面应变变化剧烈，箱体重力码头竖向应变变化平缓，自身重力保持稳定，箱体底部水平位移变化剧烈。

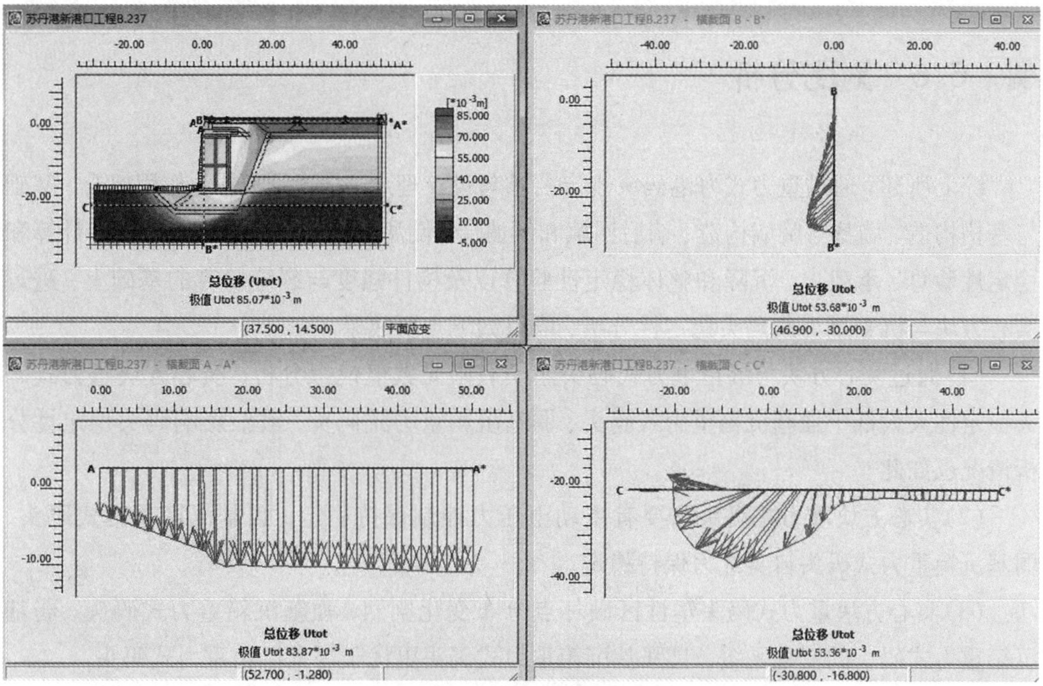

图 6.47　典型总位移曲线分布(4)

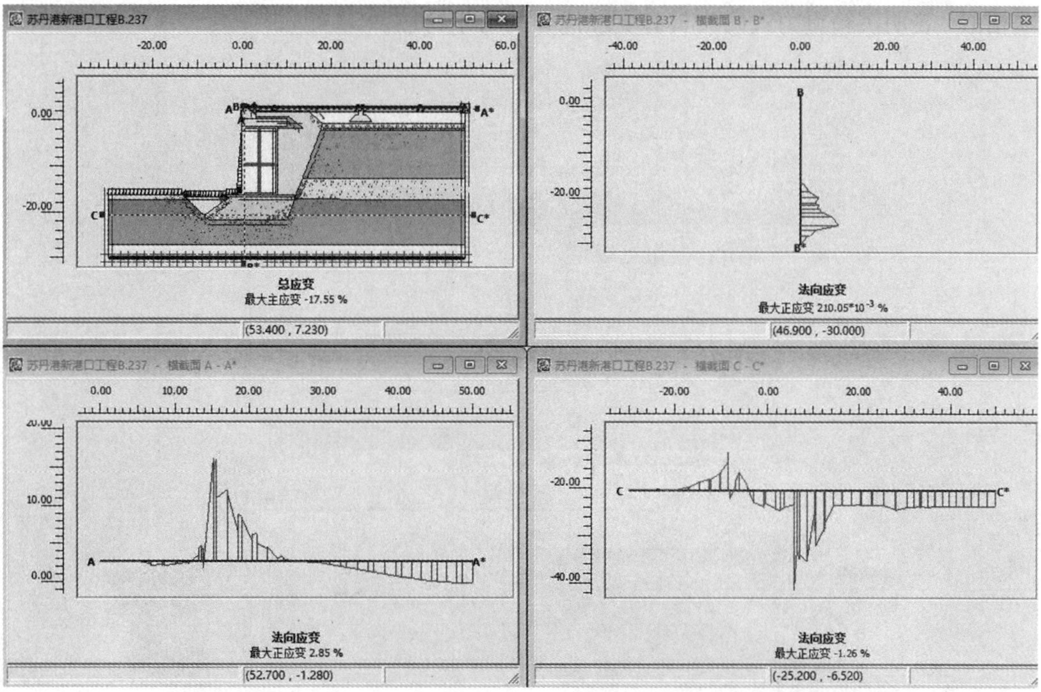

图 6.48　典型应变曲线分布(6)

◢◣ 6.6 对比分析

综上所述,通过重力式海港码头规定要求与设计理念,在规定要求、作用组合、基础与基槽构造、墙身与胸墙构造、墙后回填和倒滤层、倒滤井构造、码头结构与构件计算和稳定性验算、承载力、沉降和整体稳定性验算以及构件强度与裂缝验算的基础上,进行实心方块与沉箱重力式码头稳定性分析,取得如下主要成果。

(1)通过实心方块与沉箱重力式码头建模有限元数值模拟分析,实心方块重力式码头稳定性大大低于强基沉箱重力式码头、弱基沉箱重力式码头,波浪影响码头稳定性分析情况也如此。

(2)实心方块重力式码头需要有主动土压力控制保持稳定,强基沉箱重力式码头、弱基沉箱重力式码头自身重力保持稳定。

(3)实心方块重力式码头塑性区破坏点分布变化剧烈,强基沉箱重力式码头、弱基沉箱重力式码头的变化平缓,且强基沉箱重力式码头更优于弱基沉箱重力式码头。

(4)实心方块重力式码头地面水平位移、应变曲线特征变化剧烈,强基沉箱重力式码头、弱基沉箱重力式码头的变化平缓,强基沉箱重力式码头与弱基沉箱重力式码头基本相似,表明沉箱重力式码头具有更加优异的力学特性。

第7章 实心方块重力式码头抗波浪地震力学特性分析

本章依据地震响应分析原理与方法，在建立有限元数值模拟模型及其相关参数的基础上，进行实心方块重力式码头地震作用动力响应力学特征、抗波浪冲击地震动力响应力学特征的分析。

7.1 有限元数值模拟模型及其相关参数

依托设计方案要求满足抗震作用，地震发生在后运营期间。模型参数还要考虑材料的阻尼黏性作用，所以要输入雷利阻尼系数 α 和 β；模型边界条件选取标准地震边界如图 7.1 所示，地震波普选用 UPLAND 记录的真实地震加速度数据分析，如图 7.2 所示。

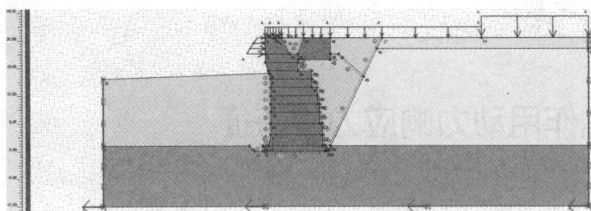

(a)有限元几何模型及地震边界

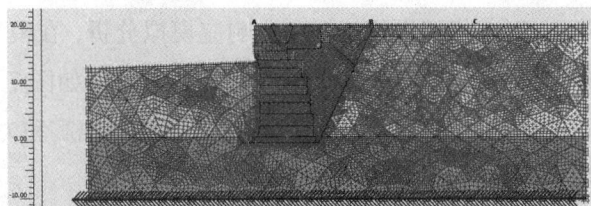

(b)有限元网格模型及地震边界

图 7.1 有限元几何与网格模型及地震边界(1)

有限元数值模拟分析地震动力计算过程中，为了防止应力波的反射，并且不允许模型中的某些能量发散，边界条件应抵消反射，即地震分析中的吸收边界。吸收边界用于吸收动力荷载在边界上引起的应力增量，否则动力荷载将在土体内部发生反射。

图 7.2 地震波谱−加速度−时间曲线

应用吸收边界中的阻尼器来替代某个方向的固定约束，阻尼器要确保边界上的应力增加被吸收不反弹，之后边界移动。土体在加载过程中变形复杂，仅通过数值模拟很难表述出土体的动态特征。大多数有限元土体本构模型的建立都在工程实验和模型简化基础上进行。但是，由于土体变形过程中弹性阶段不能和塑性阶段分开，因此采用设定高级模型参数添加阻尼系数。

7.2 地震作用动力响应力学特征

7.2.1 变形网格特征

有限元静力分析后，对其模型进行地震动力响应模拟分析，在模型底部给定地震波的计算分析，得出典型 2.5、5.0、10.0、20.0s 的变形网格图，如图 7.3 所示，模型中最大总位移分别为 27.81、61.14、87.35、163.79mm，表明随着地震动力影响时间的持续，码头泊位发生变形的网格整体移动特征。

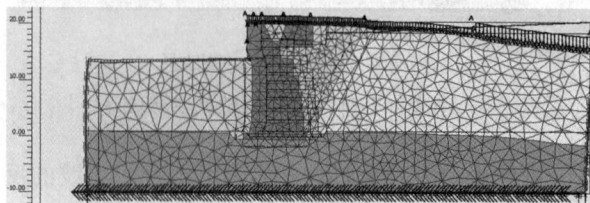

(a) 2.5s

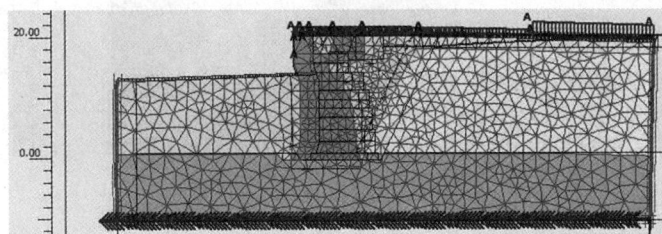

（b）5.0s

（c）10.0s

（d）20.0s

图 7.3　地震响应变形网格特征图（1）

7.2.2　总位移云图特征

有限元静力分析后，对其模型进行地震动力响应模拟分析，在模型底部给定地震波的计算分析，得出典型 2.5、5.0、10.0、20.0s 总位移云图，如图 7.4 所示，最大总位移分别为 27.81、61.14、87.35、163.79mm，表明随着地震动力影响持续，码头泊位发生变形整体移动特征。

（a）2.5s

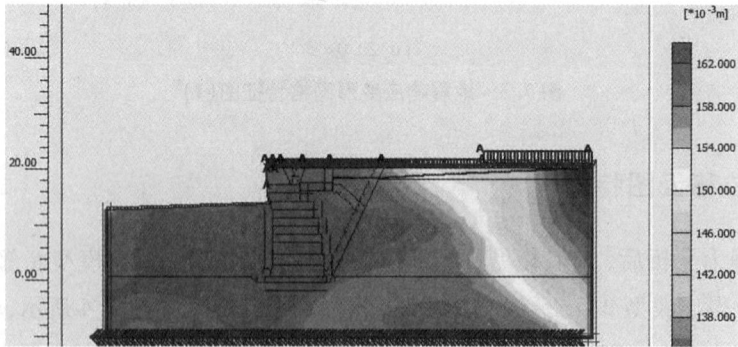

(b)5.0s

(c)10.0s

(d)20.0s

图 7.4　地震响应总位移云图特征(1)

7.2.3　总速度云图特征

有限元静力分析后,对其模型进行地震动力响应模拟分析,在模型底部给定地震波的计算分析,得出典型 2.5、5.0、10.0、20.0s 的总速度云图,如图 7.5 所示,最大总速度分别为 75.82、24.65、12.08、7.77mm/d,表明随着地震动力影响持续,码头泊位发生变形整体移动特征。

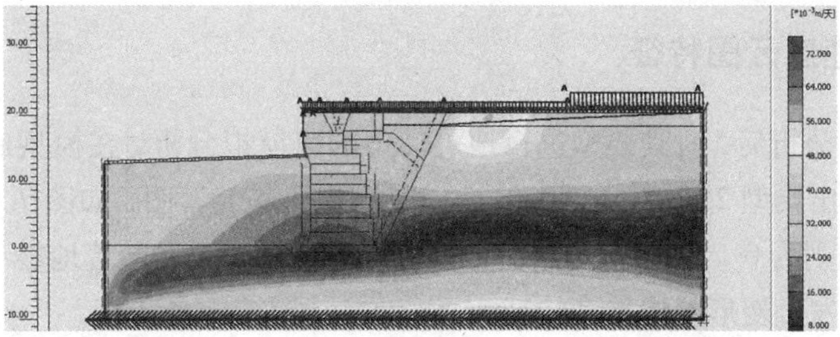

(a) 2. 5s

(b) 5. 0s

(c) 10. 0s

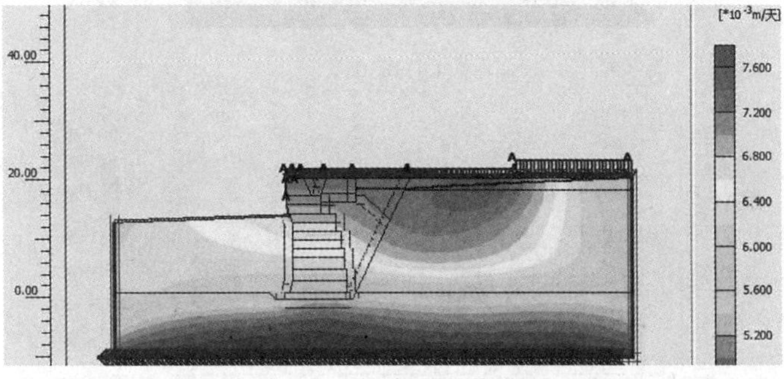

(d) 20. 0s

图 7.5　地震响应总速度云图特征(1)

7.2.4 总加速度云图特征

有限元静力分析后，对其模型进行地震动力响应模拟分析，在模型底部给定地震波的计算分析，得出典型 2.5、5.0、10.0、20.0s 的总加速度云图，如图 7.6 所示，模型中最大总加速度分别为 0.739、0.440、0.189、0.0387m/d²，表明随着地震动力影响时间的持续，码头泊位发生变形整体移动特征。

(a)2.5s

(b)5.0s

(c)10.0s

(d)20.0s

图 7.6 地震响应总加速度云图特征(1)

7.2.5 剪应变矢量分布特征

有限元静力分析后，对其模型进行地震动力响应模拟分析，在模型底部给定地震波的计算分析，得出典型 2.5、5.0、10.0、20.0s 的剪应变矢量分布特征，如图 7.7 所示，模型中剪应变云图分别为 0.760%、1.71%、1.67%、1.68%，表明随着地震动力影响时间的持续，码头泊位发生变形整体移动特征。

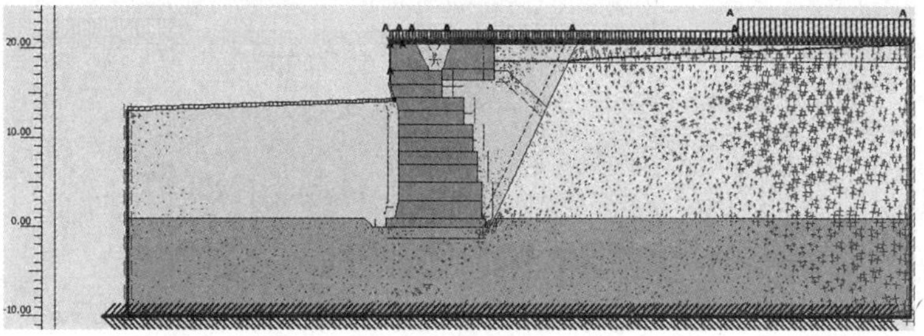

(a)2.5s

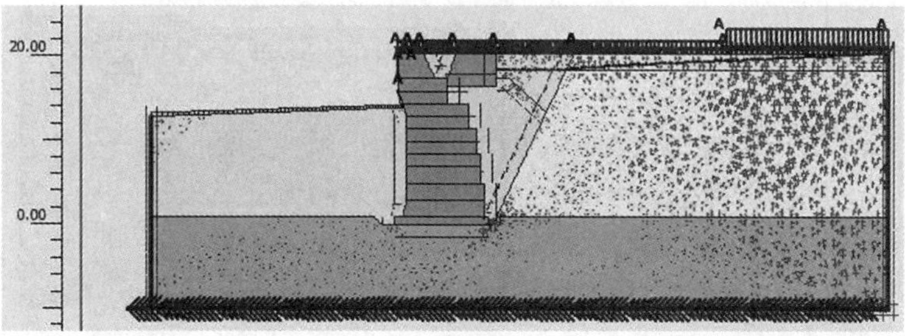

(b)5.0s

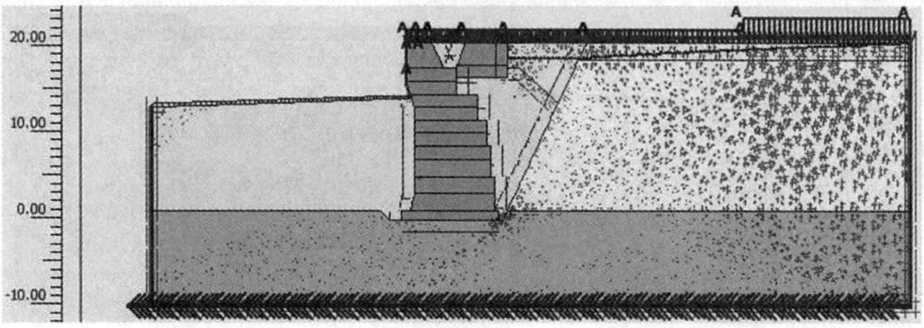

(c)10.0s

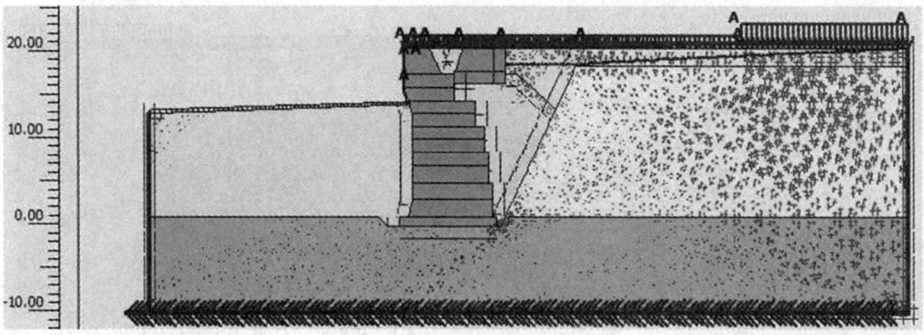

(d)20.0s

图 7.7　地震响应剪应变云图特征(1)

7.2.6　有效应力矢量特征

有限元静力分析后，对其模型进行地震动力响应模拟分析，在模型底部给定地震波的计算分析，得出典型 2.5、5.0、10.0、20.0s 的有效应力矢量特征，如图 7.8 所示，模型中有效应力矢量最大主应力分别为−465.42、−398.54、−409.42、−411.51Pa，表明随着地震动力影响时间的持续，码头泊位发生变形整体移动特征。

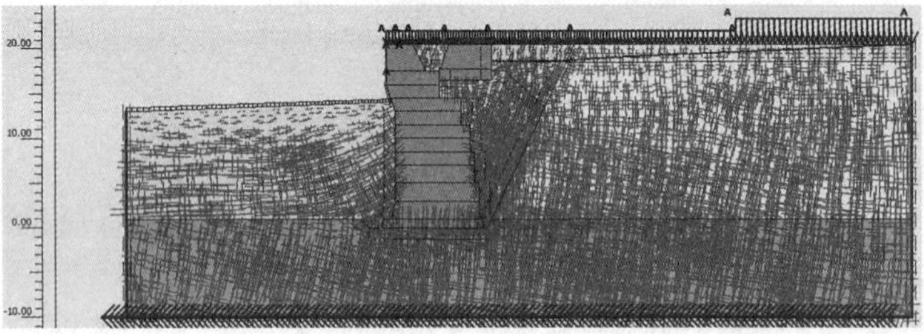

(a)2.5s

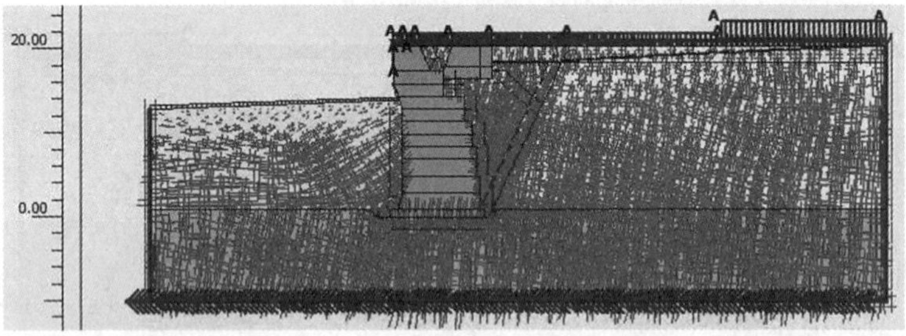

(b)5.0s

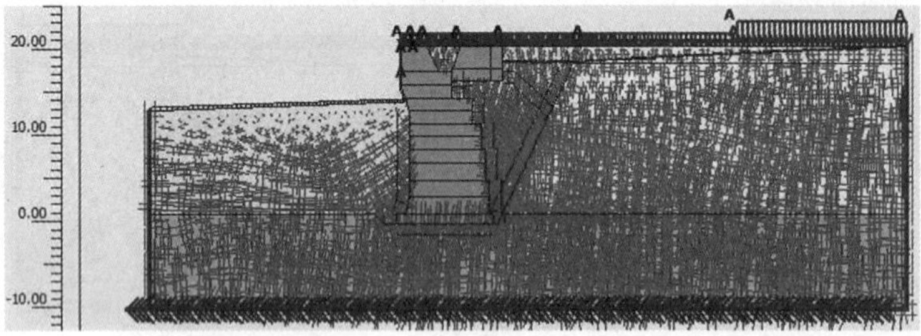

(c)10.0s

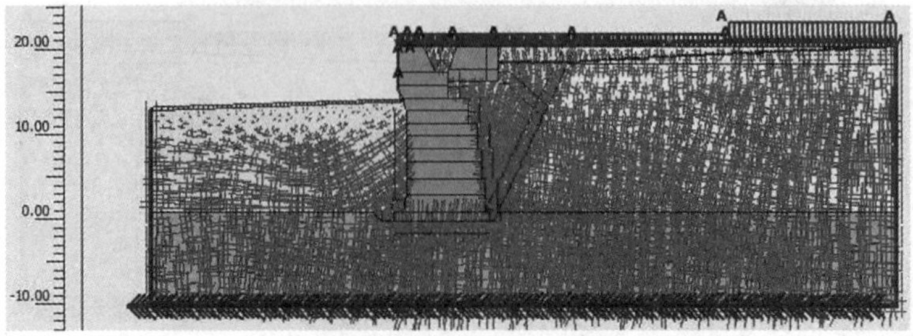

(d)20.0s

图 7.8　地震响应有效应力矢量特征(1)

7.2.7　破坏区分布特征

有限元静力分析后，对其模型进行地震动力响应模拟分析，在模型底部给定地震波的计算分析，得出典型 2.5、5.0、10.0、20.0s 的破坏区分布特征，如图 7.9 所示，模型中破坏区分布表明随着地震动力影响时间的持续，码头泊位发生变形整体移动特征。

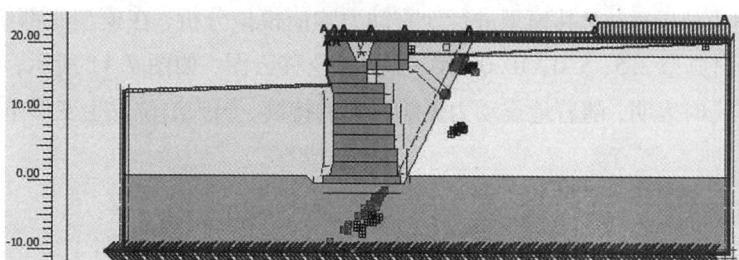

(a) 2.5s

(b) 5.0s

(c) 10.0s

(d) 20.0s

图 7.9　地震响应破坏区分布特征(1)

7.2.8 位移、速度和加速度历时特征

（1）A点位移、速度和加速度。

有限元静力分析后，对其模型进行地震动力响应模拟分析，在模型底部给定地震波的计算分析，得出典型2.5、5.0、10.0、20.0s的总位移云图，如图7.10所示，模型中位移、速度和加速度历时表明，随着地震动力影响时间的持续，码头泊位发生变形整体移动特征。

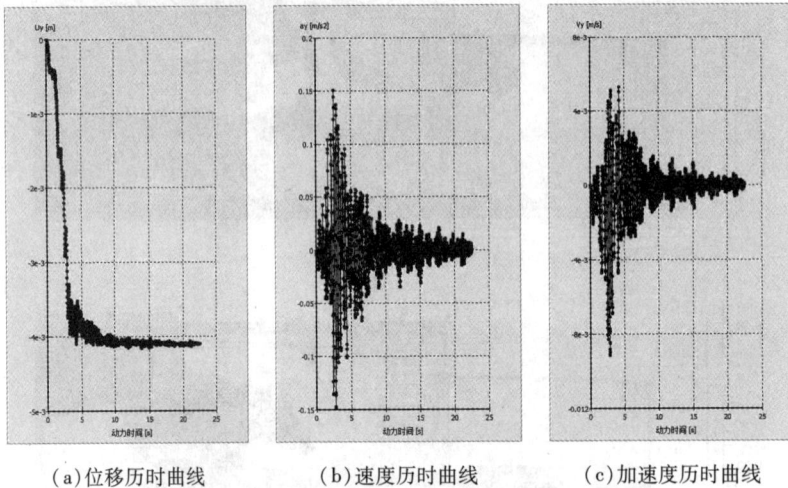

（a）位移历时曲线　　（b）速度历时曲线　　（c）加速度历时曲线

图7.10　A点地震响应位移、速度和加速度历时特征（1）

（2）B点位移、速度和加速度。

有限元静力分析后，对其模型进行地震动力响应模拟分析，在模型底部给定地震波的计算分析，得出典型2.5、5.0、10.0、20.0s的总位移云图，如图7.11所示，模型中位移、速度和加速度历时表明，随着地震动力影响时间的持续，码头泊位发生变形整体移动特征。

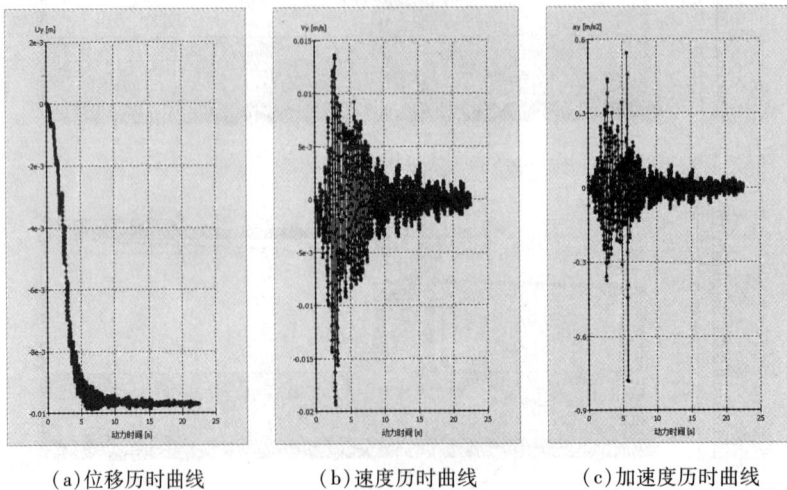

（a）位移历时曲线　　（b）速度历时曲线　　（c）加速度历时曲线

图7.11　B点地震响应位移、速度和加速度历时特征（1）

（3）C 点位移、速度和加速度。

有限元静力分析后，对其模型进行地震动力响应模拟分析，在模型底部给定地震波的计算分析，得出典型 2.5、5.0、10.0、20.0s 的总位移云图，如图 7.12 所示，模型中位移、速度和加速度历时表明，随着地震动力影响时间的持续，码头泊位发生变形整体移动特征。

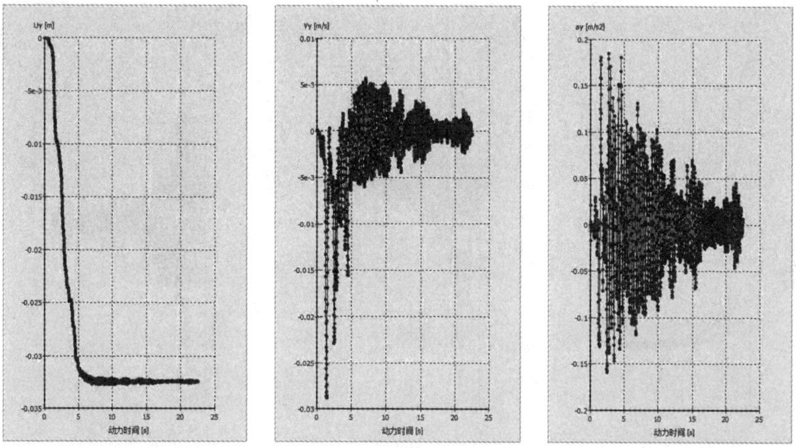

（a）位移历时曲线　　　　（b）速度历时曲线　　　　（c）加速度历时曲线

图 7.12　C 点地震响应位移、速度和加速度历时特征（1）

（4）D 点位移、速度和加速度。

有限元静力分析后，对其模型进行地震动力响应模拟分析，在模型底部给定地震波的计算分析，得出典型 2.5、5.0、10.0、20.0s 的总位移云图，如图 7.13 所示，模型中位移、速度和加速度历时表明，随着地震动力影响时间的持续，码头泊位发生变形整体移动特征。

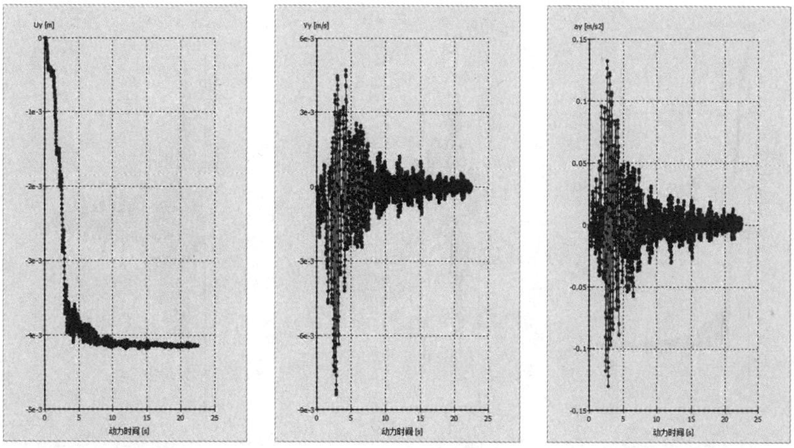

（a）位移历时曲线　　　　（b）速度历时曲线　　　　（c）加速度历时曲线

图 7.13　D 点地震响应位移、速度和加速度历时特征（1）

（5）E 点位移、速度和加速度。

有限元静力分析后，对其模型进行地震动力响应模拟分析，在模型底部给定地震波的计算分析，得出典型 2.5、5.0、10.0、20.0 s 的总位移云图，如图 7.14 所示，模型中位移、速度和加速度历时表明，随着地震动力影响时间的持续，码头泊位发生变形整体移动特征。

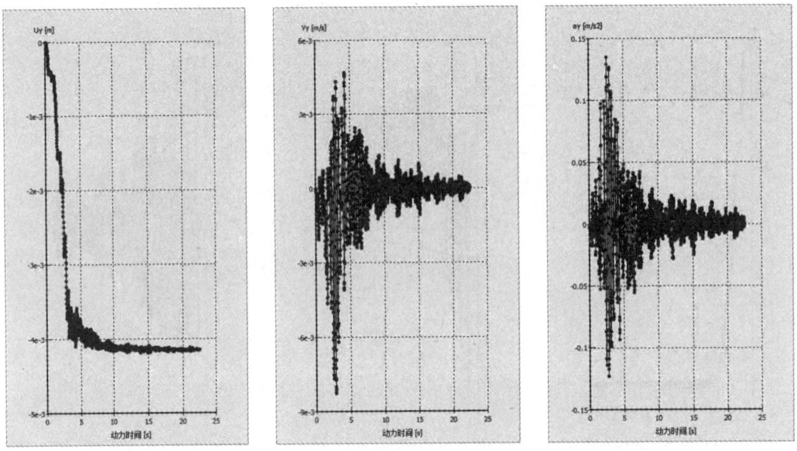

(a)位移历时曲线　　　(b)速度历时曲线　　　(c)加速度历时曲线

图 7.14　E 点地震响应位移、速度和加速度历时特征(1)

（6）F 点位移、速度和加速度。

有限元静力分析后，对其模型进行地震动力响应模拟分析，在模型底部给定地震波的计算分析，得出典型 2.5、5.0、10.0、20.0 s 的总位移云图，如图 7.15 所示，模型中位移、速度和加速度历时表明，随着地震动力影响时间的持续，码头泊位发生变形整体移动特征。

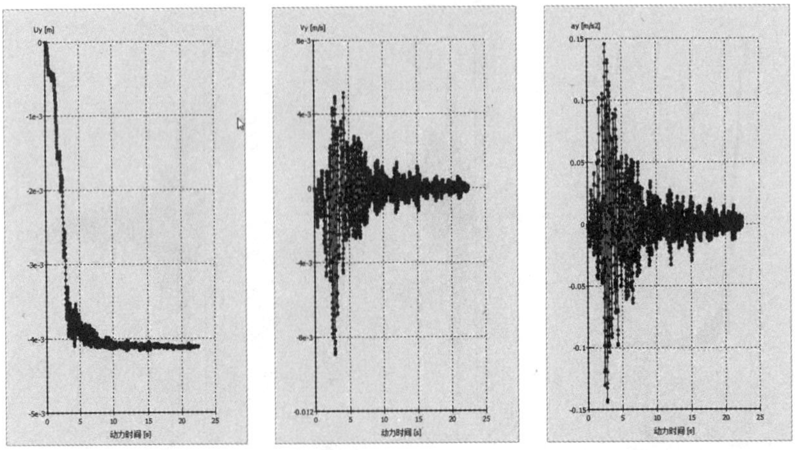

(a)位移历时曲线　　　(b)速度历时曲线　　　(c)加速度历时曲线

图 7.15　F 点地震响应位移、速度和加速度历时特征(1)

7.3 抗波浪冲击地震动力响应力学特征

7.3.1 变形网格特征

有限元静力分析后，对其模型进行地震动力响应模拟分析，在模型底部给定地震波的计算分析，得出典型 2.5、5.0、10.0、20.0s 的变形网格图，如图 7.16 所示，模型中最大总位移分别为 28.52、63.39、101.93、179.05mm，表明随着地震动力影响时间的持续，码头泊位发生变形的网格整体移动特征。

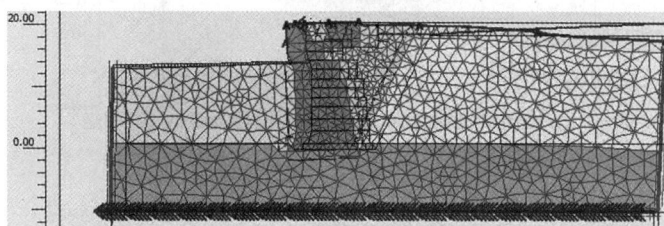

(a)2.5s

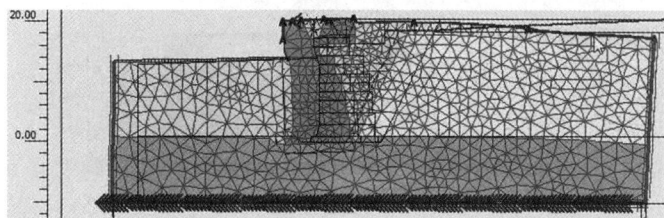

(b)5.0s

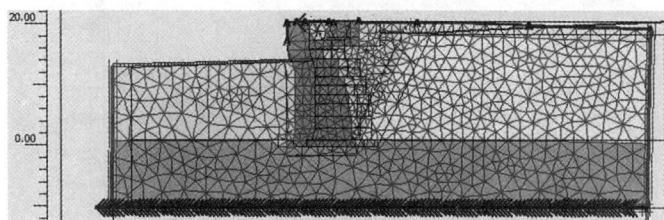

(c)10.0s

(d)20.0s

图 7.16 地震响应变形网格特征图(2)

7.3.2 总位移云图特征

有限元静力分析后，对其模型进行地震动力响应模拟分析，在模型底部给定地震波的计算分析，得出典型 2.5、5.0、10.0、20.0s 的总位移云图，如图 7.17 所示，模型中最大总位移分别为 28.52、63.39、101.93、179.05mm，表明随着地震动力影响时间的持续，码头泊位发生变形整体移动特征。

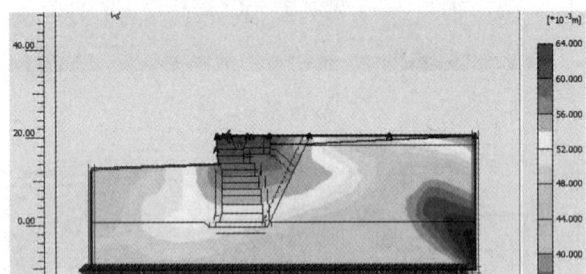

(a)2.5s

(b)5.0s

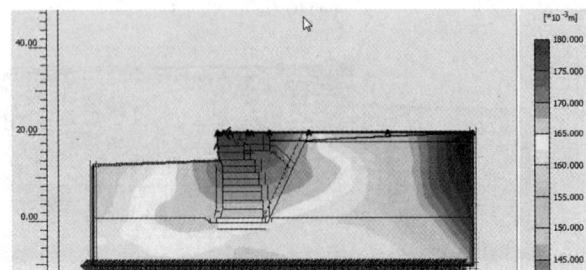

(c)10.0s

(d)20.0s

图 7.17 地震响应总位移云图特征(2)

7.3.3　总速度云图特征

有限元静力分析后，对其模型进行地震动力响应模拟分析，在模型底部给定地震波的计算分析，得出典型 2.5、5.0、10.0、20.0s 总速度云图，如图 7.18 所示，最大总速度分别为 75.82、24.91、11.75、7.96mm/d，表明随着地震动力影响持续，码头泊位发生变形整体移动特征。

（a）2.5s

（b）5.0s

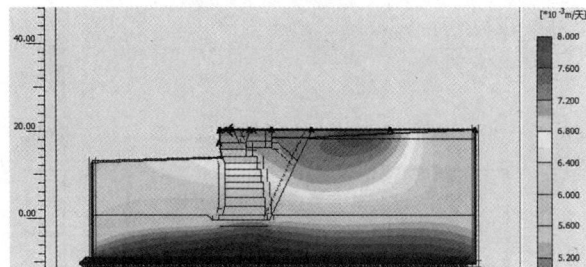

（c）10.0s

（d）20.0s

图 7.18　地震响应总速度云图特征（2）

7.3.4 总加速度云图特征

有限元静力分析后，对其模型进行地震动力响应模拟分析，在模型底部给定地震波的计算分析，得出典型 2.5、5.0、10.0、20.0s 的总加速度云图，如图 7.19 所示，最大总加速度分别为 0.740、0.419、0.238、0.0387m/d^2，表明随着地震动力影响持续，码头泊位发生变形整体移动特征。

(a)2.5s

(b)5.0s

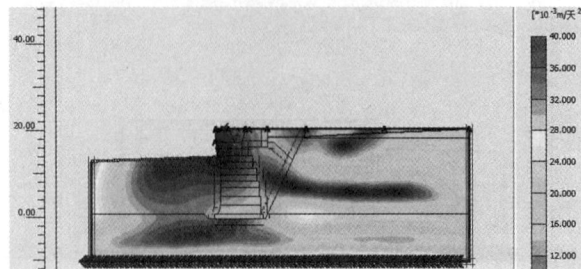

(c)10.0s

(d)20.0s

图 7.19　地震响应总加速度云图特征(2)

7.3.5 剪应变矢量分布特征

有限元静力分析后,对其模型进行地震动力响应模拟分析,在模型底部给定地震波的计算分析,得出典型 2.5、5.0、10.0、20.0s 的剪应变矢量分布特征,如图 7.20 所示,模型中剪应变云图分别为 0.816%、2.29%、3.20%、3.45%,表明随着地震动力影响时间的持续,码头泊位发生变形整体移动特征。

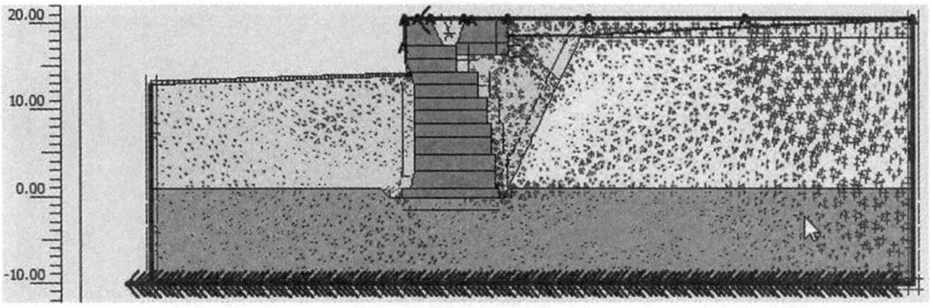

(a)2.5s

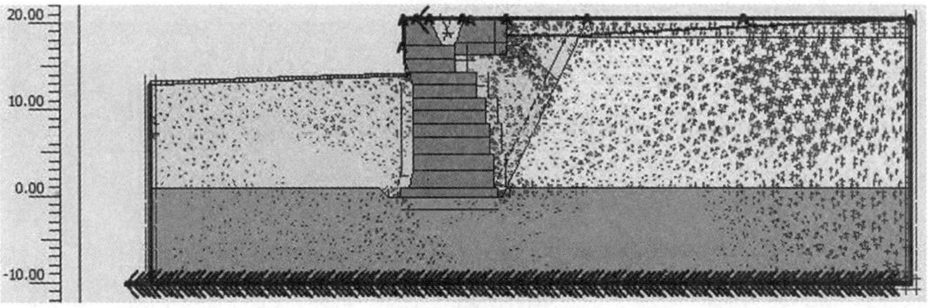

(b)5.0s

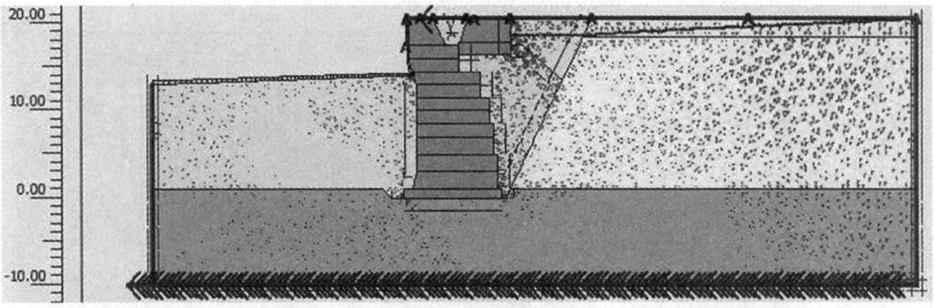

(c)10.0s

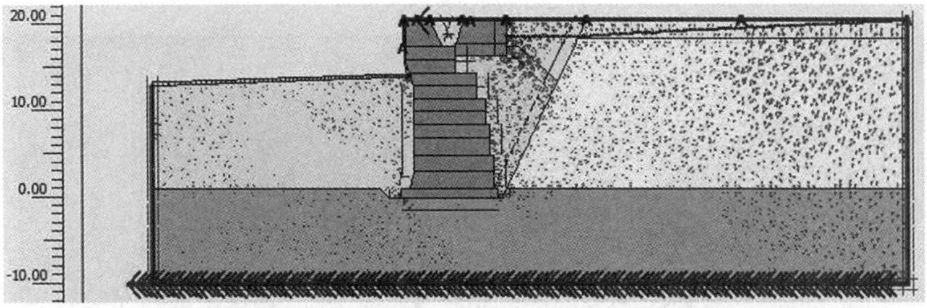

(d)20.0s

图 7.20 地震响应剪应变云图特征(2)

7.3.6 有效应力矢量特征

有限元静力分析后,对其模型进行地震动力响应模拟分析,在模型底部给定地震波的计算分析,得出典型 2.5、5.0、10.0、20.0s 的有效应力矢量特征,如图 7.21 所示,模型中有效应力矢量最大主应力分别为 -483.17、-460.74、-518.48、-516.12Pa,表明随着地震动力影响时间的持续,码头泊位发生变形整体移动特征。

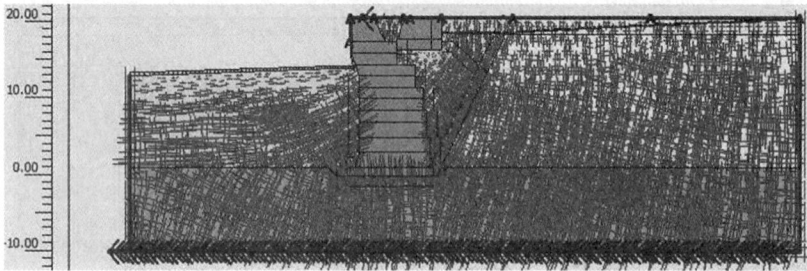

(a)2.5s

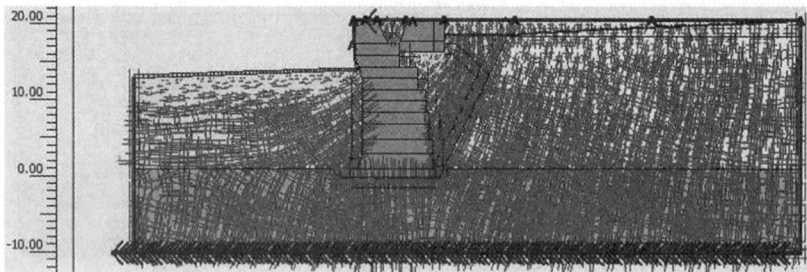

(b)5.0s

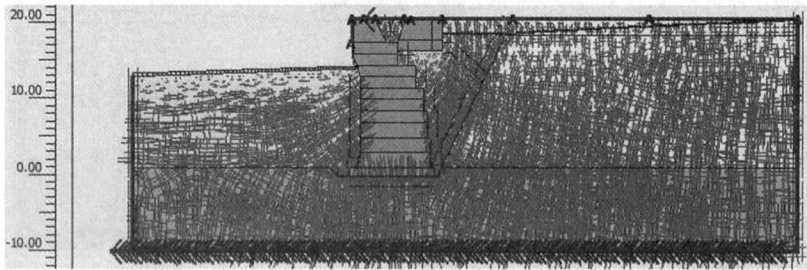

(c)10.0s

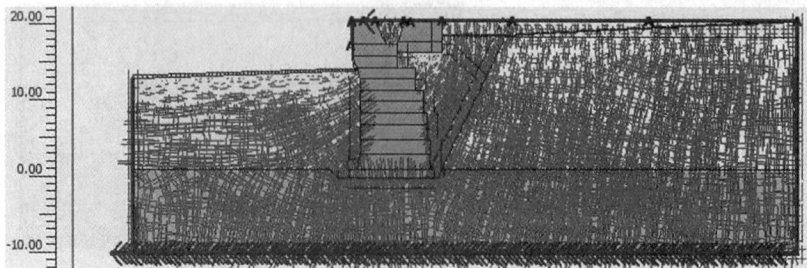

(d)20.0s

图 7.21　地震响应有效应力矢量特征(2)

7.3.7　破坏区分布特征

有限元静力分析后，对其模型进行地震动力响应模拟分析，在模型底部给定地震波的计算分析，得出典型 2.5、5.0、10.0、20.0s 的破坏区分布特征，如图 7.22 所示，模型中破坏区分布表明随着地震动力影响时间的持续，码头泊位发生变形整体移动特征。

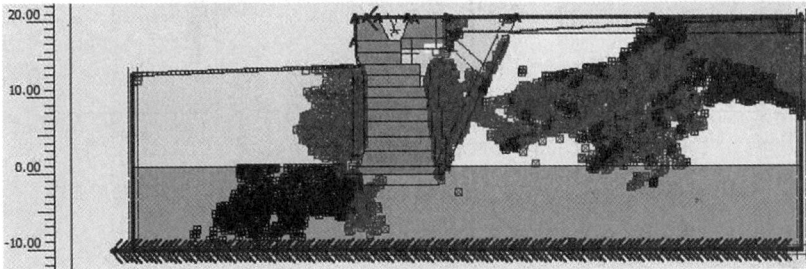

(a) 2.5s

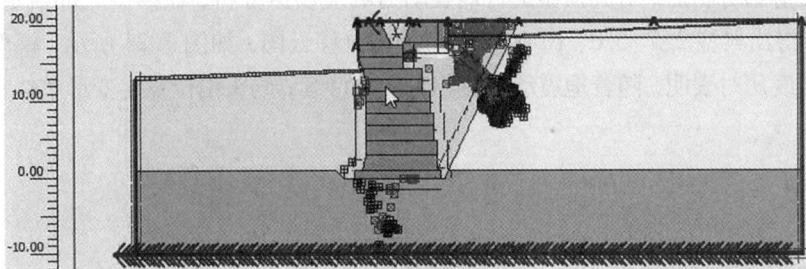

(b) 5.0s

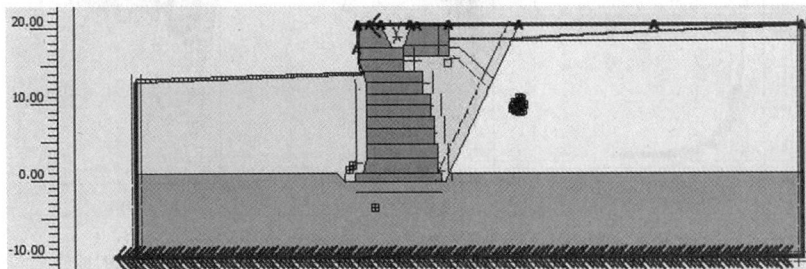

(c) 10.0s

(d) 20.0s

图 7.22　地震响应破坏区分布特征(2)

7.3.8 位移、速度和加速度历时特征

（1）A 点位移、速度和加速度。

有限元静力分析后，对其模型进行地震动力响应模拟分析，在模型底部给定地震波的计算分析，得出典型 2.5、5.0、10.0、20.0s 的总位移云图，如图 7.23 所示，模型中位移、速度和加速度历时表明，随着地震动力影响时间的持续，码头泊位发生变形整体移动特征。

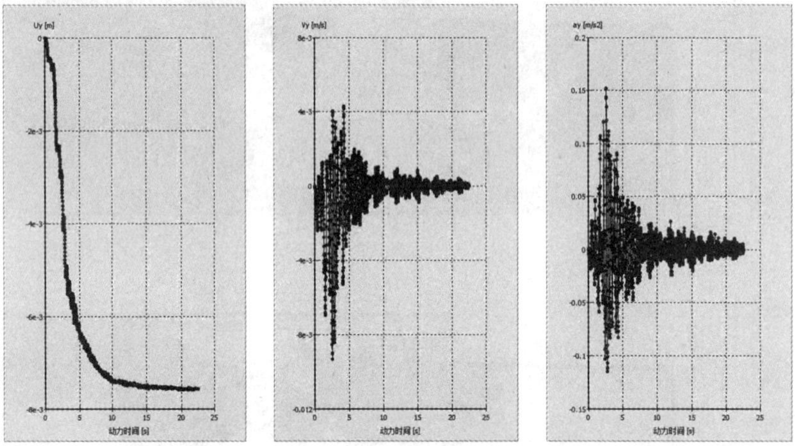

| (a)位移历时曲线 | (b)速度历时曲线 | (c)加速度历时曲线 |

图 7.23 A 点地震响应位移、速度和加速度历时特征（2）

（2）B 点位移、速度和加速度。

有限元静力分析后，对其模型进行地震动力响应模拟分析，在模型底部给定地震波的计算分析，得出典型 2.5、5.0、10.0、20.0s 的总位移云图，如图 7.24 所示，模型中位移、速度和加速度历时表明，随着地震动力影响时间的持续，码头泊位发生变形整体移动特征。

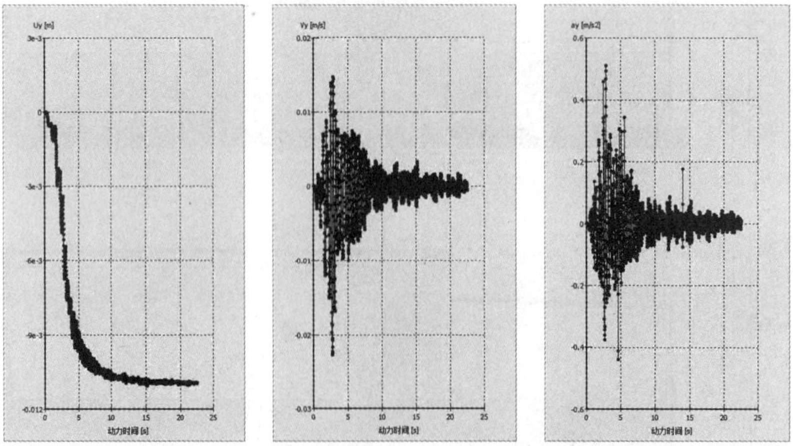

| (a)位移历时曲线 | (b)速度历时曲线 | (c)加速度历时曲线 |

图 7.24 B 点地震响应位移、速度和加速度历时特征（2）

（3）C 点位移、速度和加速度。

有限元静力分析后，对其模型进行地震动力响应模拟分析，在模型底部给定地震波的计算分析，得出典型 2.5、5.0、10.0、20.0s 的总位移云图，如图 7.25 所示，模型中位移、速度和加速度历时表明，随着地震动力影响时间的持续，码头泊位发生变形整体移动特征。

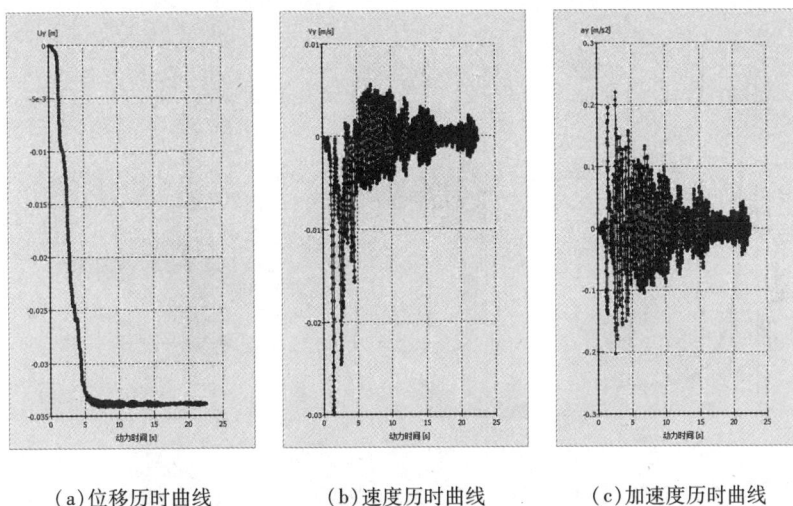

（a）位移历时曲线　　　（b）速度历时曲线　　　（c）加速度历时曲线

图 7.25　C 点地震响应位移、速度和加速度历时特征（2）

（4）D 点位移、速度和加速度。

有限元静力分析后，其模型进行地震动力响应模拟分析，在模型底部给定地震波的计算分析，得出典型 2.5、5.0、10.0、20.0s 的总位移云图，如图 7.26 所示，模型中位移、速度和加速度历时表明，随着地震动力影响时间的持续，码头泊位发生变形整体移动特征。

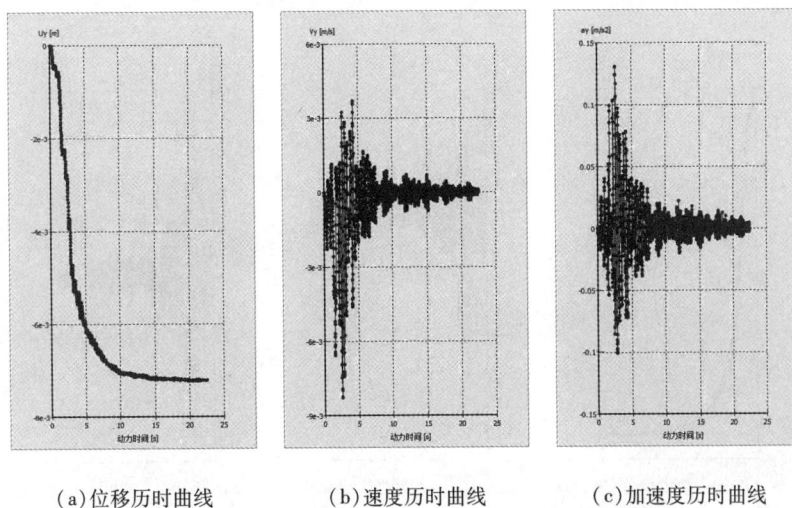

（a）位移历时曲线　　　（b）速度历时曲线　　　（c）加速度历时曲线

图 7.26　D 点地震响应位移、速度和加速度历时特征（2）

（5）E 点位移、速度和加速度。

有限元静力分析后，对其模型进行地震动力响应模拟分析，在模型底部给定地震波的计算分析，得出典型 2.5、5.0、10.0、20.0s 的总位移云图，如图 7.27 所示，模型中位移、速度和加速度历时表明，随着地震动力影响时间的持续，码头泊位发生变形整体移动特征。

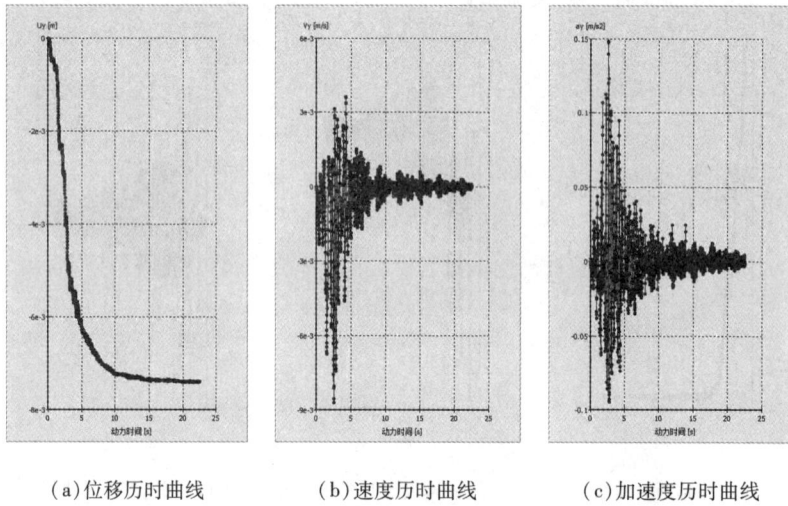

| (a)位移历时曲线 | (b)速度历时曲线 | (c)加速度历时曲线 |

图 7.27 E 点地震响应位移、速度和加速度历时特征(2)

（6）F 点位移、速度和加速度。

有限元静力分析后，对其模型进行地震动力响应模拟分析，在模型底部给定地震波的计算分析，得出典型 2.5、5.0、10.0、20.0s 的总位移云图，如图 7.28 所示，模型中位移、速度和加速度历时表明，随着地震动力影响时间的持续，码头泊位发生变形整体移动特征。

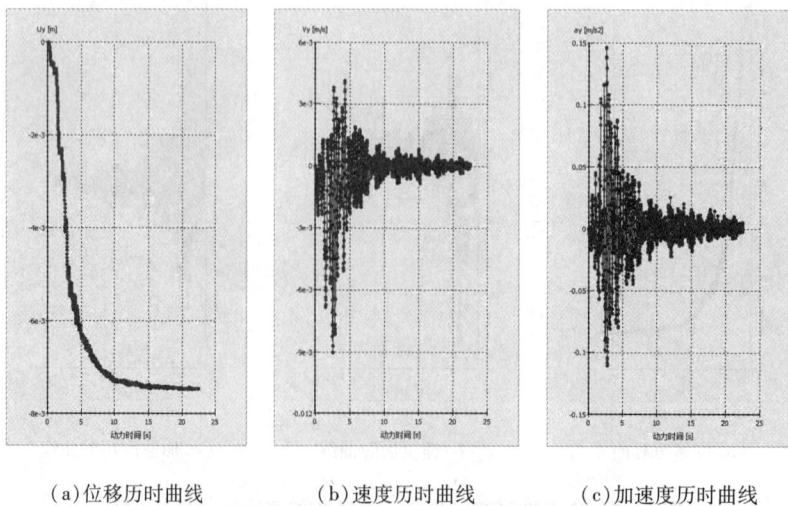

| (a)位移历时曲线 | (b)速度历时曲线 | (c)加速度历时曲线 |

图 7.28 F 点地震响应位移、速度和加速度历时特征(2)

▧ 7.4　对比分析

综上所述，依据地震响应分析原理与方法，在建立有限元数值模拟模型及其相关参数的基础上，开展了实心方块重力式码头抗波浪地震响应分析，进行了实心方块重力式码头地震作用动力响应力学特征、抗波浪冲击地震动力响应力学特征的分析。得到如下主要成果。

（1）变形网格特征。地震时程 2.5、5.0、10.0、20.0s 时，地震动力影响最大总位移分别为 27.81、61.14、87.35、163.79mm，抗波浪冲击地震动力影响最大总位移分别为 28.52、63.39、101.93、179.05mm，对比分析变化不大，表明随着时间的持续，码头泊位发生变形的网格整体移动特征。

（2）实心方块重力式码头地震、抗波浪冲击地震动力响应力学特征的分析中，总速度云图特征、总加速度云图特征、剪应变矢量分布特征、有效应力矢量特征对比分析变化不大，表明随着时间的持续，码头泊位发生变形的网格整体移动特征。

（3）实心方块重力式码头地震、抗波浪冲击地震动力响应力学特征的分析中，破坏区分布特征随着时间的持续显著缩小，地震响应位移、速度和加速度历时特征显著衰减。

（4）通过实心方块重力式码头抗波浪地震响应分析，实心方块重力式码头地震作用动力响应力学特征与抗波浪冲击地震动力响应力学特征基本接近，实际工程应用表明此类码头简单实用，但是不适应深水码头泊位改造，可见需要研究新型深水码头泊位的建造。

第8章　沉箱重力式码头抗波浪地震力学特性分析

本章依据地震响应分析原理与方法，在建立有限元数值模拟模型及其相关参数的基础上，进行强基沉箱重力式码头地震作用动力响应力学特征、强基沉箱重力式码头抗波浪冲击地震动力响应力学特征、弱基沉箱重力式码头地震作用动力响应力学特征和弱基沉箱重力式码头抗波浪冲击地震动力响应力学特征分析。

8.1　沉箱重力式码头有限元数值模拟模型

依托英国设计方案要求满足抵抗地震作用，地震力发生在工程建造完成之后运营期间。模型参数还要考虑材料的阻尼黏性作用，所以要输入雷利阻尼系数 α 和 β；模型边界条件选取标准地震边界如图 8.1、图 8.2 所示，地震波普选用 UPLAND 记录的真实地震加速度数据分析。

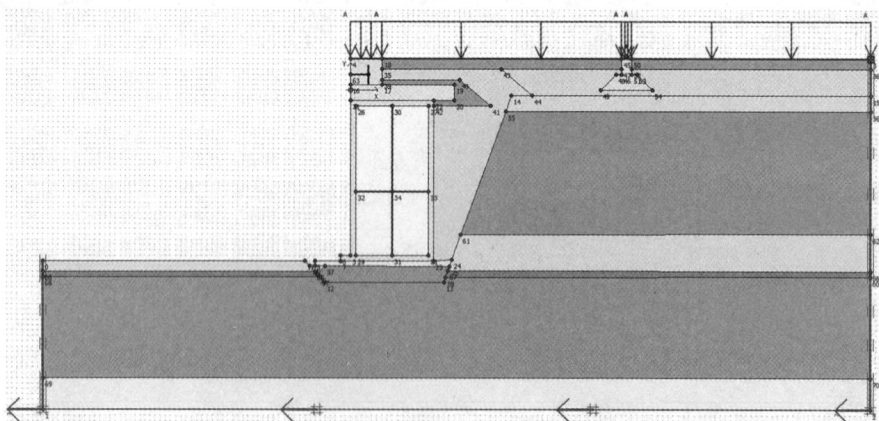

(a)有限元几何模型及地震边界

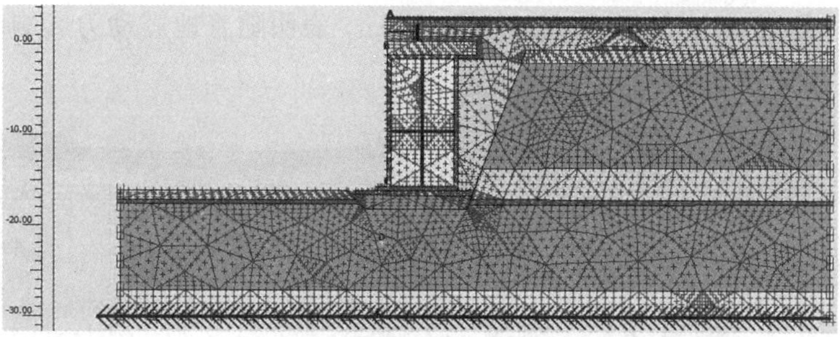

(b)有限元网格模型及地震边界

图 8.1　强基沉箱重力式码头有限元几何网格模型

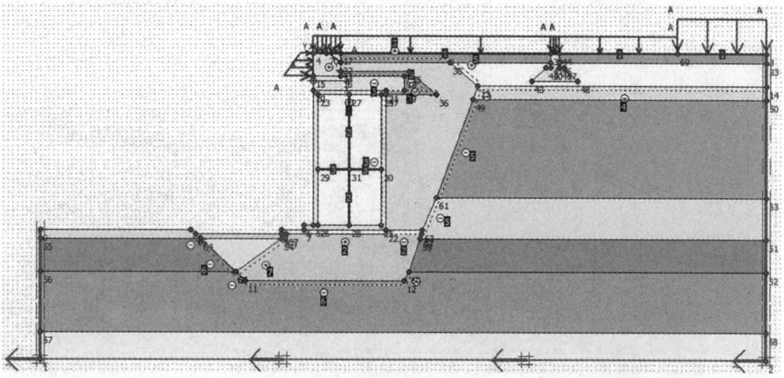

(a)有限元几何模型及地震边界

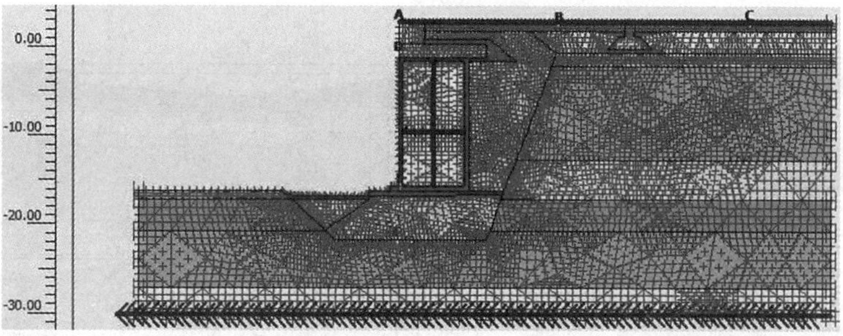

(b)有限元网格模型及地震边界

图 8.2　弱基沉箱重力式码头有限元几何网格模型

8.2　强基沉箱重力式码头地震作用动力响应力学特征

8.2.1　变形网格特征

有限元静力分析后,对其模型进行地震动力响应模拟分析,在模型底部给定地震波的计算分析,得出典型 2.5、5.0、10.0、20.0s 的变形网格图,如图 8.3 所示,模型中最大总位移分别为 16.82、11.32、11.32、11.34mm，表明随着地震动力影响时间的持续，码头泊位发生变形的网格整体移动特征。

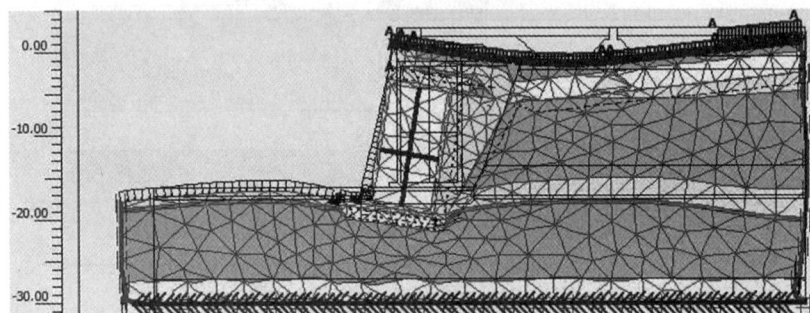

(a) 2.5s

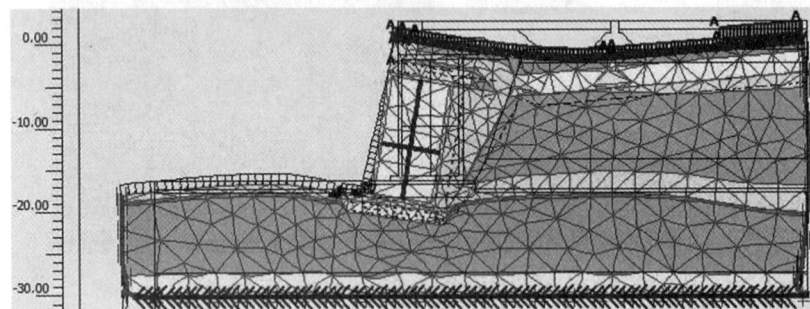

(b) 5.0s

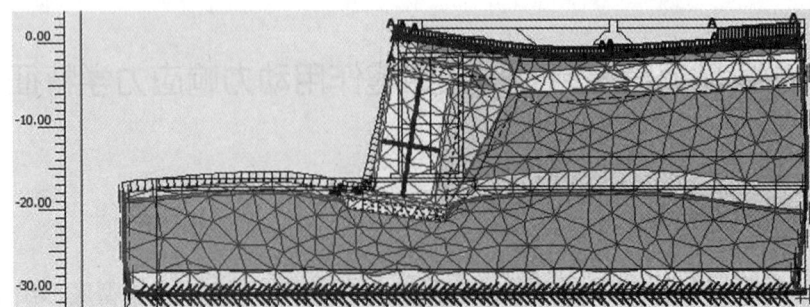

(c) 10.0s

(d) 20.0s

图 8.3 地震时程变形网格特征(1)

8.2.2 总位移云图特征

有限元静力分析后，对其模型进行地震动力响应模拟分析，在模型底部给定地震波的计算分析，得出典型 2.5、5.0、10.0、20.0s 的总位移云图，如图 8.4 所示，模型中最大总位移分别为 16.82、11.32、11.32、11.34mm，表明随着地震动力影响时间的持续，码头泊位发生变形整体移动特征。

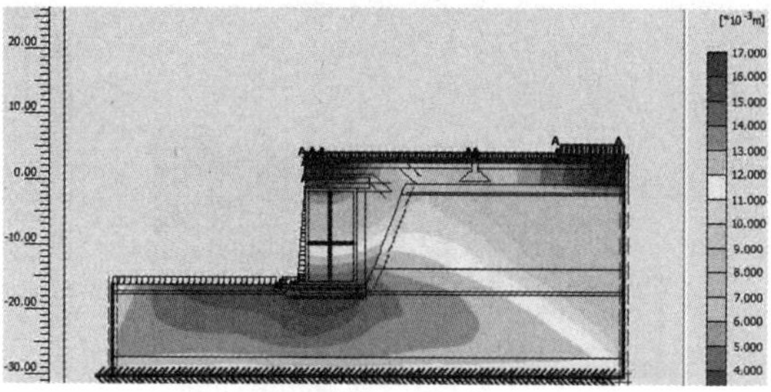

(a) 2.5s

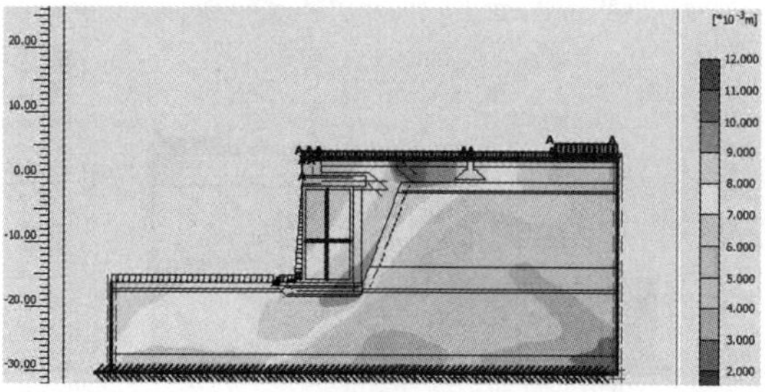

(b) 5.0s

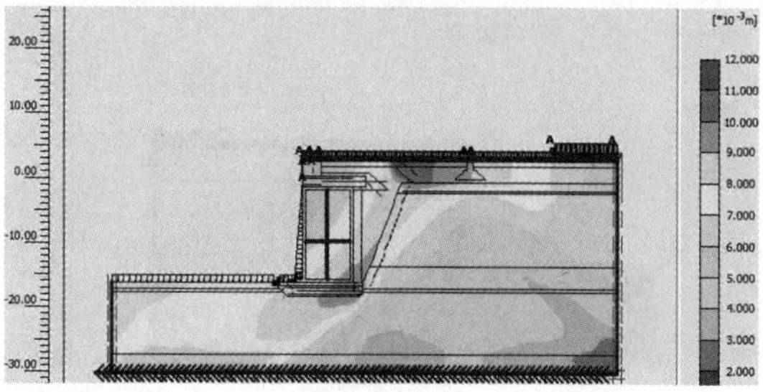

(c) 10.0s

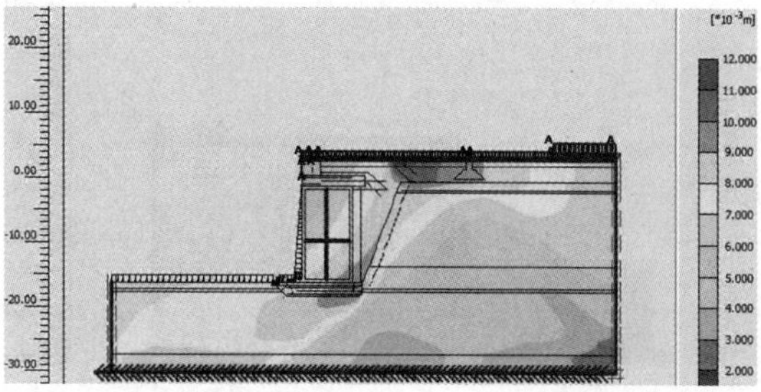

(d) 20.0s

图 8.4 地震时程总位移云图特征(1)

8.2.3 总速度云图特征

有限元静力分析后，对其模型进行地震动力响应模拟分析，在模型底部给定地震波的计算分析，得出典型 2.5、5.0、10.0、20.0s 的总速度云图，如图 8.5 所示，模型中最大总速度分别为 80.40、0.571、0.171、0.0342mm/d，表明随着地震动力影响时间的持续，码头泊位发生变形整体移动特征。

(a)2.5s

(b)5.0s

(c)10.0s

(d)20.0s

图 8.5 地震时程总速度云图特征(1)

8.2.4　总加速度云图特征

有限元静力分析后，对其模型进行地震动力响应模拟分析，在模型底部给定地震波的计算分析，得出典型 2.5、5.0、10.0、20.0s 的总加速度云图，如图 8.6 所示，模型中最大总加速度分别为 1.96、0.000647、0.000271、0.0000531m/d²，表明随着地震动力影响时间的持续，码头泊位发生变形整体移动特征。

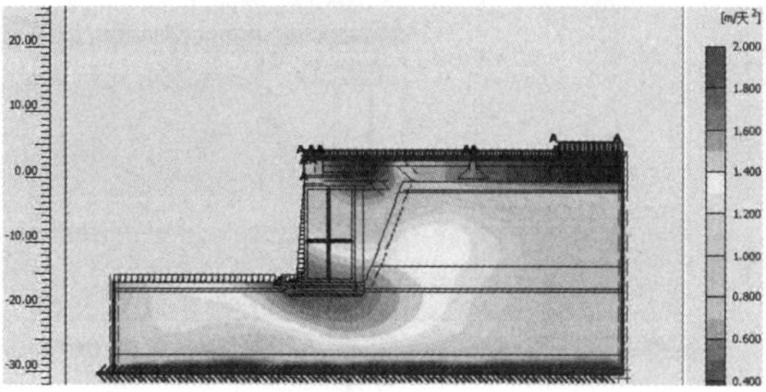

(a)2.5s

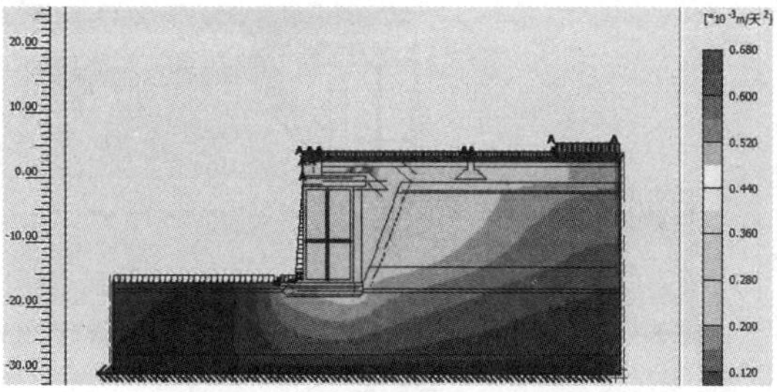

(b)5.0s

(c)10.0s

(d)20.0s

图 8.6　地震时程总加速度云图特征(1)

8.2.5　剪应变矢量分布特征

有限元静力分析后，对其模型进行地震动力响应模拟分析，在模型底部给定地震波的计算分析，得出典型 2.5、5.0、10.0、20.0s 的剪应变矢量分布特征，如图 8.7 所示，模型中剪应变云图分别为 1.18%、1.11%、1.10%、1.28%，表明随着地震动力影响时间的持续，码头泊位发生变形整体移动特征。

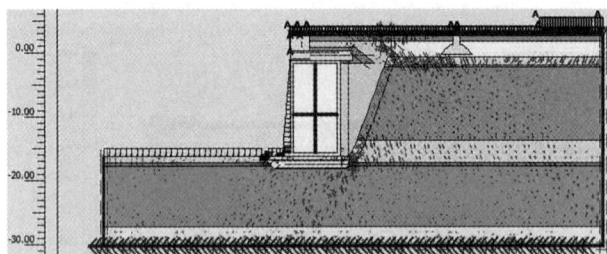

(a)2.5s

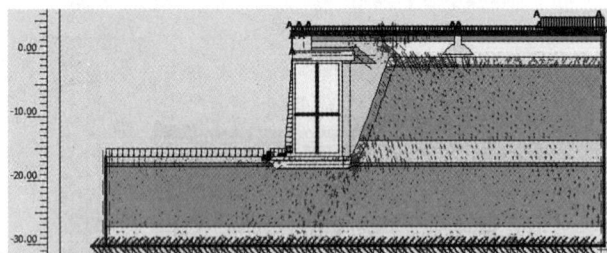

(b)5.0s

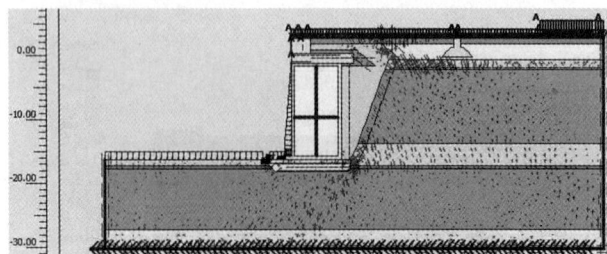

(c)10.0s

(d)20.0s

图 8.7　地震时程剪应变云图特征(1)

8.2.6 有效应力矢量特征

有限元静力分析后，对其模型进行地震动力响应模拟分析，在模型底部给定地震波的计算分析，得出典型 2.5、5.0、10.0、20.0s 的有效应力矢量特征，如图 8.8 所示，模型中有效应力矢量最大主应力分别为 -754.23、-922.99、-925.27、-925.93Pa，表明随着地震动力影响时间的持续，码头泊位发生变形整体移动特征。

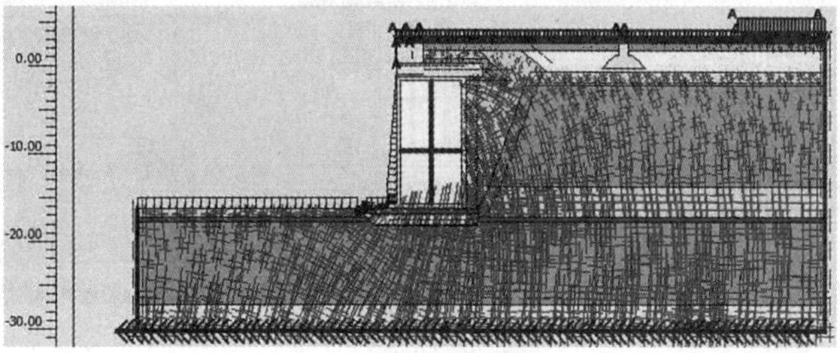

(a)2.5s

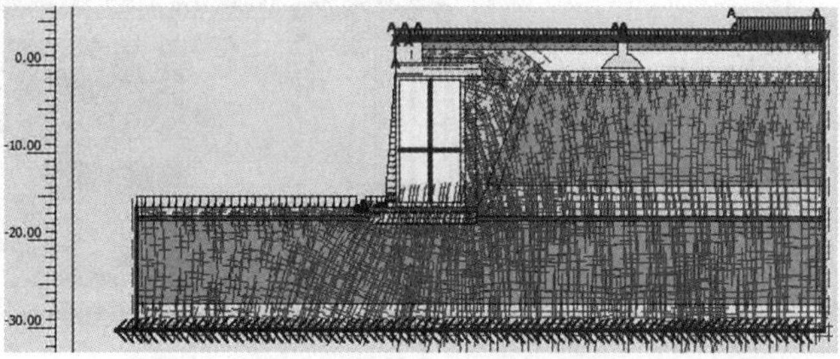

(b)5.0s

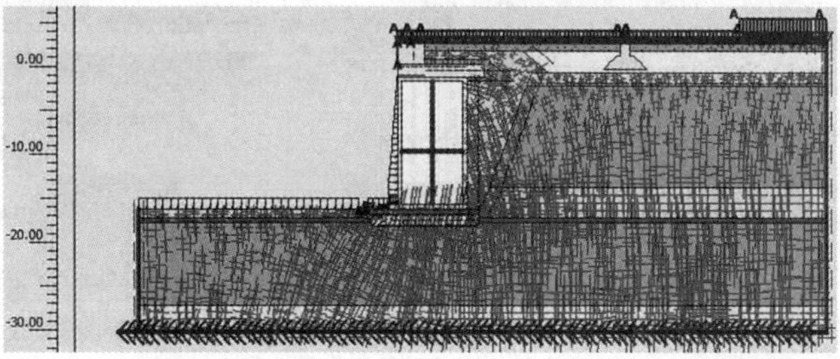

(c)10.0s

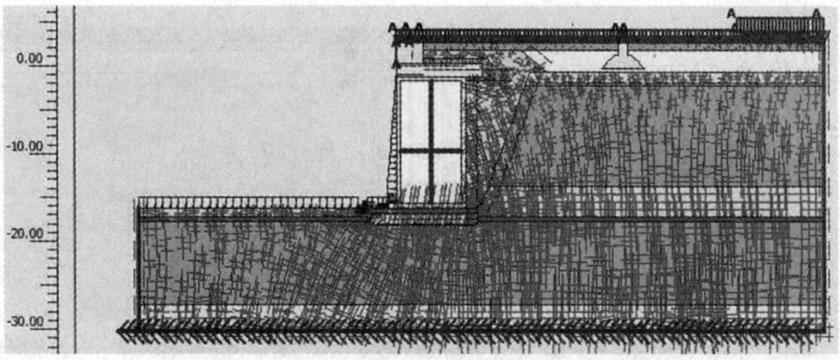

(d)20.0s

图 8.8 地震时程有效应力矢量特征(1)

8.2.7 破坏区分布特征

有限元静力分析后，对其模型进行地震动力响应模拟分析，在模型底部给定地震波的计算分析，得出典型 2.5、5.0、10.0、20.0s 的破坏区分布特征，如图 8.9 所示，模型中破坏区分布表明随着地震动力影响时间的持续，码头泊位发生变形整体移动特征。

(a)2.5s

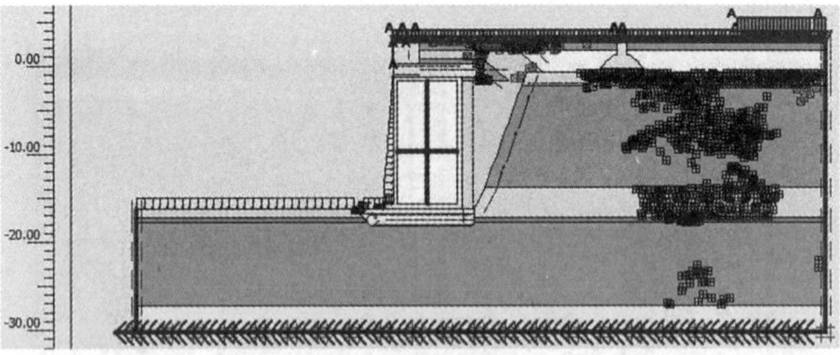

(b)5.0s

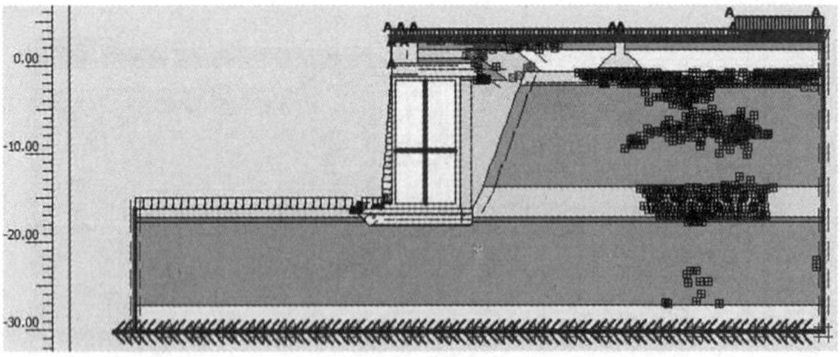

(c)10.0s

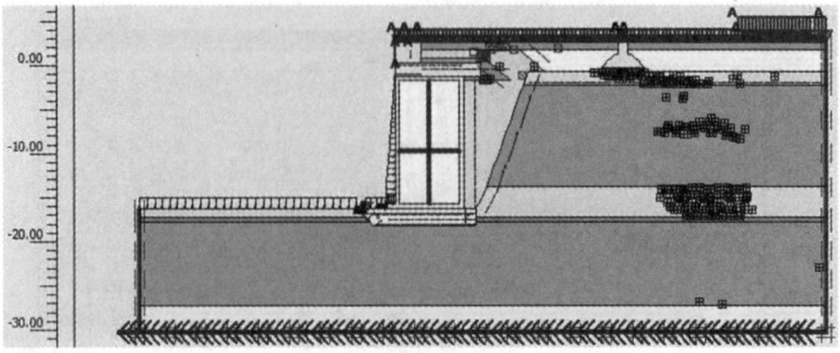

(d)20.0s

图 8.9　地震时程破坏区分布特征(1)

8.2.8　位移、速度和加速度历时特征

（1）A 点位移、速度和加速度。

有限元静力分析后，对模型进行地震动力响应模拟分析，在模型底部给定地震波的计算分析，得出典型 2.5、5.0、10.0、20.0s 的总位移云图，如图 8.10 所示，模型中位移、速度和加速度历时表明，随着地震动力影响时间的持续，码头泊位发生变形整体移动特征。

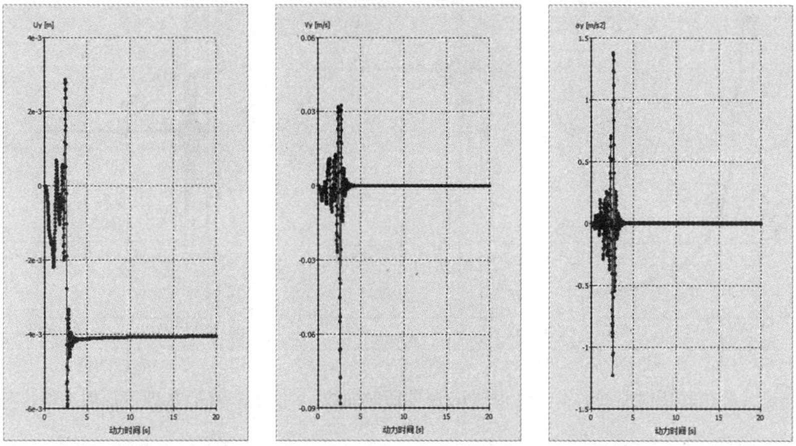

（a）位移历时曲线　　　　（b）速度历时曲线　　　　（c）加速度历时曲线

图 8.10　A 点位移、速度和加速度历时特征（1）

（2）B 点位移、速度和加速度。

有限元静力分析后，对其模型进行地震动力响应模拟分析，在模型底部给定地震波的计算分析，得出典型 2.5、5.0、10.0、20.0s 的总位移云图，如图 8.11 所示，模型中位移、速度和加速度历时表明，随着地震动力影响时间的持续，码头泊位发生变形整体移动特征。

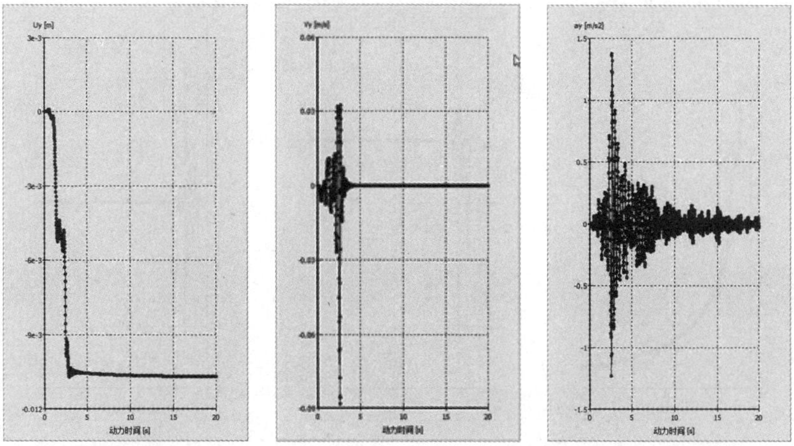

（a）位移历时曲线　　　　（b）速度历时曲线　　　　（c）加速度历时曲线

图 8.11　B 点位移、速度和加速度历时特征（1）

（3）C 点位移、速度和加速度。

有限元静力分析后，对其模型进行地震动力响应模拟分析，在模型底部给定地震波的计算分析，得出典型 2.5、5.0、10.0、20.0s 的总位移云图，如图 8.12 所示，模型中位移、速度和加速度历时表明，随着地震动力影响时间的持续，码头泊位发生变形整体移动特征。

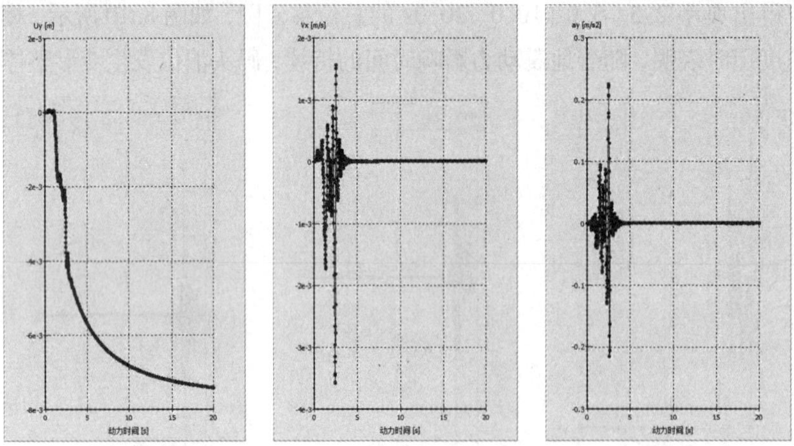

| （a）位移历时曲线 | （b）速度历时曲线 | （c）加速度历时曲线 |

图 8.12　C 点位移、速度和加速度历时特征（1）

（4）D 点位移、速度和加速度。

有限元静力分析后，对其模型进行地震动力响应模拟分析，在模型底部给定地震波的计算分析，得出典型 2.5、5.0、10.0、20.0s 的总位移云图，如图 8.13 所示，模型中位移、速度和加速度历时表明，随着地震动力影响时间的持续，码头泊位发生变形整体移动特征。

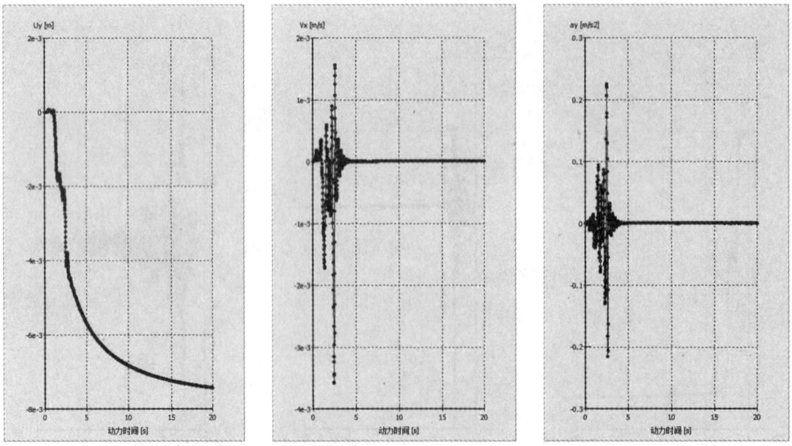

| （a）位移历时曲线 | （b）速度历时曲线 | （c）加速度历时曲线 |

图 8.13　D 点位移、速度和加速度历时特征（1）

（5）E 点位移、速度和加速度。

有限元静力分析后，对其模型进行地震动力响应模拟分析，在模型底部给定地震波的计算分析，得出典型 2.5、5.0、10.0、20.0s 的总位移云图，如图 8.14 所示，模型中位移、速度和加速度历时表明，随着地震动力影响时间的持续，码头泊位发生变形整体移动特征。

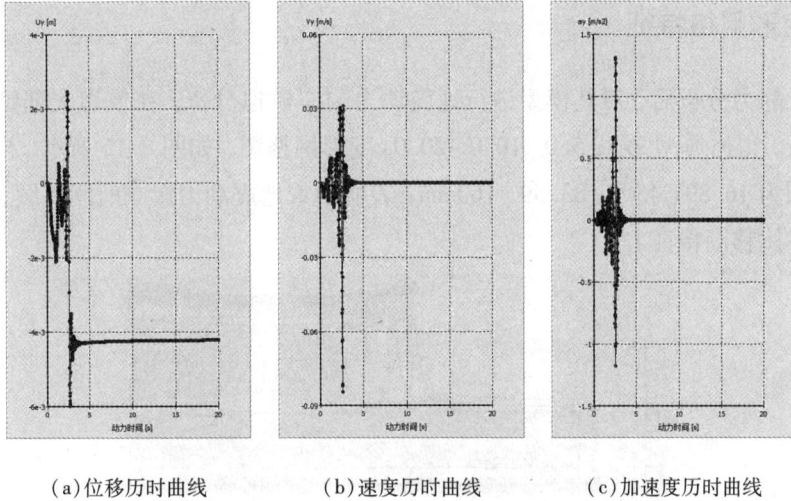

| （a）位移历时曲线 | （b）速度历时曲线 | （c）加速度历时曲线 |

图 8.14　E 点位移、速度和加速度历时特征（1）

（6）F 点位移、速度和加速度。

有限元静力分析后，对其模型进行地震动力响应模拟分析，在模型底部给定地震波的计算分析，得出典型 2.5、5.0、10.0、20.0s 的总位移云图，如图 8.15 所示，模型中位移、速度和加速度历时表明，随着地震动力影响时间的持续，码头泊位发生变形整体移动特征。

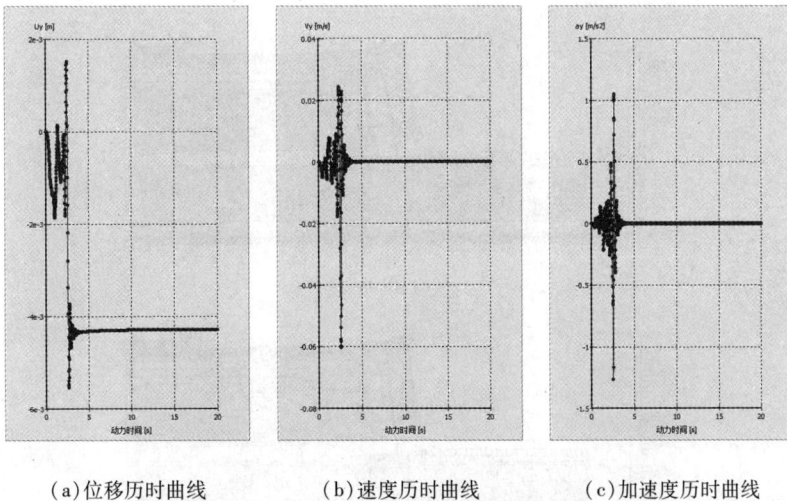

| （a）位移历时曲线 | （b）速度历时曲线 | （c）加速度历时曲线 |

图 8.15　F 点位移、速度和加速度历时特征（1）

8.3　强基沉箱重力式码头抗波浪冲击地震动力响应力学特征

8.3.1　变形网格特征

有限元静力分析后，对其模型进行地震动力响应模拟分析，在模型底部给定地震波的计算分析，得出典型 2.5、5.0、10.0、20.0s 变形网格图，如图 8.16 所示，模型中最大总位移分别为 16.89、45.9、83.59、160mm，表明随着地震动力影响时间持续，码头泊位发生变形整体移动特征。

(a)2.5s

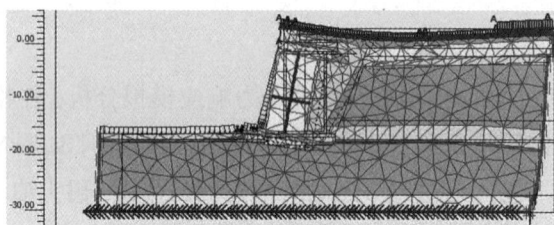

(b)5.0s

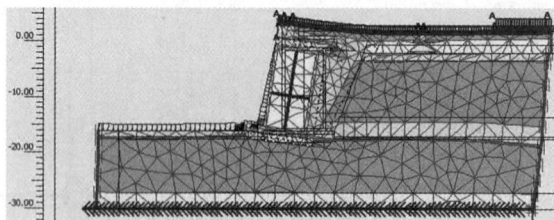

(c)10.0s

(d)20.0s

图 8.16　地震时程变形网格特征(2)

8.3.2　总位移云图特征

有限元静力分析后，对其模型进行地震动力响应模拟分析，在模型底部给定地震波的计算分析，得出典型 2.5、5.0、10.0、20.0s 总位移云图，如图 8.17 所示，模型中最大总位移分别为 16.92、45.9、83.59、160mm，表明随着地震动力影响时间持续，码头泊位发生变形整体移动特征。

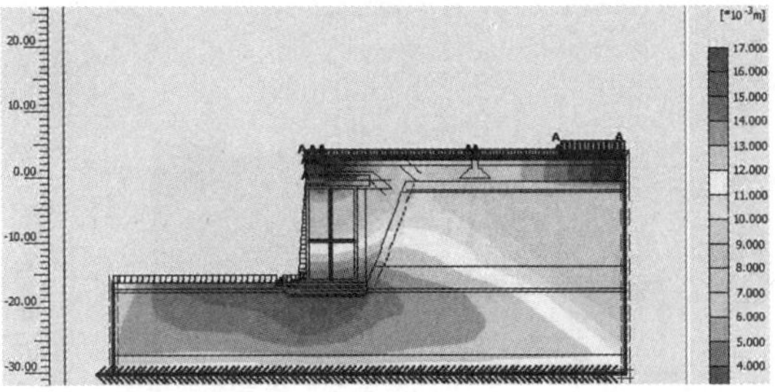

(a) 2.5s

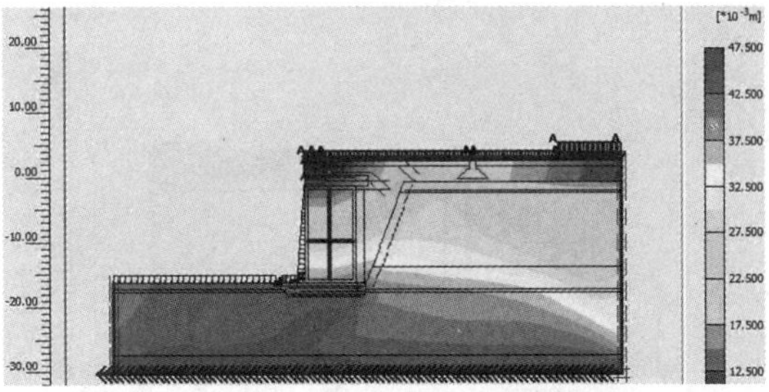

(b) 5.0s

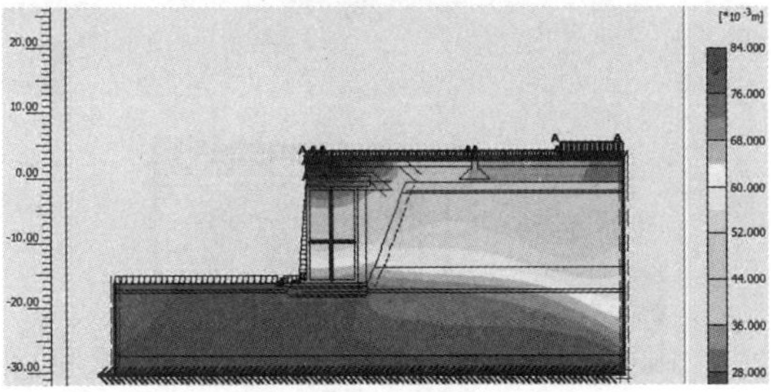

(c) 10.0s

(d) 20.0s

图 8.17　地震时程总位移云图特征(2)

8.3.3 总速度云图特征

有限元静力分析后，对其模型进行地震动力响应模拟分析，在模型底部给定地震波的计算分析，得出典型 2.5、5.0、10.0、20.0s 总速度云图，如图 8.18 所示，最大总速度分别为 80.36、27.27、11.97、7.23mm/d，表明随着地震动力影响时间持续，码头泊位发生变形整体移动特征。

(a)2.5s

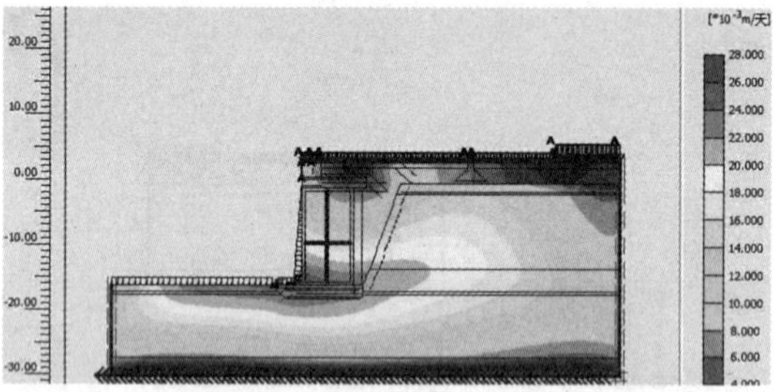

(b)5.0s

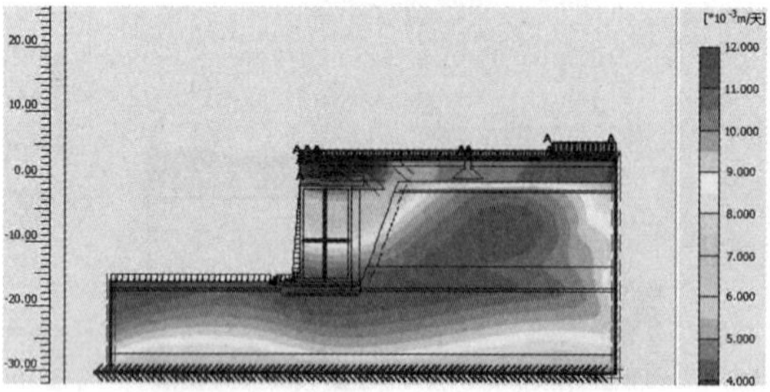

(c)10.0s

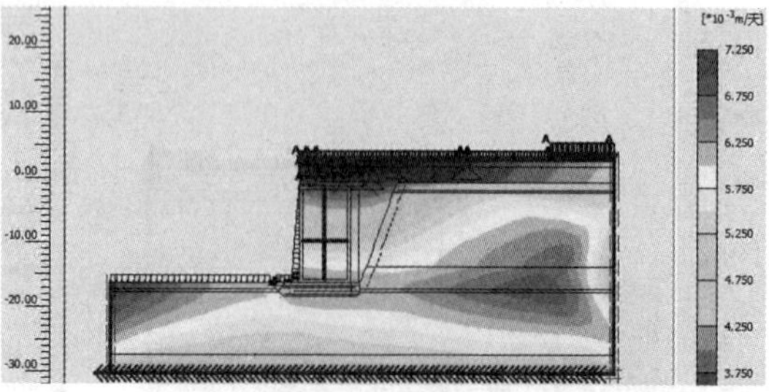

(d)20.0s

图 8.18 地震时程总速度云图特征(2)

8.3.4　总加速度云图特征

有限元静力分析后，对其模型进行地震动力响应模拟分析，在模型底部给定地震波的计算分析，得出典型 2.5、5.0、10.0、20.0s 的总加速度云图，如图 8.19 所示，最大总加速度分别为 1.96、0.384、0.195、0.0689m/d^2，表明随着地震动力影响时间持续，码头泊位发生变形整体移动特征。

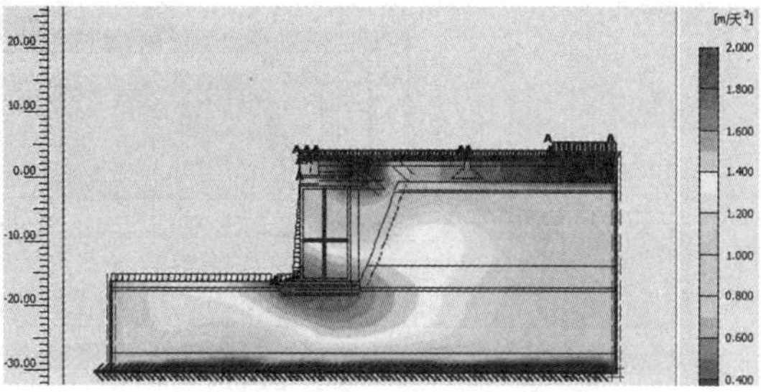

(a)2.5s

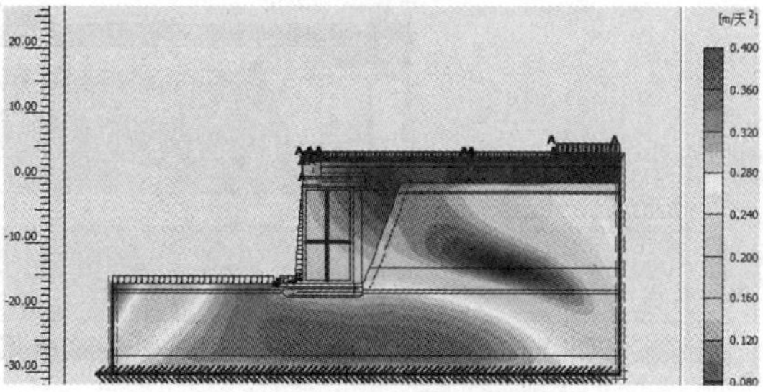

(b)5.0s

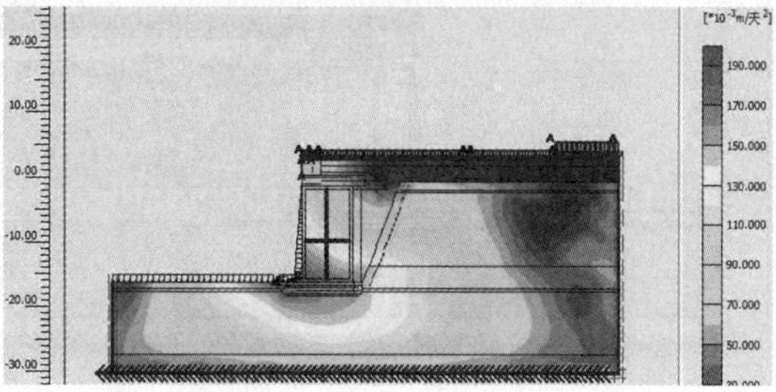

(c)10.0s

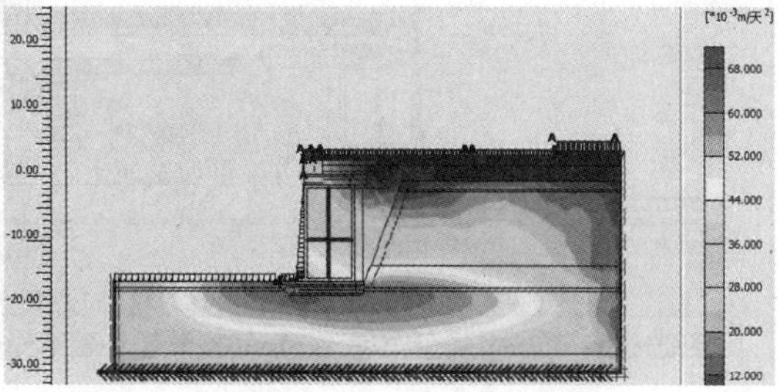

(d)20.0s

图 8.19　地震时程总加速度云图特征(2)

8.3.5 剪应变矢量分布特征

有限元静力分析后，对其模型进行地震动力响应模拟分析，在模型底部给定地震波的计算分析，得出典型 2.5、5.0、10.0、20.0s 的剪应变矢量分布特征，如图 8.20 所示，模型中剪应变云图分别为 1.18%、2.94%、3.84%、8.25%，表明随着地震动力影响时间的持续，码头泊位发生变形整体移动特征。

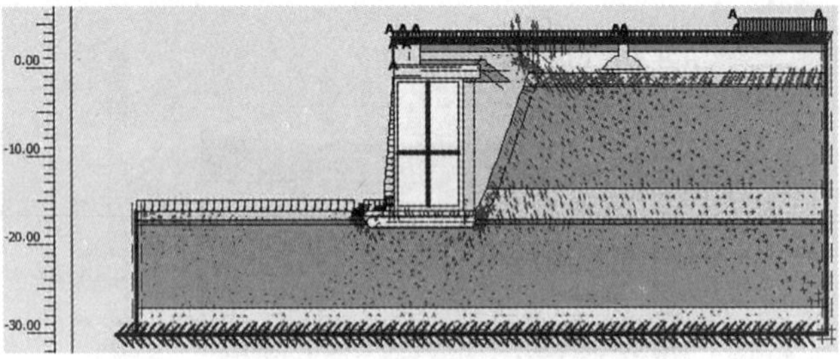

（a）2.5s

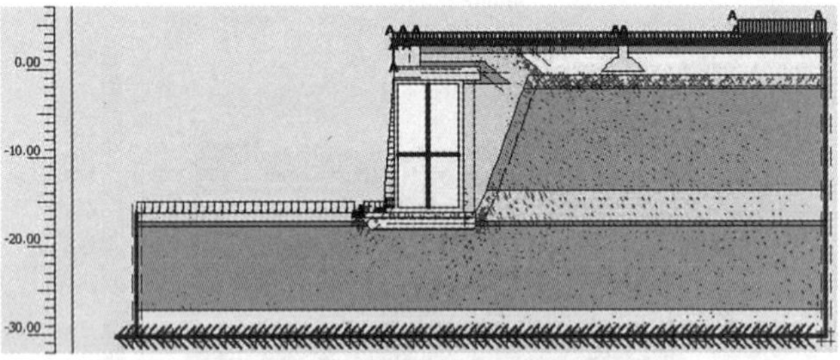

（b）5.0s

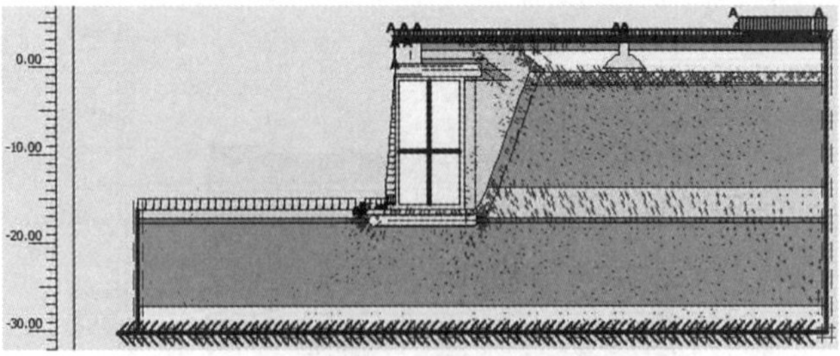

（c）10.0s

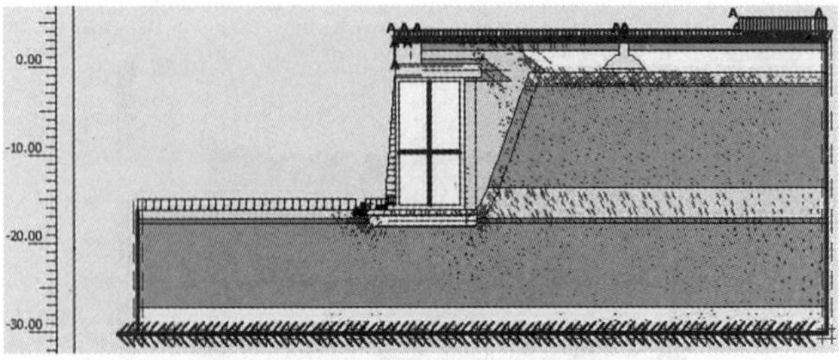

（d）20.0s

图 8.20　地震时程剪应变云图特征(2)

8.3.6　有效应力矢量特征

有限元静力分析后，对其模型进行地震动力响应模拟分析，在模型底部给定地震波的计算分析，得出典型 2.5、5.0、10.0、20.0s 的有效应力矢量特征，如图 8.21 所示，模型中有效应力矢量最大主应力分别为 -753.17、-844.44、-1060、-1330Pa，表明随着地震动力影响时间的持续，码头泊位发生变形整体移动特征。

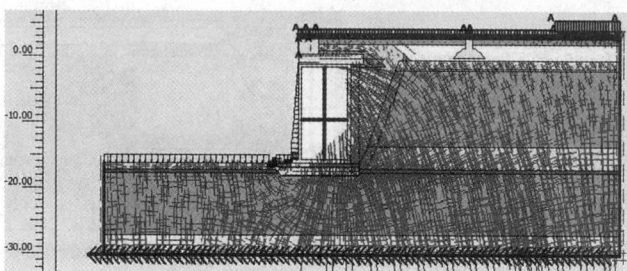

(a)2.5s

(b)5.0s

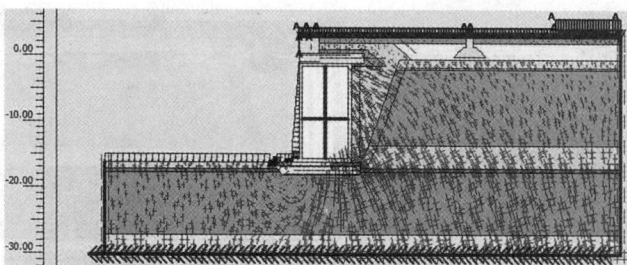

(c)10.0s

(d)20.0s

图 8.21　地震时程有效应力矢量特征(2)

8.3.7 破坏区分布特征

有限元静力分析后，对其模型进行地震动力响应模拟分析，在模型底部给定地震波的计算分析，得出典型 2.5、5.0、10.0、20.0s 的破坏区分布特征，如图 8.22 所示，模型中破坏区分布表明随着地震动力影响时间的持续，码头泊位发生变形整体移动特征。

(a)2.5s

(b)5.0s

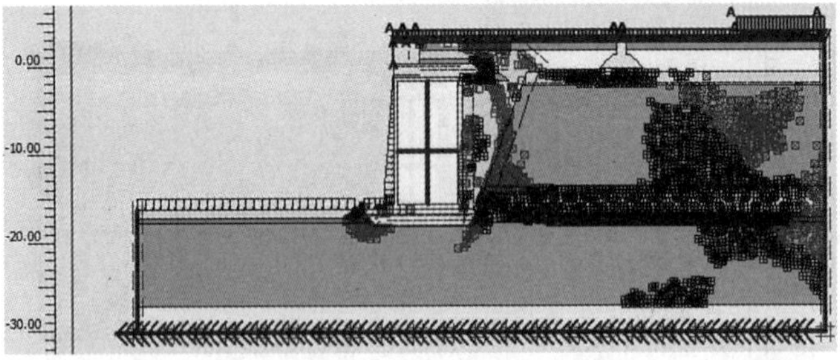

(c)10.0s

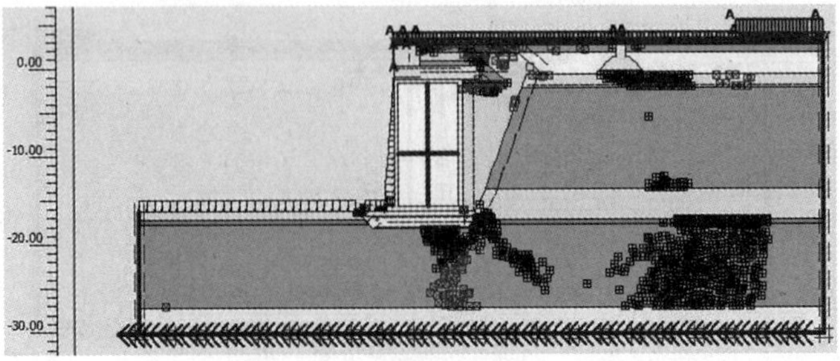

(d)20.0s

图 8.22　地震时程破坏区分布特征(2)

8.3.8　位移、速度和加速度历时特征

（1）A 点位移、速度和加速度。

有限元静力分析后，对其模型进行地震动力响应模拟分析，在模型底部给定地震波的计算分析，得出典型 2.5、5.0、10.0、20.0s 的总位移云图，如图 8.23 所示，模型中位移、速度和加速度历时表明，随着地震动力影响时间的持续，码头泊位发生变形整体移动特征。

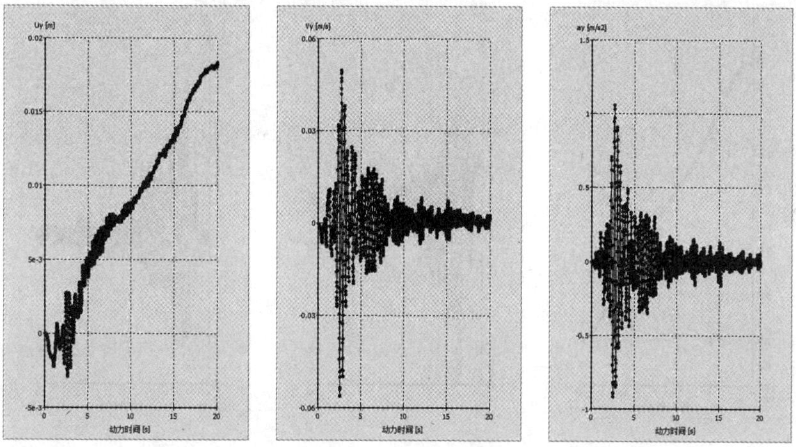

（a）位移历时曲线　　　　（b）速度历时曲线　　　　（c）加速度历时曲线

图 8.23　A 点位移、速度和加速度历时特征(2)

（2）B 点位移、速度和加速度。

有限元静力分析后，对其模型进行地震动力响应模拟分析，在模型底部给定地震波的计算分析，得出典型 2.5、5.0、10.0、20.0s 的总位移云图，如图 8.24 所示，模型中位移、速度和加速度历时表明，随着地震动力影响时间的持续，码头泊位发生变形整体移动特征。

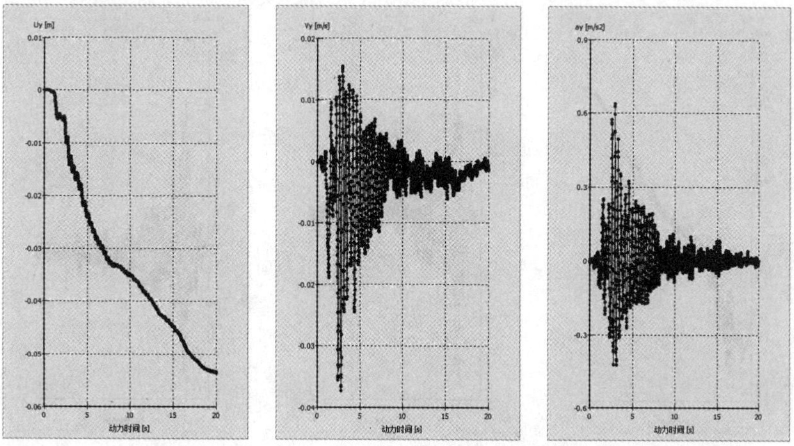

（a）位移历时曲线　　　　（b）速度历时曲线　　　　（c）加速度历时曲线

图 8.24　B 点位移、速度和加速度历时特征(2)

（3）C 点位移、速度和加速度。

有限元静力分析后，对其模型进行地震动力响应模拟分析，在模型底部给定地震波的计算分析，得出典型 2.5、5.0、10.0、20.0s 的总位移云图，如图 8.25 所示，模型中位移、速度和加速度历时表明，随着地震动力影响时间的持续，码头泊位发生变形整体移动特征。

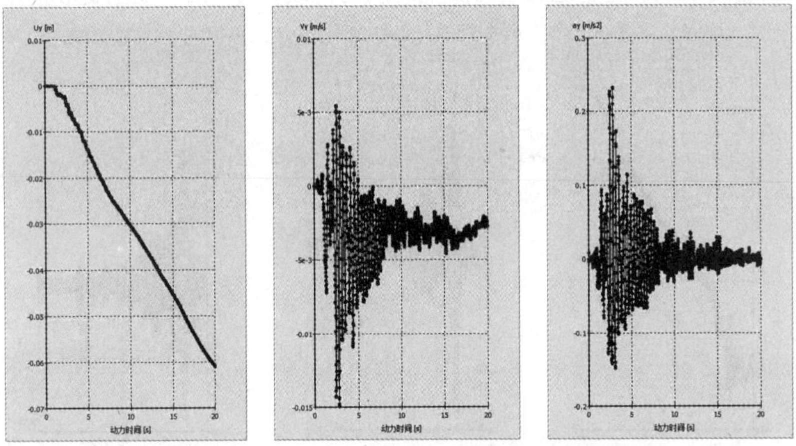

| （a）位移历时曲线 | （b）速度历时曲线 | （c）加速度历时曲线 |

图 8.25　C 点位移、速度和加速度历时特征（2）

（4）D 点位移、速度和加速度。

有限元静力分析后，其模型进行地震动力响应模拟分析，在模型底部给定地震波的计算分析，得出典型 2.5、5.0、10.0、20.0s 的总位移云图如图 8.26 所示，模型中位移、速度和加速度历时表明随着地震动力影响时间的持续，码头泊位发生变形整体移动特征。

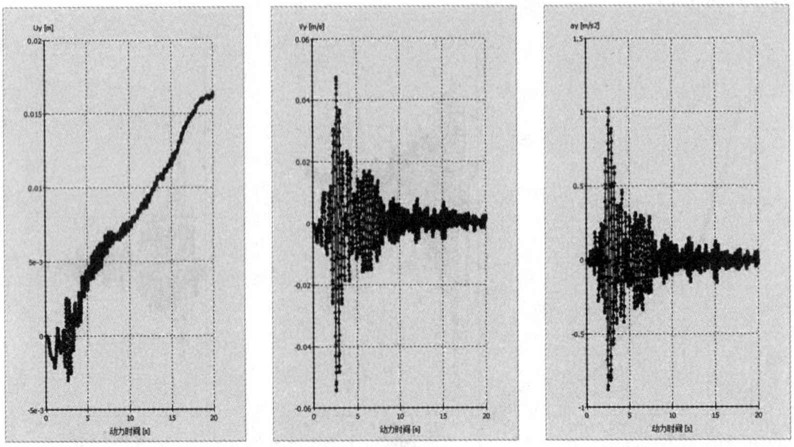

| （a）位移历时曲线 | （b）速度历时曲线 | （c）加速度历时曲线 |

图 8.26　D 点位移、速度和加速度历时特征（2）

（5）E 点位移、速度和加速度。

有限元静力分析后，对其模型进行地震动力响应模拟分析，在模型底部给定地震波的计算分析，得出典型 2.5、5.0、10.0、20.0s 的总位移云图，如图 8.27 所示，模型中位移、速度和加速度历时表明，随着地震动力影响时间的持续，码头泊位发生变形整体移动特征。

（a）位移历时曲线　　　（b）速度历时曲线　　　（c）加速度历时曲线

图 8.27　E 点位移、速度和加速度历时特征（2）

（6）F 点位移、速度和加速度。

有限元静力分析后，对其模型进行地震动力响应模拟分析，在模型底部给定地震波的计算分析，得出典型 2.5、5.0、10.0、20.0s 的总位移云图，如图 8.28 所示，模型中位移、速度和加速度历时表明，随着地震动力影响时间的持续，码头泊位发生变形整体移动特征。

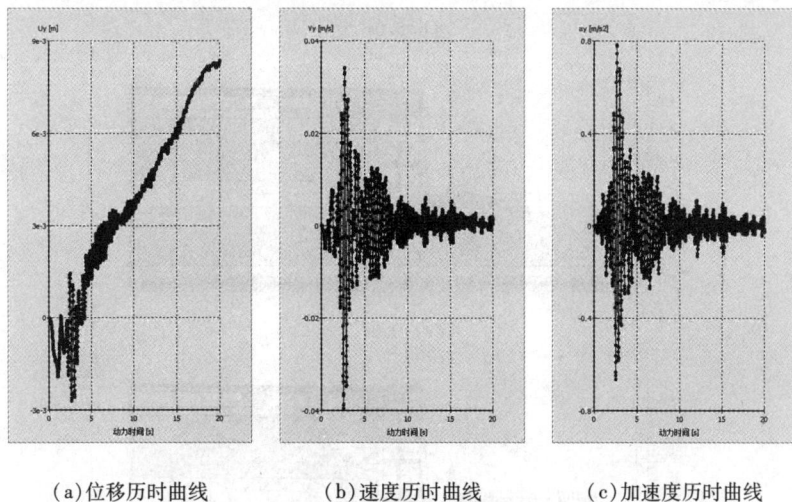

（a）位移历时曲线　　　（b）速度历时曲线　　　（c）加速度历时曲线

图 8.28　F 点位移、速度和加速度历时特征（2）

8.4 弱基沉箱重力式码头地震作用动力响应力学特征

8.4.1 变形网格特征

有限元静力分析后,对其模型进行地震动力响应模拟分析,在模型底部给定地震波的计算分析,得出典型 2.5、5.0、10.0、20.0s 变形网格图,如图 8.29 所示,最大总位移分别为 1.55、2.13、2.32、2.38mm,表明随着地震动力影响时间持续,码头泊位发生变形的网格整体移动特征。

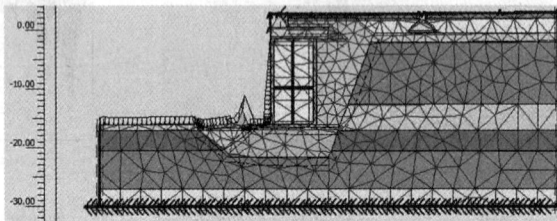

(a)2.5s

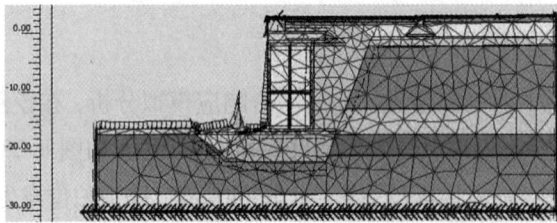

(b)5.0s

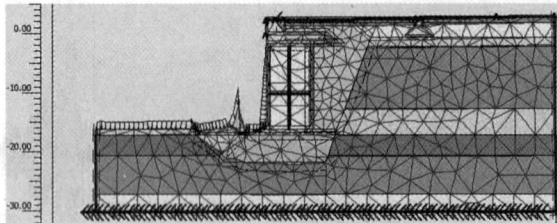

(c)10.0s

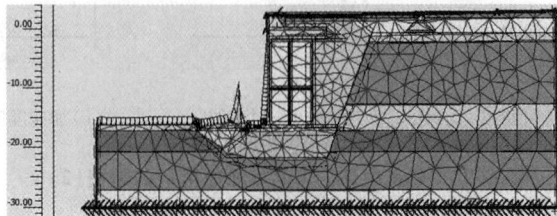

(d)20.0s

图 8.29 地震时程变形网格特征(3)

8.4.2　总位移云图特征

有限元静力分析后，对其模型进行地震动力响应模拟分析，在模型底部给定地震波的计算分析，得出典型 2.5、5.0、10.0、20.0s 的总位移云图，如图 8.30 所示，最大总位移分别为 1.55、2.13、2.32、2.38mm，表明随着地震动力影响时间持续，码头泊位发生变形整体移动特征。

（a）2.5s

（b）5.0s

（c）10.0s

（d）20.0s

图 8.30　地震时程总位移云图特征（3）

8.4.3 总速度云图特征

有限元静力分析后，对其模型进行地震动力响应模拟分析，在模型底部给定地震波计算分析，得出 2.5、5.0、10.0、20.0s 总速度云图，如图 8.31 所示，最大总速度分别为 0.371、0.128、0.00889、0.00579mm/d，表明随着地震动力影响持续，码头泊位发生变形整体移动特征。

(a) 2.5s

(b) 5.0s

(c) 10.0s

(d) 20.0s

图 8.31 地震时程总速度云图特征(3)

8.4.4　总加速度云图特征

有限元静力分析后，对其模型进行地震动力响应模拟分析，在模型底部给定地震波的计算分析，得出典型 2.5、5.0、10.0、20.0s 的总加速度云图，如图 8.32 所示，模型中最大总加速度分别为 0.0174、0.0065、0.0000416、0.00000406m/d²，表明随着地震动力影响时间的持续，码头泊位发生变形整体移动特征。

（a）2.5s

（b）5.0s

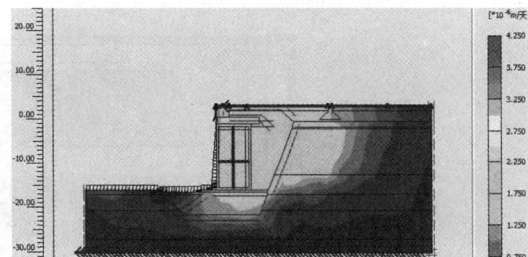

（c）10.0s

（d）20.0s

图 8.32　地震时程总加速度云图特征（3）

8.4.5　剪应变矢量分布特征

有限元静力分析后,对其模型进行地震动力响应模拟分析,在模型底部给定地震波的计算分析,得出典型 2.5、5.0、10.0、20.0s 的剪应变矢量分布特征,如图 8.33 所示,模型中剪应变云图分别为 0.449%、0.586%、0.623%、0.637%,表明随着地震动力影响时间的持续,码头泊位发生变形整体移动特征。

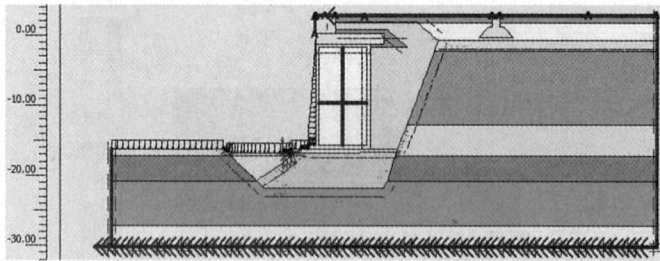

(a)2.5s

(b)5.0s

(c)10.0s

(d)20.0s

图 8.33　地震时程剪应变云图特征(3)

8.4.6　有效应力矢量特征

有限元静力分析后，对其模型进行地震动力响应模拟分析，在模型底部给定地震波的计算分析，得出典型 2.5、5.0、10.0、20.0s 的有效应力矢量特征，如图 8.34 所示，模型中有效应力矢量最大主应力分别为 -723.38、-723.28、-723.27、-723.31 Pa，表明随着地震动力影响时间的持续，码头泊位发生变形整体移动特征。

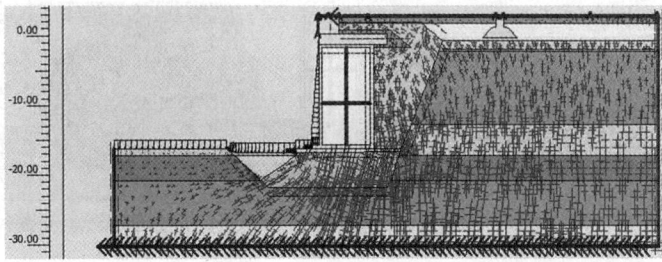

(a) 2.5s

(b) 5.0s

(c) 10.0s

(d) 20.0s

图 8.34　地震时程有效应力矢量特征(3)

8.4.7　破坏区分布特征

有限元静力分析后，对其模型进行地震动力响应模拟分析，在模型底部给定地震波的计算分析，得出典型 2.5、5.0、10.0、20.0s 的破坏区分布特征，如图 8.35 所示，模型中破坏区分布表明随着地震动力影响时间的持续，码头泊位发生变形整体移动特征。

(a)2.5s

(b)5.0s

(c)10.0s

(d)20.0s

图 8.35　地震时程破坏区分布特征(3)

8.4.8　位移、速度和加速度历时特征

（1）A 点位移、速度和加速度。

有限元静力分析后，对其模型进行地震动力响应模拟分析，在模型底部给定地震波的计算分析，得出典型 2.5、5.0、10.0、20.0s 的总位移云图，如图 8.36 所示，模型中位移、速度和加速度历时表明，随着地震动力影响时间的持续，码头泊位发生变形整体移动特征。

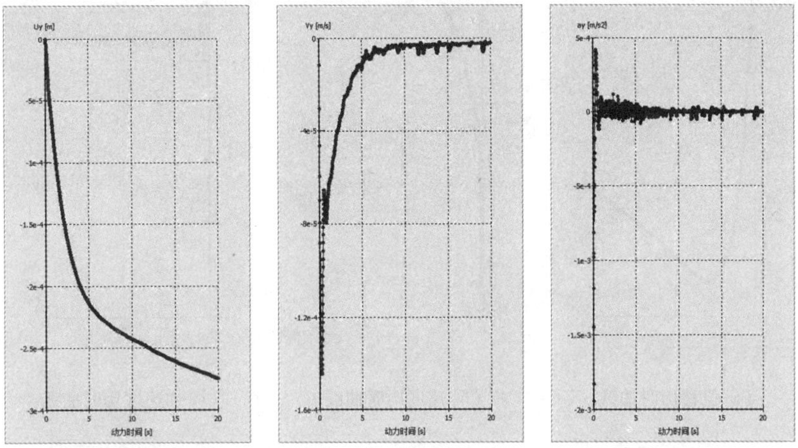

|（a）位移历时曲线|（b）速度历时曲线|（c）加速度历时曲线|

图 8.36　A 点位移、速度和加速度历时特征（3）

（2）B 点位移、速度和加速度。

有限元静力分析后，对其模型进行地震动力响应模拟分析，在模型底部给定地震波的计算分析，得出典型 2.5、5.0、10.0、20.0s 的总位移云图，如图 8.37 所示，模型中位移、速度和加速度历时表明，随着地震动力影响时间的持续，码头泊位发生变形整体移动特征。

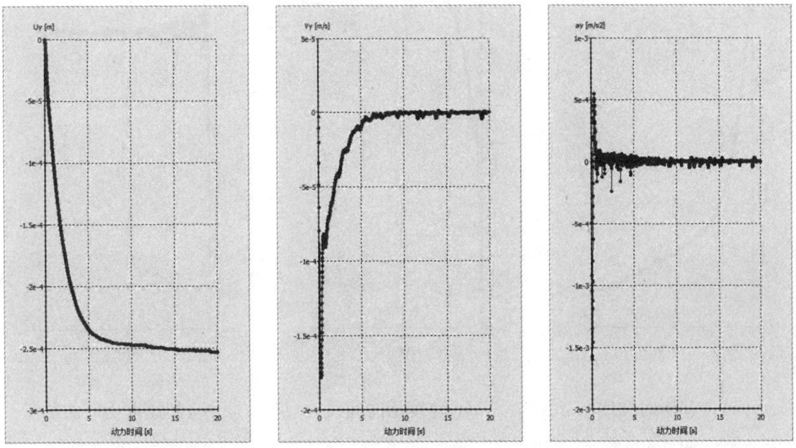

|（a）位移历时曲线|（b）速度历时曲线|（c）加速度历时曲线|

图 8.37　B 点位移、速度和加速度历时特征（3）

(3)C 点位移、速度和加速度。

有限元静力分析后,对其模型进行地震动力响应模拟分析,在模型底部给定地震波的计算分析,得出典型 2.5、5.0、10.0、20.0s 的总位移云图,如图 8.38 所示,模型中位移、速度和加速度历时表明,随着地震动力影响时间的持续,码头泊位发生变形整体移动特征。

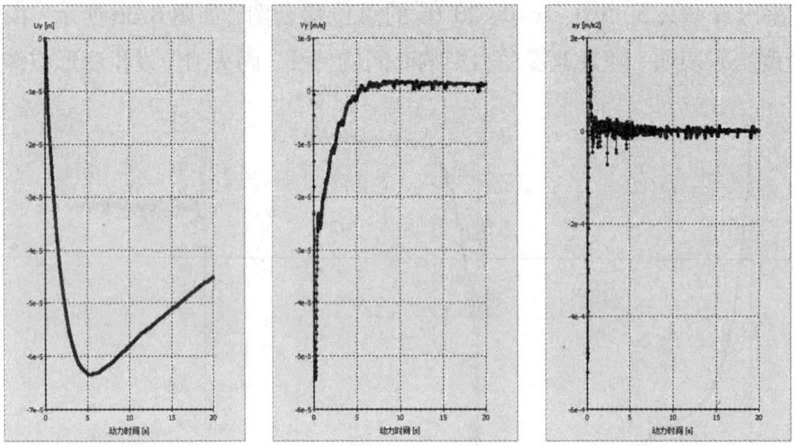

(a)位移历时曲线　　　　(b)速度历时曲线　　　　(c)加速度历时曲线

图 8.38　C 点位移、速度和加速度历时特征(3)

(4)D 点位移、速度和加速度。

有限元静力分析后,对其模型进行地震动力响应模拟分析,在模型底部给定地震波的计算分析,得出典型 2.5、5.0、10.0、20.0s 的总位移云图,如图 8.39 所示,模型中位移、速度和加速度历时表明,随着地震动力影响时间的持续,码头泊位发生变形整体移动特征。

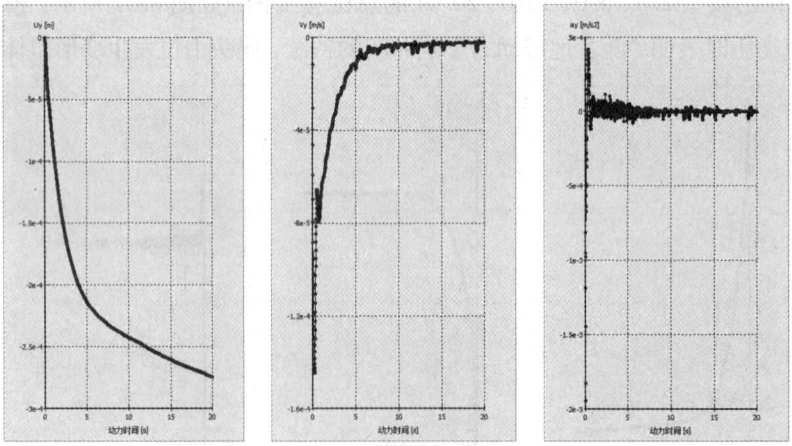

(a)位移历时曲线　　　　(b)速度历时曲线　　　　(c)加速度历时曲线

图 8.39　D 点位移、速度和加速度历时特征(3)

（5）E 点位移、速度和加速度。

有限元静力分析后，对其模型进行地震动力响应模拟分析，在模型底部给定地震波的计算分析，得出典型 2.5、5.0、10.0、20.0s 的总位移云图，如图 8.40 所示，模型中位移、速度和加速度历时表明，随着地震动力影响时间的持续，码头泊位发生变形整体移动特征。

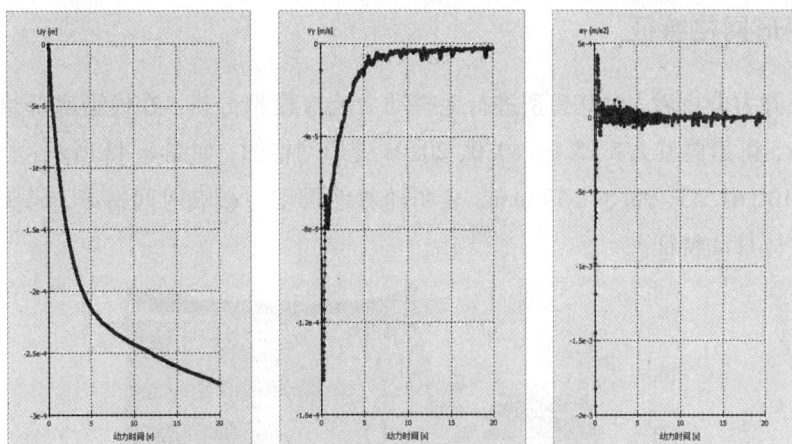

（a）位移历时曲线　　（b）速度历时曲线　　（c）加速度历时曲线

图 8.40　E 点位移、速度和加速度历时特征（3）

（6）F 点位移、速度和加速度。

有限元静力分析后，对其模型进行地震动力响应模拟分析，在模型底部给定地震波的计算分析，得出典型 2.5、5.0、10.0、20.0s 的总位移云图，如图 8.41 所示，模型中位移、速度和加速度历时表明，随着地震动力影响时间的持续，码头泊位发生变形整体移动特征。

（a）位移历时曲线　　（b）速度历时曲线　　（c）加速度历时曲线

图 8.41　F 点位移、速度和加速度历时特征（3）

8.5 弱基沉箱重力式码头抗波浪冲击地震动力响应力学特征

8.5.1 变形网格特征

有限元静力分析后,对其模型进行地震动力响应模拟分析,在模型底部给定地震波的计算分析,得出典型 2.5、5.0、10.0、20.0s 变形网格图,如图 8.42 所示,最大总位移分别为 25.10、61.53、98.51、173mm,表明随着地震动力影响时间持续,码头泊位发生变形网格整体移动特征。

(a)2.5s

(b)5.0s

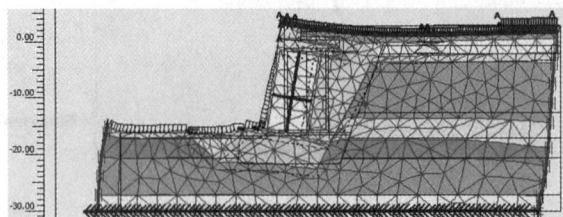

(c)10.0s

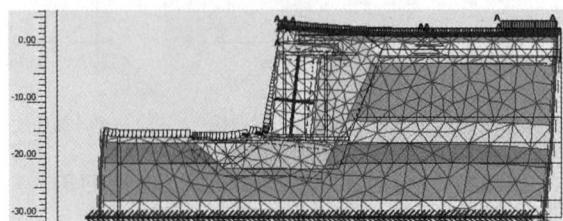

(d)20.0s

图 8.42 地震时程变形网格特征(4)

8.5.2　总位移云图特征

有限元静力分析后，对其模型进行地震动力响应模拟分析，在模型底部给定地震波的计算分析，得出典型 2.5、5.0、10.0、20.0s 总位移云图，如图 8.43 所示，最大总位移分别为 25.10、61.53、98.51、173mm，表明随着地震动力影响时间持续，码头泊位发生变形整体移动特征。

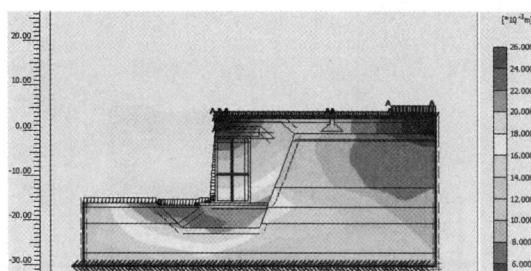

(a)2.5s

(b)5.0s

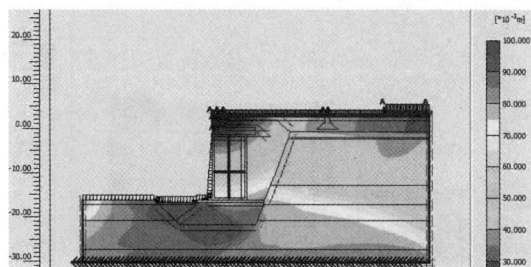

(c)10.0s

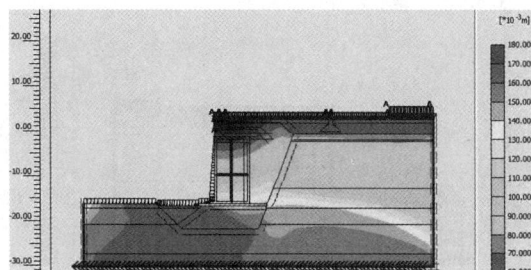

(d)20.0s

图 8.43　地震时程总位移云图特征(4)

8.5.3 总速度云图特征

有限元静力分析后，对其模型进行地震动力响应模拟分析，在模型底部给定地震波的计算分析，得出典型 2.5、5.0、10.0、20.0s 总速度云图，如图 8.44 所示，最大总速度分别为 77.59、41.59、21.96、8.97 mm/d，表明随着地震动力影响时间持续，码头泊位发生整体移动特征。

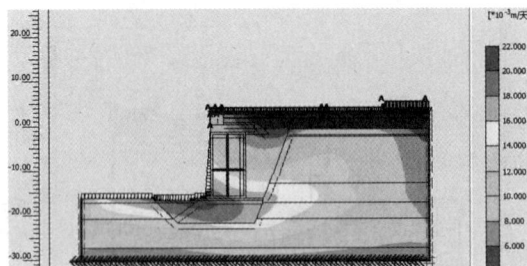

(a)2.5s

(b)5.0s

(c)10.0s

(d)20.0s

图 8.44　地震时程总速度云图特征(4)

8.5.4　总加速度云图特征

有限元静力分析后,对其模型进行地震动力响应模拟分析,在模型底部给定地震波的计算分析,得出典型 2.5、5.0、10.0、20.0s 的总加速度云图,如图 8.45 所示,模型中最大总加速度分别为 1.91、0.463、0.197、0.21m/d^2,表明随着地震动力影响时间的持续,码头泊位发生变形整体移动特征。

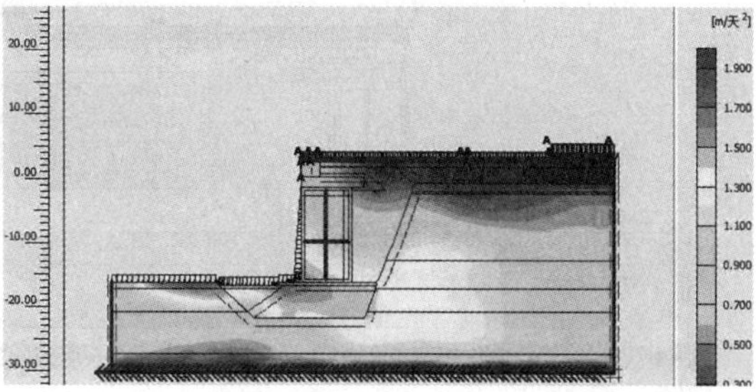

(a)2.5s

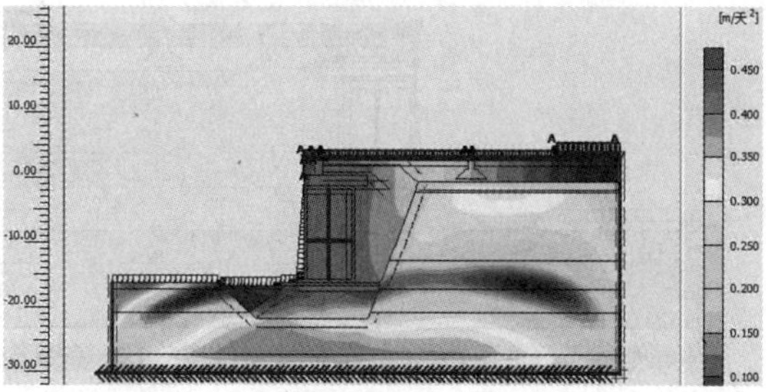

(b)5.0s

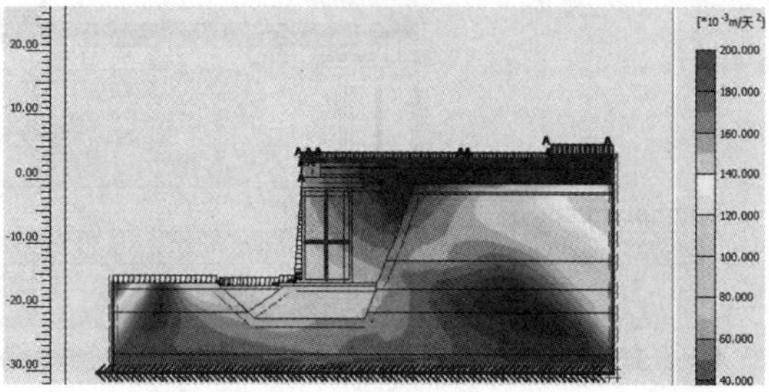

(c)10.0s

(d)20.0s

图 8.45　地震时程总加速度云图特征(4)

8.5.5 剪应变矢量分布特征

有限元静力分析后，对其模型进行地震动力响应模拟分析，在模型底部给定地震波的计算分析，得出典型 2.5、5.0、10.0、20.0s 剪应变矢量分布特征，如图 8.46 所示，剪应变云图分别为 2.68%、8.35%、12.13%、13.39%，表明随着地震动力影响时间持续，码头泊位发生变形整体移动特征。

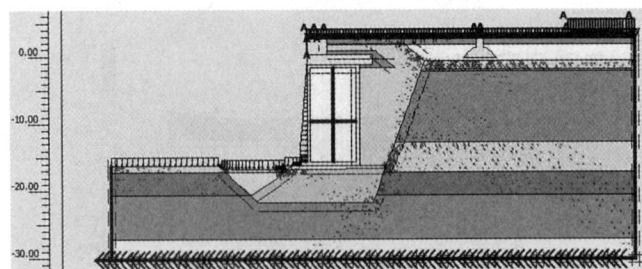

(a)2.5s

(b)5.0s

(c)10.0s

(d)20.0s

图 8.46　地震时程剪应变云图特征(4)

8.5.6　有效应力矢量特征

有限元静力分析后,对其模型进行地震动力响应模拟分析,在模型底部给定地震波的计算分析,得出典型 2.5、5.0、10.0、20.0s 的有效应力矢量特征,如图 8.47 所示,模型中有效应力矢量最大主应力分别为 -769.65、-700.12、-642.37、-781.54Pa,表明随着地震动力影响时间的持续,码头泊位发生变形整体移动特征。

(a)2.5s

(b)5.0s

(c)10.0s

(d)20.0s

图 8.47　地震时程有效应力矢量特征(4)

8.5.7 破坏区分布特征

有限元静力分析后，对其模型进行地震动力响应模拟分析，在模型底部给定地震波的计算分析，得出典型 2.5、5.0、10.0、20.0s 的破坏区分布特征，如图 8.48 所示，模型中破坏区分布表明随着地震动力影响时间的持续，码头泊位发生变形整体移动特征。

(a)2.5s

(b)5.0s

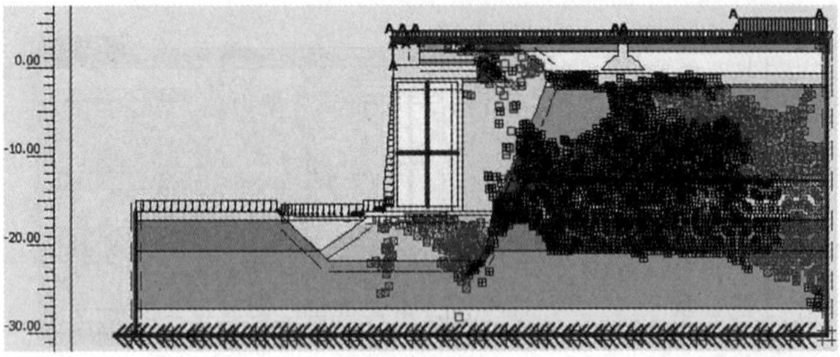

(c)10.0s

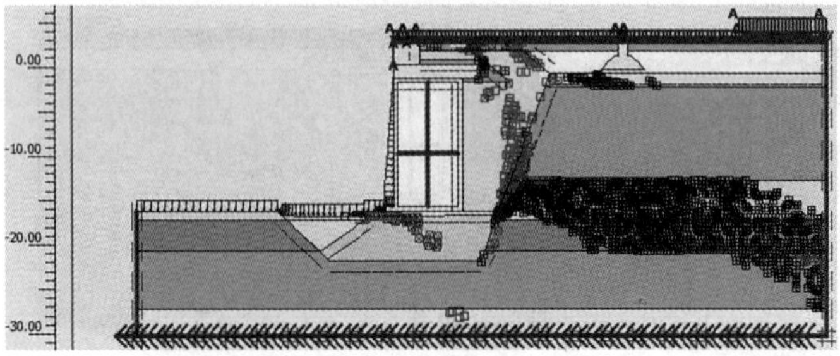

(d)20.0s

图 8.48　地震时程破坏区分布特征(4)

8.5.8　位移、速度和加速度历时特征

（1）A 点位移、速度和加速度。

有限元静力分析后，对其模型进行地震动力响应模拟分析，在模型底部给定地震波的计算分析，得出典型 2.5、5.0、10.0、20.0s 的总位移云图，如图 8.49 所示，模型中位移、速度和加速度历时表明，随着地震动力影响时间的持续，码头泊位发生变形整体移动特征。

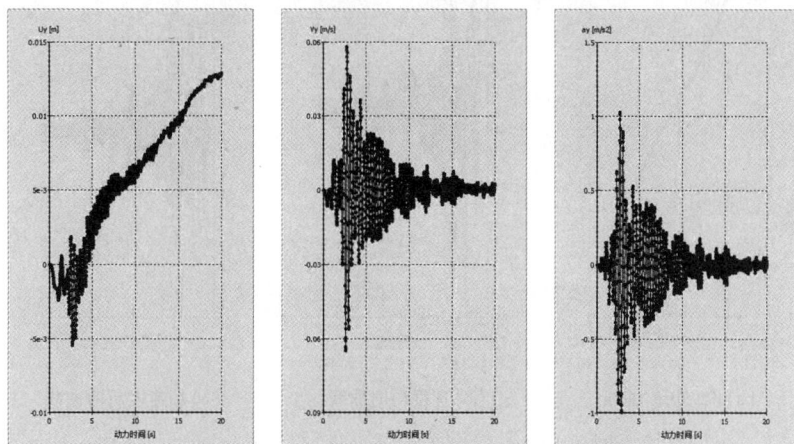

（a）位移历时曲线　　　　（b）速度历时曲线　　　　（c）加速度历时曲线

图 8.49　A 点位移、速度和加速度历时特征（4）

（2）B 点位移、速度和加速度。

有限元静力分析后，其模型进行地震动力响应模拟分析，在模型底部给定地震波的计算分析，得出典型 2.5、5.0、10.0、20.0s 的总位移云图如图 8.50 所示，模型中位移、速度和加速度历时表明随着地震动力影响时间的持续，码头泊位发生变形整体移动特征。

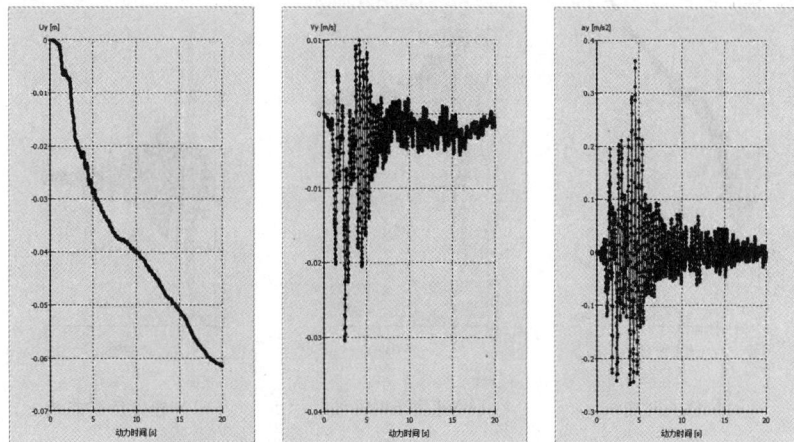

（a）位移历时曲线　　　　（b）速度历时曲线　　　　（c）加速度历时曲线

图 8.50　B 点位移、速度和加速度历时特征（4）

（3）C 点位移、速度和加速度。

有限元静力分析后，对其模型进行地震动力响应模拟分析，在模型底部给定地震波的计算分析，得出典型 2.5、5.0、10.0、20.0s 的总位移云图，如图 8.51 所示，模型中位移、速度和加速度历时表明，随着地震动力影响时间的持续，码头泊位发生变形整体移动特征。

（a）位移历时曲线   （b）速度历时曲线   （c）加速度历时曲线

图 8.51 C 点位移、速度和加速度历时特征（4）

（4）D 点位移、速度和加速度。

有限元静力分析后，对其模型进行地震动力响应模拟分析，在模型底部给定地震波的计算分析，得出典型 2.5、5.0、10.0、20.0s 的总位移云图，如图 8.52 所示，模型中位移、速度和加速度历时表明，随着地震动力影响时间的持续，码头泊位发生变形整体移动特征。

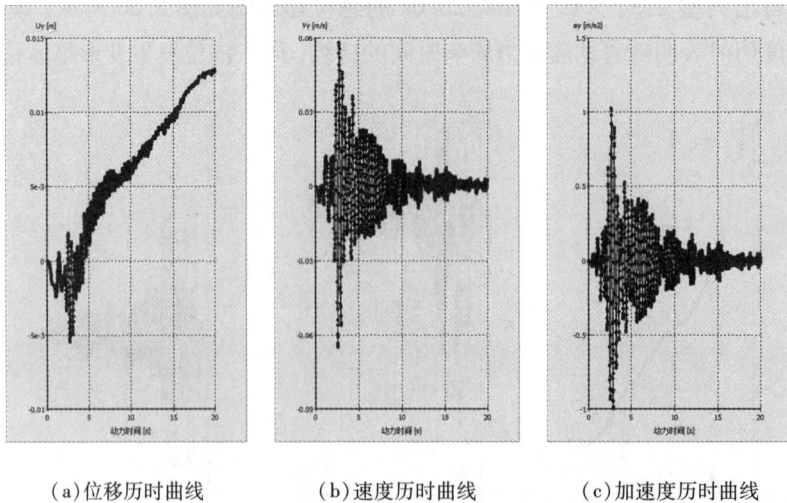

（a）位移历时曲线   （b）速度历时曲线   （c）加速度历时曲线

图 8.52 D 点位移、速度和加速度历时特征（4）

（5）E 点位移、速度和加速度。

有限元静力分析后，对其模型进行地震动力响应模拟分析，在模型底部给定地震波的计算分析，得出典型 2.5、5.0、10.0、20.0s 的总位移云图，如图 8.53 所示，模型中位移、速度和加速度历时表明，随着地震动力影响时间的持续，码头泊位发生变形整体移动特征。

(a)位移历时曲线　　　(b)速度历时曲线　　　(c)加速度历时曲线

图 8.53　E 点位移、速度和加速度历时特征(4)

（6）F 点位移、速度和加速度。

有限元静力分析后，对其模型进行地震动力响应模拟分析，在模型底部给定地震波的计算分析，得出典型 2.5、5.0、10.0、20.0s 的总位移云图，如图 8.54 所示，模型中位移、速度和加速度历时表明，随着地震动力影响时间的持续，码头泊位发生变形整体移动特征。

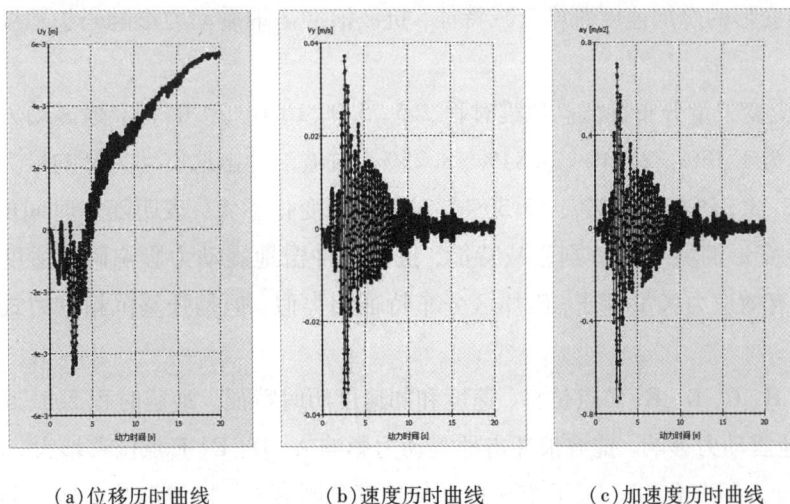

(a)位移历时曲线　　　(b)速度历时曲线　　　(c)加速度历时曲线

图 8.54　F 点位移、速度和加速度历时特征(4)

8.6 对比分析

综上所述，根据地震响应分析原理与方法，在建立有限元数值模拟模型及其相关参数的基础上，开展了沉箱重力式码头抗波浪地震响应分析，进行了强基沉箱重力式码头地震、强基沉箱重力式码头抗波浪冲击地震、弱基沉箱重力式码头地震作用和弱基沉箱重力式码头抗波浪冲击地震动力响应力学特征分析。取得如下主要成果。

第一部分：强基沉箱重力式码头地震、强基沉箱重力式码头抗波浪冲击地震动力响应力学特征分析。

（1）变形网格特征。地震时程 2.5、5.0、10.0、20.0s 时，地震动力影响最大总位移分别为 16.82、11.32、11.32、11.34mm，抗波浪冲击地震动力影响最大总位移分别为 16.89、45.9、83.59、160mm，对比分析变化较大，表明随着时间的持续，码头泊位发生变形的网格整体移动特征，抗波浪冲击地震动力影响码头适度变形。

（2）总速度云图特征。地震时程 2.5、5.0、10.0、20.0s 时，地震动力影响最大总速度分别为 80.40、0.571、0.171、0.0342mm/d，抗波浪冲击地震动力影响最大总速度分别为 80.36、27.27、11.97、7.23mm/d，对比分析变化较大，表明随着时间的持续，码头泊位发生变形的总速度急剧衰减特征，抗波浪冲击地震动力影响码头适度变形速度。

（3）总加速度云图特征。地震时程 2.5、5.0、10.0、20.0s 时，地震动力影响最大总加速度分别为 1.96、0.384、0.195、0.0689m/d^2，抗波浪冲击地震动力影响最大总加速度分别为 1.91、0.463、0.197、0.21m/d^2，对比分析变化较大，表明随着时间的持续，码头泊位发生变形的总加速度急剧衰减特征，抗波浪冲击地震动力影响码头适度变形加速度。

（4）剪应变矢量分布特征。地震时程 2.5、5.0、10.0、20.0s 时，地震动力影响最大剪应变分别为 1.18%、2.94%、3.84%、8.25%，抗波浪冲击地震动力影响最大剪应变分别为 2.68%、8.35%、12.13%、13.39%，对比分析变化不大，表明随着时间的持续，码头泊位发生变形的剪应变急剧衰减特征，抗波浪冲击地震动力影响码头适度变形剪应变。同时，有效应力矢量特征、破坏区分布特征相类似，但是强基沉箱重力式码头稳定性较好。

（5）A、B、C、D、E、F点位移、速度和加速度历时特征。地震时程 2.5、5.0、10.0、20.0s 时，地震动力影响、抗波浪冲击地震动力影响 A、D、E、F 点位移增大，B、C 点位移急剧衰减；A、B、C、D、E、F 点速度和加速度急剧衰减，抗波浪冲击地震动力影响的位移、速度和加速度比地震动力影响的量值略大。

第二部分：弱基沉箱重力式码头、弱基沉箱重力式码头抗波浪冲击地震动力响应力学特征分析。

（1）变形网格特征。地震时程 2.5、5.0、10.0、20.0s 时，地震动力影响最大总位移分别为 1.55、2.13、2.32、2.38mm，抗波浪冲击地震动力影响最大总位移分别为 25.10、61.53、98.51、173mm，对比分析变化较大，表明随着时间的持续，码头泊位发生变形的网格整体移动特征，抗波浪冲击地震动力影响码头适度变形。

（2）总速度云图特征。地震时程 2.5、5.0、10.0、20.0s 时，地震动力影响最大总速度分别为 0.371、0.128、0.00889、0.00579mm/d，抗波浪冲击地震动力影响最大总速度分别为 77.59、41.59、21.96、8.97mm/d，对比分析变化较大，表明随着时间的持续，码头泊位发生变形的总速度急剧衰减特征，抗波浪冲击地震动力影响码头适度变形速度。

（3）总加速度云图特征。地震时程 2.5、5.0、10.0、20.0s 时，地震动力影响最大总加速度分别为 0.0174、0.0065、0.0000416、0.00000406m/d^2，抗波浪冲击地震动力影响最大总加速度分别为 1.91、0.463、0.197、0.21m/d^2，对比分析变化较大，表明随着时间的持续，码头泊位发生变形的总加速度急剧衰减特征，抗波浪冲击地震动力影响码头适度变形加速度。

（4）剪应变矢量分布特征。地震时程 2.5、5.0、10.0、20.0s 时，地震动力影响最大剪应变分别为 0.449%、0.586%、0.623%、0.637%，抗波浪冲击地震动力影响最大剪应变分别为 2.68%、8.35%、12.13%、13.39%，对比分析变化不大，表明随着时间的持续，码头泊位发生变形的剪应变急剧衰减特征，抗波浪冲击地震动力影响码头适度变形剪应变。同时，有效应力矢量特征、破坏区分布特征相类似，但是弱基沉箱重力式码头稳定性较好。

（5）A、B、C、D、E、F 点位移、速度和加速度历时特征。地震时程 2.5、5.0、10.0、20.0s 时，地震动力影响、抗波浪冲击地震动力影响 A、D、E、F 点位移增大，B、C 点位移急剧衰减；A、B、C、D、E、F 点速度和加速度急剧衰减，抗波浪冲击地震动力影响的位移、速度和加速度比地震动力影响的量值略大。

第三部分：沉箱重力式码头抗波浪地震响应对比分析。

通过沉箱重力式码头抗波浪地震响应分析，其力学特征基本接近，实际工程应用表明此类码头简单实用，但是不适合深水码头泊位改造，可见需要研究新型深水高桩墩梁桥结构码头及其地震响应与抗波浪冲击地震动力响分析。

第9章 高桩墩梁桥结构码头地震动力分析

本章首先研究 2D 平面应变问题 3D 排桩单元的模拟方法,即进行 2D 平面应变问题中的桩结构模拟、2D 平面应变问题 3D 排桩单元的假定、2D 平面应变问题 3D 排桩单元的参数和 2D 平面应变问题 3D 排桩-土相互作用研究,进而开展高桩墩梁桥结构码头实体地震动力响应分析、高桩墩梁桥结构码头桩体地震动力响应分析和高桩墩梁桥结构码头特征点地震动力响应时程特征分析,揭示高桩墩梁桥结构码头地震动力响应的特征。研究成果可以为苏丹港实心方块重力式旧码头改造成深水高桩墩梁桥结构新码头奠定基础。

9.1 2D 平面应变问题 3D 排桩单元的模拟

9.1.1 2D 平面应变问题中的桩结构模拟

桩结构周围应力状态和变形模式均为完全 3D 问题[如图 9.1(a)所示]。2D 平面应变中桩的基本问题[如图 9.1(b)所示]:①基于一定假设的简化方法;②评估桩的初步变形和内力。

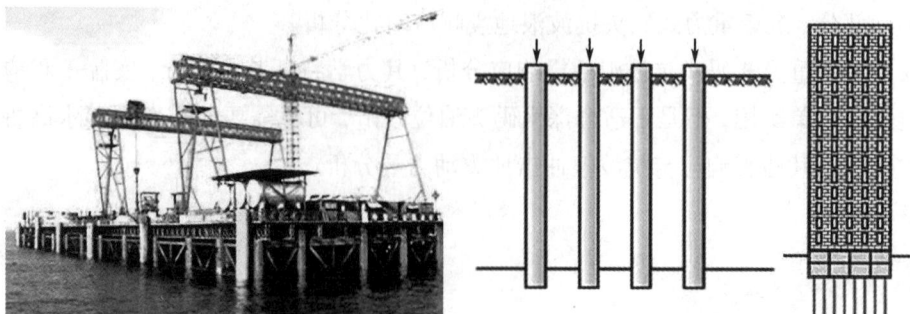

(a)3D 实体空间问题中的桩结构   (b)2D 平面应变问题桩结构的假定

图 9.1 3D 实体空间问题中的桩结构与 2D 平面应变问题桩结构的假定

9.1.1.1 板+界面单元桩的模拟(如图 9.2 所示)

板+界面单元桩的模拟可能性:可定义轴向刚度和抗弯刚度,得到桩身内力;利用界

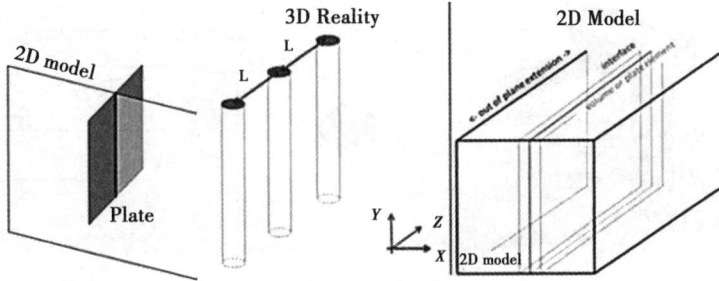

图 9.2　板+界面单元桩的模拟

面单元模拟桩−土相互作用。板+界面单元桩的模拟局限性：土体无法"穿过"板，实际土体无间距；使用界面单元会产生不真实的(连续)剪切面。

9.1.1.2　点间锚杆单元桩的模拟(如图 9.3 所示)

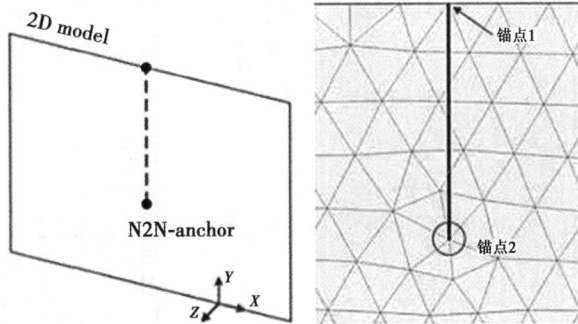

图 9.3　点间锚杆单元桩的模拟

点间锚杆单元桩的模拟可能性：可定义轴向刚度，得到桩身轴力；利用土可以"穿过"点间锚杆，点间锚杆有间距界。点间锚杆单元桩的模拟局限性：无法模拟桩−土相互作用；无法定义桩的抗弯刚度。

9.1.2　2D 平面应变问题 3D 排桩单元的假定

综合上述两种方法的优势，可以定义轴向刚度和抗弯刚度而得到桩身内力，使用"特殊界面"模拟桩−土相互作用，并且不会产生不真实的剪切面，土体可以"穿过"排桩，排桩有间距。2D 平面应变问题 3D 排桩单元基本假定条件(如图 9.4 所示)：考虑平面应变问题，平面外方向具有一定间距的一排桩，桩−土相互作用由"线到线的界面"代表，忽略桩的挤土效应。

2D 平面应变问题 3D 排桩−土界面的基本假定条件(如图 9.5 所示)：桩单元不与实际单元直接耦合，通过特殊单元(线到线的界面)与实际单元连接，实际单元在排桩处连续，因此土体可以"穿过"排桩，界面由弹簧和滑块组成。

2D 平面应变问题 3D 排桩−土界面场变形协调的基本假定条件(如图 9.6 所示)：土

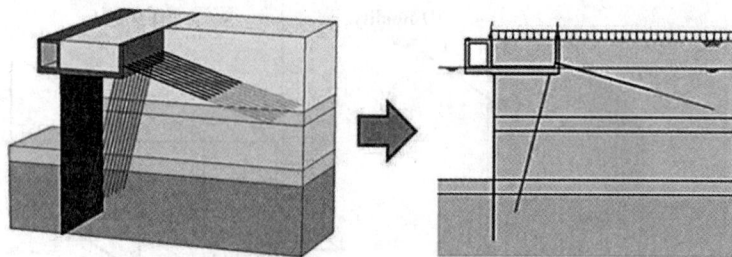

图 9.4   2D 平面应变问题 3D 排桩单元基本假定条件

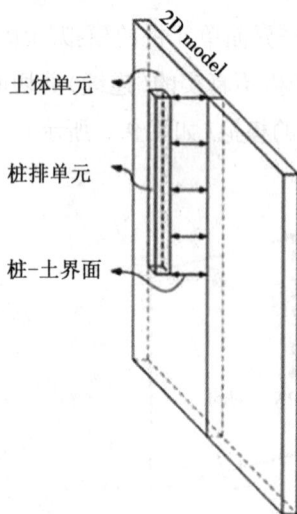

土体单元

桩排单元

桩-土界面

图 9.5   2D 平面应变问题 3D 排桩-土界面的基本假定条件

体变形代表平面外方向的"平均"变形，桩的变形代表平面外一排桩的变形，界面刚度考虑桩-土间荷载传递时的位移差，需要考虑与桩径相关的平面外桩的间距。

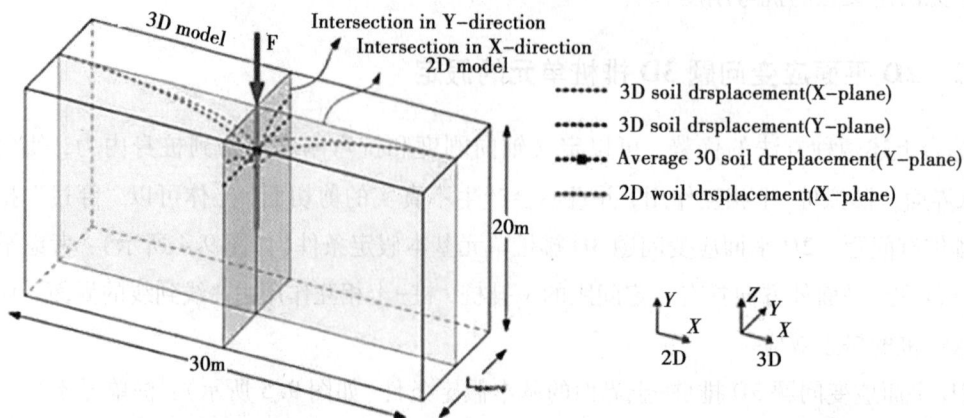

图 9.6   2D 平面应变问题 3D 排桩-土界面场变形协调的基本假定条件

9.1.3　2D 平面应变问题 3D 排桩单元的参数

2D 平面应变问题 3D 排桩单元的参数如图 9.7 所示。

① 桩每个节点有 3 个自由度：u_x、u_y、φ_z。

② 桩与实体单元类型相对应：节点与应力点分布。

③ 桩承受弯矩、剪力和轴力，并且产生相应的变形。

④ 桩结构内力由应力点的应力计算值评估。

⑤ 桩单元属性参数：材料、几何、动力和桩-土相互作用参数，其中桩类型如图 9.8 所示。

⑥ 桩端连接关系：自由、铰接和固结连接方式。

⑦ 桩端默认连接关系：与结构、土和界面单元连接。

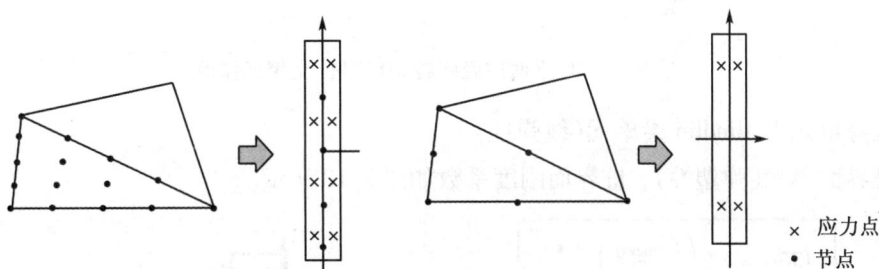

× 应力点
· 节点

图 9.7　15 和 6 节点实体单元与相应的桩单元

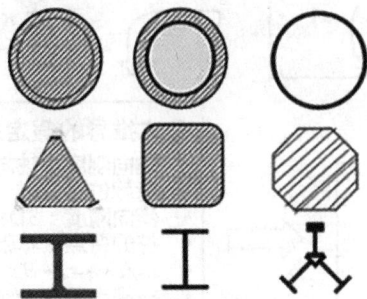

图 9.8　桩类型横断面

9.1.4　2D 平面应变问题 3D 排桩-土相互作用

2D 平面应变问题 3D 排桩-土相互作用如图 9.9 所示。

① 桩-土相互作用考虑：轴向、横向侧阻和端阻。

② 桩-土相互作用界面组成考虑：纵向、横向弹簧和纵向滑块（侧阻和端阻）。

③ 桩材料本构关系。

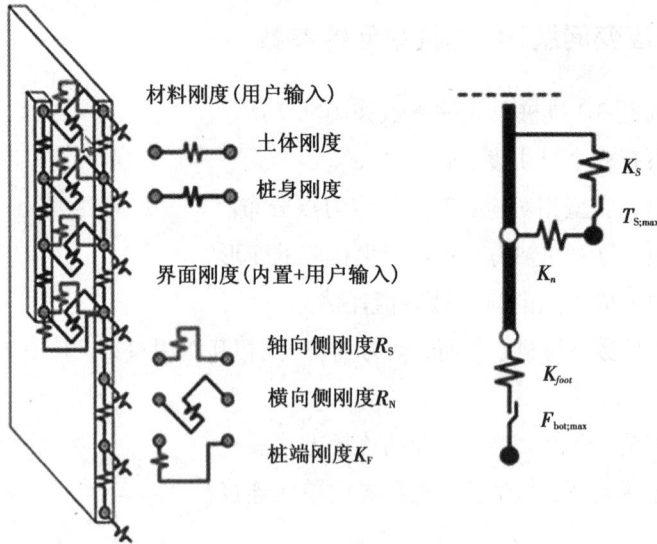

图 9.9　2D 平面应变问题 3D 排桩-土相互作用

桩身单元为 Mindlin 梁单元(线弹性)

桩界面单元(弹塑性),桩界面刚度系数如图 9.10 所示。

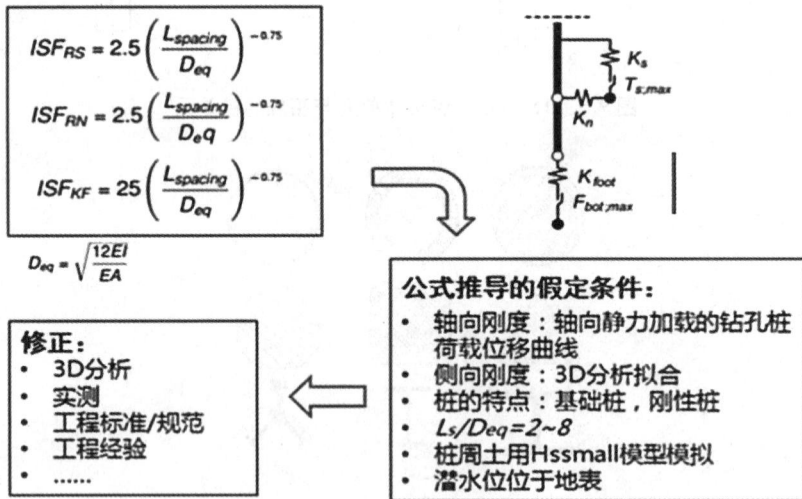

$$ISF_{RS} = 2.5\left(\frac{L_{spacing}}{D_{eq}}\right)^{-0.75}$$

$$ISF_{RN} = 2.5\left(\frac{L_{spacing}}{D_{eq}}\right)^{-0.75}$$

$$ISF_{KF} = 25\left(\frac{L_{spacing}}{D_{eq}}\right)^{-0.75}$$

$$D_{eq} = \sqrt{\frac{12EI}{EA}}$$

公式推导的假定条件:
- 轴向刚度:轴向静力加载的钻孔桩荷载位移曲线
- 侧向刚度:3D分析拟合
- 桩的特点:基础桩,刚性桩
- $L_s/D_{eq} = 2\sim8$
- 桩周土用Hssmall模型模拟
- 潜水位位于地表

修正:
- 3D分析
- 实测
- 工程标准/规范
- 工程经验
- ……

图 9.10　桩界面刚度系数

$$N = EA_1\varepsilon_N$$

$$\begin{bmatrix} \sigma_N \\ \tau \end{bmatrix} = \begin{bmatrix} E & 0 \\ 0 & KG \end{bmatrix} \begin{bmatrix} \varepsilon_N \\ \gamma \end{bmatrix} \quad Q = \frac{kEA}{2(1+\nu)}\gamma^* \tag{9.1}$$

$$M = EI_\kappa$$

$$K_s = ISF_{RS}\frac{G_{soil}}{L_{spacing}}$$

$$\begin{bmatrix} t_s \\ t_n \end{bmatrix} = \begin{bmatrix} K_s & 0 \\ 0 & K_n \end{bmatrix} \begin{bmatrix} U_s^p - U_s^s \\ U_n^p - U_n^s \end{bmatrix} \quad K_n = ISF_{RN}\frac{G_{soil}}{L_{spacing}}$$

$$K_{foot} = ISF_{KF}\frac{G_{soil}R_{eq}}{L_s}$$

$$F_{foot} = K_{foot}(U_{foot}^P - U_{foot}^s) \tag{9.2}$$

9.2　高桩墩梁桥结构码头实体地震动力响应分析

9.2.1　高桩墩梁桥结构码头建立模型与边界条件及阻尼

依托设计方案要求满足抵抗地震作用，地震力发生在工程建造完成之后运营期间。模型参数还要考虑材料的阻尼黏性作用，所以要输入雷利阻尼系数 α 和 β；有限元数值模拟分析地震动力计算过程中，为了防止应力波的反射，且不允许模型中的某些能量发散，边界条件应抵消反射，即地震分析中的吸收边界。吸收边界用于吸收动力荷载在边界上引起的应力增量，否则动力荷载将在土体内部发生反射。吸收边界中的阻尼器来替代某个方向的固定约束，阻尼器要确保边界上的应力增加被吸收不反弹，之后边界移动。材料阻尼由摩擦角者不可逆变形如塑性变形或黏性变形引起，故土体材料越具黏性或者塑性，地震震动能量越易消散。地震波谱—加速度-时间曲线见图 7.2。

模型边界条件选取标准地震边界如图 9.11、图 9.12 所示。

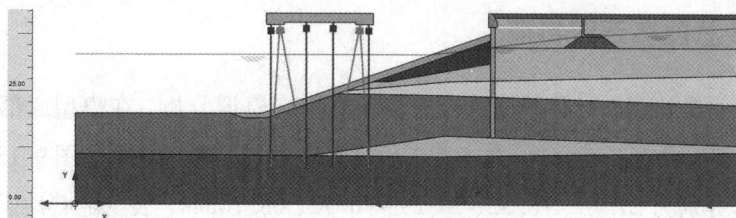

(a)有限元几何模型及地震边界

(b)有限元网格模型及地震边界

图 9.11　有限元几何与网格模型及地震边界(1)

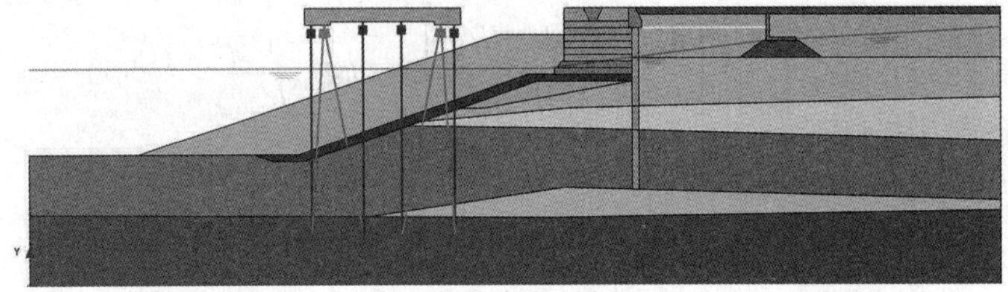

（a）有限元几何模型及地震边界

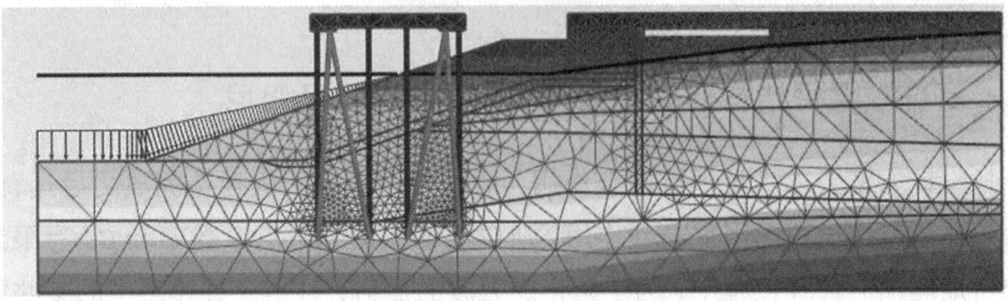

（b）有限元网格模型及地震边界

图 9.12   有限元几何与网格模型及地震边界（2）

图 9.11 为斜坡高桩墩梁桥结构码头；图 9.12 为实心方块重力+斜坡开挖高桩墩梁桥结构码头，为实心方块重力码头的扩建方案。

本章主要以坡高桩墩梁桥结构码头为例，开展地震响应力学体系影响分析。

9.2.2   岸坡总位移云图特征

有限元静力分析后，对其模型进行地震动力响应模拟分析，在模型底部给定地震波的计算分析，得出典型 2.5、5.0、7.5、10.0、12.5s 的总位移云图，如图 9.13 所示，模型中最大总位移分别为 27.75、78.32、78.29、70.72、68.70mm，表明随着地震动力影响时间的持续，码头泊位发生总位移云图特征。

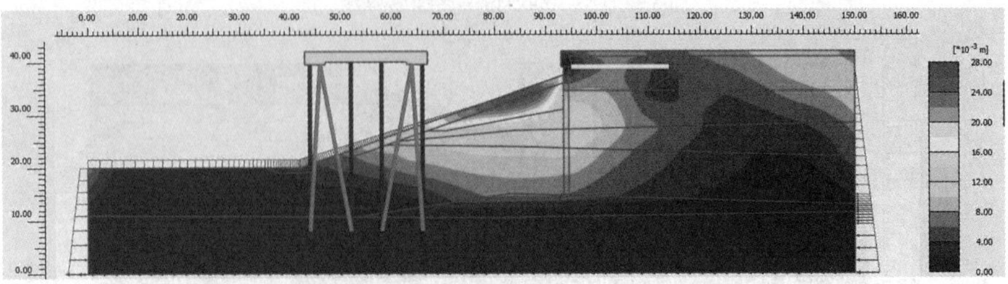

（a）2.5s 地震响应

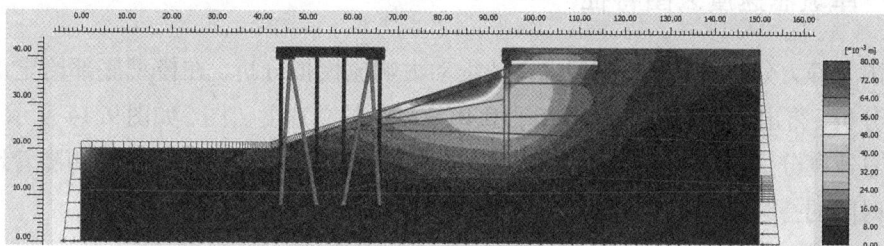

（b）5.0s 地震响应

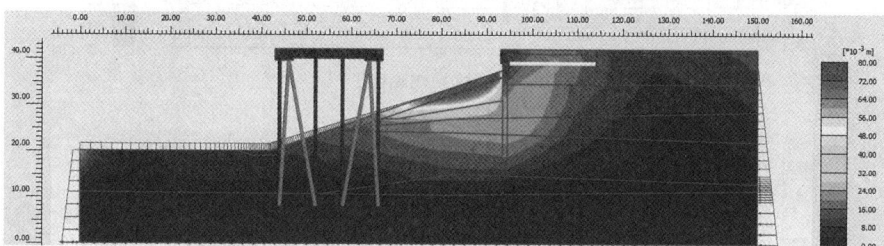

（c）7.5s 地震响应

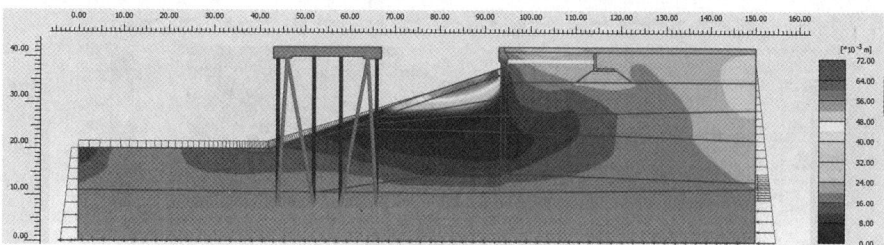

（d）10.0s 地震响应

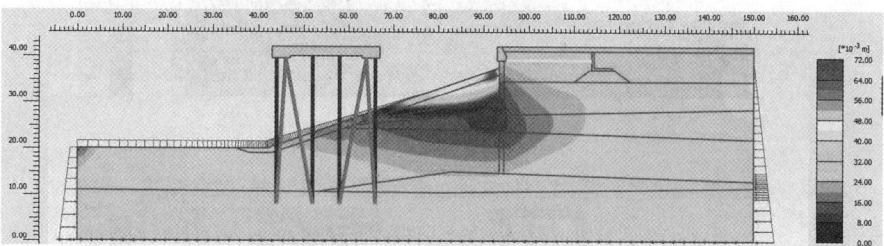

（e）12.5s 地震响应

图 9.13　岸坡地震响应总位移云图特征

9.2.3 岸坡总速度云图特征

有限元静力分析后，对其模型进行地震动力响应模拟分析，在模型底部给定地震波的计算分析，得出典型 2.5、5.0、7.5、10.0、12.5s 的总速度云图，如图 9.14 所示，模型中最大总速度分别为 0.1373、0.1048、0.06953、0.03223、0.01958m/s，表明随着地震动力影响时间的持续，码头泊位发生变形整体移动特征。

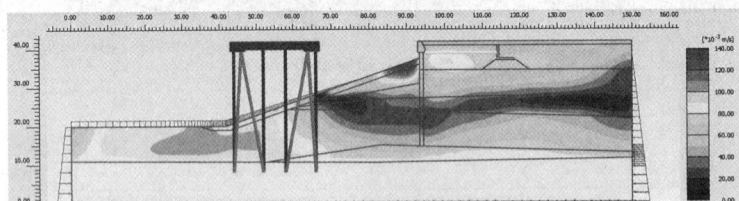

(a)2.5s 地震响应

(b)5.0s 地震响应

(c)7.5s 地震响应

(d)10.0s 地震响应

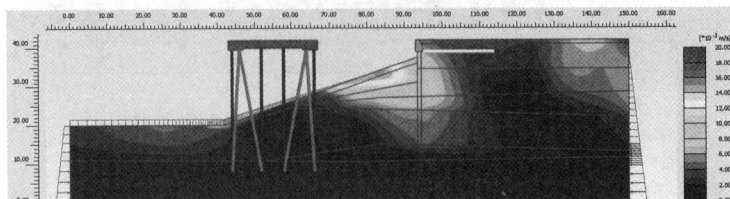

(e)12.5s 地震响应

图 9.14 岸坡地震响应总速度云图特征

9.2.4　岸坡总加速度云图特征

有限元静力分析后，对其模型进行地震动力响应模拟分析，在模型底部给定地震波的计算分析，得出典型 2.5、5.0、7.5、10.0、12.5s 的总加速度云图，如图 9.15 所示，模型中最大总加速度分别为 3.651、2.700、1.048、0.5605、0.3846m/s²，表明随着地震动力影响时间的持续，码头泊位发生变形整体移动特征。

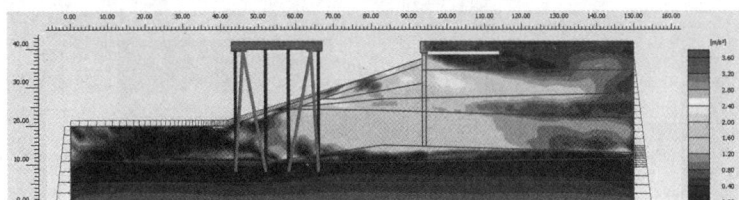

（a）2.5s 地震响应

（b）5.0s 地震响应

（c）7.5s 地震响应

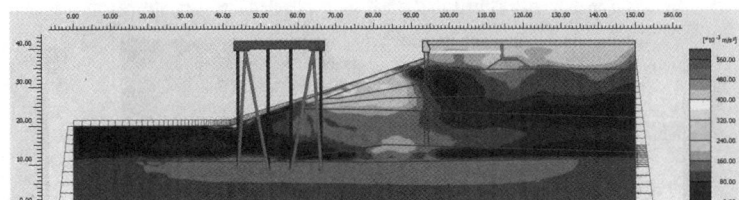

（d）10.0s 地震响应

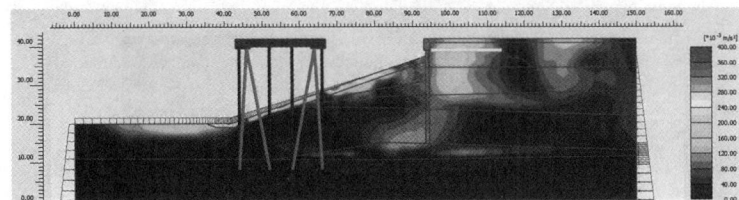

（e）12.5s 地震响应

图 9.15　岸坡地震响应总加速度云图特征

9.2.5 岸坡剪应变云图特征

有限元静力分析后，对其模型进行地震动力响应模拟分析，在模型底部给定地震波的计算分析，得出典型 2.5、5.0、7.5、10.0、12.5s 的剪应变云图特征，如图 9.16 所示，模型中剪应变分别为 3.654%、10.08%、11.60%、11.66%、11.66%，表明随着地震动力影响时间的持续，码头泊位发生变形整体移动特征。

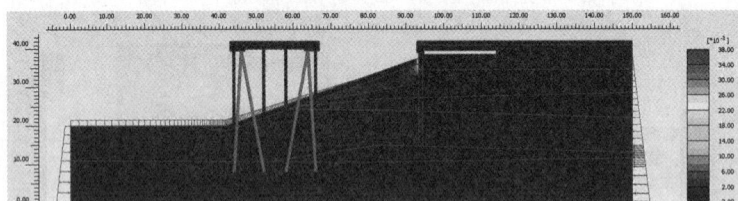

（a）2.5s 地震响应

（b）5.0s 地震响应

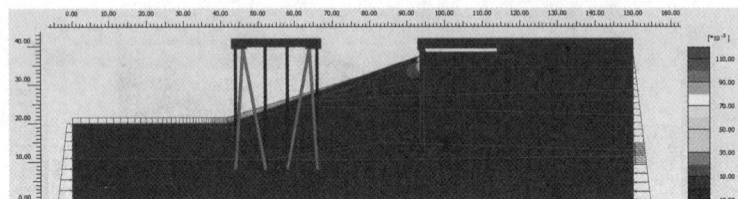

（c）7.5s 地震响应

（d）10.0s 地震响应

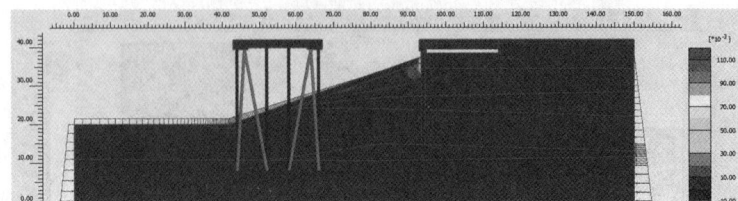

（e）12.5s 地震响应

图 9.16　岸坡地震响应剪应变云图特征

9.2.6　岸坡塑性点分布特征

有限元静力分析后，对其模型进行地震动力响应模拟分析，在模型底部给定地震波的计算分析，得出典型 2.5、5.0、7.5、10.0、12.5s 的塑性点分布特征，如图 9.17 所示，表明随着地震动力影响时间的持续，码头泊位发生变形整体移动特征。

(a)2.5s 地震响应

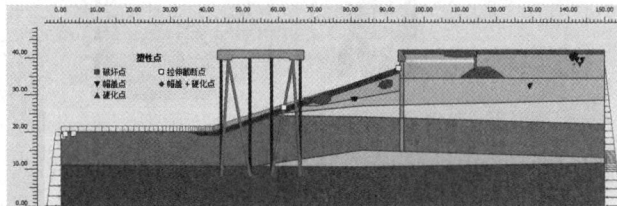

(b)5.0s 地震响应

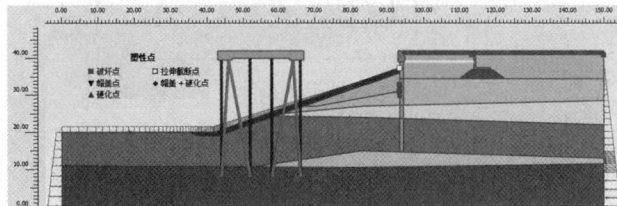

(c)7.5s 地震响应

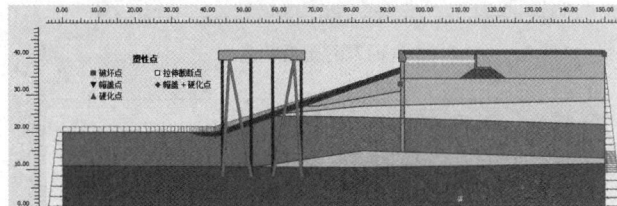

(d)10.0s 地震响应

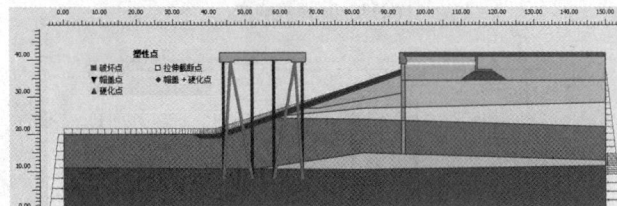

(e)12.5s 地震响应

图 9.17　岸坡地震响应塑性点分布特征

9.3 高桩墩梁桥结构码头桩体地震动力响应分析

9.3.1 桩体速度矢量特征

有限元静力分析后，对其模型进行地震动力响应模拟分析，在模型底部给定地震波的计算分析，得出典型 2.5、5.0、7.5、10.0、12.5s 的桩体速度矢量图，如图 9.18 所示，模型中桩体速度矢量最大值别为 0.1293、0.3634、0.08158、0.06946、0.02631m/s，表明随着地震动力影响时间的持续，码头泊位发生变形整体移动特征。

(a)2.5s 地震响应

(b)5.0s 地震响应

(c)7.5s 地震响应

(d)10.0s 地震响应

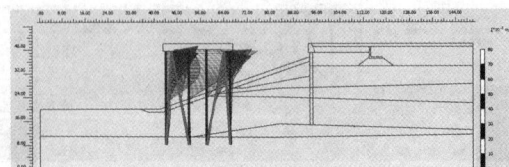

(e)12.5s 地震响应

图 9.18 桩体速度矢量特征图

9.3.2　桩体加速度矢量特征

有限元静力分析后，对其模型进行地震动力响应模拟分析，在模型底部给定地震波的计算分析，得出典型 2.5、5.0、7.5、10.0、12.5s 的桩体加速度矢量图，如图 9.19 所示，模型中加速度矢量最大值分别为 9.192、3.908、2.179、1.562、0.7079m/s^2，表明随着地震动力影响时间的持续，码头泊位发生变形整体移动特征。

（a）2.5s 地震响应

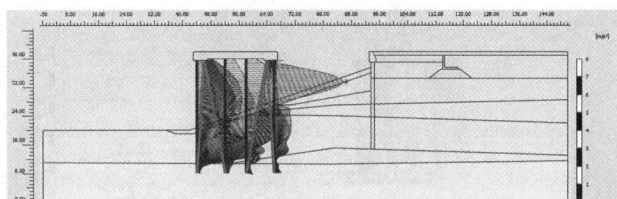

（b）5.0s 地震响应

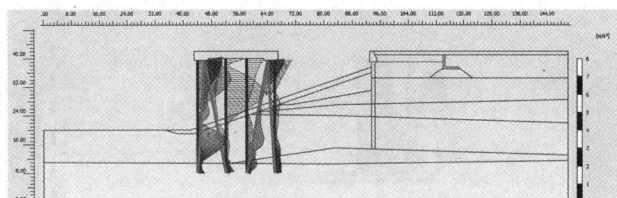

（c）7.5s 地震响应

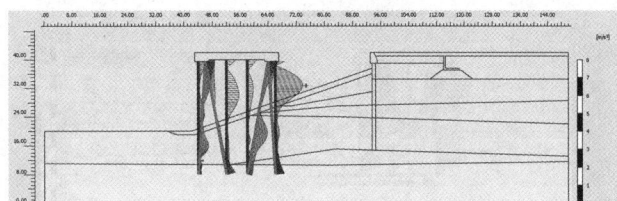

（d）10.0s 地震响应

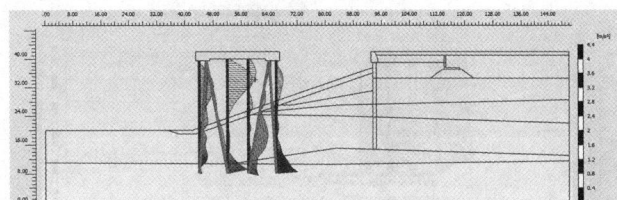

（e）12.5s 地震响应

图 9.19　桩体加速度矢量特征图

9.3.3 桩体轴力分布特征

有限元静力分析后，对其模型进行地震动力响应模拟分析，在模型底部给定地震波的计算分析，得出典型 2.5、5.0、7.5、10.0、12.5s 的桩体轴力分布图，如图 9.20 所示，模型中桩体轴力分布最大值分别为 757.0、46.59、34.01、39.44、46.26kN/m，表明随着地震动力影响时间的持续，码头泊位发生变形整体移动特征。

（a）2.5s 地震响应

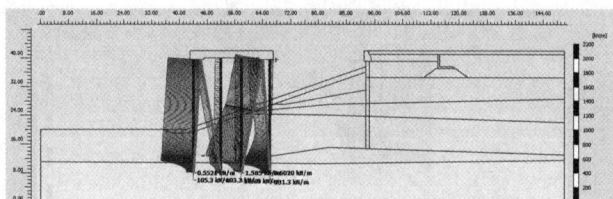

（b）5.0s 地震响应

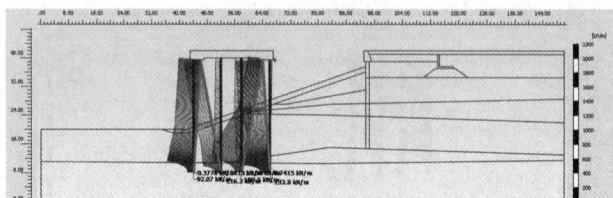

（c）7.5s 地震响应

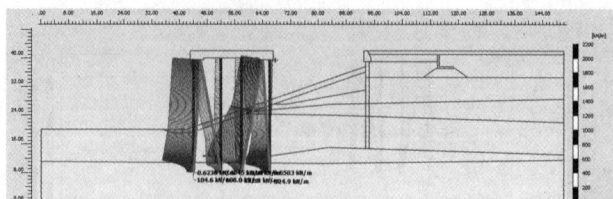

（d）10.0s 地震响应

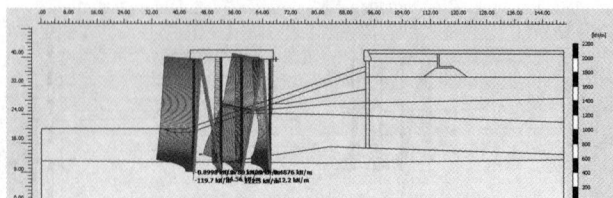

（e）12.5s 地震响应

图 9.20 桩体轴力分布特征图

9.3.4　桩体弯矩分布特征

有限元静力分析后，对其模型进行地震动力响应模拟分析，在模型底部给定地震波的计算分析，得出典型 2.5、5.0、7.5、10.0、12.5s 的桩体弯矩分布图，如图 9.21 所示，模型中桩体弯矩分布最大值分别为 1321、1064、1151、1153、1134kN·m，表明随着地震动力影响时间的持续，码头泊位发生变形整体移动特征。

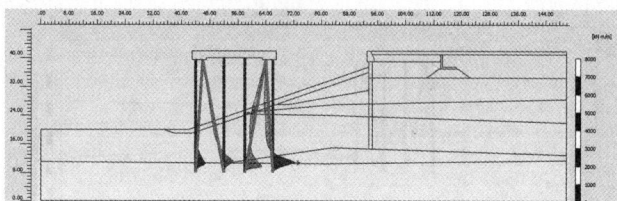

（a）2.5s 地震响应

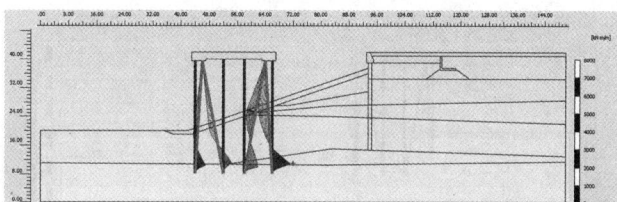

（b）5.0s 地震响应

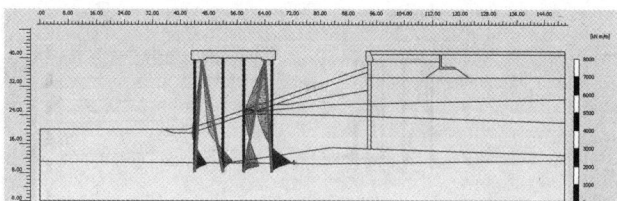

（c）7.5s 地震响应

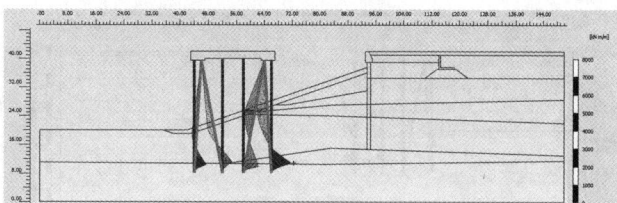

（d）10.0s 地震响应

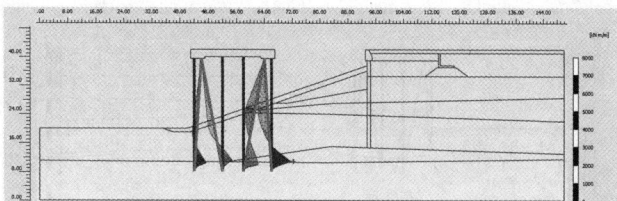

（e）12.5s 地震响应

图 9.21　桩体弯矩分布特征图

9.3.5　桩体摩擦力分布特征

有限元静力分析后，对其模型进行地震动力响应模拟分析，在模型底部给定地震波的计算分析，得出典型 2.5、5.0、7.5、10.0、12.5s 的桩体摩擦力分布图，如图 9.22 所示，模型中桩体摩擦力分布最大值分别为 0.4517、0.4449、0.4140、0.4126、0.4035kN，表明随着地震动力影响时间的持续，码头泊位发生变形整体移动特征。

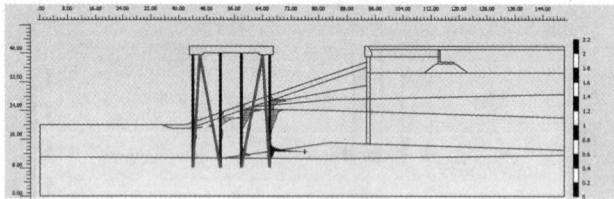

(a)2.5s 地震响应

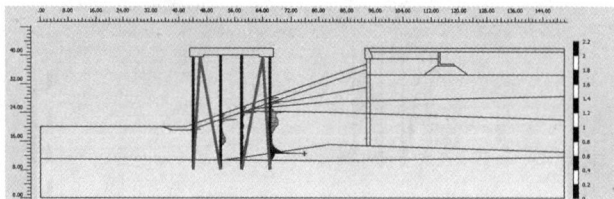

(b)5.0s 地震响应

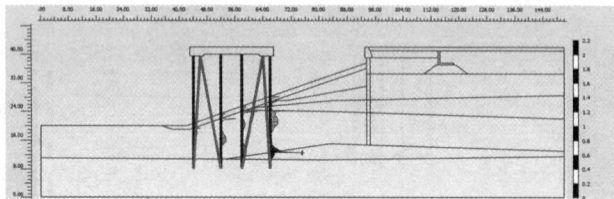

(c)7.5s 地震响应

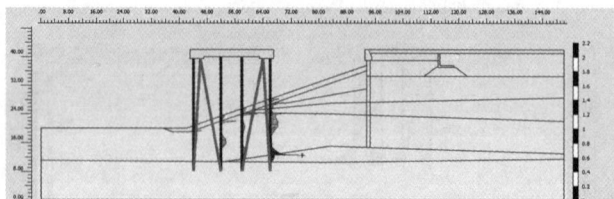

(d)10.0s 地震响应

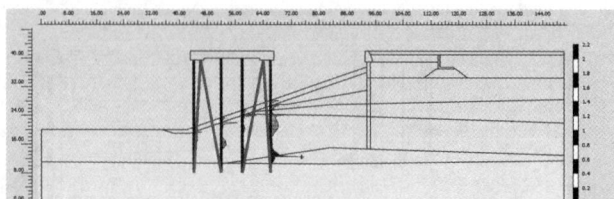

(e)12.5s 地震响应

图 9.22　桩体摩擦力分布特征图

9.4 高桩墩梁桥结构码头地震动力矢量场特征

9.4.1 岸坡总位移矢量场特征

有限元静力分析后，对其模型进行地震动力响应模拟分析，在模型底部给定地震波的计算分析，得出典型 2.5、5.0、7.5、10.0、12.5s 的总位移矢量场，如图 9.23 所示，模型中最大总位移分别为 27.75、78.32、78.29、70.72、68.70mm，表明随着地震动力影响时间的持续，码头泊位发生变形整体移动特征。

(a)2.5s 地震响应

(b)5.0s 地震响应

(c)7.5s 地震响应

(d)10.0s 地震响应

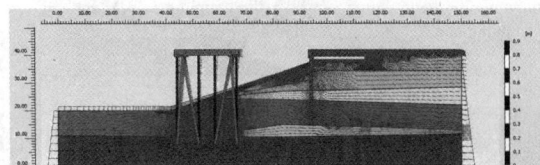

(e)12.5s 地震响应

图 9.23 岸坡地震响应总位移矢量场特征

9.4.2 岸坡总速度矢量场特征

有限元静力分析后,对其模型进行地震动力响应模拟分析,在模型底部给定地震波的计算分析,得出典型 2.5、5.0、7.5、10.0、12.5s 的总速度矢量场,如图 9.24 所示,模型中最大总速度分别为 0.1373、0.1048、0.06953、0.03223、0.01958m/s,表明随着地震动力影响时间的持续,码头泊位发生变形整体移动特征。

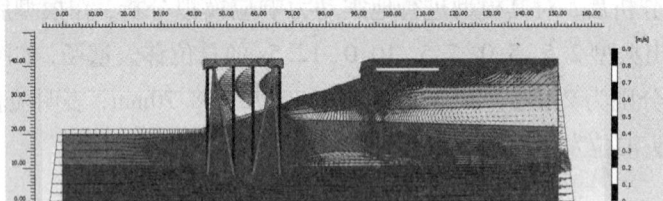

(a)2.5s 地震响应

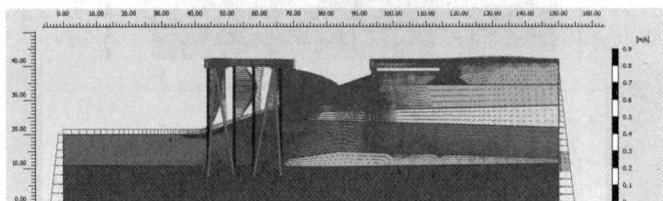

(b)5.0s 地震响应

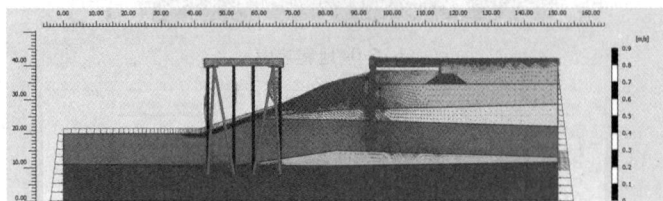

(c)7.5s 地震响应

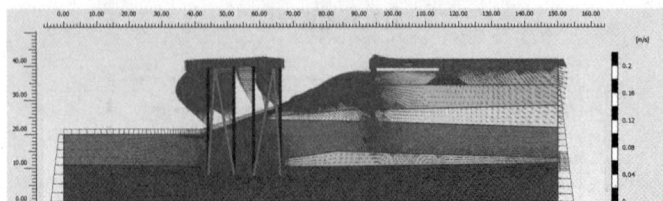

(d)10.0s 地震响应

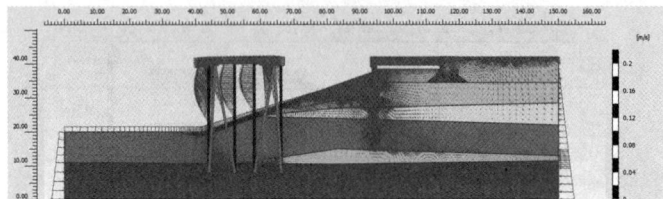

(e)12.5s 地震响应

图 9.24 岸坡地震响应总速度矢量场特征

9.4.3　岸坡总加速度矢量场特征

有限元静力分析后，对其模型进行地震动力响应模拟分析，在模型底部给定地震波的计算分析，得出典型 2.5、5.0、7.5、10.0、12.5s 的总加速度矢量场，如图 9.25 所示，模型中最大总加速度分别为 3.651、2.700、1.048、0.5605、0.3846m/s²，表明随着地震动力影响时间的持续，码头泊位发生变形整体移动特征。

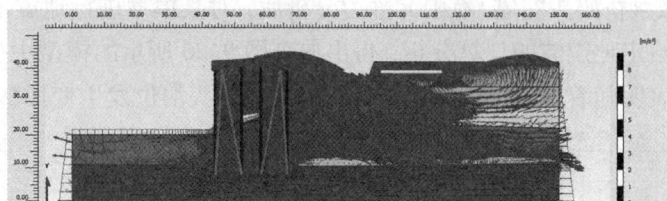

(a) 2.5s 地震响应

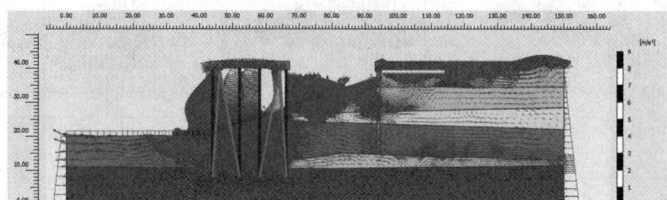

(b) 5.0s 地震响应

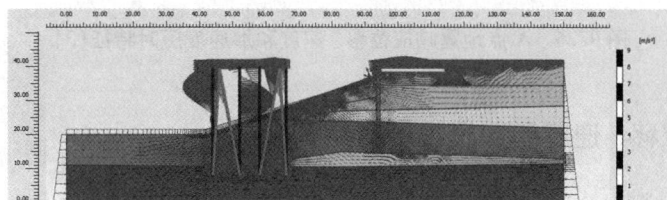

(c) 7.5s 地震响应

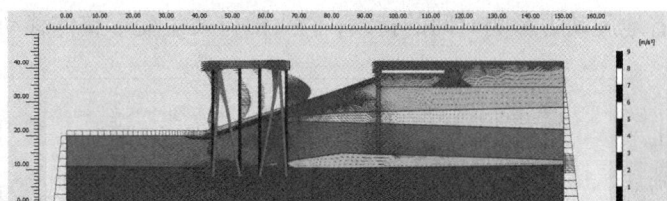

(d) 10.0s 地震响应

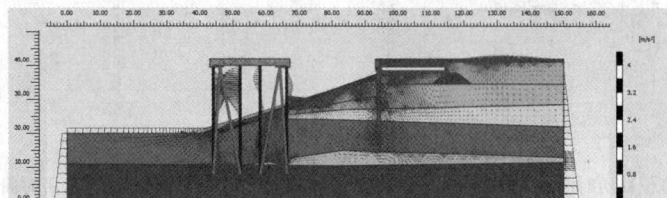

(e) 12.5s 地震响应

图 9.25　岸坡地震响应总加速度矢量场特征

9.5 高桩墩梁桥结构码头特征点地震动力响应时程特征

9.5.1 A 点位移、速度和加速度历时特征

A 点(高桩墩梁桥码头左侧)有限元静力分析后,对其模型进行地震动力响应模拟分析,在模型底部给定地震波的计算分析,得出典型图 9.26 所示的模型中位移、速度和加速度历时曲线,表明随着地震动力影响时间的持续,码头泊位发生变形整体移动特征。

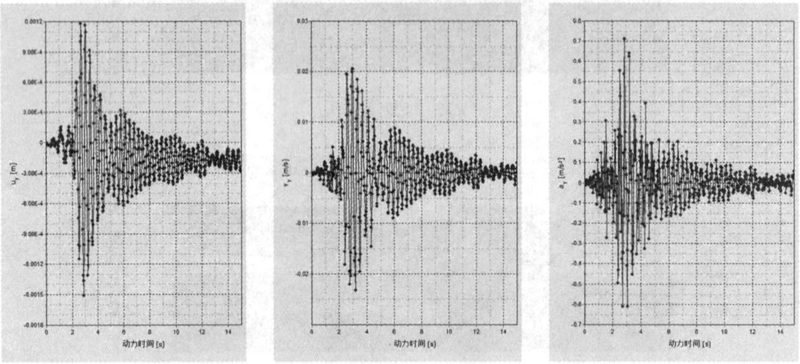

(a)位移历时曲线　　　(b)速度历时曲线　　　(c)加速度历时曲线

图 9.26　A 点地震响应位移、速度和加速度历时特征(3)

9.5.2 B 点位移、速度和加速度历时特征

B 点(高桩码头左侧)有限元静力分析后,对其模型进行地震动力响应模拟分析,在模型底部给定地震波的计算分析,得出典型图 9.27 所示的模型中位移、速度和加速度历时曲线,表明随着地震动力影响时间的持续,码头泊位发生变形整体移动特征。

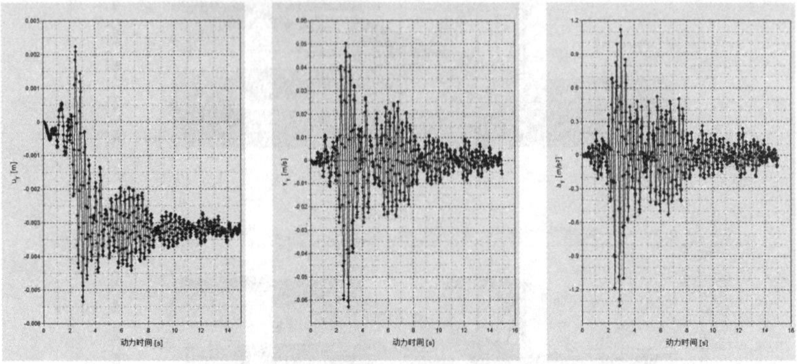

(a)位移历时曲线　　　(b)速度历时曲线　　　(c)加速度历时曲线

图 9.27　B 点地震响应位移、速度和加速度历时特征(3)

综上所述，本章首先研究了高桩墩梁桥结构码头地震响应分析，研究成果可以为苏丹港实心方块重力式旧码头改造成深水高桩墩梁桥结构新码头建设提供借鉴。取得了如下主要成果。

（1）进行了 2D 平面应变问题 3D 排桩单元的模拟方法研究，即进行 2D 平面应变问题中的桩结构模拟、2D 平面应变问题 3D 排桩单元的假定、2D 平面应变问题 3D 排桩单元的参数和 2D 平面应变问题 3D 排桩-土相互作用研究，进而开展高桩墩梁桥结构码头实体地震动力响应分析、高桩墩梁桥结构码头桩体地震动力响应分析和高桩墩梁桥结构码头特征点地震动力响应时程特征分析，揭示高桩墩梁桥结构码头地震动力响应的特征。

（2）高桩墩梁桥结构码头实体地震动力响应分析

随着地震动力影响时间的持续，高桩码头位移累计增加，码头泊位发生总位移云图特征；最大总速度分别为 0.1373、0.1048、0.06953、0.03223、0.01958m/s，表明随着地震动力影响时间的持续急剧衰减，总加速度、塑性点分布也持续急剧衰减，剪应变基本不变。而高桩墩梁桥码头位移、速度、总加速度急剧衰减，无塑性点分布，剪应变基本不变。可见，高桩墩梁桥码头力学特性优于高桩码头。

（3）高桩墩梁桥结构码头桩体地震动力响应分析

随着地震动力影响时间的持续，桩体速度、加速度矢量最大值急剧衰减，桩体轴力、弯矩、摩擦力最大值减小，有利于高桩墩梁桥结构码头的稳定。

（4）高桩墩梁桥结构码头地震动力矢量场特征

随着地震动力影响时间的持续，总位移、总速度、总加速度矢量场最大值急剧衰减，高桩墩梁桥结构码头衰减得尤为明显，高桩墩梁桥结构码头的稳定更优于高桩码头。

（5）高桩墩梁桥结构码头特征点地震动力响应时程特征

A、B 点位移、速度和加速度，历时随着地震动力响应，由初始急剧增大到急剧衰减特征，A 点比 B 点位移衰减趋于稳定较快，说明高桩墩梁桥码头比高桩码头稳定性好。

9.6 研究小结

围绕苏丹港实心方块与沉箱重力式码头地震响应力学特性研究，针对苏丹港项目处于珊瑚礁特殊地质条件下的工作性、力学性能、耐久性能，建立强基和弱基下旧码头和新型码头的有限元数值模型，得到地震响应过程力学特性，证明港口在特殊地质条件下的抗波浪冲击和地震影响下的稳定性。重力式码头作为一种成熟的结构形式，因处于特殊的珊瑚礁地质下，进一步分析揭示常规设计方法无法精确计算各种复杂工况条件下的各类码头结构受力变形情况及其地震动力响应力学特性，其研究结果为可为工程项目提供思路，也为类似工程提供安全性的参考。

（1）苏丹港码头类型方案与研究。针对国内外实心方块与沉箱重力式海港码头、板桩和高桩结构码头的适应性，面对"一带一路"沿线国家港口码头建设的蓬勃发展，需要进一步加强海港码头抗波浪冲击研究，以及海港码头地震动力响应研究。针对实心方块与沉箱重力式海港码头、板桩和高桩结构码头的建设研究了苏丹海港码头，结构式主要有重力式码头，如旧式码头形式——实心方块重力式码头，新型码头形式——沉箱重力式码头，新型码头形式——桩基结构（钢管桩、灌注桩）梁板结构码头。

（2）实心方块沉箱重力式旧码头稳定性分析。通过实心方块与沉箱重力式码头建模有限元数值模拟分析，实心方块重力式码头稳定性大大低于强基沉箱重力式码头、弱基沉箱重力式码头，波浪在一定程度上影响码头稳定性。实心方块重力式码头需要有主动土压力控制保持稳定，强基沉箱重力式码头、弱基沉箱重力式码头自身重力保持稳定。通过塑性区破坏点分布以及码头地面水平位移、应变曲线特征分析和对比，得出了实心方块重力式码头比沉箱重力式码头的变化剧烈，强基沉箱重力式码头与弱基沉箱重力式码头基本相似，表明沉箱重力式码头具有更优异的力学特性。

（3）实心方块重力式码头抗波浪地震响应分析。地震时程 2.5、5.0、10.0、20.0s 时，地震动力影响最大总位移分别为 27.81、61.14、87.35、163.79mm，抗波浪冲击地震动力影响最大总位移分别为 28.52、63.39、101.93、179.05mm，对比分析表明，随着时间的持续，码头泊位产生的变化不大。实心方块重力式码头地震作用动力响应力学特征与抗波浪冲击地震动力响应力学特征基本接近，实际工程应用揭示了此类码头简单实用，但是不适应深水码头泊位改造，需要研究新型深水码头泊位的建造。

（4）沉箱重力式码头抗波浪地震响应分析。强基与弱基沉箱重力式码头地震、抗波浪冲击地震动力响应力学特征分析。地震时程 2.5、5.0、10.0、20.0s 时，强基汽箱重力式码头受地震动力影响最大总位移分别为 16.82、11.32、11.32、11.34mm，抗波浪冲击地震动力影响最大总位移分别为 16.89、45.9、83.59、160mm。地震时程 2.5、5.0、10.0、20.0s 时，弱基沉箱重力式码头受地震动力影响最大总位移分别为 1.55、2.13、2.32、2.38mm，抗波浪冲击地震动力影响最大总位移分别为 25.10、61.53、98.51、173mm，对比分析变化较大，表明随着时间的持续，码头泊位发生变形适度。其力学特征基本接近，实际工程应用揭示了此类码头简单实用，但是不适合深水码头泊位改造，可见需要研究新型深水高桩墩梁桥结构码头及其地震响应与抗波浪冲击地震动力响应分析。

（5）高桩墩梁桥结构码头地震响应分析。进行了 2D 平面应变问题 3D 排桩单元的模拟方法研究，即进行 2D 平面应变问题中的桩结构模拟、2D 平面应变问题 3D 排桩单元的假定、2D 平面应变问题 3D 排桩单元的参数和 2D 平面应变问题 3D 排桩-土相互作用研究。高桩墩梁桥结构码头实体地震动力响应分析。随着地震动力影响时间的持续，高桩码头位移累计增加，码头泊位发生总位移云图特征；最大总速度分别为 0.1373、0.1048、0.06953、0.03223、0.01958m/s，得出了随着地震动力影响时间的持续，总加速度、塑性点分布也持续急剧衰减，剪应变基本不变。而高桩墩梁桥码头位移、速度、总加速度急剧衰减，无塑性点分布，剪应变基本不变。桩体速度、加速度矢量最大值急剧衰减，桩体轴力、弯矩、摩擦力最大值减小，揭示了有利于高桩墩梁桥结构码头的稳定，高桩墩梁桥结构码头的稳定更优于高桩码头。

针对苏丹港实心方块与沉箱重力式码头地震响应力学特性研究，还存在如下两方面的工作需要进一步深入研究：

① 船体、吊车和货柜与码头一体的地震响应力学特性研究。

② 台风、飓风对实心方块与沉箱重力式码头地震响应力学特性研究。

第10章 越南海防港研究背景与目的意义

针对越南海防 Lach Huyen 港建设中存在的设计和稳定问题进行研究,对其今后建设方案进行优化,并针对其动力响应稳定性展开研究。

10.1 研究背景

越南海防 Lach Huyen 港在沿海、河流入海的附近地区,海底下埋藏有深厚的第四纪松软覆盖层,其类型主要有三角洲相沉积、滨海相沉积、湖相沉积和河流冲积沉积等。淤泥、淤泥质土、冲填土、杂填土、砂性土或其他高压缩性土层构成软弱地基层。软弱地基必须经过一定的处理才能有足够的承受力,满足 Lach Huyen 港建构筑物的承载要求。软土具有固结时间长、流变特性显著等特点,所以软土地基上的构筑物常会出现承载力不足、沉降过大等问题。因此,对于具有时效性变形的软土来说,传统的基于经典弹塑性力学的土力学计算方法是有着明显缺陷的。为了定量掌握 Lach Huyen 港中软土工程的变形性状和破坏规律,对可能产生的破坏进行预测并采取适当的工程对策,必须真正把握软土固结和蠕变相互耦合的内在变形机理,并进一步建立能反映这种耦合效应的计算模型,以及建设方案优化及其动力响应稳定性(如图 10.1—图 10.10 所示)。

(对部分原有状态进行加固,保留了可以展现震后状况的形态)

图 10.1 日本神户港码头在神户大地震中遭到破坏

图 10.2　Lach Huyen 港大陆+填海开发区+跨越海峡桥梁+海岛+深海码头路线示意图

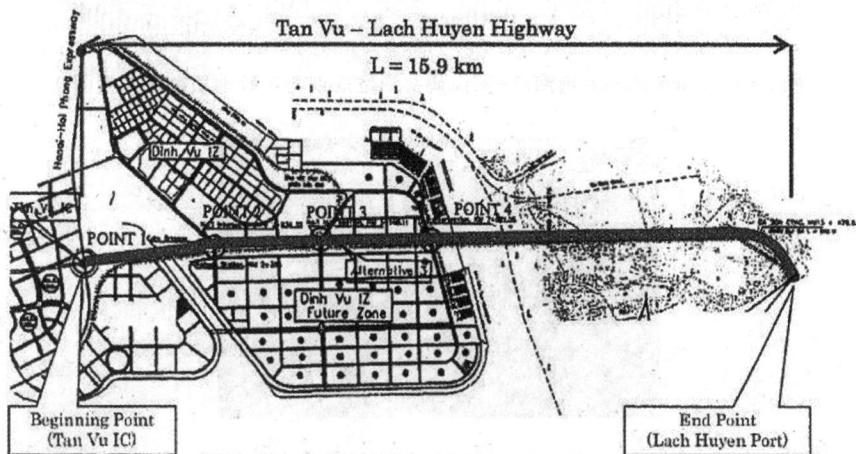

图 10.3　Lach Huyen 港大陆+填海开发区+跨越海峡桥梁+海岛+深海码头规划示意图

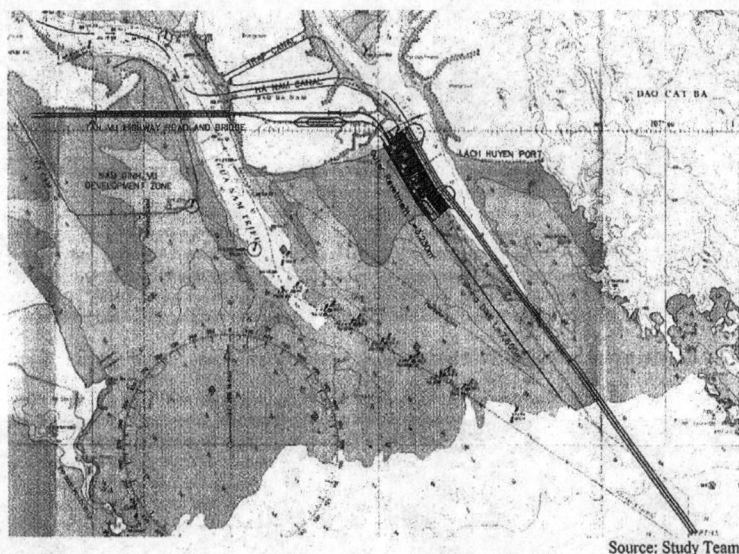

图 10.4　Lach Huyen 港大陆+填海开发区+跨越海峡桥梁+海岛+深海码头布局示意图

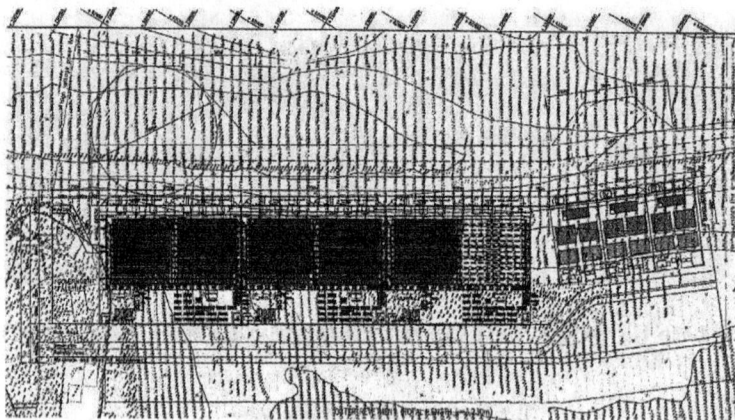

图 10.5　Lach Huyen 港海岛+深海码头泊位规划与工程地质勘探布置图

图 10.6　Lach Huyen 港路堤与桥梁基础建设方案

图 10.7　Lach Huyen 港桥梁预制与运输

图 10.8 桥梁片梁拼装施工

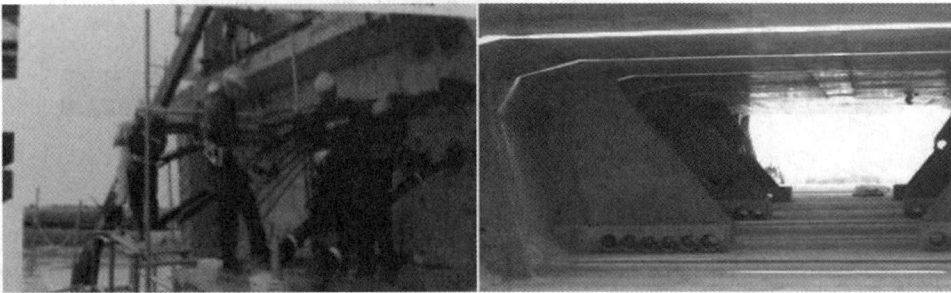

图 10.9 Lach Huyen 港桥梁预应力片梁组装施工

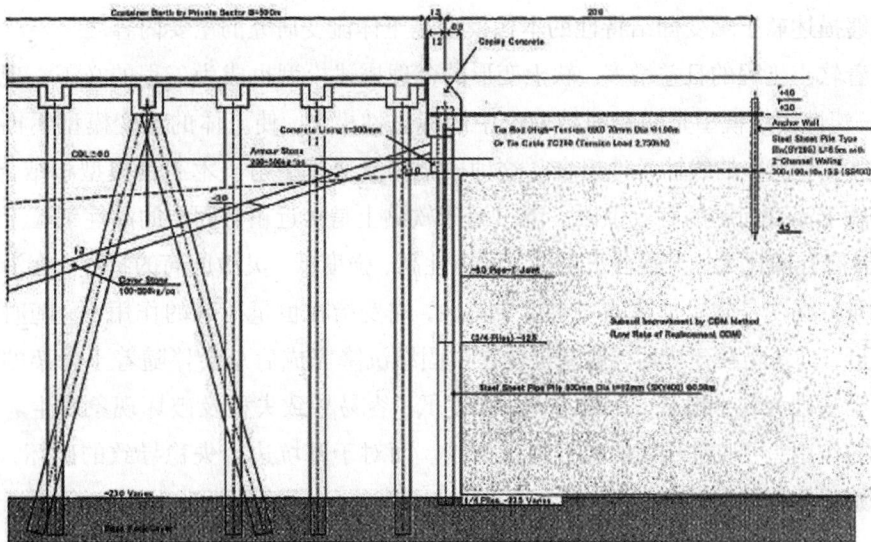

(a)码头桥台结构设计方案

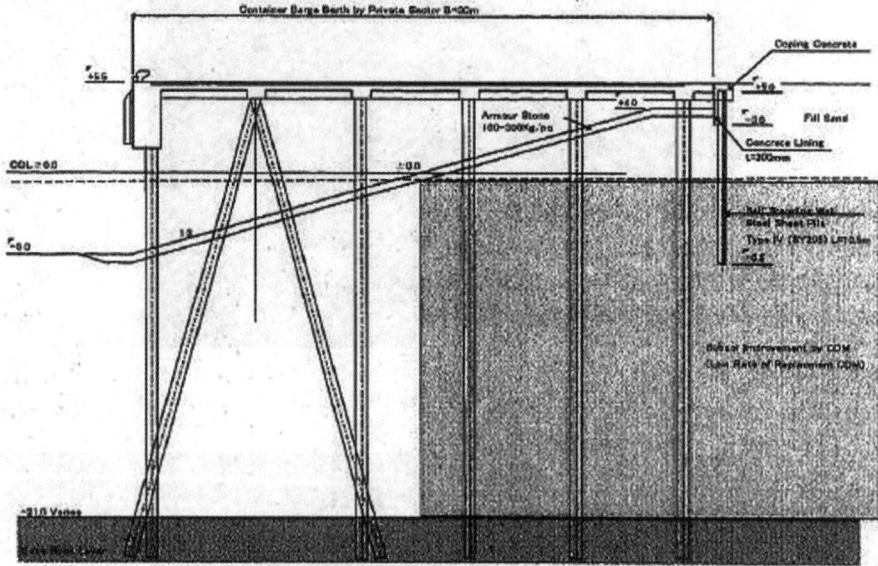

(b)码头泊位结构设计方案

图10.10　Lach Huyen港高桩梁板式(桩板式港岸)码头建设方案

　　港口建设中海床软土的蠕变是指外力作用后变形随时间增长的现象，固结是指外力作用后土体骨架中超孔隙水压力消散的过程。软土蠕变现象的宏观描述与其他黏性材料有相似之处，不同之处在于蠕变变形可以影响孔隙水压力的消散，从而影响土体总变形。建立能够描述软土蠕变固结特性的本构模型是土体流变研究的主要内容之一。

　　随着软土工程的日益增多，软土变形的合理描述模型也成为工程的必需。现有的软土粘弹-塑性固结模型是蠕变固结理论中的标志性模型，使土体的流变模型不再局限于弹簧、滑块等简单的线性元件组合。这种模型将流变模型与土木工程模型相结合，是当下研究软土流变问题的有效手段。港口海床软黏土是接近正常固结的黏性细粒土及黏性淤泥，具有孔隙比大、天然含水量高、压缩性高、强度低、灵敏度高的特性，在沿海地区广泛分布。蠕变是软土地基的一个重要特性，蠕变指在恒量荷载的作用下，随时间而发展的变形，构筑物在建成后，地基土体在主固结沉降完成后总会伴随着土骨架的蠕变变形。由于基础为软土地基，承载力差、强度低，容易导致失稳及破坏现象发生。对于外部荷载的作用，可通过长期的监控得以控制。而对于基坑边因失稳导致的破坏，则从施工期开始就要加以预防和控制。

10.2　研究目的

　　港口主要功能为：供船舶停靠、装卸货物和上下旅客。海港港口广泛采用的是直立式码头，便于船舶停靠和机械直接开到码头前沿，以提高装卸效率。内河水位差大的地区也可以采用斜坡式码头，斜坡道前方设有趸船做码头使用；这种码头由于装卸环节多，机械难以靠近码头前沿，装卸效率低。在水位差较小的河流、湖泊中和受自然或人工掩护的海港港池内也可以采用浮码头，借助活动引桥把趸船与岸连接起来，这种码头一般用作客运码头、卸鱼码头、轮渡码头以及其他辅助码头。

码头按照平面轮廓可分为顺岸式、突堤式、墩式、岛式和系船浮筒式五种。

①顺岸码头：码头前沿线平行于河道或港池的陆岸，船舶停靠方便，后方陆域可供扩建使用，陆上交通线便于引入。适用于流速较大、陆域较广的天然河道。

②突堤码头：由陆岸向水域伸出的码头。突堤两侧和端部都可系靠船舶，能在有限的岸线长度内布置较多的泊位。随着装卸工艺的改进，狭窄的突堤码头陆域太小，不能满足操作和堆放货物的需要，现在多采用宽突堤码头。

③墩式码头：在水域中，建造若干个独立的墩台，作为船舶系靠之用。墩台之间用连接桥连接，墩台和陆岸之间用引桥连接，引桥上铺设管道或带式输送机用以输送货物。这种码头主要用于装卸石油、散装谷物、煤和矿石等。墩式码头可建在深水处，不需要挖泥和填土工程。

④岛式码头：建造在外海深水中，由独立的墩台形成。码头与岸不相连接，一般供大型油船停靠，通过海底管道装卸石油。

⑤系船浮筒：设在有掩护的港池内和外海深水中的浮筒，供船舶系泊和进行水上作业。系泊方式分单点系泊和多点系泊，前者是船舶系于一个浮筒上，后者是船舶系于多个浮筒上。系泊于港池内系船浮筒的船舶通常进行水上过驳作业，今外海系船浮筒主要供大型油船系泊和装卸石油。石油从油船上经浮式软管、浮筒垂直轴心管和海底管道输送上岸，或者相反地从岸上输到船上。

码头按断面形状有直立式、斜坡式、半直立式、半斜坡式和浮式（如图 10.11 所示）。

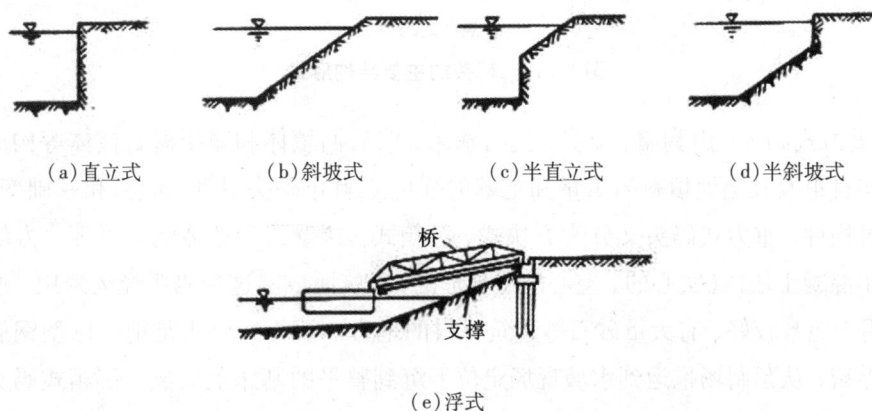

(a)直立式　　　　(b)斜坡式　　　　(c)半直立式　　　　(d)半斜坡式

(e)浮式

图 10.11　码头按断面形状分类

直立式码头多建在水位变幅不大的港口，码头前沿面与水面垂直。直立式码头便于船舶系靠、装卸和车辆运转。斜坡式码头多建在洪水季和枯水季水位变幅大的河段，岸坡较长，设有固定斜坡道和趸船，趸船随水位变化沿斜坡道方向移动，或只设固定斜坡道。半直立式码头和半斜坡式码头一般多建在内河或水库中的小港，它们的直立段或斜坡段顶端高程根据高、低水位持续时间的长短而定。浮式码头设有趸船和活动引桥，趸船随水位变化只作垂直升降。码头的结构形式有重力式、板桩式、高桩式和混合式四种（如图 10.12 所示）。

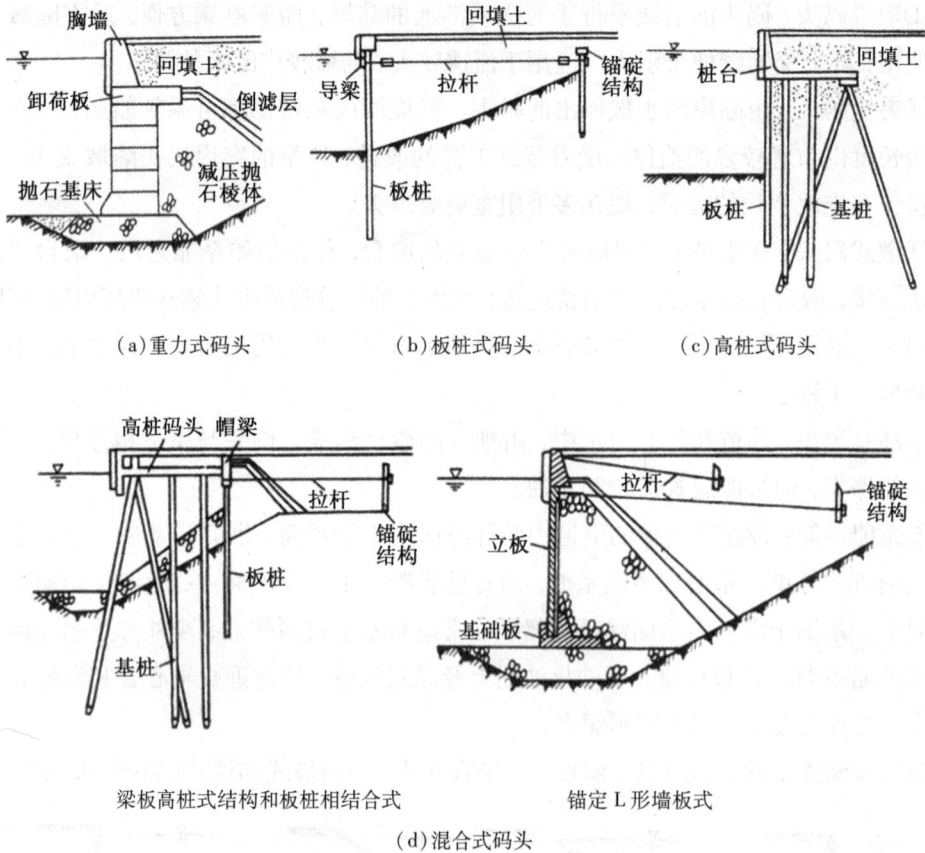

(a)重力式码头　　　　(b)板桩式码头　　　　(c)高桩式码头

梁板高桩式结构和板桩相结合式　　　　锚定 L 形墙板式

(d)混合式码头

图 10.12　码头的主要结构形式

① 重力式码头：由胸墙、墙身、抛石基床、墙后回填体和减压抛石棱体等构成。它是靠结构自重及其上面填料的重量和地基的强度来阻止码头滑动、倾覆和基础变形的。根据墙身构件，重力式码头又分为方块式、沉箱式、扶壁式和整体浇筑式等。方块式码头由预制混凝土块体（实心的、空心的或异形的）砌筑而成。这种码头经久耐用，便于修理，适用于地基较好、有大量砂石等建筑材料的地方。沉箱式码头是把一巨型钢筋混凝土薄壁浮箱，从预制场拖运到水域现场定位下沉到整平的基床上而成。沉箱式码头整体性好，抗震性强，现场施工速度快，适用于地基良好的深水海港。扶壁式码头的墙身由预制的或现浇的钢筋混凝土扶壁构件组成，扶壁由主板、底板和肋板浇结成一个整体。整体浇筑式码头是就地浇筑混凝土的整体式结构，要在干地上施工，一般适用于内河或水库港口。

② 板桩式码头：由板桩、拉杆、锚碇结构、导梁和胸墙等组成。板桩打入土中构成连续墙，由板桩入土部分所受的被动土压力和锚碇结构的拉力共同保证结构的整体稳定性。水深较大的板桩码头可用多拉杆锚碇。锚碇结构有锚碇板、锚碇桩和锚碇板桩等。板桩式码头按材料分有木板桩码头、钢板桩码头和钢筋混凝土板桩码头。板桩码头自重轻，用料省，结构简单，但耐久性差。

③ 高桩式码头：包括基桩和桩台两部分。基桩在地基表面以上的长度较长，它既是码头的基础，又是主要受力构件。基桩按材料分，有木桩、钢桩、钢筋混凝土桩。中国普遍采用预应力钢筋混凝土桩。桩台构成码头顶面，所承受的荷载和外力通过基桩传给地基。桩台的形式有梁板式、无梁板式、框架式和承台式等（如图 10.13 所示）。

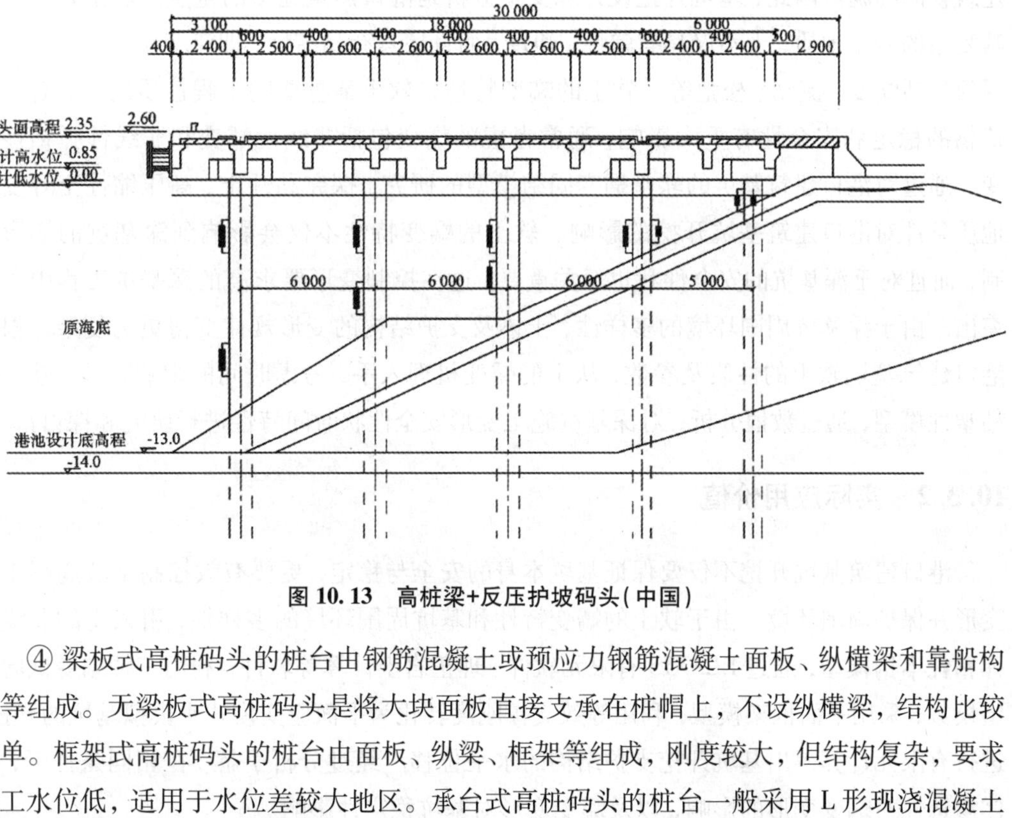

图 10.13　高桩梁+反压护坡码头（中国）

④ 梁板式高桩码头的桩台由钢筋混凝土或预应力钢筋混凝土面板、纵横梁和靠船构件等组成。无梁板式高桩码头是将大块面板直接支承在桩帽上，不设纵横梁，结构比较简单。框架式高桩码头的桩台由面板、纵梁、框架等组成，刚度较大，但结构复杂，要求施工水位低，适用于水位差较大地区。承台式高桩码头的桩台一般采用 L 形现浇混凝土结构，上面回填土再做铺面层。由于现浇承台较窄，须在承台下面设板桩挡住回填土，土压力通过板桩顶端传给承台，因此承台需要较多斜桩或叉桩支承。

常用的防冲设备有护木、橡胶构件、靠船护桩等，以及重力式、气压式和液压式防冲设备。系船设备是供船舶靠泊码头时系带缆绳的设备，如系船柱、系船环和系船浮筒等。

根据国内外研究动态和实际工程，对港口海床软黏土蠕变固结模型、计算模型、模型数值求解和工程应用进行研究。探讨土体应力-应变模型、流变模型和固结模型的耦合机理。建立非线性模型和非线性弹粘性固结模型。针对高板桩码头中的海床软土蠕变的复杂性和变形非线性，在对支护结构的实时变形进行现场实时监测的基础上，利用有限元数值模拟等手段,对土参数的取值及基坑支护结构位移变形进行分析研究。

10.3 研究意义

10.3.1 理论意义

港口工程是岩土工程施工中较为重要的部分,综合性强,影响因素多。港口工程不仅存在基坑本身的安全和稳定问题,而且还存在土方开挖后引起周围地层移动影响相邻建筑物的问题。因此,基坑开挖设计和支护分析是港口建筑施工的重点。软土是一种极其复杂的岩土地质,土不仅具有弹性、塑性,而且还具有黏滞性,即流变性。土体的流变现象包括蠕变、流动、松弛等。软土的蠕变特性是软土最重要的工程性质之一,对于建筑物的稳定和安全性有重大影响,通常考虑的蠕变包括非线性蠕变和非线性弹粘性蠕变。通过对港口建筑基坑的软土蠕变固结模型的研究,探究黏性土、高压缩性土等复杂地质条件对港口建筑基坑开挖的影响。软土的蠕变特性不仅会影响到深基坑的变形控制,而且对于深基坑的安全性状也至关重要,这在控制变形要求高的深基坑工程中尤为突出。由于深基坑周围环境的多样性,土体及支护结构的变形规律变得更为复杂。根据港口建筑基坑软土的性质及参数,从土的蠕变机理入手,考虑时间的影响,引入软土弹粘塑性模型,通过数值分析,对深基坑施工变形安全性状时间特性进行研究和探讨。

10.3.2 实际应用价值

港口建筑基坑开挖不仅要保证基坑本身的安全与稳定,更要有效控制基坑周围土层变形并保护周围环境。由于软土的蠕变特性和基坑周围环境的多样性,引入土的非线性弹粘性本构模型,通过 PLAXIS 有限元软件、理正岩土计算等软件,利用三轴蠕变试验确定模数,采用平面框架模型,利用等效支撑刚度转化为平面应变模式来模拟基坑的开挖,进行有限元计算得出基坑开挖支护结构的水平位移。经过分析了解,在相同条件下,土体渗透性对蠕变变形的影响,以及蠕变变形对基坑稳定性影响。

10.4 依托工程背景

Lach Huyen 港码头由日本建筑设计,工程地址在越南海防市。

10.4.1 工程概况

Lach Huyen 码头建设总面积为 45 万 m^2,泊位建筑面积 4.2 万 m^2,泊位共有 3 个,其中两个是载重 10 万 t 的泊位,另一个是驳船和船只的泊位,对于驶入海港的船只容积分别为:①10 万 t 载重对应驳船尺寸为 330m(长)×45.5m(宽)×14.8m(高);②100 标准箱驳船的尺寸为 87m(长)×12.2m(宽)×3.2m(高);③160 标准箱驳船的尺寸为 77m(长)×15.5m(宽)×4.1m(高)。Lach Huyen 港码头地表水平高程为+5.5m,货运吞吐量泊位为 1.05~1.10 百万标准箱(如图 10.14 所示)。

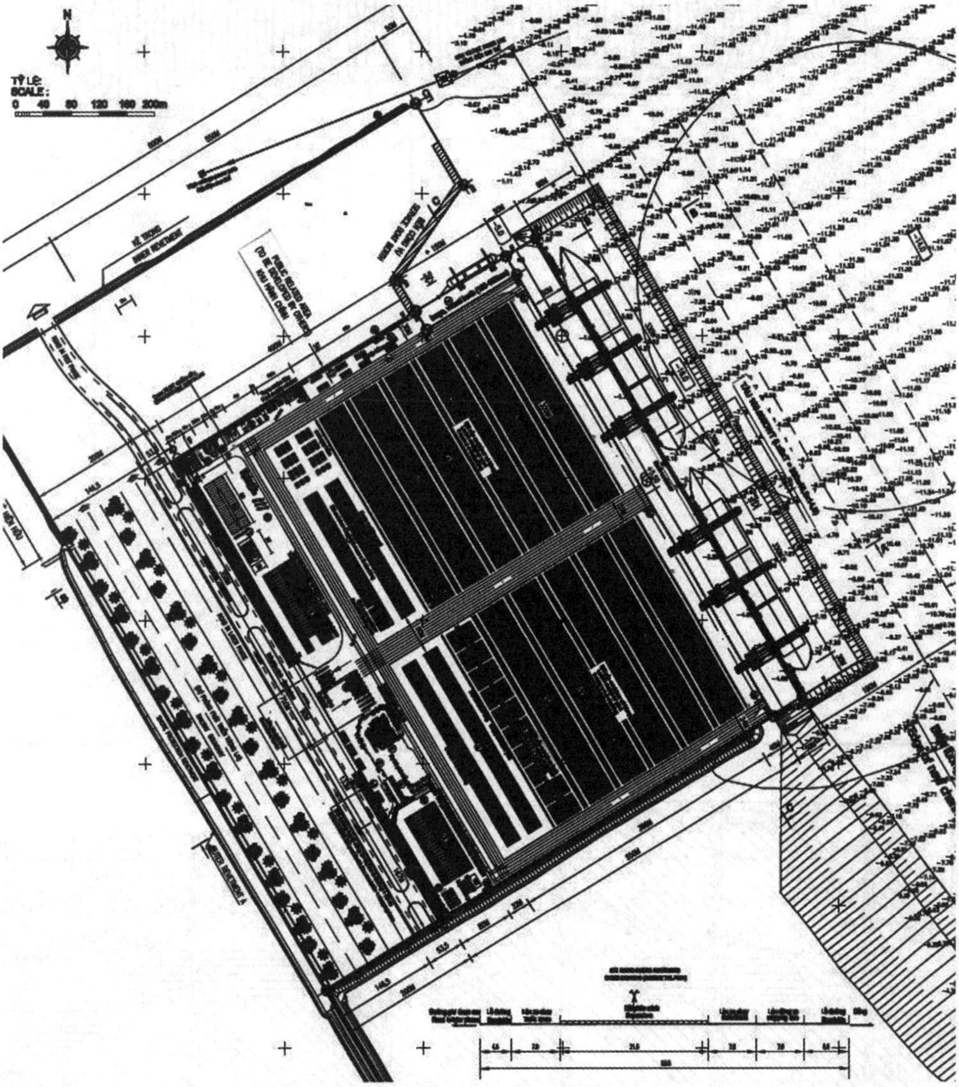

图 10.14　Lach Huyen 港码头泊位的规划

10.4.2　地层岩性与水文条件

通过钻孔地质勘探,地层岩性如下(如图 10.15—图 10.17 所示):

①——中粒灰色砂土,结构疏松

1A——黄褐色粉砂，结构疏松

1B——灰色砂质黏土

②——棕灰色极软黏土

③——棕灰色极软砂质黏土

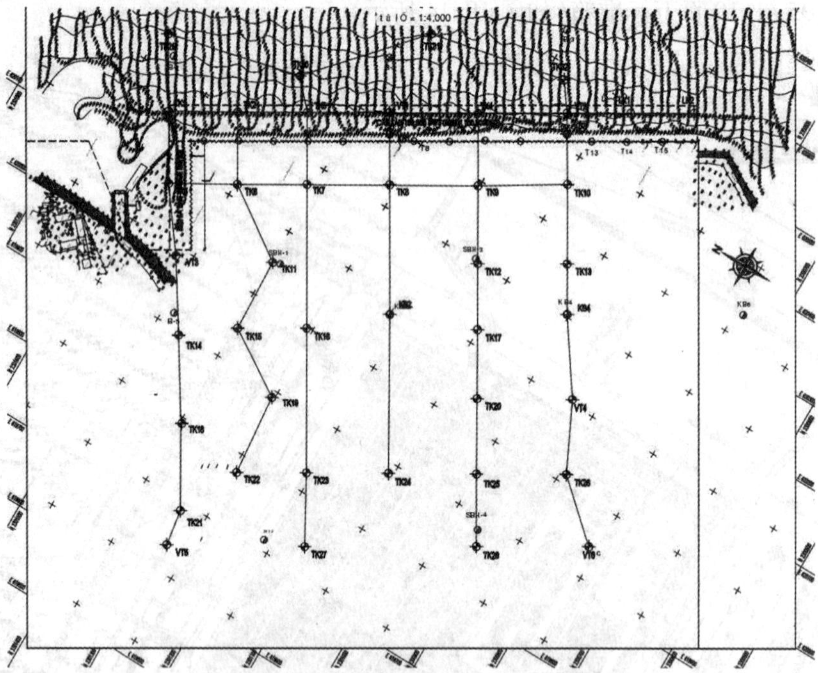

图 10.15　钻孔布局

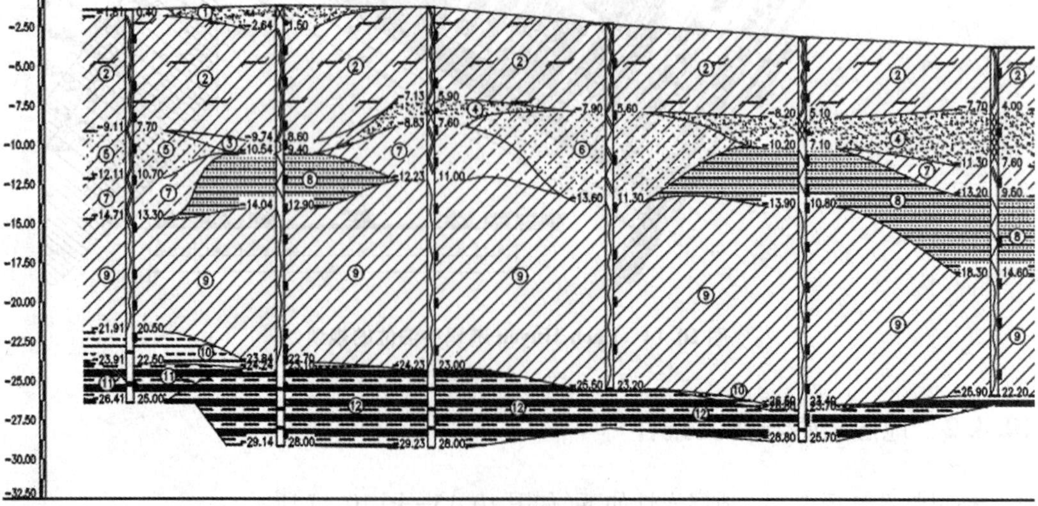

图 10.16　沿钻孔线的地质断面 TK1-VT2

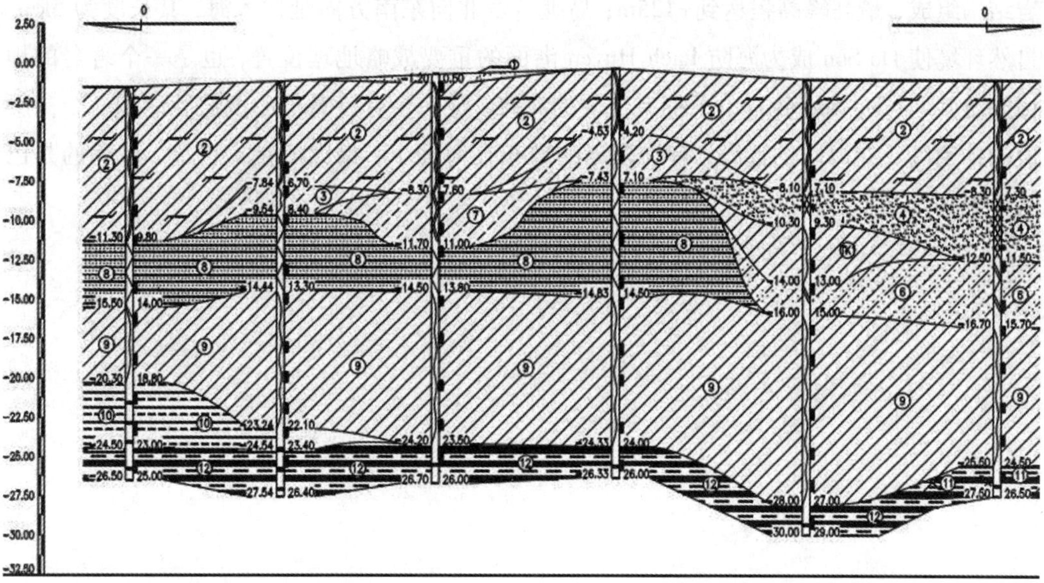

图 10.17　沿钻孔线的地质断面 TK5-VT10

④——中等密度黄灰色细砂

⑤——黄灰色中等密度泥砂

TK_1——棕灰色软泥

⑥——灰白，黄色，中等密度泥质土

⑦——棕灰色，黄灰，腐殖土

7A——灰白中等密度泥砂

⑧——褐灰，黄灰硬泥土

⑨——绿灰极软黏土

9A——绿灰软黏土

TK_2——灰黑，中等密度含砂粒泥砂

⑩——腐殖土的粉土岩

⑪——含有裂隙并风化的硬岩石

⑫——中等风化的坚硬岩石

通过水文勘探，水文条件如下：海防海域是越南东北海湾的一部分，海底地形和海防海洋特征与东北海湾的一般特征有关。海防海域的水深不大，最大高程+2m。河口海床由于流动侵蚀，水深更大。远离河口 30~40m 海底逐渐下降。

海防河口海床组成复杂，有许多深水小溪类型古老河床，用于大小船舶的日常航行。海防海岸线长度有 125km 左右，包括近海岛屿的海岸线等。海岸线有一条凹陷的东北海湾海岸线，低而平坦，主要由 5 个主要河口流水沉积粉砂泥土组成。

在海岸和 Do Son 岛屿间有突出半岛部分，是从大陆延伸的山脉岛礁，岛礁主要由砂

215

岩结构组成，最高峰高程达到+125m；岛礁沿西北向东南方向延伸入海，其长度为 5km。自然环境使 Do Son 成为海防 Lach Huyen 港面的重要战略地理位置，也是一个著名的地标旅游胜地，Do Son 砂岩山下拥有优质的海滩，是一个有诗意班的度假胜地和一个高颜值的休闲区。在海防的近海，有许多岛屿散布在海面上，最大的是卡巴岛，最远的是巴赫隆维岛等。

第 11 章　越南海防港研究内容与技术路线

通过查阅已有码头工程结构和岸坡海床软土处理方案、原理、支护方式以及效果,进行有限元流固耦合分析方法文献综述:非饱和渗流特性理论分析方法、岩土本构关系模型、软土硬化模型 HS(hardening soil model)参数及确定方法、软土/软弱夹层的本构模型、有限元强度折减法、地震动力响应分析原理与方法。进行 Lach Huyen 港高桩板/桩梁板码头施工设计方案研究、日本高桩板码头流固耦合动力响应分析、高桩梁板码头流固耦合动力响应分析,建立 Lach Huyen 港高桩梁板码头施工技术。

11.1　主要研究内容

(1)总结国内外研究现状。基于国内外研究状况和存在的问题,展开直立式码头的研究。直立式码头多建在水位变幅不大的港口,码头前沿面与水面垂直。直立式码头便于船舶系靠、装卸和车辆运转。研究分析码头的主要结构形式(重力式、板桩式、高桩式和混合式四种)的特征。在此基础上,依托工程概况,建立主要研究内容及技术路线。

(2)相关文献综述与流固耦合动力响应方法研究。进行软弱海基处理与动力响应理论文献综述,重点开展大型码头泊位设计与施工文献综述。同时进行有限元流固耦合分析方法文献综述:非饱和渗流特性理论分析方法,岩土本构关系模型,软土硬化模型 HS 参数及确定方法,软土/软弱夹层的本构模型,有限元强度折减法,地震动力响应分析原理与方法。

(3)Lach Huyen 港高桩板/桩梁板码头施工设计方案研究。基于高桩板/桩梁板港岸码头基本构造要求,开展日本码头方案与典型加固处理方案、日本码头优化方案、中国码头新型方案的探讨,研究 Lach Huyen 港高桩梁板码头施工设计方案。

(4)日本高桩板码头流固耦合动力响应分析。形成有限元数值模拟动力分析方法,建立高桩板港岸码头流固耦合与动力响应分析模型,开展悬式高桩板港岸码头流固耦合力学特征、嵌岩高桩板港岸码头流固耦合力学特征、牵引式高桩板港岸码头流固耦合力学特征、牵引式高桩板港岸码头动力响应力学特征、加固处理牵引式高桩板港岸码头动力响应力学特征,揭示日本高桩板码头流固耦合动力响应特征。

(5)高桩梁板码头流固耦合动力响应分析。依据建立 2D 平面应变问题 3D 排桩单元的模拟原理，进行高桩梁板+牵引悬式高桩板码头流固耦合动力响应分析（日本）、高桩梁板+牵引嵌岩高桩板码头流固耦合动力响应分析、高桩梁板+牵引悬式高桩板+反压护坡码头流固耦合动力响应分析、高桩墩桥梁+牵引悬式高桩板码头流固耦合动力响应分析，开展高桩梁板码头流固耦合动力响应对比分析。

（6）Lach Huyen 港高桩梁板码头施工技术。在高桩梁板码头结构分析与设计的基础上，进一步开展高桩梁板码头桩梁板结构设计、高桩梁板码头高桩结构设计，建立形成高桩梁板码头施工关键技术、高桩梁板装载机码头设计施工技术，实现越南海防 Lach Huyen 港建设方案优化及其地震动力响应稳定性研究。

11.2 拟采取的研究方法

越南海防 Lach Huyen 港建设方案优化及其地震动力响应稳定性研究方法如下：收集实体建模资料→建立施工设计模型；进行实体模型设计与稳定性分析、渗流特性分析；利用非线性模型、非线性粘弹性模型，以及蠕变模型和固结模型耦合，进行数值计算；Lach Huyen 港高桩板式码头动力响应数值模拟分析；Lach Huyen 港高桩梁板式（桩板式港岸）码头动力响应数值模拟分析；总结出结论，形成书面材料；整理材料。研究技术路线见如图 11.1 所示。

越南海防Lach Huyen港码头工程力学特性研究

（1）查阅已有码头工程结构和岸坡海床软土处理方案、原理、支护方式以及效果。对软土性质及相关实验案例进行查阅研究。
（2）进行非饱和渗流特性理论分析方法，基本岩土本构关系模型，软土硬化模型HS参数及确定方法，软土/软弱夹层本构模型，有限元强度折减法，地震动力响应分析原理与方法。
（3）进行Lach Huyen港高桩板/桩梁板码头施工设计方案研究、日本高桩板码头流固耦合动力响应分析、高桩梁板码头流固耦合动力响应分析，建立Lach Huyen港高桩梁板码头施工技术。

码头建设方案及其地震动力响应稳定性现状、研究与归纳总结

相关文献综述与流固耦合动力响应方法研究
　　进行软弱海基处理与动力响应理论文献综述，重点开展大型码头泊位设计与施工文献综述。同时进行有限元流固耦合分析方法文献综述：非饱和渗流特性理论分析方法，岩土本构关系模型，软土硬化模型HS（HARDENING SOIL MODEL）参数及确定方法，软土/软弱夹层的本构模型，有限元强度折减法，地震动力响应分析原理与方法。

Lach Huyen港高桩板/桩梁板码头施工设计方案研究
　　基于高桩板/桩梁板港岸码头基本构造要求，开展日本码头方案与典型加固处理方案、日本码头优化方案、中国码头新型方案的探讨，研究Lach Huyen港高桩梁板码头施工设计方案。

日本高桩板码头流固耦合动力响应分析
　　形成有限元数值模拟动力分析方法，建立高桩板港岸码头流固耦合与动力响应分析模型，开展悬式高桩板港岸码头流固耦合力学特征、嵌岩高桩板港岸码头流固耦合力学特征、牵引式高桩板港岸码头流固耦合力学特征、牵引式高桩板港岸码头动力响应力学特征、加固处理牵引式高桩板港岸码头动力响应应力学特征，揭示日本高桩板码头流固耦合动力响应特征。

高桩梁板码头流固耦合动力响应分析
　　依据建立2D平面应变问题3D排桩单元的模拟原理，进行高桩梁板+牵引悬式高桩板码头流固耦合动力响应分析（日本）、高桩梁板+牵引嵌岩高桩板码头流固耦合动力响应分析、高桩梁板+牵引悬式高桩板+反压护坡码头流固耦合动力响应分析、高桩墩桥梁+牵引悬式高桩板码头流固耦合动力响应分析，开展高桩梁板码头流固耦合动力响应对比分析。

Lach Huyen港高桩梁板码头施工技术
　　在高桩梁板码头结构分析与设计的基础上，进一步开展高桩梁板码头桩梁板结构设计、高桩梁板码头高桩结构设计，建立形成高桩梁板码头施工关键技术、高桩板装载机码头设计施工技术，实现越南海防Lach Huyen港建设方案优化及其地震动力响应稳定性研究。

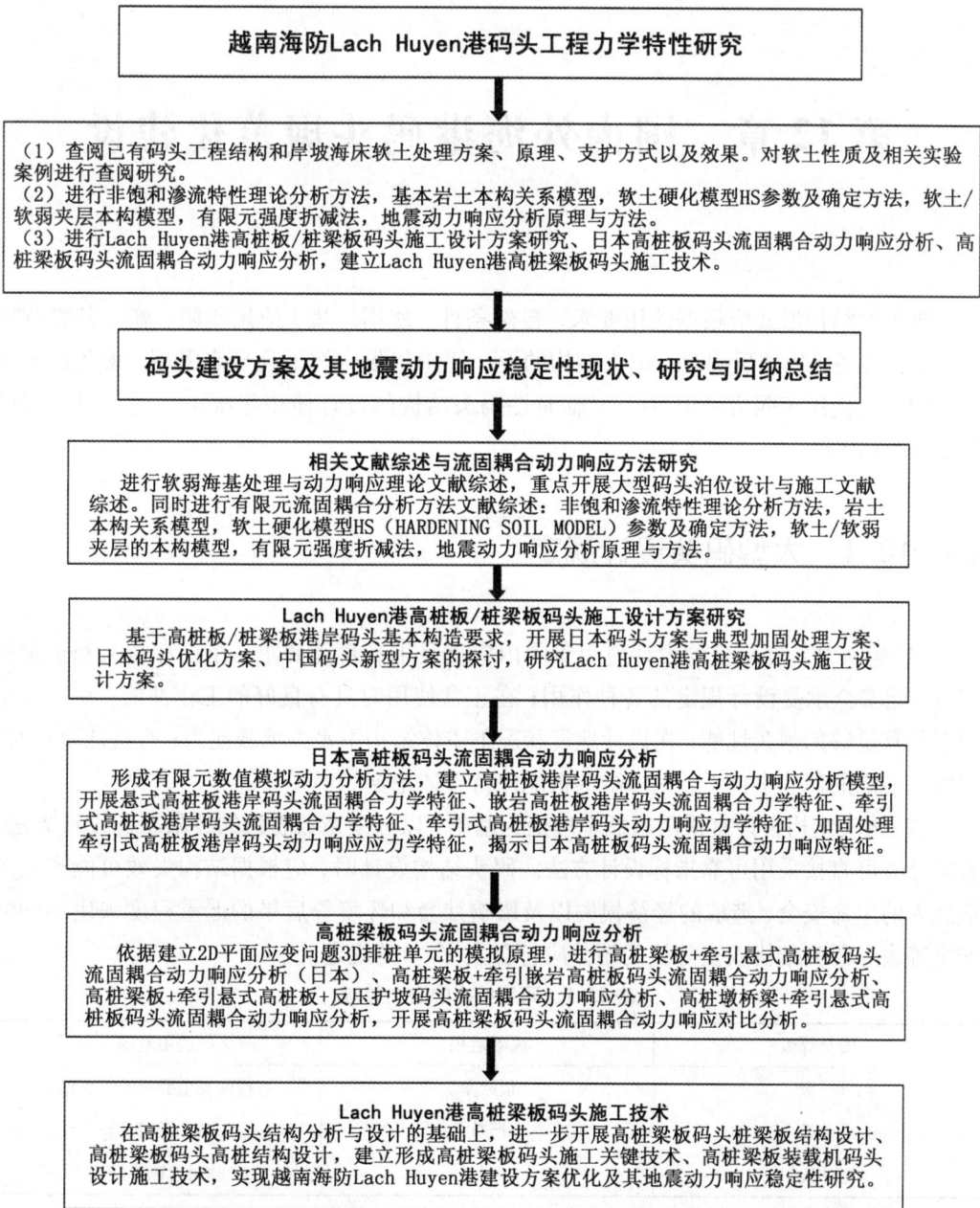

图 11.1　研究思路和主要内容

第12章 国内外海港码头规范化建设

码头的结构形式应根据使用要求、自然条件、使用环境、使用年限、施工条件等因素，经技术经济比选后确定。码头结构的设计使用年限应按下列规定采用：永久性码头结构的设计使用年限应采用 50 年；临时性码头结构的设计使用年限可采用临时使用的年限或 5 ~10 年。

12.1 大型码头设计规定

(1)码头结构在规定的设计使用年限内应满足下列功能要求：在正常施工和正常使用时，能安全承受设计规定的各种作用；在正常使用时具有良好的工作性能；在正常维护下具有足够的耐久性能；在设计地震状况下主体结构不丧失承载能力；有特殊要求时，在发生设定的偶然事件下，主体结构仍能保持整体稳定。

(2)码头结构设计宜采用以概率理论为基础、以分项系数表达的极限状态设计方法，有条件时可直接采用可靠指标设计方法。码头结构设计时，应根据结构失效可能产生的危及人的生命安全、造成的经济损失以及影响社会和环境等后果的严重程度采用不同的安全等级。码头结构安全等级的划分应符合表 12.1 的规定。

表 12.1 码头结构的安全等级

安全等级	失效后果	适用范围
一级	很严重	有特殊安全要求的码头结构
二级	严重	一般的码头结构
三级	不严重	临时性码头结构

(3)码头结构与其组成部分宜取相同的安全等级，必要时可对其中某些结构构件的重要性系数进行调整。码头结构设计应根据工程情况选择合理的计算模型、计算方法，必要时应通过试验确定结构的作用、作用效应、破坏形态和结构抗力等。码头结构设计应对材料性能、耐久性措施提出要求，并对施工、检测、使用和维护等提出要求。码头混凝土构件的强度等级等应根据现行行业标准《水运工程混凝土结构设计规范》(JTS 151—2011)的规定确定，钢构件的钢材牌号等应根据《水运工程钢结构设计规范》(JTS 152—2012)的规定确定。

(4)波浪、水流、冰凌等条件比较复杂时，码头结构设计宜结合必要的模型试验，合理确定结构形式及构造措施。码头附属设施设计应保证使用安全、方便，并应符合《码头附属设施技术规范》(JTS 169—2017)的有关规定。

(5)下列情况应根据检测与评估结果对码头结构进行必要的修复或改造设计：码头达到或超过设计使用年限需继续使用；改变码头的使用功能和使用条件；出现影响码头安全和使用的非正常变形、变位、裂缝、破损和耐久性损伤等；码头因地震、台风等重大自然灾害或偶发事故受损；钢材或混凝土劣化导致结构明显损坏；码头的防腐蚀措施达到或超过设计使用年限。

码头应设置一定数量的永久观测点，定期观测码头在施工后期和使用期的沉降、水平位移及倾斜等。

12.2　大型码头泊位极限状态设计

(1)码头结构设计采用的作用应包括永久作用、可变作用和地震作用，有特殊要求时可考虑偶然作用。作用标准值的确定应符合现行行业标准《港口工程荷载规范》(JTS 144—1—2010)、《港口与航道水文规范》(JTS 145—2015)、《水运工程抗震设计规范》(JTS 146—2012)等的有关规定。

(2)码头结构应按承载能力极限状态和正常使用极限状态进行设计，承载能力极限状态设计表达式应满足下式要求：

$$\gamma_0 S_d \leq R_d \tag{12.1}$$

式中：γ_0——不同结构安全等级的重要性系数，可按表 12.2 取值；

S_d——作用组合的效应设计值；

R_d——抗力设计值

表 12.2　不同结构安全等级的重要性系数

结构安全等级	一级	二级	三级
重要性系数 γ_0	1.1	1.0	0.9

注：自然条件复杂、维护有困难或安全性有更高要求时，γ_0可适当提高。

正常使用极限状态设计表达式应满足下式要求：

$$S_d \leq C \tag{12.2}$$

式中：S_d——作用组合的效应设计值，包括变形、裂缝宽度和沉降量等；

C——结构规定限值，包括规定的最大容许变形、裂缝宽度和沉降量等。

(3)码头结构设计时应对不同的设计状况进行分析。设计状况划分宜符合下列规定：

持久状况：持续时段与设计使用年限相当的设计状况；短暂状况：在结构施工和使用过程中一定出现而与设计使用年限相比，持续时段较短的设计状况，包括施工、维修和短期特殊使用等；地震状况：结构遭受地震作用时的设计状况；偶然状况：偶发的使结构产生异常状态的设计状况，包括非正常撞击、火灾、爆炸等。

(4)根据码头结构的设计状况,结构设计应符合下列规定。持久状况应进行承载能力极限状态和正常使用极限状态设计。短暂状况应进行承载能力极限状态设计,可根据需要进行正常使用极限状态设计。地震状况应进行承载能力极限状态设计。有特殊要求时,也可以对偶然状况进行承载能力极限状态设计或防护设计。

(5)码头结构设计时,对于所选择的极限状态应采用相应的结构可能同时出现作用的最不利组合。

(6)承载能力极限状态设计应采用作用的持久组合、短暂组合和地震组合,有特殊要求时可采用作用的偶然组合并应符合下列规定。持久组合的效应设计值可按式(12.3)计算;对于板桩结构的内力、重力式结构的基床承载力和格形钢板桩结构格形墙体内部剪切稳定的验算,持久组合的效应设计值可按式(12.4)计算:

$$S_d = \gamma_{Ci} S_{Cik} + \gamma_{ps} S_{ps} + \gamma_{Q1} S_{Q1k} + \sum_{j>1} \gamma_{Qj} \Psi_{cj} S_{Qjk} \qquad (12.3)$$

$$S_d = \gamma_1 S\left(\sum_{i \geqslant 1} G_{ik} '' + '' \sum_{j \geqslant 1} Q_{jk} \right) \qquad (12.4)$$

式中: S_d——作用组合的效应设计值;

γ_{ci}——第 i 个永久作用分项系数,可按表12.3取值;

S_{cik}——第 i 个永久作用标准值的效应;

γ_{PS}——预应力分项系数,按现行行业标准《水运工程混凝土结构设计规范》(JTS 151—2011)取值;

S_{ps}——预应力作用有关代表值的效应;

γ_{Q1}、γ_{Qj}——主导可变作用和第 j 个可变作用分项系数,可按表12.3取值;

S_{Q1k}、S_{Qjk}——主导可变作用和第 j 个可变作用标准值的效应;

Ψ_{cj}——可变作用的组合系数,可取0.70;对经常以界限值出现的有界作用,根据具体情况可取1.00;

γ_1——作用综合分项系数,混凝土构件取1.40,钢结构构件取1.35,重力式结构的基床承载力和格形钢板桩墙体内部剪切稳定验算时取1.00;

G_{ik}——第 i 个永久作用的标准值;

Q_{jk}——第 j 个可变作用的标堆值;

$S(\cdot)$——作用组合的效应函数;

"+"——组合。

短暂组合的效应设计值可按式(12.5)计算;对于板桩结构的内力、重力式结构的基床承载力和格形钢板桩结构格形墙体内部剪切稳定的验算,短暂组合的效应设计值可按式(12.6)计算。

$$S_d = \sum_{i \geqslant 1} \gamma_{G_i} S_{G_{ik}} + \gamma_{ps} S_{ps} + \sum_{j \geqslant 1} \gamma_{Q_j} S_{Q_{jk}} \qquad (12.5)$$

$$S_d = \gamma_F S\left(\sum_{i \geqslant 1} G_{ik} '' + '' \sum_{j \geqslant 1} Q_{jk} \right) \qquad (12.6)$$

$$S_d = \sum_{i \geqslant 1} \gamma_{G_i} S_{G_{ik}} + \gamma_{PS} S_{PS} + \sum_{j \geqslant 1} \gamma_{Q_j} S_{Q_{jk}}; \quad S_d = \gamma_F S\left(\sum_{i \geqslant 1} G_{ik} + \sum_{j \geqslant 1} Q_{jk} \right)$$

式中：S_d——作用组合的效应设计值；

　　γ_{Gi}——第 i 个永久作用分项系数，可按表 12.3 取值；

　　S_{Gik}——第 i 个永久作用标准值的效应；

　　γ_{ps}——预应力分项系数，按现行行业标准《水运工程混凝土结构设计规范》（JTS 151—2011）取值；

　　S_{ps}——预应力作用有关代表值的效应；

　　γ_{Qj}——第 j 个可变作用分项系数，可按表 12.3 中所列数值减小 0.10 采用；

　　S_{Qjk}——第 j 个可变作用标准值的效应；

　　γ_F——作用综合分项系数，板桩结构为混凝土结构时取 1.40，为钢结构时取 1.35；重力式结构的基床承载力和格形钢板桩墙体内部剪切稳定验算时取 1.00；

　　G_{ik}——第 i 个永久作用的标准值；

　　Q_{jk}——第 j 个可变作用的标准值；

　　S(·)——作用组合的效应函数；

　　"+"——组合。

　　地震组合应符合下列规定：地震作用的代表值分项系数为 1.0；具体的设计表达式及相关系数按现行行业标准《水运工程抗震设计规范》（JTS 146—2012）规定执行。偶然组合应符合下列规定：偶然作用的代表值分项系数为 1.0；与偶然作用同时出现的可变作用取标准值。

　　(7)正常使用极限状态设计应符合下列规定：持久状况的正常使用极限状态，根据不同设计要求，可分别采用作用的标准组合、频遇组合和准永久组合进行设计。作用持久组合的效应设计值可按式(12.7)、式(12.8)、式(12.9)计算，板桩结构构件可按式(12.10)计算。

表 12.3　作用分项系数

荷载名称		分项系数		取值说明
		符号取值	取值	
永久作用	构件自重力、固定设备重力、填料重力	γ_G	1.20	(1)当作用效应对结构承载能力起有利作用时，该作用分项系数取值不应大于 1.00
	自重及回填料产生的水平和垂直土压力	γ_C	1.35	(2)当作用组合中以构件自重力固定设备重力、填料重力作用为主时，其分项系数应不小于 1.30
	剩余水压力	γ_{rw}	1.05	(3)当总土压力效应对结构承载能力不利时，土压力水平和垂直分力作用的分项系数均取 1.35

表12.3(续)

荷载名称		分项系数		取值说明
		符号取值	取值	
可变作用	可变作用引起的水平和垂直土压力	γ_c	1.35	(1)当作用效应对结构承载能力起有利作用时,该作用分项系数取值不应大于1.00
	构件计算时五金钢铁荷载			
	构件计算时散货荷载	γ_0	1.50	(2)当总土压力效应对结构承载能力不利时,土压力水平和垂直分力作用的分项系数均取1.35
	构件计算时起重机械荷载			
	构件计算时汽车荷载			
	构件计算时铁路荷载			(3)当总波浪力效应对结构承载能力不利时,波浪力及其浮托力分项系数稳定验算均取1.30,构件计算均取1.50
	构件计算时一般件杂货、集装箱荷载			
	构件计算时液体管道(含推力)荷载	γ_0	1.40	(4)海港结构在极端高水位和极端低水位情况下,承载能力极限状态持久组合的可变作用分项系数减小0.10采用
	构件计算时运输机械荷载			
	构件计算时风荷载			
	构件计算时缆车荷载	γ_r	1.30	(5)短暂状况可变作用分项系数可按表中所列数值减小0.10采用
	构件计算时人群荷载	γ_1		
	稳定验算时的波浪力及其浮托力	γ_r		
	构件计算时的波浪力及其浮托力	γ_1		
	冰荷载	γ_r	1.50	
	水流力	γ_c		
	船舶撞击力	γ_{rz}		
	船舶系缆力	γ_{rx}	1.40	
	船舶挤靠力	γ_{rj}		按现行行业标准《水运工程混凝土结构设计规范》(JTS 151—2011)取值
	预应力	γ_{rs}		

注:①基床反力分项系数、静水压力及其浮托力分项系数按第7.3.17条的规定取值;②作用综合分项系数除本章规定外,按有关章规定取值。

标准组合的效应设计值:

$$S_d = \sum_{i \geqslant 1} S_{G_{ik}} + S_{ps} + S_{Q_{1k}} + \sum_{j > 1} \Psi_{cj} S_{Q_{jk}}; \quad S_d = \sum_{i \geqslant 1} S_{G_{ik}} + S_{ps} + S_{Q_{1k}} + \sum_{j > 1} \Psi_{cj} S_{Q_{jk}}$$

(12.7)

频遇组合的效应设计值:

$$S_d = \sum_{i \geqslant 1} S_{G_{ik}} + S_{ps} + \Psi_f S_{Q_{1k}} + \sum_{j > 1} \Psi_{qj} S_{Q_{jk}}; \quad S_d = \sum_{i \geqslant 1} S_{G_{ik}} + S_{ps} + \Psi_f S_{Q_{1k}} + \sum_{j > 1} \Psi_{qj} S_{Q_{jk}};$$

(12.8)

准永久组合的效应设计值:

$$S_d = \sum_{i \geqslant 1} S_{G_{ik}} + S_{ps} + \sum_{j \geqslant 1} \Psi_{qj} S_{Q_{jk}}; \quad S_d = \sum_{i \geqslant 1} S_{G_{ik}} + S_{ps} + \sum_{j \geqslant 1} \Psi_{qj} S_{Q_{jk}}$$

(12.9)

板桩结构构件作用持久组合的效应设计值:

$$S_d = \Psi_F S\left(\sum_{i \geqslant 1} G_{ik}'' + '' \sum_{j \geqslant 1} Q_{jk}\right); \quad S_d = \Psi_F S\left(\sum_{i \geqslant 1} G_{ik}'' + '' \sum_{j \geqslant 1} Q_{jk}\right)$$

(12.10)

式中:　　　S_d——作用组合效应设计值;

$S_{G_{ik}}$——第 i 个永久作用标准值的效应；

S_{ps}——预应力作用有关代表值的效应；

$S_{Q_{1k}}$、$S_{Q_{jk}}$——主导可变作用和第 j 个可变作用标准值的效应；

G_{ik}——第 i 个永久作用的标准值；

Q_{jk}——第 j 个可变作用的标准值；

Ψ_{cj}、Ψ_f、Ψ_{qj}——可变作用的组合系数频遇值系数和准永久值系数，可取 0.70、0.70、0.60；对经常以界限值出现的有界作用根据具体情况，Ψ_{cj}、Ψ_{qj} 可取 1.00；

ψ_F——综合准永久值系数取 0.85；

$S(\cdot)$——作用组合的效应函数；

"+"——组合。

短暂状况需要考虑正常使用极限状态时，作用的效应设计值可按式(12.11)计算，板桩结构构件可按式(12.12)计算。

$$S_d = \sum_{i \geqslant 1} S_{G_{ik}} + S_{ps} + \sum_{j \geqslant 1} S_{Q_{jk}} \tag{12.11}$$

$$S_d = S\left(\sum_{i \geqslant 1} G_{ik}'' + '' \sum_{j \geqslant 1} Q_{jk} \right) \tag{12.12}$$

式中：S_d——作用组合效应设计值；

$S_{G_{ik}}$——第 i 个永久作用标准值的效应；

S_{ps}——预应力作用有关代表值的效应；

$S_{Q_{jk}}$——第 j 个可变作用标准值的效应；

G_{ik}——第 i 个永久作用的标准值；

Q_{jk}——第 j 个可变作用的标准值

$S(\cdot)$——作用组合的效应函数。

正常使用极限状态设计的相关组合及要求尚应执行现行行业标准《水运工程混凝土结构设计规范》(JTS 151—2011)、《水运工程地基设计规范》(JTS 147—2017)、《水运工程钢结构设计规范》(JTS 152—2012)的有关规定。

(8)海港码头结构设计承载能力极限状态作用组合中的计算水位应符合下列规定。持久组合中，计算水位应分别采用设计高水位、设计低水位、极端高水位、极端低水位，并将各水位分别与地下水位相组合进行计算，必要时应采用设计高水位与设计低水位之间的某不利水位进行结构计算。

短暂组合中，计算水位应分别采用设计高水位、设计低水位，并将各水位分别与地下水位相组合进行计算，必要时应采用设计高水位与设计低水位之间的某不利水位进行结构计算。海港码头结构设计正常使用极限状态作用组合应分别采用设计高水位、设计低水位，并将各水位分别与地下水位相组合进行计算，必要时应采用设计高水位与设计低水位之间的某不利水位进行结构计算。

(9)河港、库区和湖区码头结构设计承载能力极限状态和正常使用极限状态作用组合的计算水位应符合下列规定。持久组合中，计算水位应分别采用设计高水位、设计低水位，并将各水位分别与地下水位相组合进行计算，必要时应采用设计高水位与设计低水位之间的某不利水位进行结构计算。

短暂组合中，计算水位应分别采用设计高水位和设计低水位，施工期可按设计高水位与设计低水位之间的某不利水位进行计算。地震组合的计算水位应按现行行业标准《水运工程抗震设计规范》(JTS 146—2012)的有关规定执行。

12.3 大型码头泊位结构选型

码头可采用高桩结构、板桩结构、重力式结构、格形钢板桩结构、斜坡式结构或浮码头结构等形式。高桩码头宜用于黏性土、粉土、砂土、碎石土和风化岩等可以沉桩的地基，当采用灌注桩、嵌岩桩等桩基时，也可用于不易沉桩的地基。板桩码头宜用于黏性土、粉土、砂土、碎石土和风化岩等地基，当地基岩面较浅时，应充分考虑施工难度和经济性。格形钢板桩码头宜用于砂土、坚硬黏土或岩石等承载能力较高的地基。重力式码头宜建在较好的地基上，当采取地基处理或适当的结构措施时，也可用于地基较差的情况。斜坡码头宜用于水位差较大的情况。浮码头宜用于内河、水库、湖泊和掩护条件较好的海港。

12.4 大型码头泊位结构耐久性设计

永久性码头结构应按所处的环境条件设计使用年限和结构特点等进行耐久性设计。耐久性设计应包括下列内容：结构的设计使用年限；混凝土结构防腐蚀、抗冻、抗渗等耐久性设计和钢结构防腐蚀耐久性设计；高性能混凝土和特殊防腐蚀措施质量控制要求；使用过程中正常维护的内容和要求；特殊重要的结构或处于严重侵蚀环境下的结构的定期检测要求等；混凝土结构的耐久性设计应符合现行行业标准《水运工程混凝土结构设计规范》(JTS 151—2011)、《海港工程混凝土结构防腐蚀技术规范》(JTJ 275—2020)、《水运工程混凝土质量控制标准》(JTS 202-2—2011)和《水运工程结构耐久性设计标准》(JTS 153—2015)的有关规定。钢结构的耐久性设计应符合现行行业标准《水运工程钢结构设计规范》(JTS 152—2012)、《海港工程钢结构防腐蚀技术规范》(JTS 153-3—2007)和《水运工程结构耐久性设计标准》(JTS 153—2015)的有关规定。对装卸散装盐或其他腐蚀性较强货种的码头，应采取防止有害物质渗透腐蚀钢筋或钢拉杆的措施。码头混凝土、钢结构防腐蚀部位的划分应符合表 12.4 和表 12.5 的规定。

表 12.4　海水环境混凝土、钢结构部位划分

掩护条件	划分类别	大气区	浪溅区	水位变动区	水下区	备注
有掩护	按现行行业标准《港口与航道水文规范》（JTS 145—2015）计算的设计水位	设计高水位加 1.5m 以上	大气区下界至设计高水位减 1.0m 之间	浪溅区下界至设计低水位减 1.0m 之间	水位变动区下界至泥面	泥面以下
无掩护	按现行行业标准《港口与航道水文规范》（JTS 145—2015）计算设计水位	设计高水位加（η_0 + 1.0m)以上	大气区下界至设计高水位减 η_0 之间	浪溅区下界至设计低水位减 1.0m 之间	水位变动区下界至泥面	泥面以下
	按天文潮潮位	最高天文潮位加 0.7 倍百年一遇有效波高 $H_{1/3}$ 以上	大气区下界至最高天文潮位减百年一遇有效波高 $H_{1/3}$ 之间	浪溅区下界至最低天文潮位减 0.2 倍百年一遇有效波高 $H_{1/3}$ 之间	水位变动区下界至泥面	泥面以下

注：①η_0 为设计高水位时的重现期 50 年 $H_{1\%}$（波列累积频率为 1% 的波高）波峰面高度；②当浪溅区上界计算值低于码头面高程时应取码头面高程为浪溅区上界；③当无掩护条件的海港工程无法按现行行业标准《港口与航道水文规范》（JTS 145—2015）计算设计水位时，可按天文潮潮位确定码头结构的部位划分。

表 12.5　淡水环境混凝土、钢结构部位划分

水上区	水下区	水位变动区
设计高水位以上	设计低水位以下	水上区与水下区之间

注：①水上区也可按历年来平均最高水位以上划分；②库区工程分为水上区、水下区，以设计低水位作为分界。

12.5　大型码头泊位设计与施工发展

列举中国典型大型码头泊位设计与施工情况，以便借鉴与参考。（如图 12.1—图 12.7 所示）

（1）大型码头泊位设计与施工设计范围：包括水陆域总平面、装卸工艺、水工建筑物、陆域形成，以及相应的供电及照明、通控、给排水、消防等。

（2）建筑物结构安全等级。码头平台结构安全等级为二级。护岸工程的结构安全等级也为二级。地震荷载：地震抗震设防烈度为 7 度区，设计基本地震加速度值为 0.1g。

（3）大型码头结构设计。码头平台采用嵌岩（灌注）桩基础、梁板式结构。① 码头平

台(以福建2万t级通用泊位为例)一般共分为4段,每段长75m。平台宽18m,共设32个排架,排架间距10m。每个排架由3根$\Phi1800mm$的钢筋混凝土嵌岩(灌注)桩组成,其中1#~13#排架按嵌岩桩设计,桩端嵌入中风化岩层9m,其中14#~32#排架按灌注桩设计,桩端进入中~微风化岩层3m。上部结构设有C40现浇钢筋混凝土横梁,横梁与桩基之间通过桩帽连接,下横梁高1.2m,宽1.3m,上横梁高2.7m,宽0.8m,横梁上搁置C40预制预应力钢筋混凝土轨道梁(高2.7m,宽0.8m)和C40预制钢筋混凝土纵梁(高2.3m,宽0.6m),横梁外挂C40预制靠船构件,纵梁上搁置厚250mmC40预制迭合面板,上部现浇厚150mmC40混凝土面层和厚150~210mm的C35砼垫层。② 码头设有QU100门机轨道(两道)、1000kN系船柱、1t系网环、DA-A600H橡胶护舷(竖向)、DA-A300H橡胶护舷(横向),以及铁爬梯、水电箱、高杆灯等码头辅助设施。

(4)引堤。① 码头护桩平台。护桩平台采用抛石结构,要求块石大于200kg,平台顶宽5.76~14.96m,顶标高-11.0m,抛石体直接坐落在现有河床上。坡脚设大于200kg块石护脚棱体,棱体顶高程-23.0m,顶宽4m。②护岸修复。护岸为半直立式浆砌块石挡墙、外侧斜坡式抛石结构。挡墙顶标高7.0m。护岸坡脚设有大于200kg的抛石护脚棱体、10~100kg的回填块石、大于100kg的干砌块石护面、10~100kg的抛石基床、C30砼垫层、浆砌M15条石挡墙、C30砼压顶等。挡墙砌筑前应对抛石基床进行夯实整平。

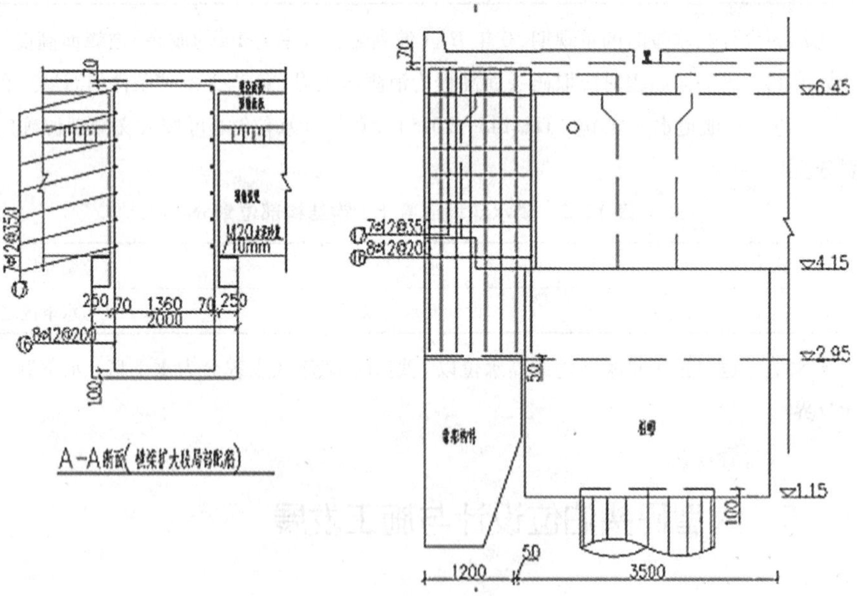

图 12.1　横梁配筋大样图

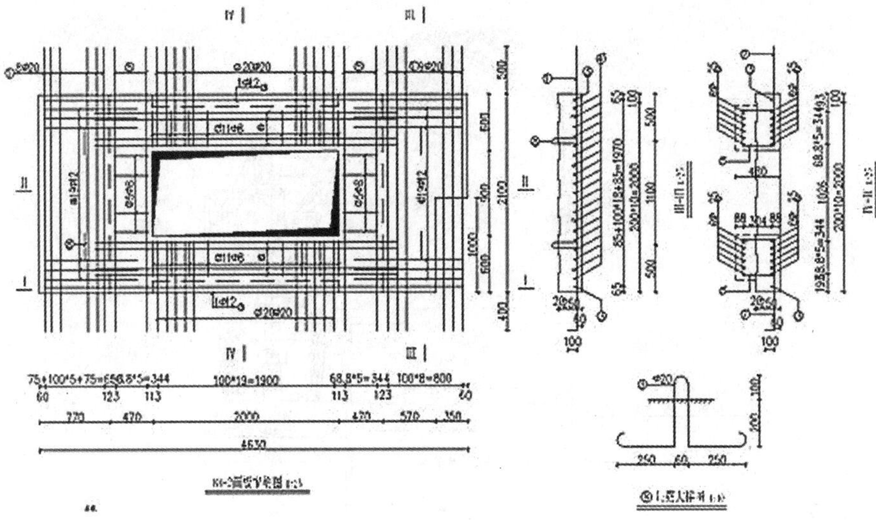

图 12.2　预制面板结构图

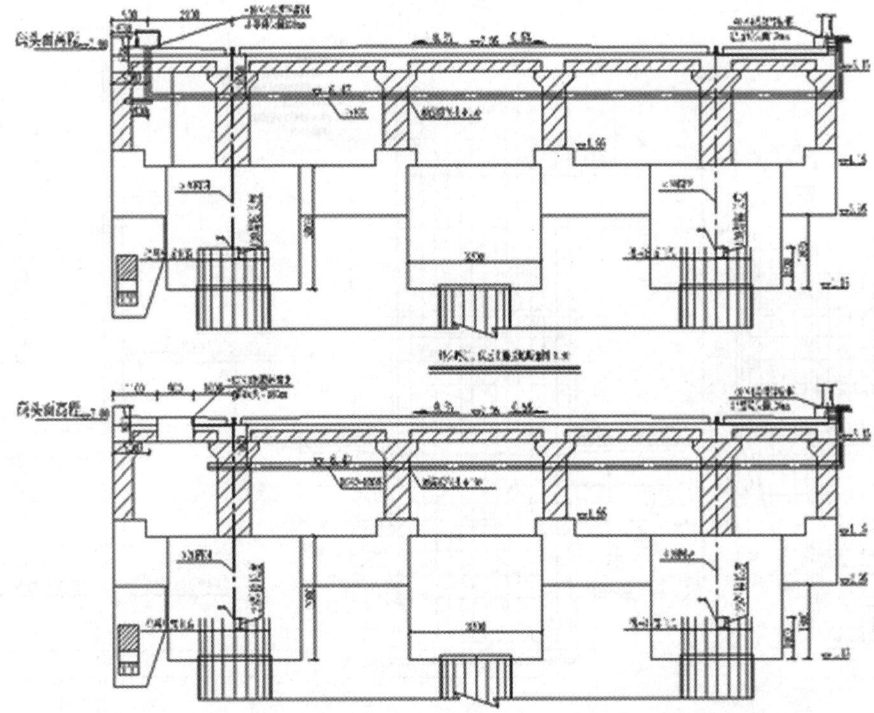

图 12.3　梁板施工图

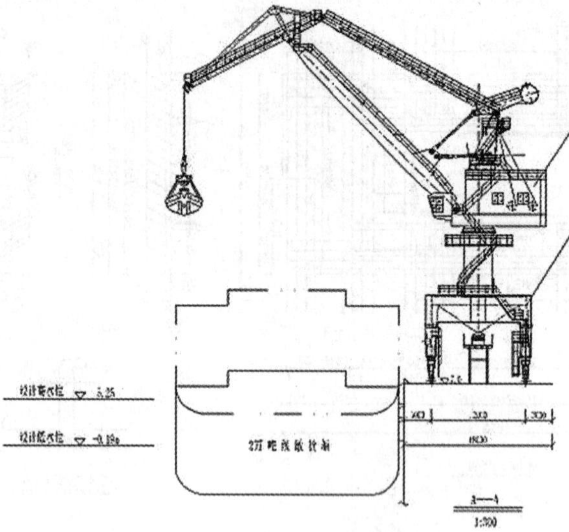

图 12.4　共轨吊车漏斗工艺图

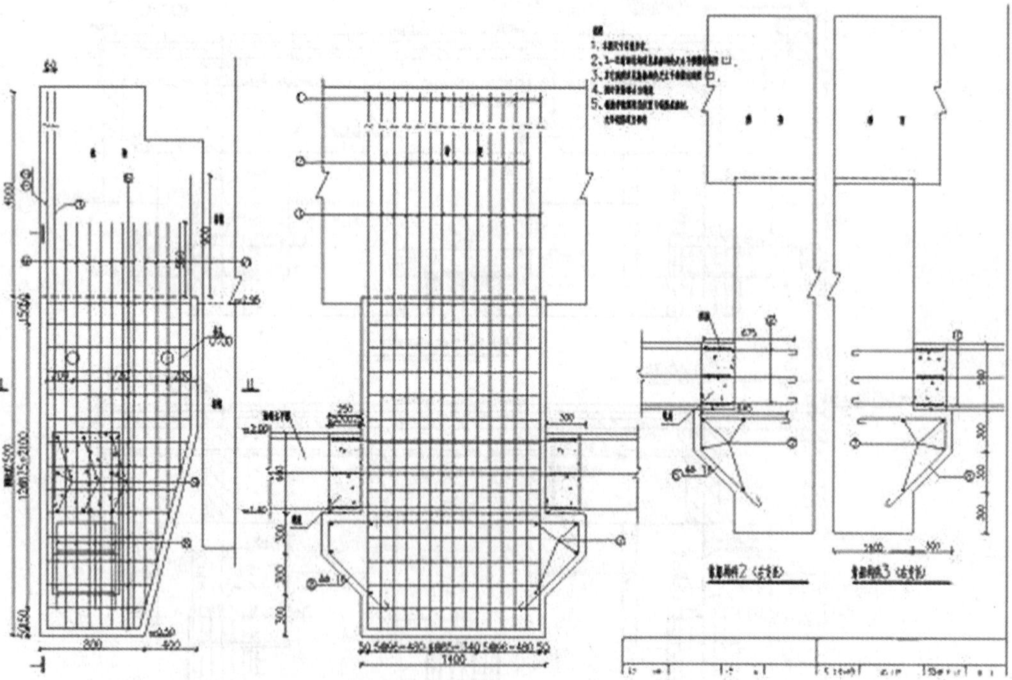

图 12.5　靠船构件及水平横撑结构图

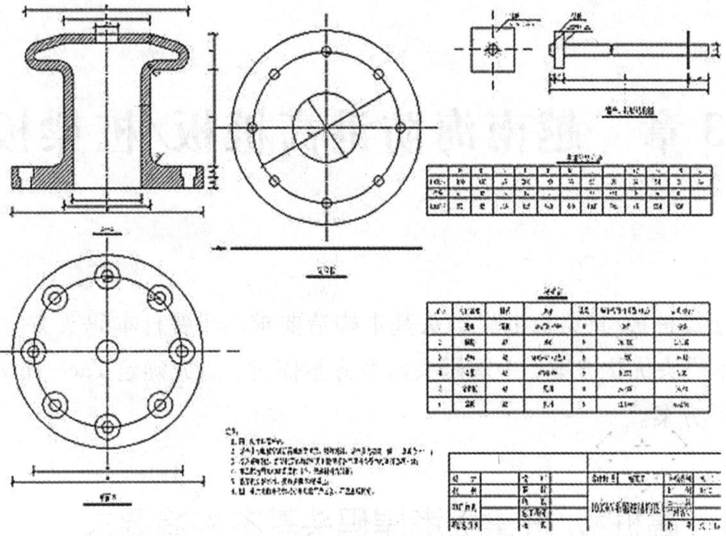

图 12.6　1000kN 系船柱定型图

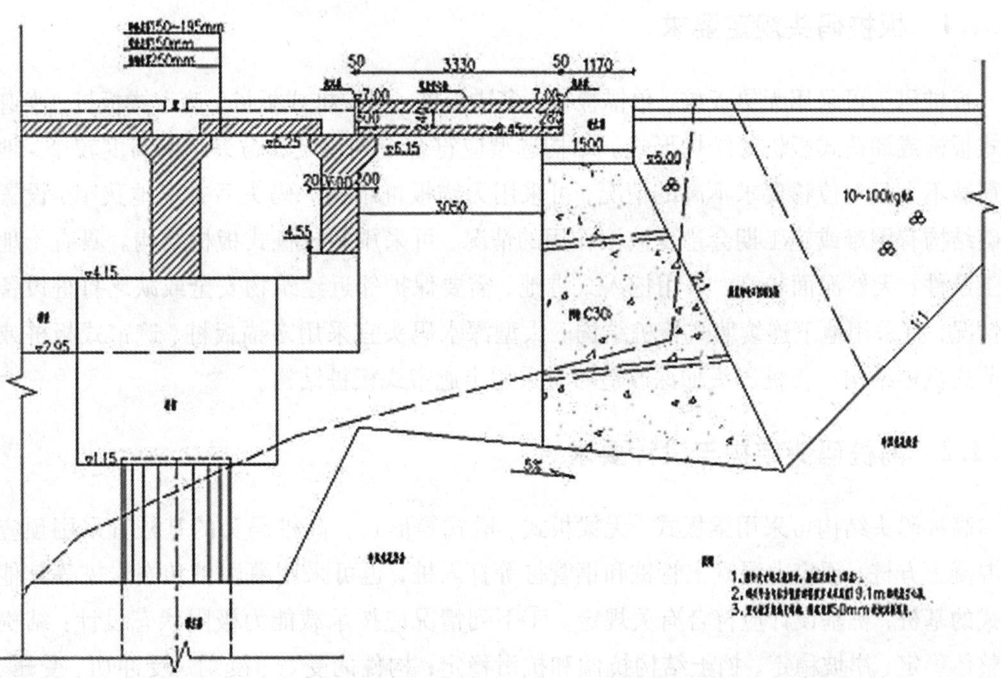

图 12.7　码头平台与驳岸搭接结构图

第 13 章　越南海防港高桩板／桩梁板码头

本章基于高桩板／桩梁板港岸码头基本构造要求，开展日本码头方案与典型加固处理方案、日本码头优化方案、中国码头新型方案探讨，研究确定 Lach Huyen 港高桩梁板码头施工设计方案。

13.1　高桩板／桩梁板港岸码头基本构造要求

13.1.1　板桩码头规定要求

板桩码头可采用无锚板桩、单锚板桩、多锚板桩、斜拉桩式板桩、遮帘式板桩、半遮帘式板桩或卸荷式板桩等结构形式。结构选型应符合下列规定：码头岸壁高度较小、地面荷载不大且对位移要求不高的情况，可采用无锚板桩结构。码头后方场地狭窄、设置锚碇结构有困难或施工期会遭受波浪作用的情况，可采用斜拉桩式板桩结构。具有干地施工条件、天然泥面较高、采用挖入式港池、需要保护邻近建筑物安全或缺乏打桩设备的情况，宜采用地下连续墙式板桩结构。大型深水码头宜采用多锚板桩、遮帘式板桩或卸荷式板桩结构。板桩码头加深改造时宜采用半遮帘式板桩结构。

13.1.2　高桩码头结构与设计要求

高桩码头结构可采用梁板式、无梁板式、墩式等形式。高桩码头的基桩宜采用预应力混凝土方桩、预应力混凝土管桩和钢管桩等打入桩，也可采用灌注桩和嵌岩桩等其他形式的基桩，桩基设计应符合有关规定。①下列情况应按承载能力极限状态设计：结构的整体稳定、岸坡稳定、挡土结构抗倾和抗滑稳定；构件的受弯、受剪、受冲切、受压、受拉和受扭承载力；桩和柱的压屈稳定；桩的承载力等。②下列情况应按正常使用极限状态设计：混凝土构件的抗裂或限裂；装卸机械有控制变形要求时梁的挠度；石马头结构的水平位移。

13.1.3　码头引桥结构与设计要求

码头引桥的选型和跨度等布置应结合自然条件、使用要求、施工能力等经技术经济比较后确定。引桥的上部结构应优先采用预制构件，预制构件可选用实心板、空心板、T形梁等形式。引桥的下部结构应结合使用要求、地质、环境、施工条件等，选用打入桩、灌注桩或嵌岩桩。引桥的桩基布置可采用全直桩。当地处外海开敞式水域或承受较大水平力时宜布置斜桩。近岸处的引桥上部结构必须承受波浪作用时，应采取可靠措施保证引桥上、下部结构的整体性和安全性。引桥区域可能发生冲刷时，应考虑冲刷深度对于结构的影响。近岸处的引桥桩基设计应考虑岸坡地基变形的影响。引桥排架的计算方法可参照高桩梁板式码头结构排架的计算方法进行内力分析。引桥的伸缩缝和沉降缝处采用简支结构时，宜采用氯丁橡胶支座，橡胶支座选型可根据支座承载力、简支结构的搁置要求、支座两侧结构因温差所产生的变形，按现行行业标准《公路桥梁板式橡胶支座规格系列》（JT/T 663—2006）等有关规定确定。简支结构两端宜采用泡沫塑料等柔性材料与相邻结构隔开。简支结构承受较大水平力时，应采取防止简支结构偏离支座的措施。简支梁的两端宜设置加强梁间连接的横隔梁。引桥区域存在船舶、流冰等其他漂浮物活动时，应设置警示或防撞设施。

13.1.4　梁板式码头结构与设计要求

梁板式码头的上部结构可由面板、纵梁、横梁、靠船构件等组成。根据下部桩基形式的不同可分为有斜桩梁板式码头和全直桩梁板式码头。梁板式桩台宽度不宜超过45m。当码头宽度较大时，可设置前、后桩台或在桩台和接岸结构之间架设大跨简支板以减少单桩台宽度。大型装卸机械的前后支腿应设在同一桩台上。码头排架间距应结合码头使用要求、自然条件和施工工艺等经技术经济比较后确定，前桩台排架间距取值范围宜为 6~12m。

（1）高桩梁板式码头根据码头梁系、桩基的布置和结构的整体性能等，可按下列方法进行结构内力分析：当桩基沿横梁布置、各排架间距均匀、桩基布置相近时，码头结构可简化为纵向和横向两个平面进行分析，纵梁及横向排架内力可按平面结构计算。桩基沿横梁和纵梁双向布置、空间特征显著的码头，结构内力宜按空间结构计算。

（2）横梁和基桩组成的排架按平面问题计算应考虑水平集中力的横向分力在各排架中的分配，分配系数可按下列方法确定：确定水平集中力的横向分力在各排架中的分配时，可将码头上部结构在水平方向视为一个刚性连续梁，以排架位置作为支承点，按弹性支承刚性连续梁计算水平集中力的横向分力在各排架中的分配系数。支承点水平刚性系数根据单位水平力作用下排架在水平方向的变形求得。当码头排架间距相等且支承点水平刚性系数相等或接近时，水平集中力的横向分力在排架中的分配系数可按规定确定。

（3）梁板式码头分段缝宜采用凹凸缝，凹凸缝构造（如图 13.1 所示）应符合下列规定：凹凸缝的齿高可取 200~400mm，齿宽不宜过短；分段处凹凸缝的缝宽可取 20~30mm，平行于码头前沿线方向的缝应紧密接触。当结构承受较大水平荷载时，在分缝截面改变处应适当加强，凹凸缝转角处宜设置45°斜向加强钢筋，钢筋沿厚度方向的间距不宜大于250mm，直径不宜小于受力钢筋。沿齿槽的凸型边沿可设Ⅱ型加强钢筋，并布置为上下两层，板厚超过400mm时，宜布置为上中下三层，直径不宜小于受力钢筋，保护层厚度可参照梁的标准。齿口边沿宜采用角钢保护。必要时可对凹凸缝的齿槽强度进行验算。

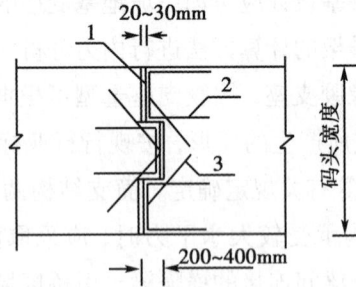

图13.1　凹凸缝构造示意图

全直桩码头的基桩与上部结构的连接应按照刚接要求设计。开敞式海域的波浪、水流、冰凌等条件复杂时，高桩梁板结构应根据具体情况采取必要的加强措施。

13.1.5　梁板结构与设计要求

钢筋混凝土板可简化为单向板或双向板计算。单向板可通过有效分布宽度、弯矩系数简化为简支梁进行计算。双向板可按照有限元法进行计算，也可按照规定进行计算。

两边支承两边自由的板可按单向板计算。四边支承板长边与短边的计算跨度之比大于或等于2时可按单向板计算；长边与短边的计算跨度之比小于2时，可按双向板计算。叠合板的内力可按下列方法计算：自重和施工荷载产生的内力，可按简支板计算。可变作用产生的内力，当板与梁整体连接时可按连续板采用弯矩系数法计算；当板不与梁整体连接时，可按简支板计算。连续梁结构宜按照考虑支座宽度的弹性支承连续梁计算，并应符合下列规定：按考虑支座宽度的弹性支承连续梁计算时，支座可近似按支座宽度范围内均匀分布的弹簧考虑，计算图式如图13.2所示。

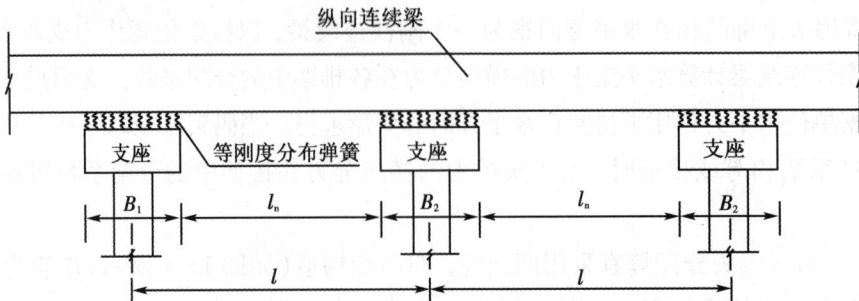

l—横梁或桩帽中心距；l_n—净跨；B_2—纵梁支座宽度

图13.2　均匀分布弹簧支承连续梁结构示意图

13.1.6　接岸结构与岸坡稳定

接岸结构形式的选择应考虑自然条件、材料来源、使用要求和施工条件等因素经技术经济比较确定。高桩码头接岸结构形式可采用直立式和斜坡式。直立式可采用板桩式、重力式等结构；斜坡式可由斜坡堤、护面和堤顶的挡土结构等组成，斜坡堤可采用抛填砂、石或袋装材料等形成。在软弱地基上建造高桩码头，当码头后方有大面积回填、临时堆载或码头前沿进行开挖时，应采取减少岸坡土体变形对码头基桩和接岸结构等影响的有效措施。地基软弱层较厚或码头后方回填量较大时，宜在码头建造前先形成陆域并完成地基处理。不具备条件时，应采取措施控制码头后方回填速度和地基处理时对码头及接岸结构和岸坡稳定的影响。并应对陆域形成、地基处理的施工顺序、间隔时间、回填高度和必要的监测等提出明确要求。回填区内需要清淤时，设计应对清淤要求做出规定。

码头岸坡挖泥范围、每次挖泥厚度、间隔时间和允许超深应做出具体规定，开挖超深允许值，对液性指数大于等于 0.75 或标贯击数小于等于 14 的Ⅰ、Ⅱ类土可取 800mm，对液性指数小于 0 或标贯击数大于等于 30 的Ⅲ、Ⅳ类土可取 500mm。码头接岸结构及岸坡在施工期和使用期整体稳定性验算应符合下列规定：施工期应验算挖泥、回填土、抛填块石和吹填等各种情况的岸坡稳定性，并应考虑打桩震动等因素的不利影响。施工期岸坡稳定验算应按可能出现的各种不利情况与设计低水位组合进行计算。使用期应按可能出现的各种受荷情况，与极端低水位组合，进行岸坡稳定计算。河港码头岸坡稳定验算尚应考虑水位骤降的影响。可冲刷河段或海岸建造高桩码头尚应考虑冲刷对岸坡稳定的影响。

13.2　日本码头方案与典型加固处理方案

13.2.1　板桩码头作用及作用组合

板桩码头的作用及作用组合应符合有关规定。板桩码头结构承载能力极限状态设计中应分别计算下列作用组合：锚碇结构前有码头面荷载，其后无码头面荷载的情况与相应可能同时出现的船舶荷载或波吸力等作用对结构最不利的组合；锚碇结构前无码头面荷载，其后有码头面荷载的情况与相应可能同时出现的船舶荷载或波吸力等作用对结构最不利的组合。钢筋混凝土和预应力钢筋混凝土构件强度计算和裂缝验算应遵守现行行业标准《水运工程混凝土结构设计规范》(JTS 151—2011)的有关规定。作用效应设计值可按照有关作用标准值计算的作用效应乘综合分项系数确定。强度计算时，综合分项系数应采用 1.40；裂缝验算时，综合准永久值系数应采用 0.85。

13.2.2　预制混凝土桩结构要求

计算桩在使用期的内力时，应考虑施工期产生的在使用期仍然存在的内力，如斜桩自重力产生的内力等。施工期应按照短暂状况对桩的应力进行验算，并应符合下列规定。

在进行施工期应力验算时，可根据实际情况考虑下列荷载：桩吊运应力和锤击沉桩应力；桩的自重力和浮托力；施工时期可能出现的水流力、波浪力和冰荷载；上部结构安装过程中可能出现的偏心荷载等。对已经沉入地基中但桩顶尚未用夹桩木夹好的桩，应按悬臂结构进行验算（如图 13.3 所示）。

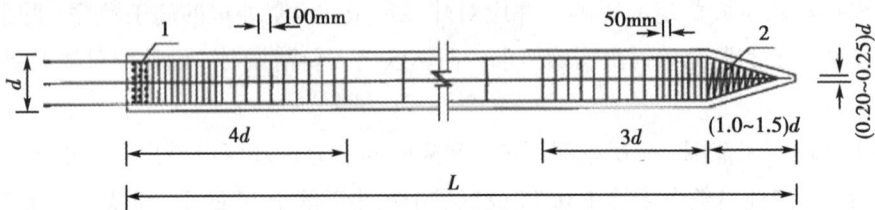

1—钢筋网 3~5 层；2—螺旋钢筋；d—桩宽

图 13.3　桩身构造图

预制混凝土桩在吊运时，桩的重力应乘以动力系数 α。起吊和水平吊运时 α 宜取 1.3，吊立过程中 α 宜取 1.1。当泥面以上桩长较大或泥面以下较大深度范围内土的不排水抗剪强度小于 10kPa 的软弱土层或为可液化土层时，应验算桩的压屈稳定性。在验算桩的压屈稳定性和正截面承载力时，桩的计算长度可以按照规范要求确定。桩帽或承台的设计应按照有关规定执行。

13.2.3　日本码头方案

日本典型码头方案：桩板+台帽+锚碇拉杆结构，如图 13.4 所示。

日本典型加固处理方案：在桩板+台帽+锚碇拉杆结构基础上，由于地震动力主要影响，台帽出现"跳车"和"塌陷"，往往需要增加支撑桩+承台搭板，如图 13.5 所示。

日本码头方案中桩板分为悬式或者嵌岩式。

目前，中国码头多采用后者，或者前述的高桩+板桩桩台结构码头、高桩梁+反压护坡结构码头、高桩梁板+嵌岩板桩帽梁+锚碇拉杆结构码头，甚至高桩墩梁桥结构码头。

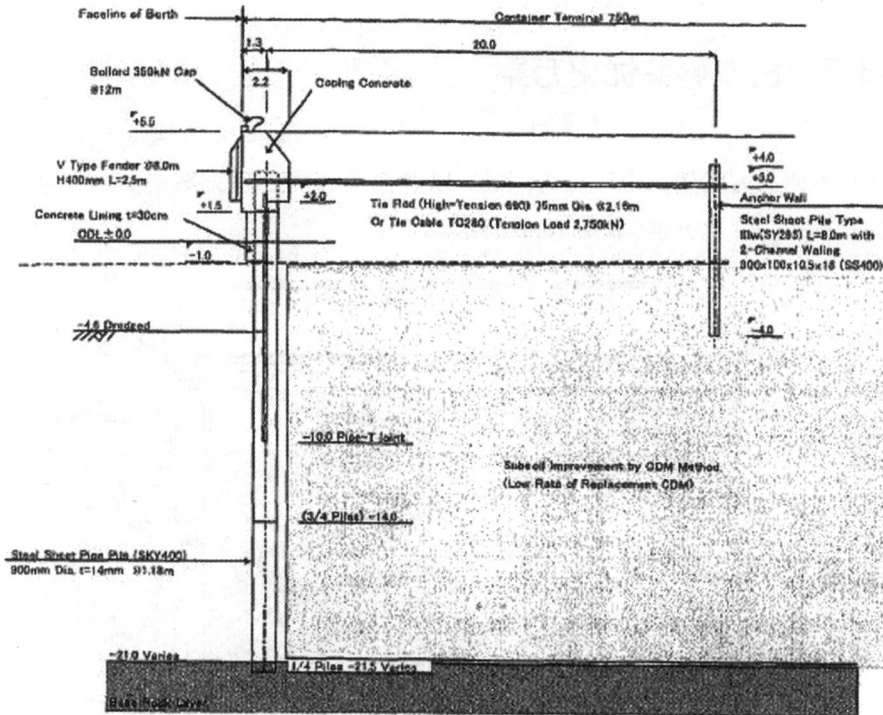

图 13.4　日本码头典型结构方案

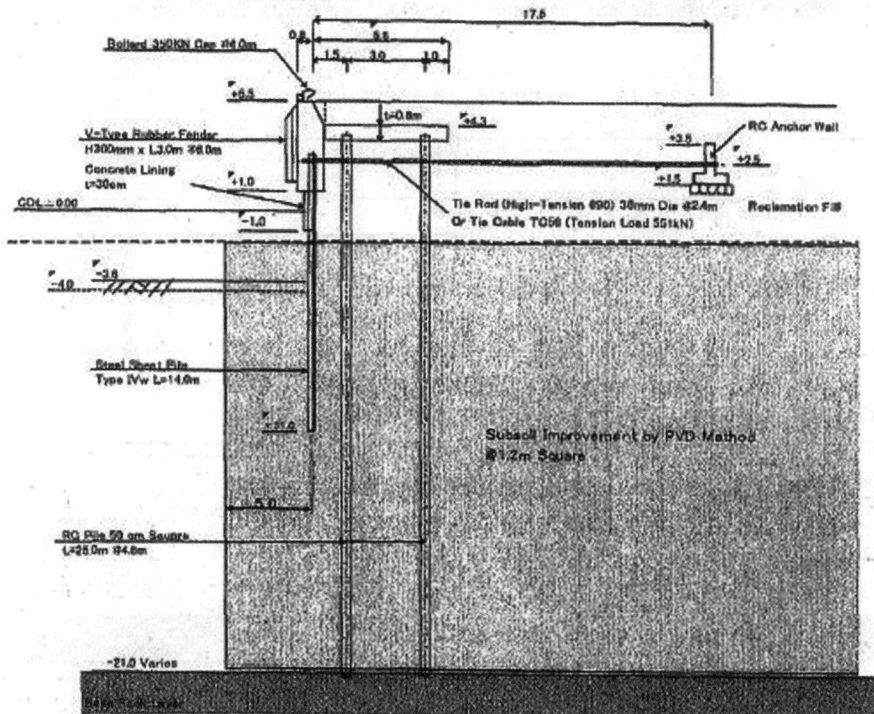

图 13.5　日本码头加固处理方案

13.3　日本码头优化方案

鉴于日本码头方案使用中存在的问题，以及典型加固处理方案码头方案初步对比，提出新的日本码头优化方案（如图 13.6 所示）。

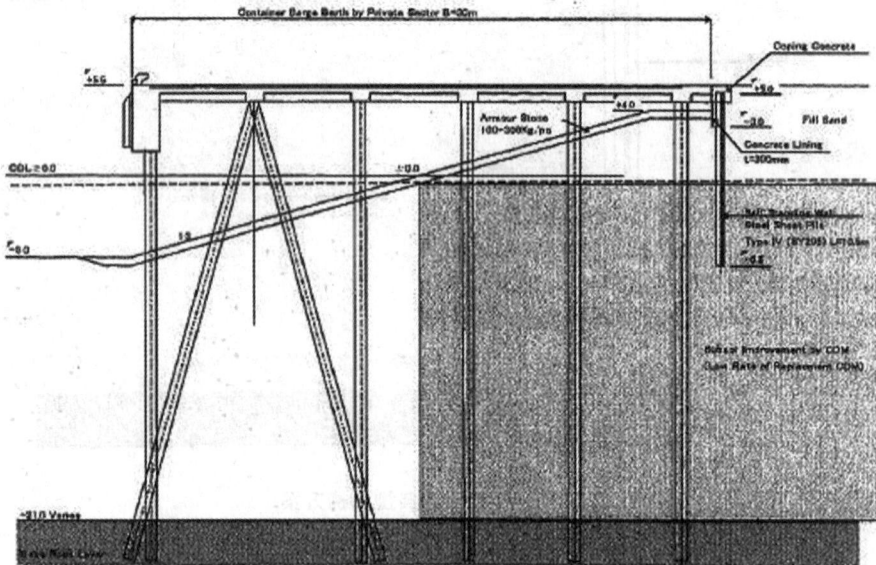

(a)悬式桩板

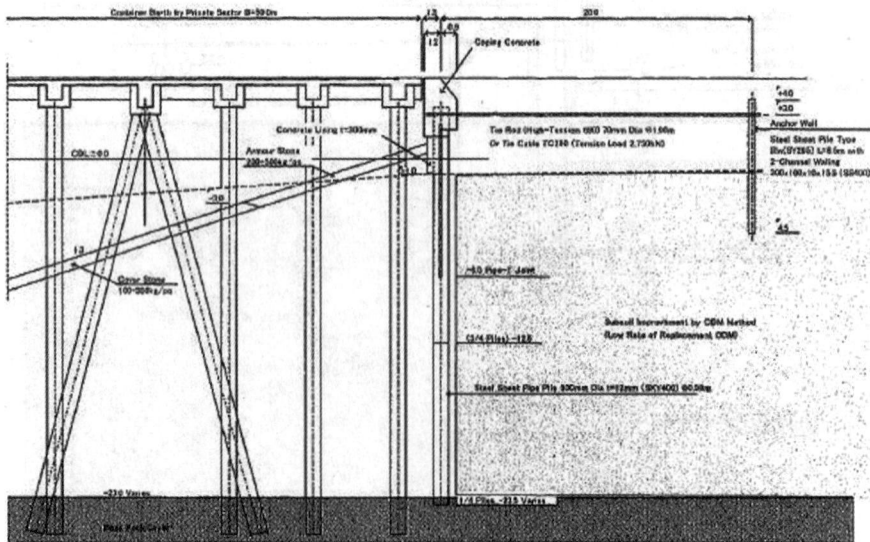

(b)嵌岩桩板

图 13.6　日本码头优化方案

（1）板桩码头前沿挖泥宜在码头后方回填基本完成后分层进行。前墙后的水下回填宜采用砂、砾石、开山石或块石等透水性较好的材料。陆上填土应分层压实。

（2）锚碇墙、锚碇板前宜用强度较高的密实材料换填。换填材料可采用块石或灰土，也可采用其他夯实或振实的土料。块石应码砌或用碎石填充间隙。灰土应分层夯实。换填范围应满足锚碇结构的稳定性要求。

（3）地震基本烈度六度和六度以上的地区，前墙与锚碇结构之间的回填料和原土层应符合下列规定：回填料不宜采用粉砂、细砂等易液化的材料。当回填材料不能满足抗液化要求时，应采取加固措施以满足在设计烈度下不液化的要求。当原土层为易液化的土时，应换填不液化土料或采取加固措施。

（4）前墙应设排水孔，排水孔的位置不宜高于设计低水位，在施工条件允许的情况下宜设在极端低水位附近。孔径的大小和孔的间距，应根据前墙前水位变化幅度、前墙的透水情况和墙后土质确定。除墙后回填块石的情况外，排水孔处均应设置倒滤设施。当前墙前的泥面可能被冲刷时宜采取护底措施。板桩码头的端侧宜采用翼墙封堵。

（5）采用竖向弹性地基梁法计算时，应遵守下列原则。

① 前墙内力和变位可采用杆系有限元法求解，其计算图式如图 13.7 所示。入土段墙后的主动土压力宜取为计算水底以上地面荷载加土体重产生的土压力。

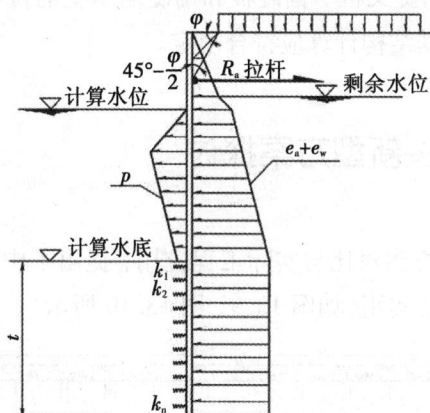

φ—计算土层土的内摩擦角(°)；R_a—拉杆力(kN/m)；p—波浪力(kN/m²)；e_a—主动土压力强度(kN/m²)；

e_w—剩余水压力强度(kN/m²)；$k_1\sim k_n$—弹性杆的弹性系数(kN/m)；t—设计入土深度(m)

图 13.7　竖向弹性地基梁法计算图式

弹性杆的弹性系数应由水平地基抗力系数乘弹性连杆间距确定。根据地基土的性质和设计经验，水平地基抗力系数可按 m 法或其他方法确定。锚碇点位移应由拉杆受力变形、锚碇结构位移及其他因素产生的位移组成。由前墙计算得出的拉杆力应乘以不均匀系数作为设计拉杆和锚碇结构的拉力标准值，不均匀系数可取 1.35。无锚板桩墙的入土深度可按规定计算，其中"踢脚"力矩为相应作用标准值对桩尖的力矩。

② 无锚板桩墙入土段的内力和计算水底处的位移可采用竖向弹性地基梁法计算，其

计算图式可按图 13.8 采用。无锚板桩墙入土深度应满足弹性长桩的要求。

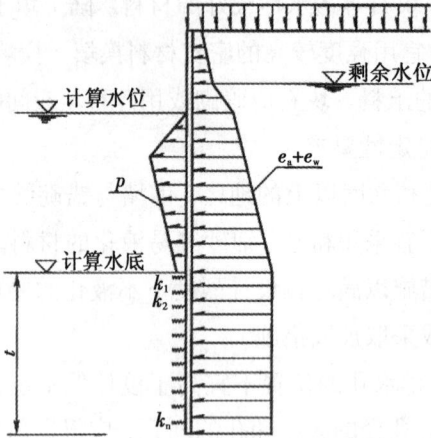

p—波浪力(kN/m^2);e_a—主动土压力强度(kN/m^2);e_w—剩余水压力强度(kN/m^2);

t—设计入土深度(m);$k_1 \sim k_n$ 弹性杆的弹性系数(kN/m)

图 13.8　无锚板桩墙计算图式

③ 锚碇结构计算。锚碇结构根据其结构计算方法可分为下列三类:锚碇板和锚锭墙、锚碇桩和锚碇板桩、锚碇叉桩。锚碇板和锚碇墙承受的拉杆力作用点应位于海侧被动土压力作用重心附近,其结构计算应符合规定。

13.4　中国码头新型方案探讨

鉴于上述码头结构的方案对比与实际工程应用,提出了中国码头新型方案,其整体稳定性验算更好,并且简洁实用(如图 13.9、图 13.10 所示)。

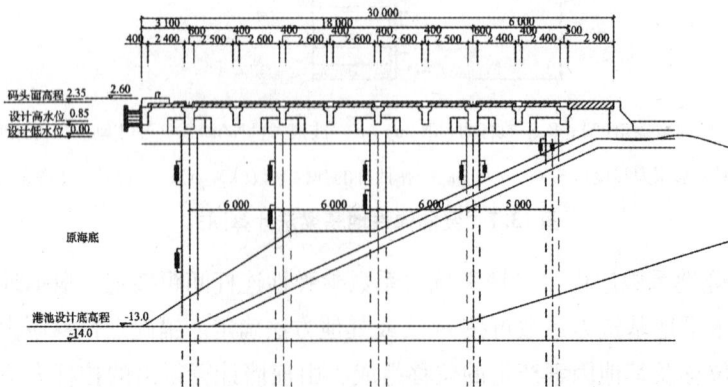

图 13.9　梁板+板桩+桩基梁+反压护墙码头结构典型断面图(中国)

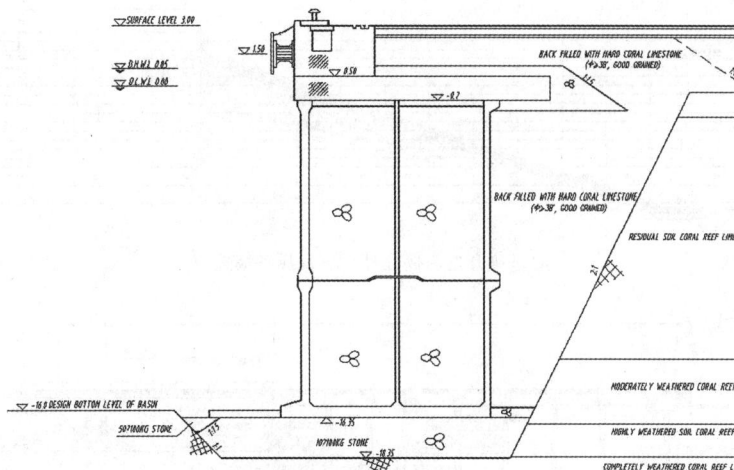

图 13.10 沉箱结构典型断面图(中国)

板桩码头整体稳定性的验算应符合现行行业标准《水运工程地基设计规范》(JTS 147—2017)的有关规定。板桩码头的整体稳定计算应考虑滑动面通过墙前底端的情况。当墙前底端以下附近有软土层时,尚应验算滑动面通过软土层的情况。当滑动面在锚碇结构前通过时,可不计拉杆对稳定性的影响。其中,沉箱结构重力式码头承载能力极限状态的持久组合应进行下列计算或验算:对墙底面和墙身各水平缝及齿缝计算面前趾的抗倾稳定性;沿墙底面和墙身各水平缝的抗滑稳定性;沿基床底面的抗滑稳定性;基床和地基承载力;墙底面合力作用位置;整体稳定性;卸荷板、沉箱、扶壁、空心块体和圆筒等构件的承载力。

重力式码头承载能力极限状态的短暂组合应对施工期进行下列验算:有波浪作用,墙后尚未回填或部分回填时,已安装的下部结构在波浪作用下的稳定性;有波浪作用,胸墙后尚未回填或部分回填时,墙身、胸墙在波浪作用下的稳定性;墙后采用吹填时,已建成部分在水压力和土压力作用下的稳定性;施工期构件出运、安装时的稳定性与承载力。

13.5 Lach Huyen 港高桩梁板码头施工设计方案

通过上述分析表明,Lach Huyen 港码头方案是在日本码头的基础上优化得到的设计,Lach Huyen 港码头总体结构设计方案如图 13.11 至图 13.15 所示。如有可能,采用中国码头新型方案会更经济、可靠,可以大大减少工程量、简化施工难度等。

section 1

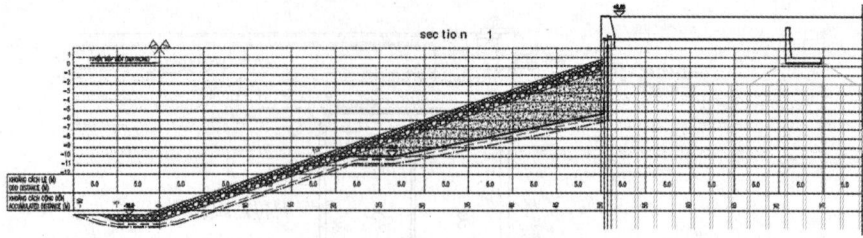

（a）基础开挖与板桩+回填+反压护墙边坡

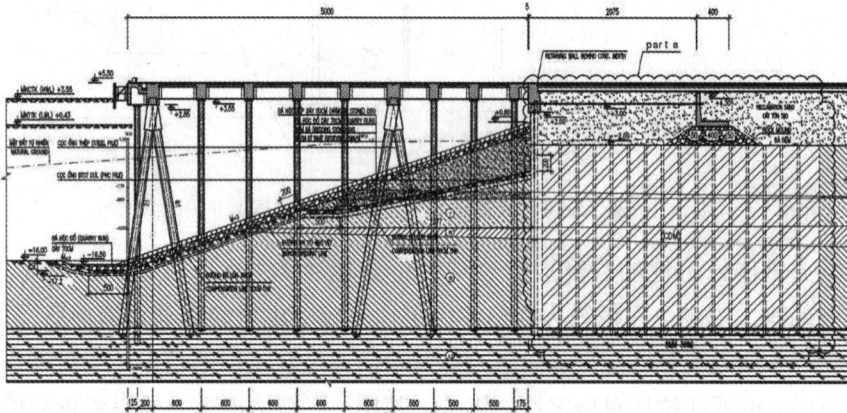

part a

（b）板桩+桩基梁+反压护墙码头

图 13.11　梁板+板桩+桩基梁+反压护墙码头结构 1 号断面图

section 2

（a）基础开挖与板桩+回填+反压护墙边坡

（b）板桩+桩基梁+反压护墙码头

图 13.12　梁板+板桩+桩基梁+反压护墙码头结构 2 号断面图

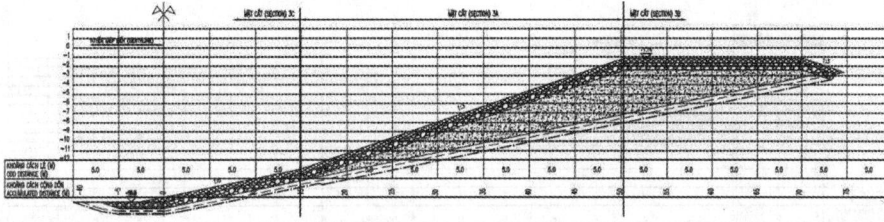

（a）基础开挖与板桩+回填+反压护墙边坡

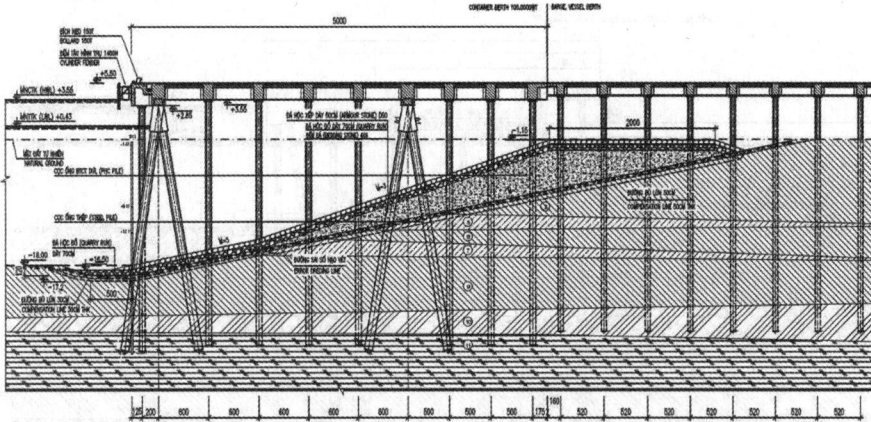

（b）板桩+桩基梁+反压护墙码头

图 13.13　梁板+板桩+桩基梁+反压护墙码头结构 3 号断面图

（a）基础开挖与板桩+回填+反压护墙边坡

（b）板桩+桩基梁+反压护墙码头

图 13.14　梁板+板桩+桩基梁+反压护墙码头结构 4 号断面图

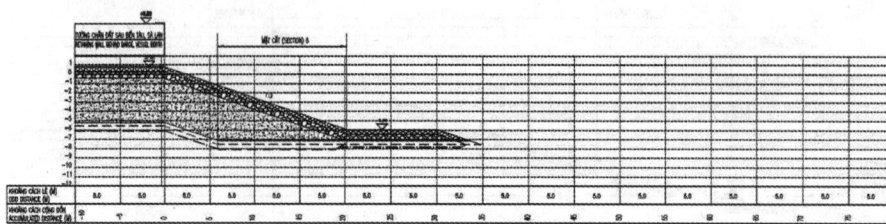

（a）基础开挖与板桩+回填+反压护墙边坡

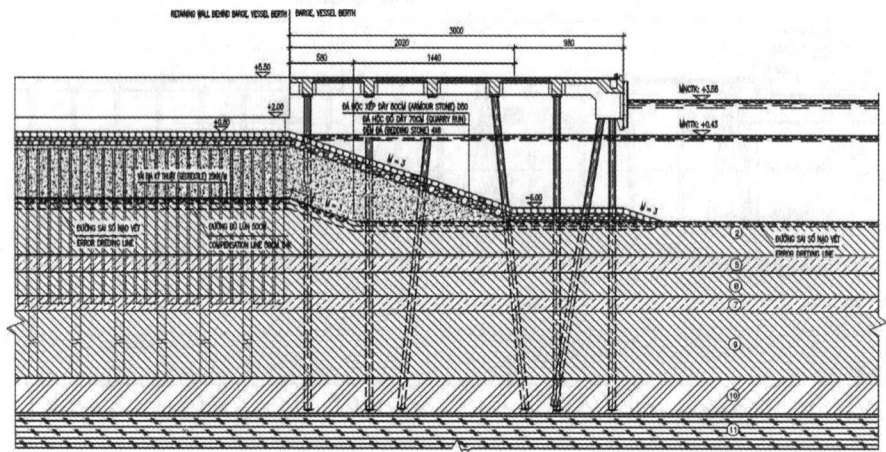

（b）板桩+桩基梁+反压护墙码头

图 13.15　梁板+板桩+桩基梁+反压护墙码头结构 5 号断面图

13.6　对比分析

　　本章研究了高桩板/桩梁板港岸码头基本构造要求，开展日本码头方案与典型加固处理方案、日本码头优化方案、中国码头新型方案探讨，研究确定了 Lach Huyen 港高桩梁板码头施工设计方案，主要研究结果如下。

　　（1）通过板桩码头规定要求、高桩码头结构与设计要求、码头引桥结构与设计要求、梁板式码头结构与设计要求、梁板结构与设计要求和接岸结构与岸坡稳定分析，建立了高桩板/桩梁板港岸码头基本构造要求内容。

　　（2）日本码头方案与典型加固处理方案。在研究中国码头方案设计相关规范资料的基础上，针对板桩码头作用及作用组合，以及预制混凝土桩结构要求，分析了日本典型码头方案。中国码头多采用后者，或者前述的高桩+板桩桩台结构码头、高桩梁+反压护坡结构码头、高桩梁板+嵌岩板桩帽梁+锚碇拉杆结构码头，甚至高桩墩梁桥结构码头。

　　（3）进行日本码头优化方案研究，板桩码头前沿挖泥宜在码头后方回填基本完成后分层进行。锚碇墙、锚碇板前宜用强度较高的密实材料换填。换填材料可采用块石或灰土，也可采用其他夯实或振实的土料。换填范围应满足锚碇结构的地震稳定性要求。前墙应设排水孔，排水孔的位置不宜高于设计低水位。

（4）鉴于上述码头结构的方案对比与实际工程应用，分析探讨了中国码头新型方案，其整体稳定性验算更好，并且简洁实用。

（5）通过实体工程的调研，Lach Huyen 港码头方案是在日本码头的基础上优化得到的设计，Lach Huyen 港码头总体结构设计方案如有可能，采用中国码头新型方案会更经济、可靠，可以大大减少工程量、简化施工难度等。

第 14 章　日本高桩板码头流固耦合动力响应分析

本章以日本高桩梁板式(桩板式港岸)码头演化为背景,综合流固耦合动力响应分析其破坏类型、部位、规模和破坏模式,进行日本高桩板式港岸码头演化对比分析。

14.1　高桩板港岸码头流固耦合动力响应分析模型

14.1.1　高桩板式港岸码头结构形式

通过前述章节的初步分析,高桩板式港岸码头结构形式如图 14.1 所示。日本早期多采用高桩板式港岸码头结构(格栅牵引+柱板墙),如图 14.1(a)(b)。经过长期使用和地震作用影响,码头结构多出现沉陷、地震引起的破坏等。同时,对高桩板式港岸码头结构采用加固处理(格栅牵引+肋板墙有基础),如图 14.1(c)(d)。

针对高桩板式港岸码头结构进行流固耦合与动力响应分析:高桩板式港岸码头流固耦合分析、牵引式高桩板式港岸码头动力响应分析和加固处理牵引式高桩板式港岸码头动力响应分析。

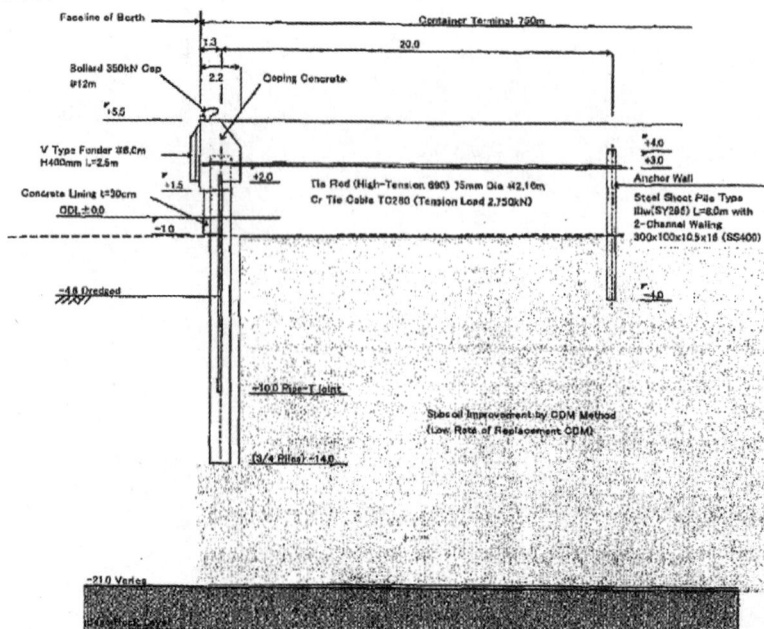

(a)悬式高桩板结构

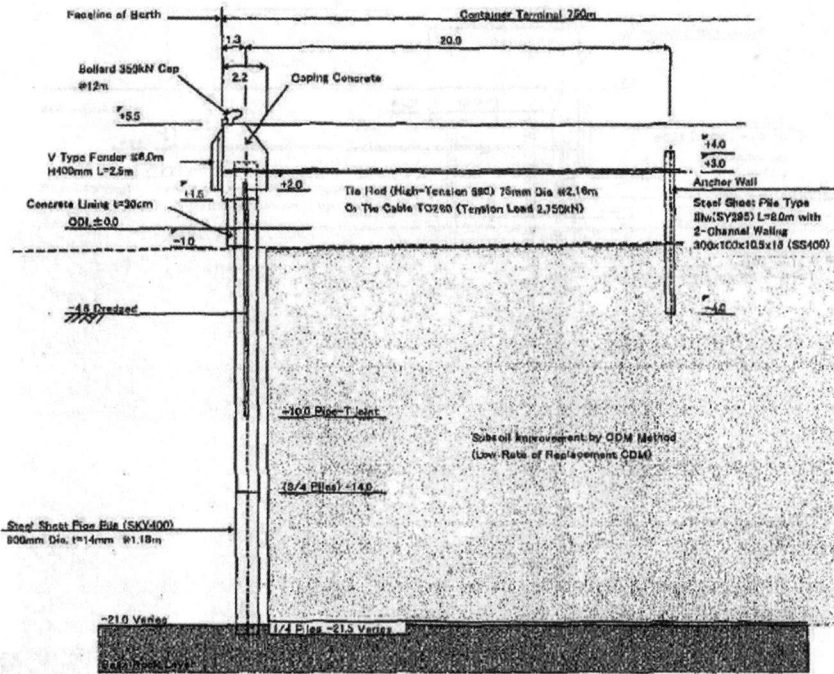

(b)嵌岩高桩板结构

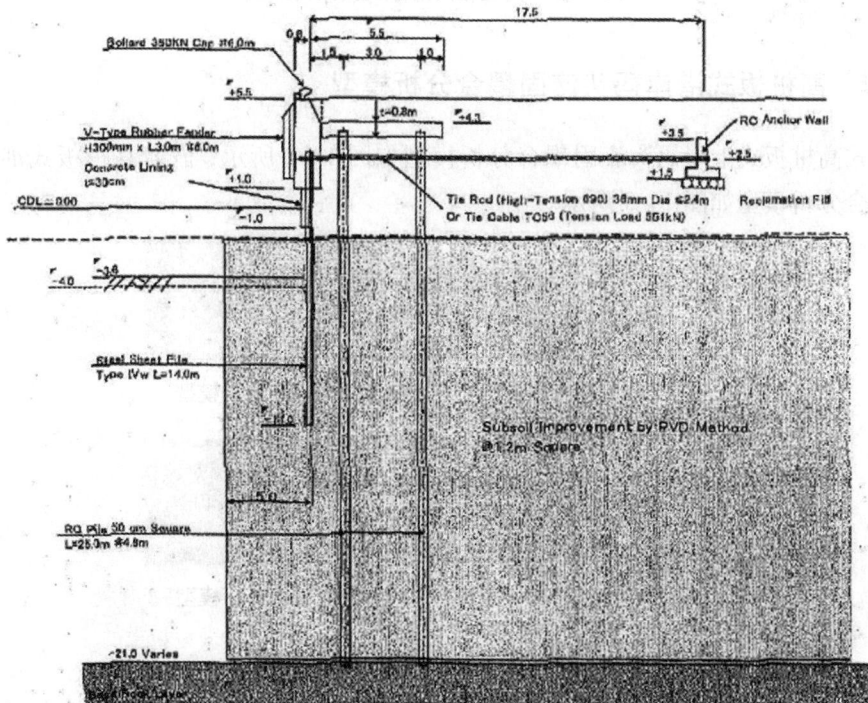

(c)加固处理悬式高桩板结构

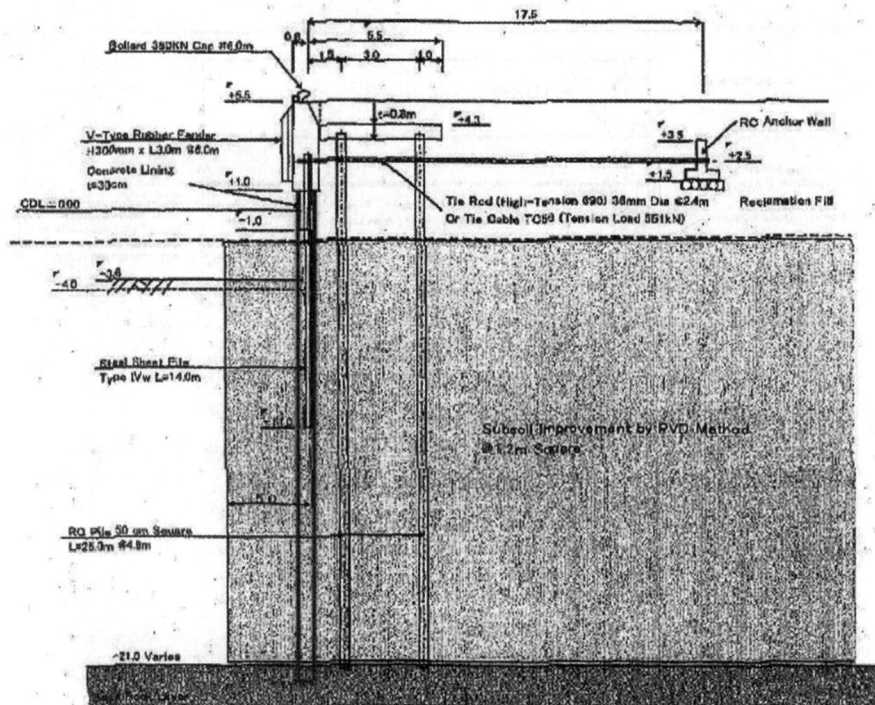

（d）加固处理嵌岩高桩板结构

图 14.1　高桩板式港岸码头结构形式

14.1.2　高桩板式港岸码头流固耦合分析模型

悬式高桩板式港岸码头流固耦合分析模型如图 14.2 所示，嵌岩高桩板式港岸码头流固耦合分析模型如图 14.3 所示。

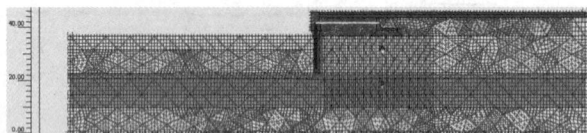

图 14.2　悬式高桩板式港岸码头流固耦合分析模型

图 14.3　嵌岩高桩板式港岸码头流固耦合分析模型

14.1.3　牵引柱板墙式高桩板式港岸码头流固耦合分析模型

格栅牵引+柱板墙高桩板式港岸码头流固耦合分析模型如图 14.4 所示。

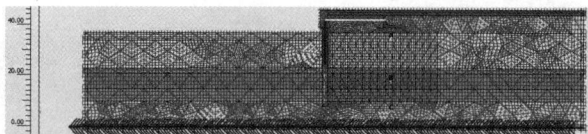

图 14.4　格栅牵引+柱板墙高桩板式港岸码头流固耦合分析模型

14.1.4　牵引扶板墙式高桩板式港岸码头动力响应分析模型

格栅牵引+扶板墙有基础高桩板式港岸码头动力响应分析模型如图 14.5 所示。

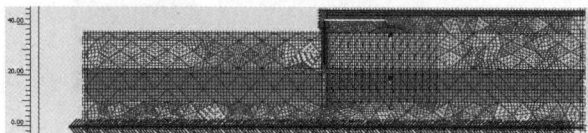

图 14.5　格栅牵引+扶板墙有基础高桩板式港岸码头动力响应分析模型

14.1.5　加固处理牵引式高桩板式港岸码头动力响应分析模型

加固处理格栅牵引+扶板墙有基础高桩板式港岸码头动力响应分析模型如图 14.6 所示。

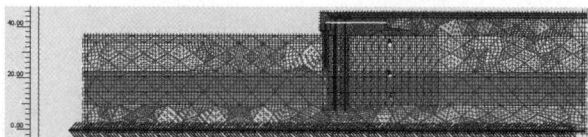

图 14.6　加固处理牵引高桩板式港岸码头动力响应分析模型

14.2　悬式高桩板港岸码头流固耦合力学特征

进行悬式高桩板港岸码头流固耦合力学分析，揭示其施工过程的特性。分析分为：悬式高桩板+PVD+吹填流固耦合分析、路面+码头荷载作用流固耦合分析、高水位影响流固耦合分析和有限元强度折减分析，如图 14.7 至图 14.10 所示。

(1)悬式高桩板+PVD+吹填流固耦合分析的最大位移为 1.17m，路面+码头荷载作用流固耦合分析的最大位移为 1.55m，高水位影响流固耦合分析的最大位移为 1.67m。

(2)施工过程加载引起超孔隙水压力，PVD 有效地发挥了超孔隙水压力的消散。

(3)尽管有格栅牵引+扶板墙控制桥头跳车，仍有明显的水平位移和剪应变出现。

(4)悬式高桩板由于未进入基岩形成嵌岩结构，剪应变显著，相对剪应力较大。

(5)海浪高水位对悬式高桩板港岸码头位移变形影响较小。

(6)有限元强度折减分析表明，悬式高桩板由于未进入基岩形成嵌岩结构，位移变形显著，剪应变矢量较大，有出现滑动破坏的迹象。

(a)有限元网格变形对比图(最大位移 1.17m)

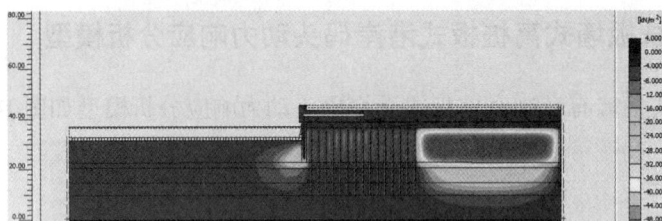

(b)加载超孔隙水压力分布云图

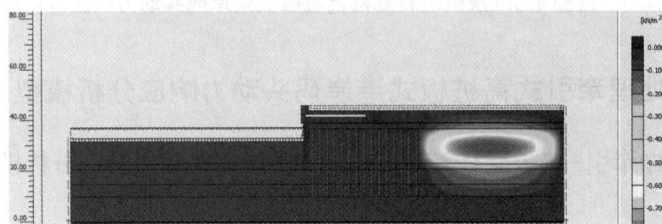

(c)超孔隙水压力消散分布云图

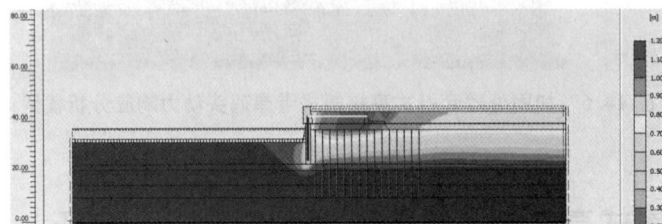

(d)超孔隙水压力消散位移分布云图

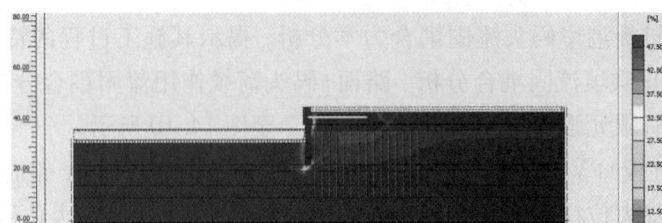

(e)超孔隙水压力消散剪切应变分布云图

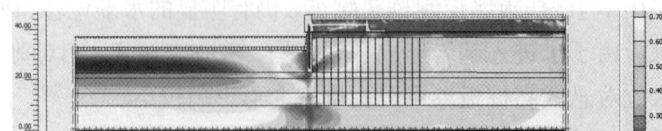

(f)超孔隙水压力消散相对剪应力分布云图

图 14.7 悬式高桩板+PVD+吹填流固耦合分析

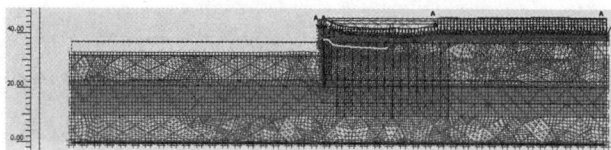

（a）有限元网格变形对比图（最大位移 1.55m）

（b）加载超孔隙水压力分布云图

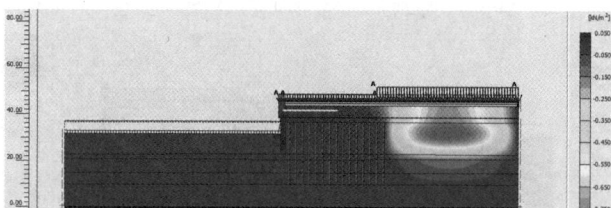

（c）超孔隙水压力消散分布云图

（d）超孔隙水压力消散位移分布云图

（e）超孔隙水压力消散剪切应变分布云图

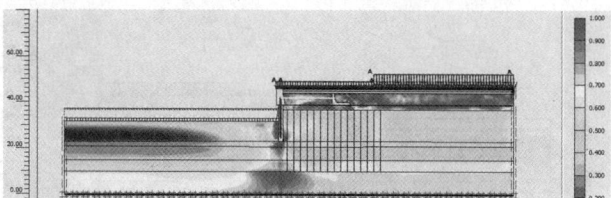

（f）超孔隙水压力消散相对剪应力分布云图

图 14.8　路面+码头荷载作用流固耦合分析（1）

(a)有限元网格变形对比图(最大位移1.67m)

(b)加载超孔隙水压力分布云图

(c)超孔隙水压力消散分布云图

(d)超孔隙水压力消散位移分布云图

(e)超孔隙水压力消散剪切应变分布云图

(f)超孔隙水压力消散相对剪应力分布云图

图14.9 高水位影响流固耦合分析(1)

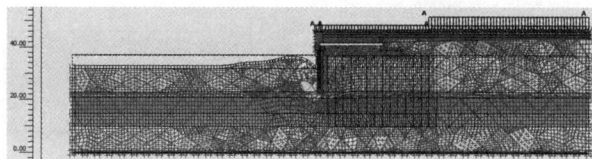

(a)有限元网格变形图

(b)位移分布云图

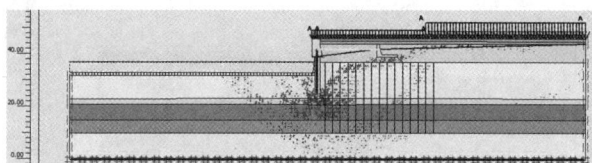

(c)剪应变矢量分布图

图 14.10　有限元强度折减分析(1)

14.3　嵌岩高桩板港岸码头流固耦合力学特征

进行嵌岩高桩板港岸码头流固耦合力学分析,揭示其施工过程的特性。分析分为:嵌岩高桩板+PVD+吹填流固耦合分析、路面+码头荷载作用流固耦合分析、高水位影响流固耦合分析和有限元强度折减分析,如图 14.11 至图 14.14 所示。

(1)嵌岩高桩板+PVD+吹填流固耦合分析的最大位移为 1.14m,路面+码头荷载作用流固耦合分析的最大位移为 1.30m,高水位影响流固耦合分析的最大位移为 1.28m,嵌岩高桩板港岸码头最大位移比悬式高桩板港岸码头小。

(2)施工过程加载引起超孔隙水压力,PVD 有效地发挥了对超孔隙水压力的消散。

(3)尽管有格栅牵引+扶板墙控制桥头跳车,仍有水平位移和剪应变出现。

(4)嵌岩高桩板由于进入基岩形成嵌岩结构,剪应变和相对剪应力较小。

(5)海浪高水位对嵌岩高桩板港岸码头位移变形影响较小。

(6)有限元强度折减分析表明,嵌岩高桩板由于进入基岩形成嵌岩结构,位移变形和应变矢量较小,未出现滑动破坏的迹象。

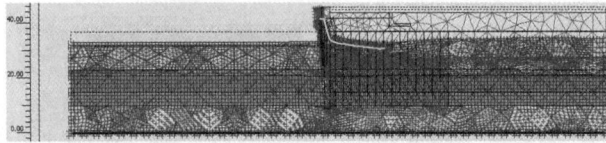

(a)有限元网格变形对比图(最大位移1.14m)

(b)加载超孔隙水压力分布云图

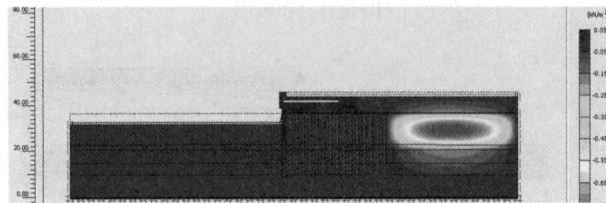

(c)超孔隙水压力消散分布云图

(d)超孔隙水压力消散位移分布云图

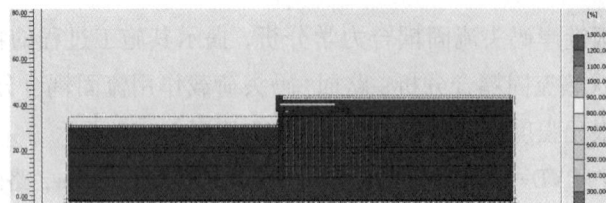

(e)超孔隙水压力消散剪切应变分布云图

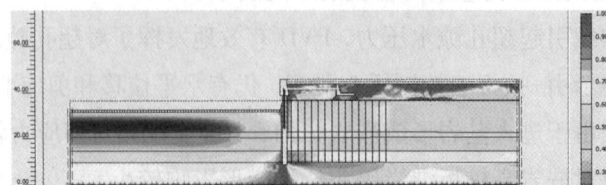

(f)超孔隙水压力消散相对剪应力分布云图

图14.11　嵌岩高桩板+PVD+吹填流固耦合分析

（a）有限元网格变形对比图（最大位移 1.30m）

（b）加载超孔隙水压力分布云图

（c）超孔隙水压力消散分布云图

（d）超孔隙水压力消散位移分布云图

（e）超孔隙水压力消散剪切应变分布云图

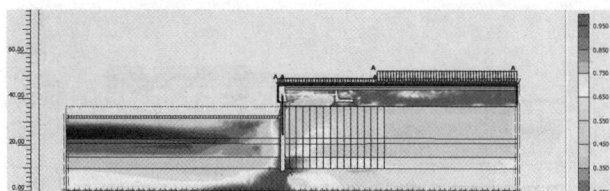

（f）超孔隙水压力消散相对剪应力分布云图

图 14.12　路面+码头荷载作用流固耦合分析(2)

（a）有限元网格变形对比图（最大位移 1.28m）

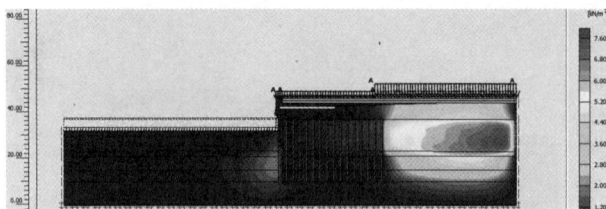

（b）加载超孔隙水压力分布云图

（c）超孔隙水压力消散分布云图

（d）超孔隙水压力消散位移分布云图

（e）超孔隙水压力消散剪切应变分布云图

（f）超孔隙水压力消散相对剪应力分布云图

图 14.13　高水位影响流固耦合分析（2）

(a)有限元网格变形图

(b)位移分布云图

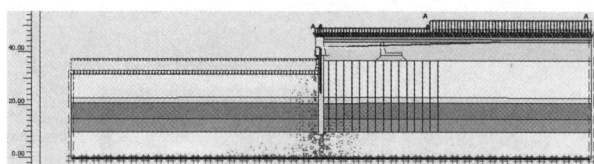

(c)剪应变矢量分布图

图 14.14　有限元强度折减分析(2)

14.4　牵引柱板墙式高桩板港岸码头流固耦合力学特征

在嵌岩高桩板港岸码头流固耦合力学特征分析的基础上,进行牵引柱板墙式高桩板港岸码头流固耦合分析,揭示其施工过程的特性。分析分为:牵引柱板墙式高桩板+PVD+吹填流固耦合分析、路面+码头荷载作用流固耦合分析、高水位影响流固耦合分析和有限元强度折减分析,如图 14.15 至图 14.18 所示。

(1)牵引柱板墙式高桩板+PVD+吹填流固耦合分析、路面+码头荷载作用流固耦合分析和高水位影响流固耦合分析的最大位移为 1.03m,比前述方案最大位移要小,此方案较优。

(2)施工过程加载引起超孔隙水压力,PVD 有效地发挥了对超孔隙水压力的消散。

(3)牵引柱板墙式+高桩板桥头结构有明显的控制水平位移和剪应变出现。

(4)嵌岩高桩板由于进入基岩形成嵌岩结构,剪应变和相对剪应力较小。

(5)海浪高水位对牵引墙式高桩板港岸码头位移变形影响较小。

(6)有限元强度折减分析表明,牵引柱板墙式高桩板由于进入基岩形成嵌岩结构,位移变形和应变矢量较小,未出现滑动破坏的迹象。

上述分析表明,牵引柱板墙式高桩板港岸码头流固耦合力学特征最优,但是桥头结构仍有出现跳车的变形破坏迹象。

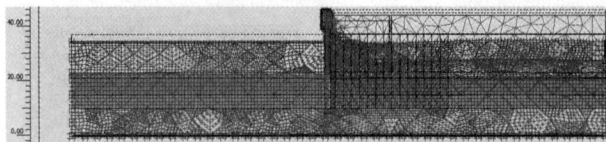

（a）有限元网格变形对比图（最大位移 1.03m）

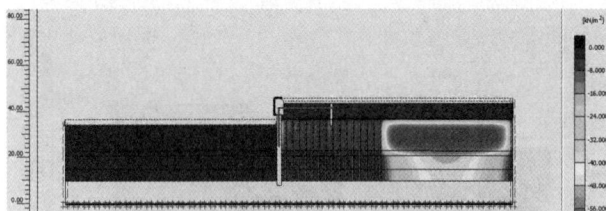

（b）加载超孔隙水压力分布云图

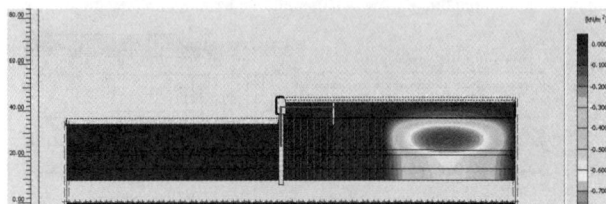

（c）超孔隙水压力消散分布云图

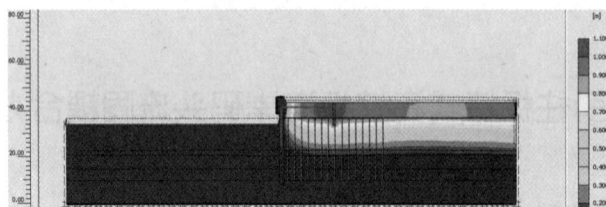

（d）超孔隙水压力消散位移分布云图

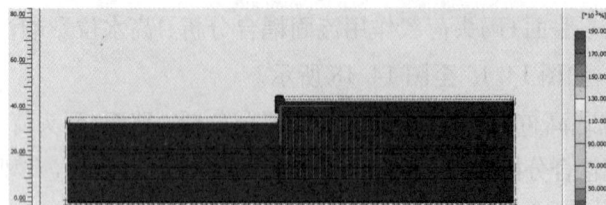

（e）超孔隙水压力消散剪切应变分布云图

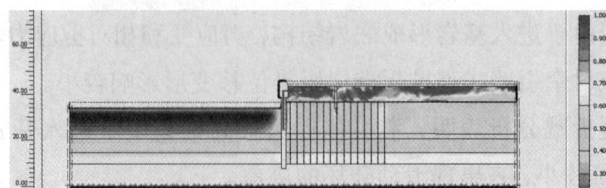

（f）超孔隙水压力消散相对剪应力分布云图

图 14.15　牵引柱板墙式高桩板+PVD+吹填流固耦合分析

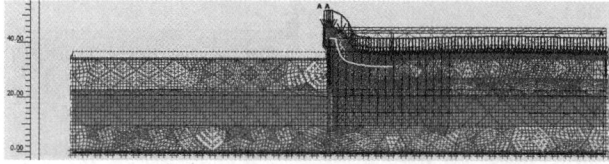

(a)有限元网格变形对比图(最大位移 1.03m)

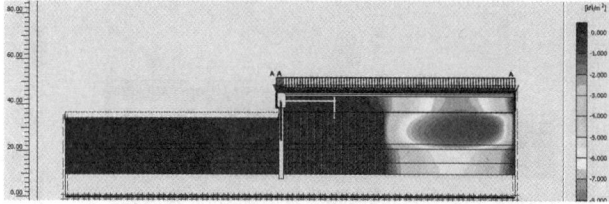

(b)加载超孔隙水压力分布云图

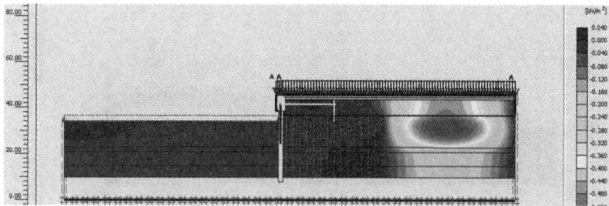

(c)超孔隙水压力消散分布云图

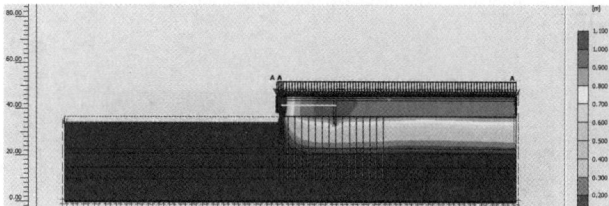

(d)超孔隙水压力消散位移分布云图

(e)超孔隙水压力消散剪切应变分布云图

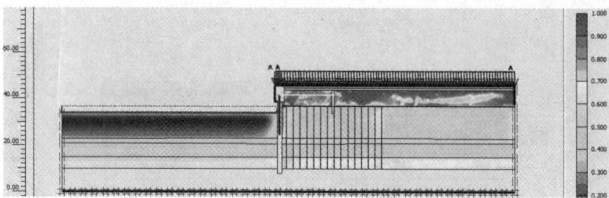

(f)超孔隙水压力消散相对剪应力分布云图

图 14.16　路面+码头荷载作用流固耦合分析(3)

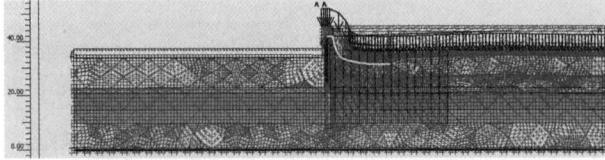

（a）有限元网格变形对比图（最大位移1.03m）

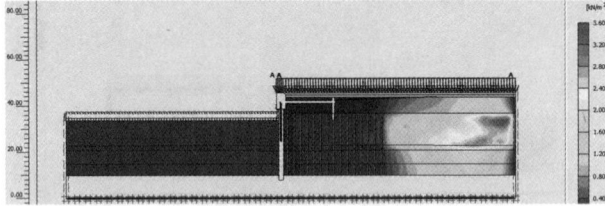

（b）加载超孔隙水压力分布云图

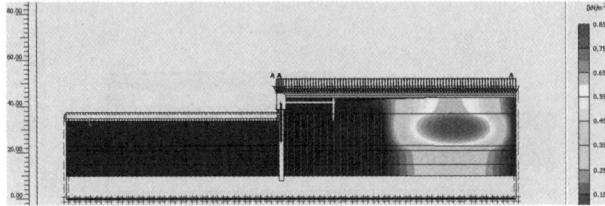

（c）超孔隙水压力消散分布云图

（d）超孔隙水压力消散位移分布云图

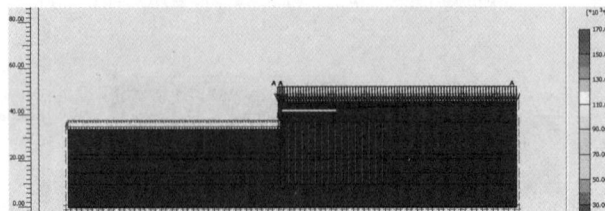

（e）超孔隙水压力消散剪切应变分布云图

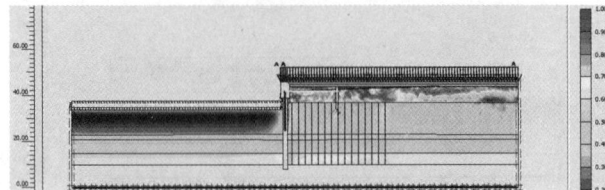

（f）超孔隙水压力消散相对剪应力分布云图

图14.17　高水位影响流固耦合分析（3）

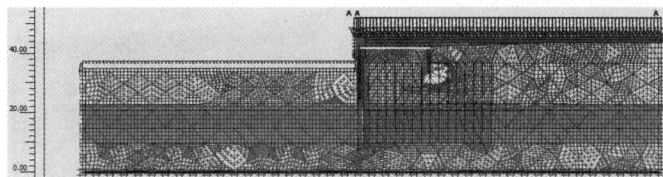

(a)有限元网格变形图

(b)位移分布云图

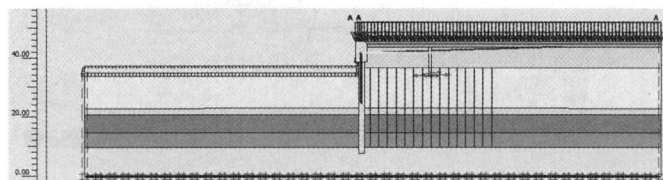

(c)剪应变矢量分布图

图 14.18　有限元强度折减分析(3)

14.5　牵引扶板墙式高桩板港岸码头动力响应力学特征

　　牵引扶板墙式高桩板式港岸码头为格栅牵引+扶板墙有基础高桩板式港岸码头，为此进行其动力响应分析。

　　(1)变形网格特征。有限元静力分析后，对其模型进行地震动力响应模拟分析，在模型底部给定地震波的计算分析，得出典型 2.5、5.0、10.0、20.0s 的变形网格，如图 14.19 所示，模型中最大总位移分别为 28.39、34.14、39.21、39.71mm，表明随着地震动力影响时间的持续，码头泊位发生变形的网格整体移动特征。

(a)2.5s 地震响应变形网格

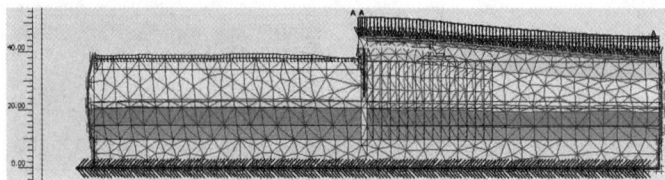

(b)5.0s 地震响应变形网格

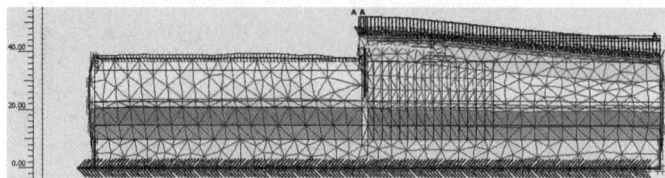

(c)10.0s 地震响应变形网格

(d)20.0s 地震响应变形网格

图 14.19　变形网格特征图(1)

（2）总位移云图特征。有限元静力分析后，对其模型进行地震动力响应模拟分析，在模型底部给定地震波的计算分析，得出典型 2.5、5.0、10.0、20.0s 的总位移云图，如图 14.20 所示，模型中最大总位移分别为 28.39、34.14、39.21、39.71mm，表明随着地震动力影响时间的持续，码头泊位发生变形整体移动特征。

(a)2.5s 地震响应总位移云图

(b)5.0s 地震响应总位移云图

(c)10.0s 地震响应总位移云图

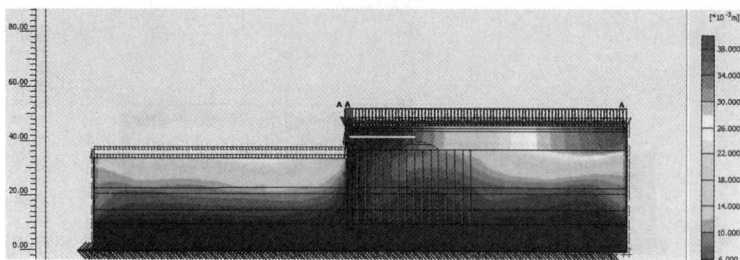

(d)20.0s 地震响应总位移云图

图 14.20　总位移云图特征(1)

(3)总速度云图特征。有限元静力分析后,对其模型进行地震动力响应模拟分析,在模型底部给定地震波的计算分析,得出典型 2.5、5.0、10.0、20.0s 的总速度云图,如图 14.21 所示,模型中最大总速度分别为 99.04、2.80、0.00237、0.00145mm/d,表明随着地震动力影响时间的持续,码头泊位发生变形速度急剧下降特征。

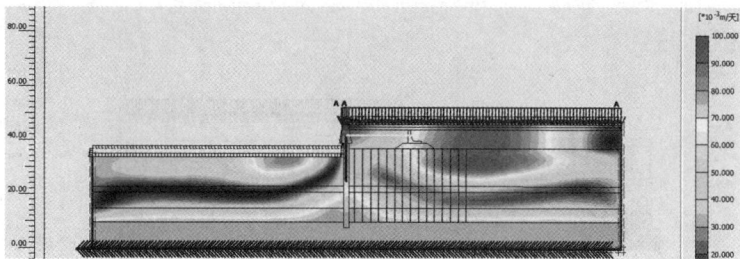

(a)2.5s 地震响应总速度云图

(b)5.0s 地震响应总速度云图

（c）10.0s 地震响应总速度云图

（d）20.0s 地震响应总速度云图

图 14.21　总速度云图特征（1）

（4）总加速度云图特征。有限元静力分析后，对其模型进行地震动力响应模拟分析，在模型底部给定地震波的计算分析，得出典型 2.5、5.0、10.0、20.0s 的总加速度云图，如图 14.22 所示，模型中最大总加速度分别为 1.88、0.30、0.00154、0.000841m/d^2，表明随着地震动力影响时间的持续，码头泊位发生变形加速度急剧下降特征。

（a）2.5s 地震响应总加速度云图

（b）5.0s 地震响应总加速度云图

(c) 10.0s 地震响应总加速度云图

(d) 20.0s 地震响应总加速度云图

图 14.22　总加速度云图特征(1)

(5)剪应变云图特征。有限元静力分析后,对其模型进行地震动力响应模拟分析,在模型底部给定地震波的计算分析,得出典型 2.5、5.0、10.0、20.0s 的剪应变云图,如图 14.23 所示,模型中剪应变分别为 0.853%、0.817%、0.817%、0.817%,表明随着地震动力影响时间的持续,码头泊位未发生滑动破坏特征。

(a) 2.5s 地震响应剪应变云图

(b) 5.0s 地震响应剪应变云图

(c)10.0s 地震响应剪应变云图

(d)20.0s 地震响应剪应变云图

图 14.23　剪应变云图特征(1)

(6)有效应力矢量特征。有限元静力分析后,对其模型进行地震动力响应模拟分析,在模型底部给定地震波的计算分析,得出典型 2.5、5.0、10.0、20.0s 的有效应力矢量图,如图 14.24 所示,模型中有效应力矢量最大主应力分别为−346.29、−357.15、−360.56、−360.89Pa,表明随着地震动力影响时间的持续,码头泊位未发生有效应力急剧变化特征。

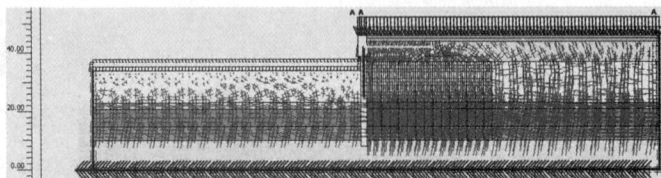

(a)2.5s 地震响应有效应力矢量图

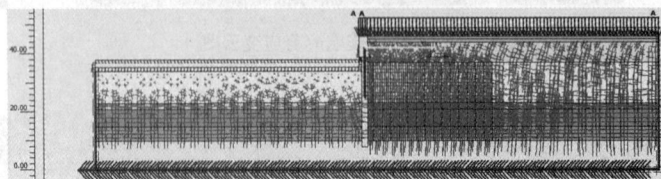

(b)5.0s 地震响应有效应力矢量图

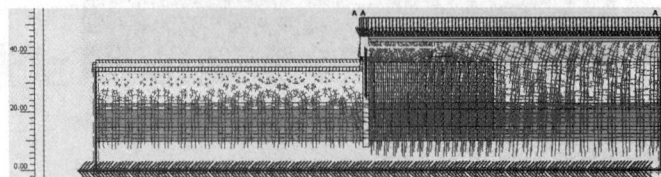

(c)10.0s 地震响应有效应力矢量图

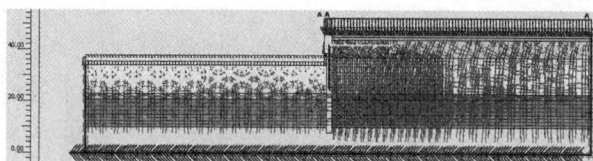

(d)20.0s 地震响应有效应力矢量图

图 14.24　有效应力矢量特征(1)

（7）破坏区分布特征。有限元静力分析后，对其模型进行地震动力响应模拟分析，在模型底部给定地震波的计算分析，得出典型 2.5、5.0、10.0、20.0s 的破坏区分布，如图 14.25 所示，模型中破坏区分布表明随着地震动力影响时间的持续，码头泊位破坏区处于减少特征。

(a)2.5s 地震响应破坏区分布

(b)5.0s 地震响应破坏区分布

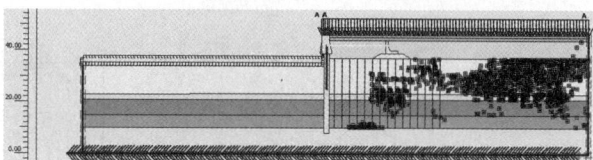

(c)10.0s 地震响应破坏区分布

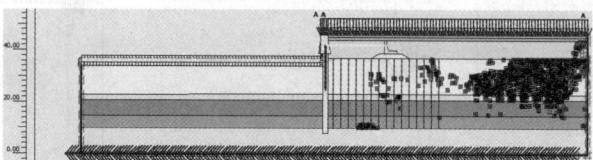

(d)20.0s 地震响应破坏区分布

图 14.25　破坏区分布特征(1)

（8）位移、速度和加速度历时特征。有限元静力分析后，对其模型进行地震动力响应模拟分析，在模型底部给定地震波的计算分析，得出典型位移、速度和加速度历时曲线，如图 14.26 所示，模型中位移、速度和加速度历时表明，随着地震动力影响时间的持续，由逐渐增大到突变最大，然后急剧衰减的特征。

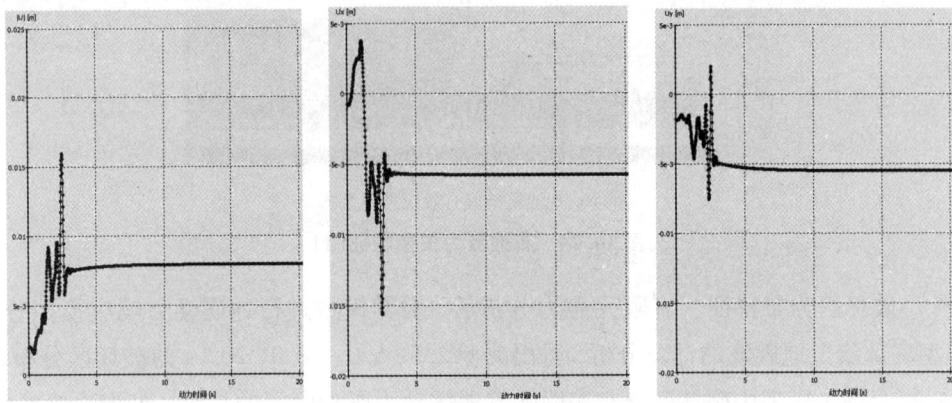

（a）位移历时曲线

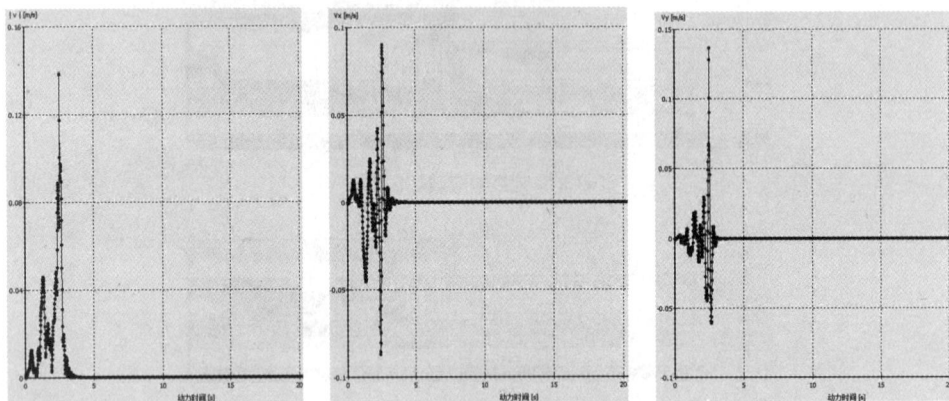

（b）速度历时曲线

（c）加速度历时曲线

图14.26　位移、速度和加速度历时特征（1）

　　针对加固处理牵引式高桩板式港岸码头，加固处理格栅牵引+扶板墙有基础高桩板式港岸码头，为此进行其动力响应分析。

　　（1）变形网格特征。有限元静力分析后，对其模型进行地震动力响应模拟分析，在模型底部给定地震波的计算分析,得出典型 2.5、5.0、10.0、20.0s 的变形网格,如图 14.27 所示,模型中最大总位移分别为 28.35、30.96、38.84、35.13mm,表明随着地震动力影响时间的持续,码头泊位发生变形的网格整体移动特征。

(a)2.5s 地震响应变形网格

(b)5.0s 地震响应变形网格

(c)10.0s 地震响应变形网格

(d)20.0s 地震响应变形网格

图 14.27　变形网格特征图(2)

(2)总位移云图特征。有限元静力分析后,对其模型进行地震动力响应模拟分析,在模型底部给定地震波的计算分析,得出典型 2.5、5.0、10.0、20.0s 的总位移云图,如图 14.28 所示,模型中最大总位移分别为 28.35、30.96、38.84、35.13mm,表明随着地震动力影响时间的持续,码头泊位发生变形整体移动特征。

(a)2.5s 地震响应总位移云图

（b）5.0s 地震响应总位移云图

（c）10.0s 地震响应总位移云图

（d）20.0s 地震响应总位移云图

图 14.28　总位移云图特征（2）

（3）总速度云图特征。有限元静力分析后，对其模型进行地震动力响应模拟分析，在模型底部给定地震波的计算分析，得出典型 2.5、5.0、10.0、20.0s 的总速度云图，如图 14.29 所示，模型中最大总速度分别为 102.10、2.30、0.000159、0.000906mm/d，表明随着地震动力影响时间的持续，码头泊位发生变形整体移动特征。

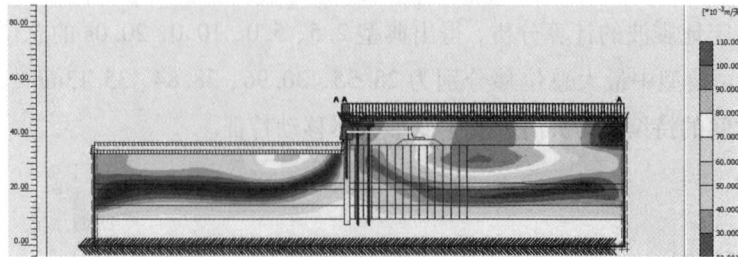

（a）2.5s 地震响应总速度云图

(b)5.0s 地震响应总速度云图

(c)10.0s 地震响应总速度云图

(d)20.0s 地震响应总速度云图

图 14.29　总速度云图特征(2)

（4）总加速度云图特征。有限元静力分析后，对其模型进行地震动力响应模拟分析，在模型底部给定地震波的计算分析，得出典型 2.5、5.0、10.0、20.0s 的总加速度云图，如图 14.30 所示，模型中最大总加速度分别为 1.91、9.78、0.00750、0.000628m/d^2，表明随着地震动力影响时间的持续，码头泊位发生变形整体移动特征。

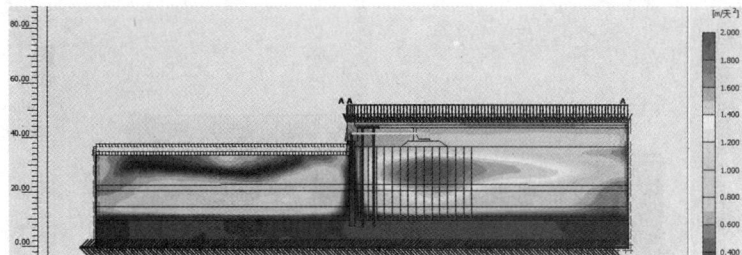

(a)2.5s 地震响应总加速度云图

(b)5.0s 地震响应总加速度云图

(c)10.0s 地震响应总加速度移云图

(d)20.0s 地震响应总加速度云图

图 14.30　总加速度云图特征(2)

(5)剪应变云图特征。有限元静力分析后,对其模型进行地震动力响应模拟分析,在模型底部给定地震波的计算分析,得出典型 2.5、5.0、10.0、20.0s 的剪应变云图,如图 14.31 所示,模型中剪应变分别为 0.812%、0.791%、0.791%、0.791%,表明随着地震动力影响时间的持续,码头泊位发生变形整体移动特征。

(a)2.5s 地震响应剪应变云图

(b)5.0s 地震响应剪应变云图

(c)10.0s 地震响应剪应变云图

(d)20.0s 地震响应剪应变云图

图 14.31 剪应变云图特征(2)

(6)有效应力矢量特征。有限元静力分析后,对其模型进行地震动力响应模拟分析,在模型底部给定地震波的计算分析,得出典型 2.5、5.0、10.0、20.0s 的有效应力矢量图,如图 14.32 所示,模型中有效应力矢量最大主应力分别为−345.64、−346.65、−349.95、−350.18Pa,表明随着地震动力影响时间的持续,码头泊位发生变形整体移动特征。

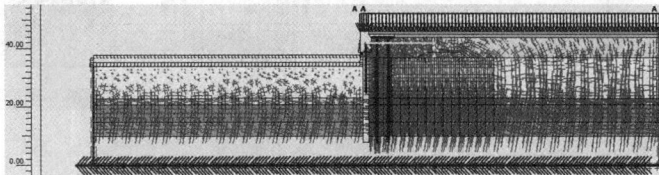

(a)2.5s 地震响应有效应力矢量图

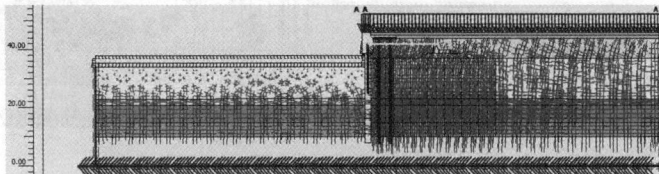

(b)5.0s 地震响应有效应力矢量图

(c)10.0s 地震响应有效应力矢量图

(d)20.0s 地震响应有效应力矢量图

图 14.32　有效应力矢量特征(2)

(7)破坏区分布特征。有限元静力分析后,对其模型进行地震动力响应模拟分析,在模型底部给定地震波的计算分析,得出典型 2.5、5.0、10.0、20.0s 的破坏区分布,如图 14.33 所示,模型中破坏区分布表明随着地震动力影响时间的持续,码头泊位破坏区处于减少特征。

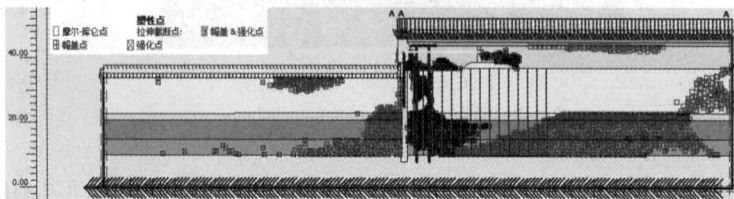

(a)2.5s 地震响应破坏区分布

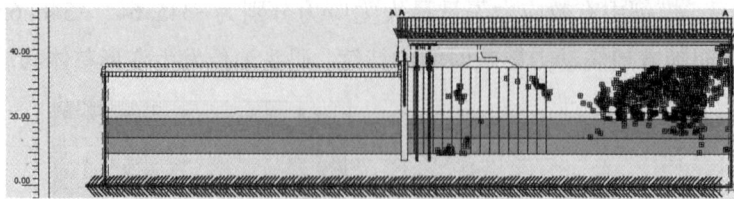

(b)5.0s 地震响应破坏区分布

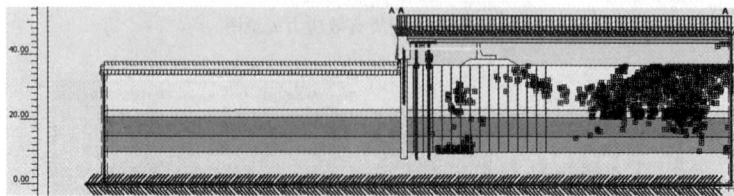

(c)10.0s 地震响应破坏区分布

(d) 20.0s 地震响应破坏区分布

图 14.33　破坏区分布特征(2)

　　(8)位移、速度和加速度历时特征。有限元静力分析后，对其模型进行地震动力响应模拟分析，在模型底部给定地震波的计算分析，得出典型位移、速度和加速度历时曲线，如图 14.34 所示，模型中位移、速度和加速度历时表明，随着地震动力影响时间的持续，由逐渐增大到突变最大，然后急剧衰减的特征。

(a)位移历时曲线

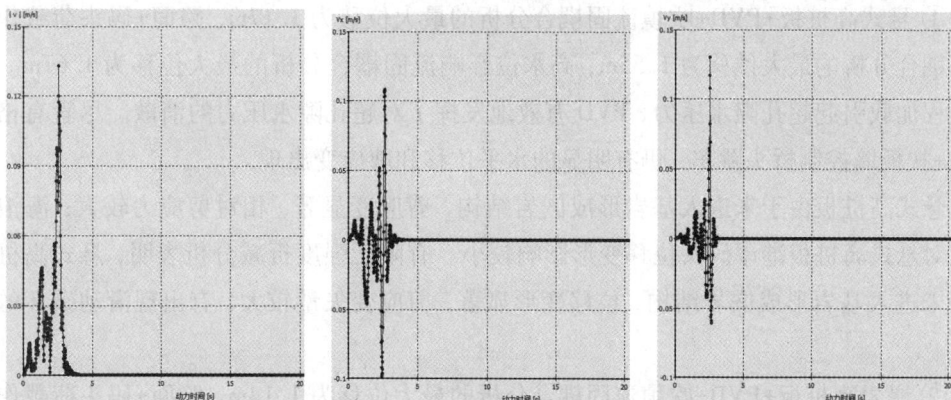

(b)速度历时曲线

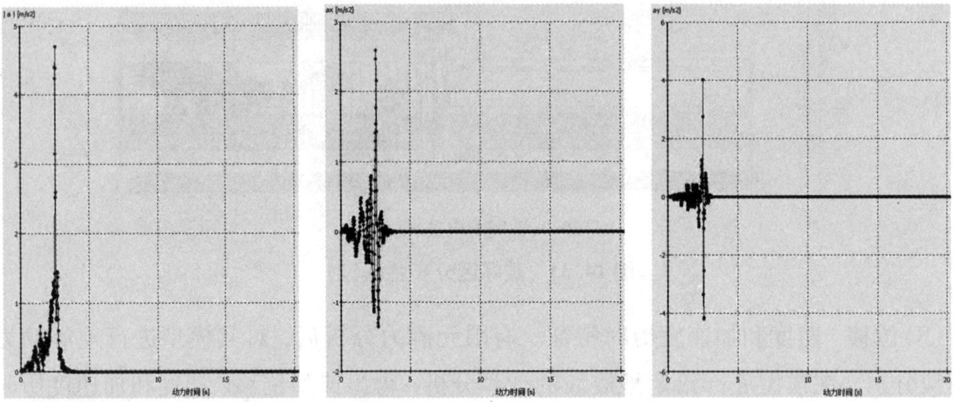

（c）加速度历时曲线

图 14.34 位移、速度和加速度历时特征（4）

14.6 对比分析

在高桩梁板码头结构分析与设计研究的基础上，结合日本典型高桩板码头情况进行分析建模，开展流固耦合动力响应分析：高桩板式港岸码头流固耦合分析、牵引柱板墙式高桩板式港岸码头流固耦合分析、牵引扶板墙式高桩板式港岸码头动力响应分析和加固处理牵引式高桩板式港岸码头动力响应分析，得出如下主要研究结果。

（1）通过高桩板式港岸码头流固耦合分析，对比了悬式高桩板式港岸码头流固耦合分析与嵌岩高桩板式港岸码头流固耦合分析表明：

① 悬式高桩板+PVD+吹填流固耦合分析的最大位移为 1.17m，路面+码头荷载作用流固耦合分析的最大位移为 1.55m，高水位影响流固耦合分析的最大位移为 1.67m。施工过程加载引起超孔隙水压力，PVD 有效地发挥了对超孔隙水压力的消散。尽管有格栅牵引+扶板墙控制桥头跳车，仍有明显的水平位移和剪应变出现。

悬式高桩板由于未进入基岩形成嵌岩结构，剪应变显著，相对剪应力较大；海浪高水位对悬式高桩板港岸码头位移变形影响较小。有限元强度折减分析表明，悬式高桩板由于未进入基岩形成嵌岩结构，位移变形显著，剪应变矢量较大，有出现滑动破坏的迹象。

② 嵌岩高桩板+PVD+吹填流固耦合分析的最大位移为 1.14m，路面+码头荷载作用流固耦合分析的最大位移为 1.30m，高水位影响流固耦合分析的最大位移为 1.28m，嵌岩高桩板港岸码头最大位移比悬式高桩板港岸码头小。施工过程加载引起超孔隙水压力，PVD 有效地发挥了对超孔隙水压力的消散。尽管有格栅牵引+扶板墙控制桥头跳车，仍有水平位移和剪应变出现。嵌岩高桩板由于进入基岩形成嵌岩结构，剪应变和相对剪应力较小。海浪高水位对嵌岩高桩板港岸码头位移变形影响较小。有限元强度折减分析

表明，嵌岩高桩板由于进入基岩形成嵌岩结构，位移变形和应变矢量较小，未出现滑动破坏的迹象。可见，嵌岩高桩板+PVD+吹填码头方案较好。

（2）通过牵引柱板墙式高桩板式港岸码头流固耦合分析、牵引扶板墙式高桩板式港岸码头动力响应分析和加固处理牵引式高桩板式港岸码头动力响应分析对比，牵引柱板墙式高桩板式港岸码头优于牵引扶板墙式高桩板式港岸码头方案。

（3）在遭遇地震动力响应情况下，牵引柱板墙式高桩板式港岸码头、牵引扶板墙式高桩板式港岸码头容易出现桥头跳车破坏，往往需要加固处理，采取加固处理牵引式高桩板式港岸码头形式，既增加了成本，又不能改造扩容码头能力。为此，有必要开展高桩梁板码头方案的研究，同时需要进行高桩梁板码头流固耦合动力响应分析。

第15章　高桩梁板码头流固耦合动力响应分析

本章在开展高桩梁板+牵引悬式高桩板码头流固耦合动力响应分析(日本)的基础上,进行高桩梁板+牵引嵌岩高桩板码头流固耦合动力响应分析(日本)、高桩梁板+牵引悬式高桩板+反压护坡码头流固耦合动力响应分析(中国)和高桩墩桥梁+牵引悬式高桩板码头流固耦合动力响应分析(中国),进而优化对比高桩梁板码头流固耦合动力响应分析。

15.1　高桩梁板+牵引悬式高桩板码头流固耦合动力响应

(1)建立模型。依托设计方案要求满足抵抗地震作用,地震力发生在工程建造完成之后的运营期间。模型参数还要考虑材料的阻尼粘性作用,所以要输入雷利阻尼系数 α 和 β;模型边界条件选取标准地震边界如图15.17和图15.18所示,地震波普选用 UP-LAND 记录的真实地震加速度数据分析(日本)。

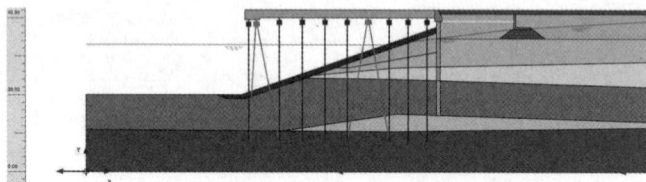

图15.17　有限元几何与地震边界

图15.18　有限元网格模型及地震边界(1)

(2)边界条件与阻尼。有限元数值模拟分析地震动力计算过程中,为了防止应力波的反射,并且不允许模型中的某些能量发散,边界条件应抵消反射,即地震分析中的吸收边界。吸收边界用于吸收动力荷载在边界上引起的应力增量,否则动力荷载将在土体内部发生反射。吸收边界中的阻尼器来替代某个方向的固定约束,阻尼器要确保边界上的应力增加被吸收不反弹,之后边界移动。

(3)材料的本构模型与物理力学参数。由于土体在加载过程中变形复杂,很难用数学模型模拟出真实的土体动态变形特性，多数有限元土体本构模型的建立都在工程实验和模型简化基础上进行。但是，由于土体变形过程中弹性阶段不能和塑性阶段分开，采用设定高级模型参数添加阻尼系数。

（4）岸坡总位移云图特征。有限元静力分析后，对其模型进行地震动力响应模拟分析，在模型底部给定地震波的计算分析，得出典型 2.5、5.0、7.5、10.0、12.5s 的总位移云图，如图 15.19 所示，模型中最大总位移分别为 17.56、33.43、29.56、30.35、42.19mm，表明随着地震动力影响时间的持续，码头泊位发生总位移特征。

(a) 2.5s 地震响应

(b) 5.0s 地震响应

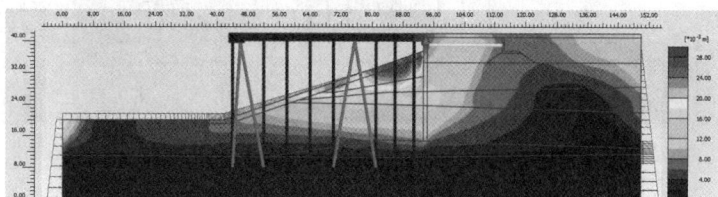

(c) 7.5s 地震响应

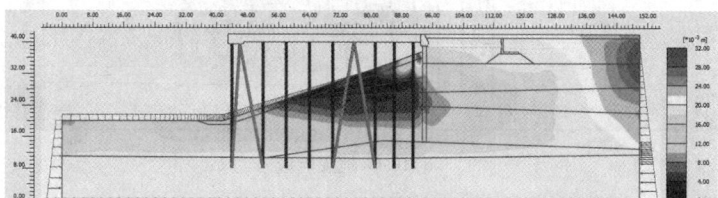

(d) 10.0s 地震响应

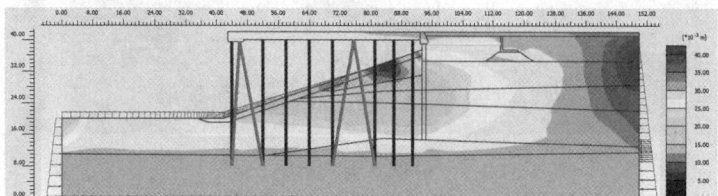

(e) 12.5s 地震响应

图 15.19　岸坡地震响应总位移云图特征(1)

（5）岸坡总速度云图特征。有限元静力分析后，对其模型进行地震动力响应模拟分析，在模型底部给定地震波的计算分析，得出典型 2.5、5.0、7.5、10.0、12.5s 的总速度云图，如图 15.20 所示，模型中最大总速度分别为 0.1199、0.09623、0.04228、0.01436、0.01427m/s，表明随着地震动力影响时间的持续，码头泊位发生变形速度整体急剧减小移动特征。

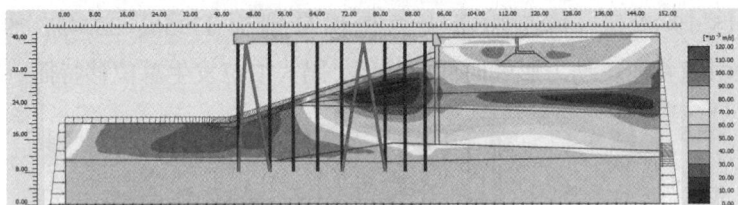

(a)2.5s 地震响应

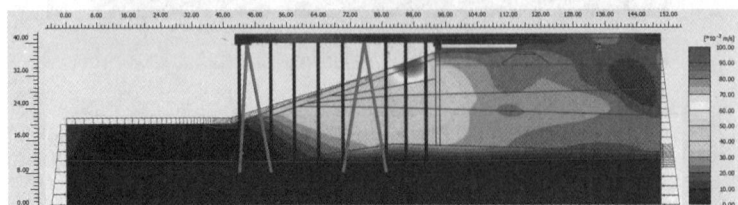

(b)5.0s 地震响应

(c)7.5s 地震响应

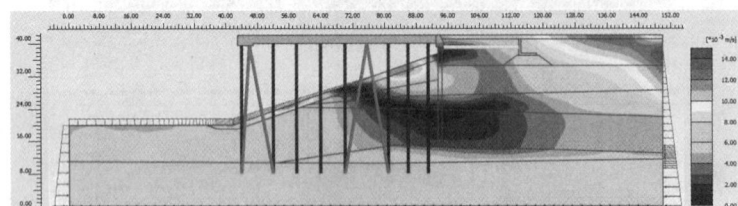

(d)10.0s 地震响应

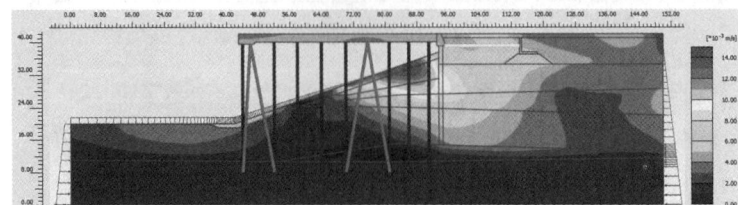

(e)12.5s 地震响应

图 15.20　岸坡地震响应总速度云图特征(1)

（6）岸坡总加速度云图特征。有限元静力分析后，对其模型进行地震动力响应模拟分析，在模型底部给定地震波的计算分析，得出典型 2.5、5.0、7.5、10.0、12.5s 的总加速度云图，如图 15.21 所示，模型中最大总加速度分别为 4.043、2.270、0.9169、0.4585、0.4992m/s^2，表明随着地震动力影响时间的持续，码头泊位发生变形总加速度整体急剧减小移动特征。

（a）2.5s 地震响应

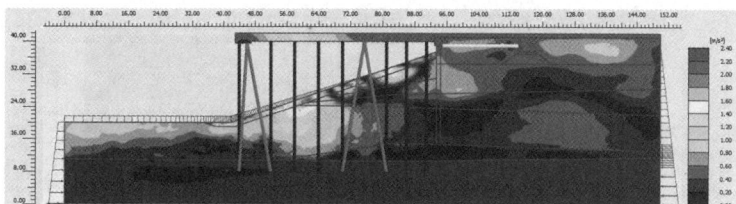

（b）5.0s 地震响应

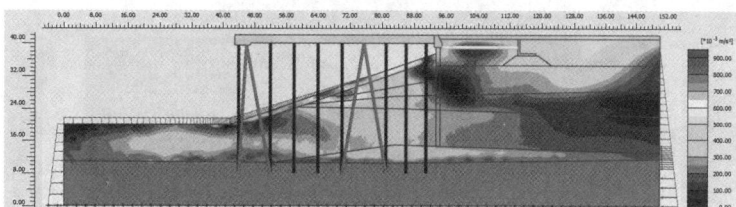

（c）7.5s 地震响应

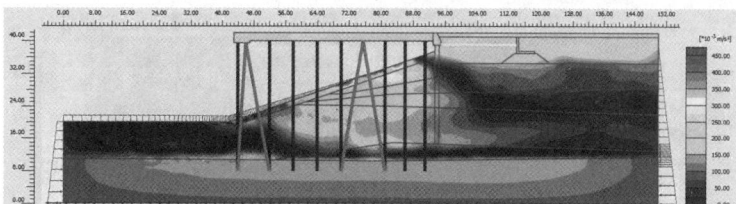

（d）10.0s 地震响应

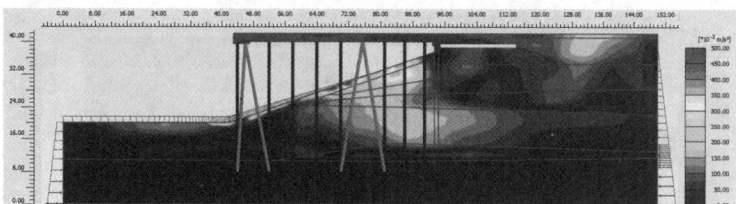

（e）12.5s 地震响应

图 15.21　岸坡地震响应总加速度云图特征（1）

（7）岸坡剪应变云图特征。有限元静力分析后，对其模型进行地震动力响应模拟分析，在模型底部给定地震波的计算分析，得出典型 2.5、5.0、7.5、10.0、12.5s 的剪应变云图特征，如图 15.22 所示，模型中剪应变分别为 2.518%、4.710%、4.917%、4.946%、4.940%，表明随着地震动力影响时间的持续，码头泊位发生变形剪应变整体均值移动特征。

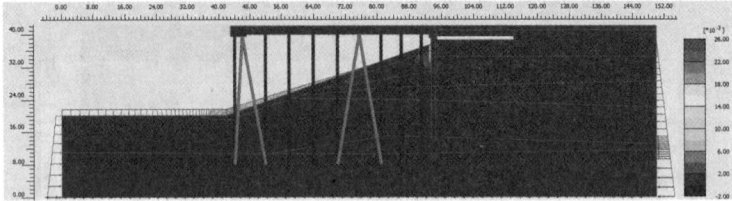

（a）2.5s 地震响应

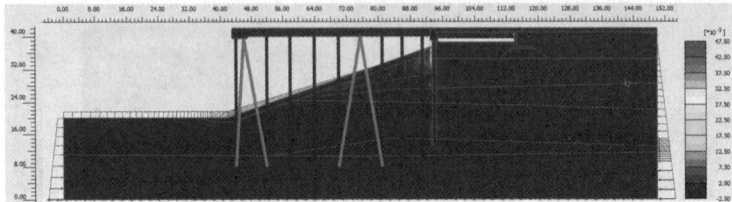

（b）5.0s 地震响应

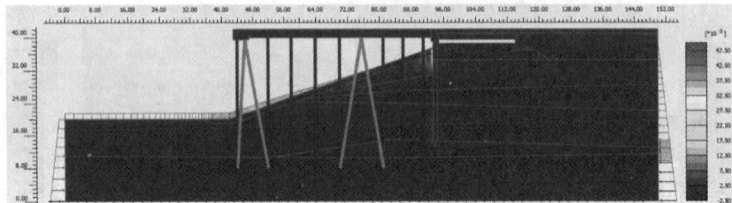

（c）7.5s 地震响应

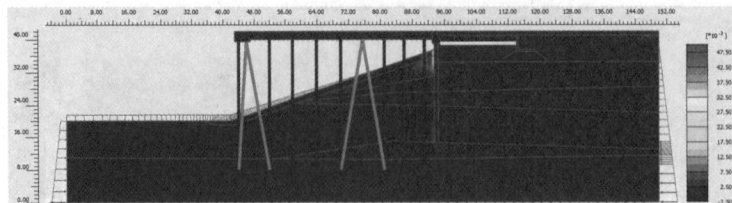

（d）10.0s 地震响应

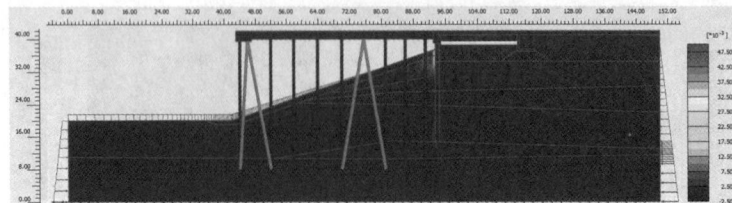

（e）12.5s 地震响应

图 15.22 岸坡地震响应剪应变云图特征(1)

（8）桩体速度矢量特征。有限元静力分析后，对其模型进行地震动力响应模拟分析，在模型底部给定地震波的计算分析，得出典型 2.5、5.0、7.5、10.0、12.5s 的桩体速度矢量特征图，如图 15.23 所示，模型中桩体速度矢量最大值别为 0.2303、0.1132、0.07064、0.02734、0.04289m/s，表明随着地震动力影响时间的持续，码头泊位桩体发生变形整体速度急剧衰减移动特征。

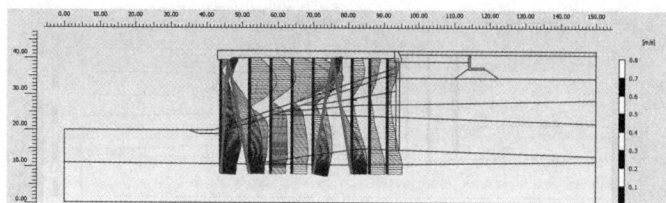

（a）2.5s 地震响应

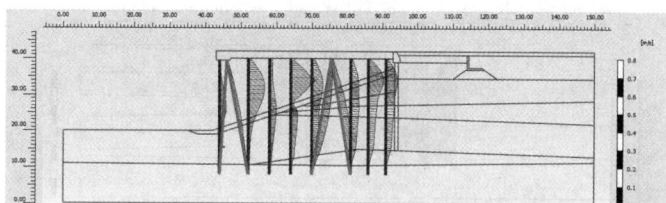

（b）5.0s 地震响应

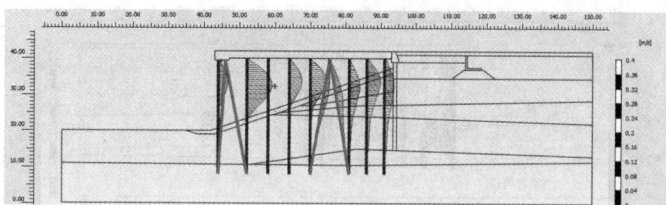

（c）7.5s 地震响应

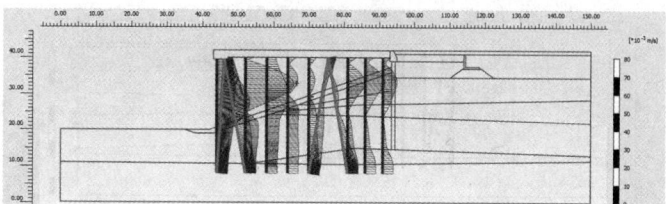

（d）10.0s 地震响应

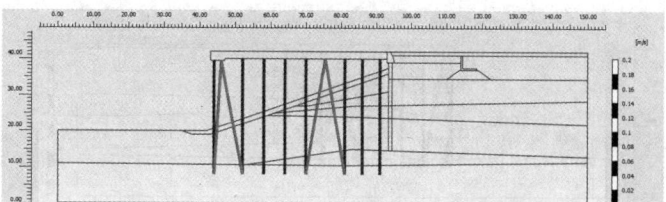

（e）12.5s 地震响应

图 15.23　桩体速度矢量特征图（1）

（9）桩体加速度矢量特征。有限元静力分析后，对其模型进行地震动力响应模拟分析，在模型底部给定地震波的计算分析，得出典型 2.5、5.0、7.5、10.0、12.5s 的桩体加速度矢量特征图，如图 15.24 所示，模型中加速度矢量最大值分别为 16.84、7.237、2.253、1.195、0.7729m/s²，表明随着地震动力影响时间的持续，码头泊位桩体发生变形加速度整体急剧衰减移动特征。

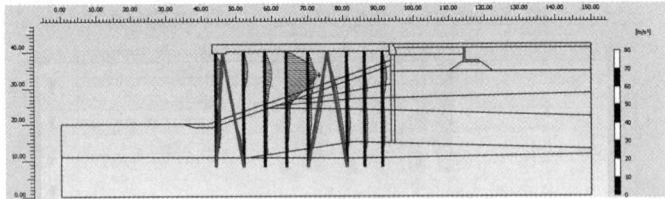

(a)2.5s 地震响应

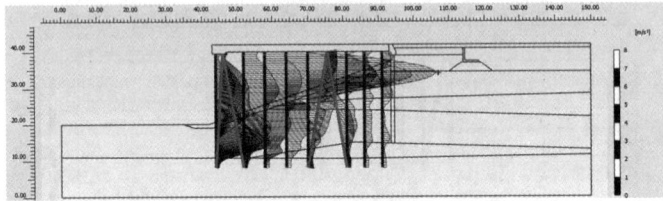

(b)5.0s 地震响应

(c)7.5s 地震响应

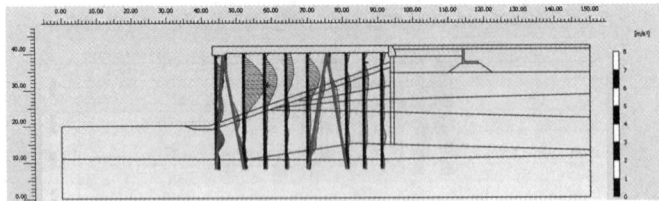

(d)10.0s 地震响应

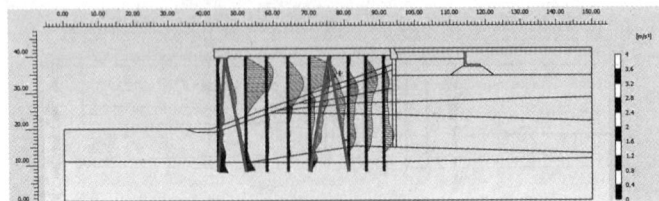

(e)12.5s 地震响应

图15.24　桩体加速度矢量特征图(1)

（10）桩体轴力分布特征。有限元静力分析后，对其模型进行地震动力响应模拟分析，在模型底部给定地震波的计算分析，得出典型 2.5、5.0、7.5、10.0、12.5s 的桩体轴力分布特征图，如图 15.25 所示，模型中桩体轴力分布最大值分别为 61.64、175.30、34.07、28.24、26.59kN/m，表明随着地震动力影响时间的持续，码头泊位桩体发生变形整体轴力分布恒定移动特征。

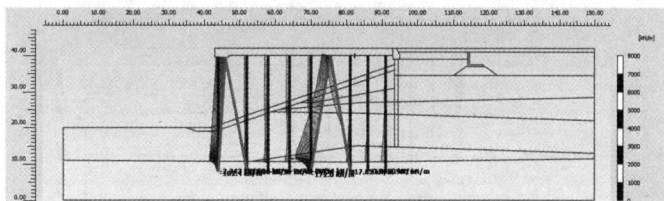

（a）2.5s 地震响应

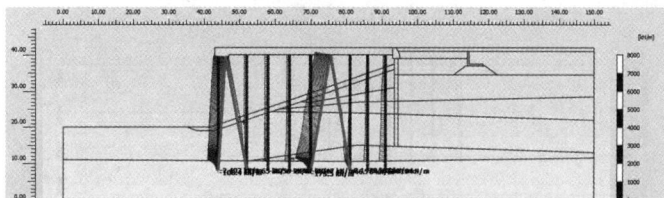

（b）5.0s 地震响应

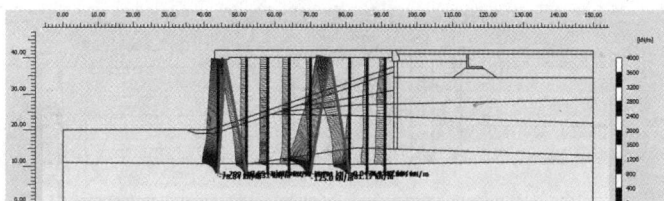

（c）7.5s 地震响应

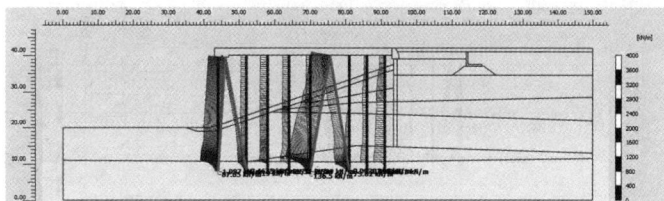

（d）10.0s 地震响应

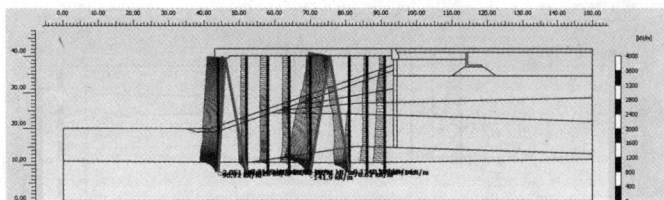

（e）12.5s 地震响应

图 15.25　桩体轴力分布特征图（1）

（11）桩体弯矩分布特征。有限元静力分析后，对其模型进行地震动力响应模拟分析，在模型底部给定地震波的计算分析，得出典型 2.5、5.0、7.5、10.0、12.5s 的桩体弯矩分布特征图，如图 15.26 所示，模型中桩体弯矩分布最大值分别为 1410、1143、1176、1167、1123kN·m，表明随着地震动力影响时间的持续，码头泊位桩体发生变形整体弯矩分布恒定移动特征。

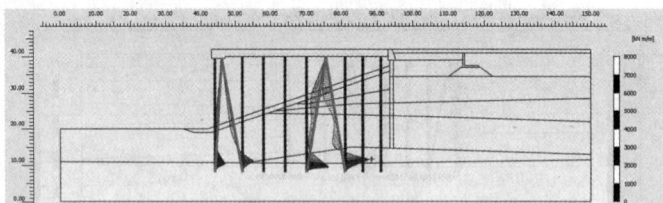

（a）2.5s 地震响应

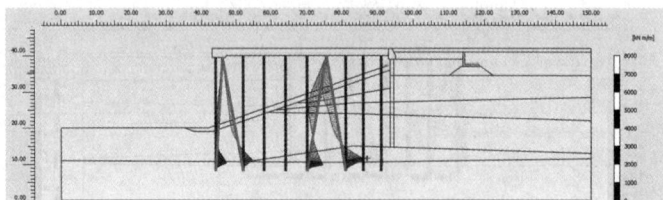

（b）5.0s 地震响应

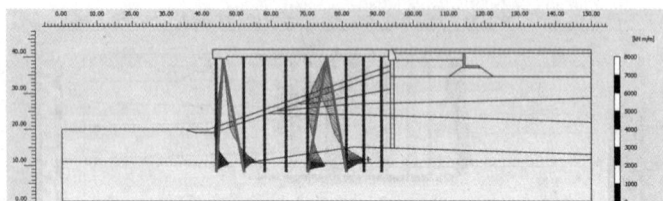

（c）7.5s 地震响应

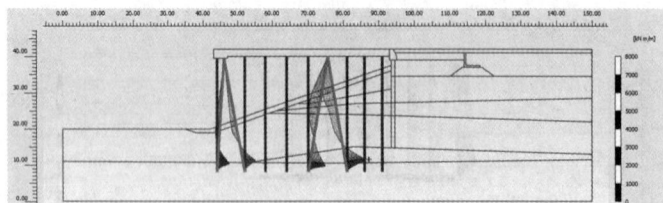

（d）10.0s 地震响应

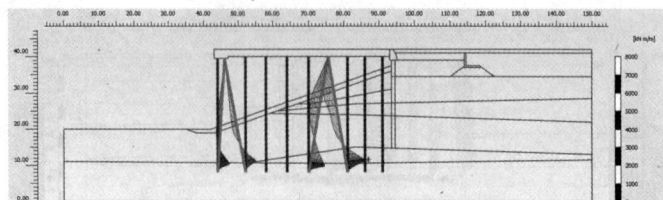

（e）12.5s 地震响应

图 15.26　桩体弯矩分布特征图（1）

（12）桩体摩擦力分布特征。有限元静力分析后，对其模型进行地震动力响应模拟分析，在模型底部给定地震波的计算分析，得出典型 2.5、5.0、7.5、10.0、12.5s 的桩体摩擦力分布特征图，如图 15.27 所示，模型中桩体摩擦力分布最大值分别为 0.9114、0.6066、0.5991、0.5883、0.5786kN 表明随着地震动力影响时间的持续，码头泊位桩体发生变形整体摩擦力分布恒定移动特征。

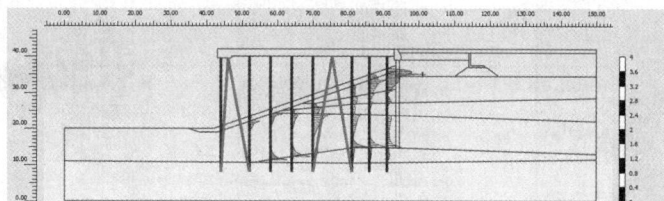

（a）2.5s 地震响应

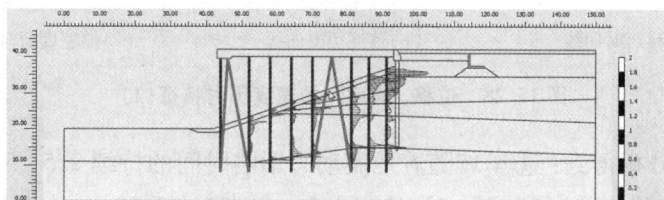

（b）5.0s 地震响应

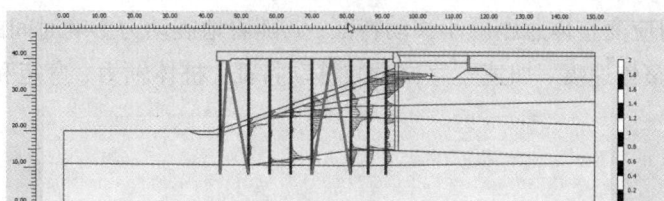

（c）7.5s 地震响应

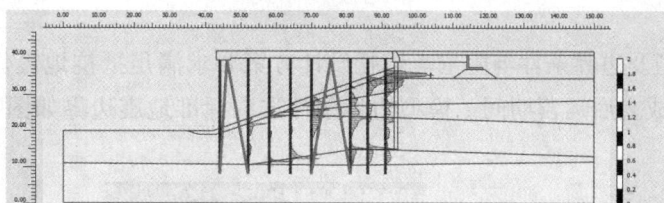

（d）10.0s 地震响应

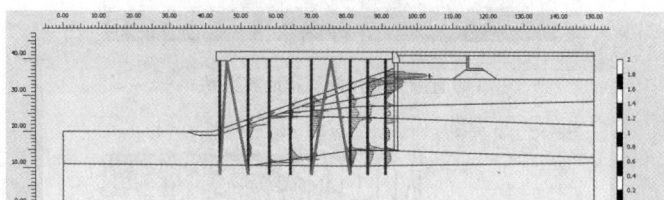

（e）12.5s 地震响应

图 15.27　桩体摩擦力分布特征图（1）

（13）岸坡位移、速度和加速度历时特征。图 15.28 所示模型中位移、速度和加速度历时曲线，表明随着地震动力影响时间的持续，码头泊位发生变形整体由加速至最大并急剧衰减移动特征。

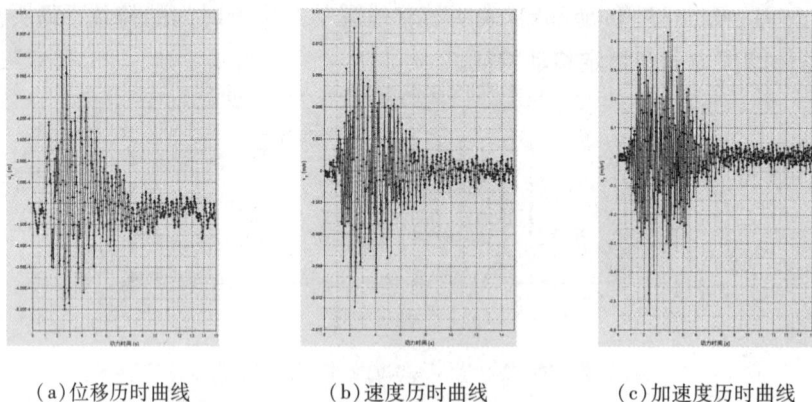

（a）位移历时曲线　　　（b）速度历时曲线　　　（c）加速度历时曲线

图 15.28　位移、速度和加速度历时特征（1）

综上所述，分析得到：①岸坡随着地震动力影响时间的持续 2.5、5.0、7.5、10.0、12.5s 的最大总位移分别为 17.56、33.43、29.56、30.35、42.19mm 表明，码头泊位发生总位移特征，趋于衰减趋势；②岸坡随着地震动力影响时间的持续，码头泊位发生变形速度、加速度、剪应变整体急剧减小移动特征；③随着地震动力影响时间的持续，码头泊位桩体发生变形整体速度、加速度急剧衰减移动特征，桩体轴力、弯矩和摩擦力分布恒定移动特征。

15.2　高桩梁板+牵引嵌岩高桩板码头流固耦合动力响应

（1）建立模型及边界条件与阻尼。依托设计方案要求满足抵抗地震作用，地震力发生在工程建造完成之后运营期间。模型边界条件选取标准地震边界如图 15.29 所示（日本）。

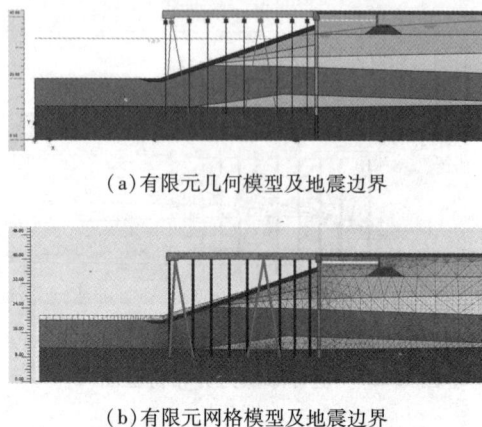

（a）有限元几何模型及地震边界

（b）有限元网格模型及地震边界

图 15.29　有限元几何与网格模型及地震边界（2）

　　（2）岸坡总位移云图特征。有限元静力分析后，对其模型进行地震动力响应模拟分析，在模型底部给定地震波的计算分析，得出典型 2.5、5.0、7.5、10.0、12.5s 的总位移云图，如图 15.30 所示，模型中最大总位移分别为 17.45、31.83、27.63、30.56、42.37mm，表明随着地震动力影响时间的持续，码头泊位发生总位移特征。

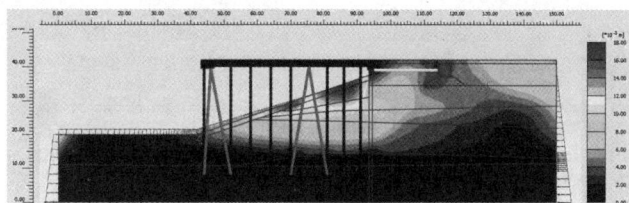

（a）2.5s 地震响应

（b）5.0s 地震响应

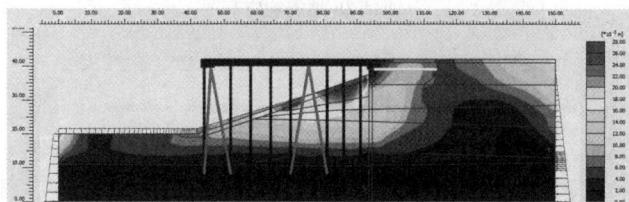

（c）7.5s 地震响应

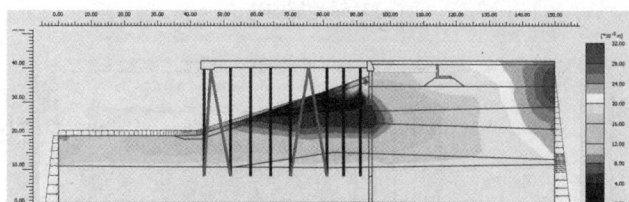

（d）10.0s 地震响应

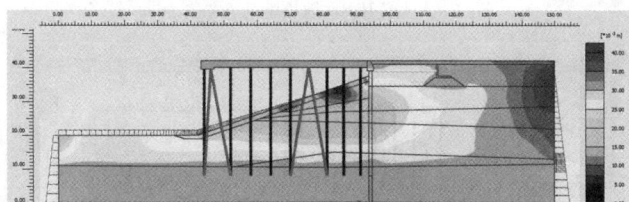

（e）12.5s 地震响应

图 15.30　岸坡地震响应总位移云图特征（2）

（3）岸坡总速度云图特征。有限元静力分析后，对其模型进行地震动力响应模拟分析，在模型底部给定地震波的计算分析，得出典型 2.5、5.0、7.5、10.0、12.5s 的总速度云图，如图 15.31 所示，模型中最大总速度分别为 0.1266、0.09145、0.04026、0.01406、0.01232m/s，表明随着地震动力影响时间的持续，码头泊位发生变形速度整体急剧减小移动特征。

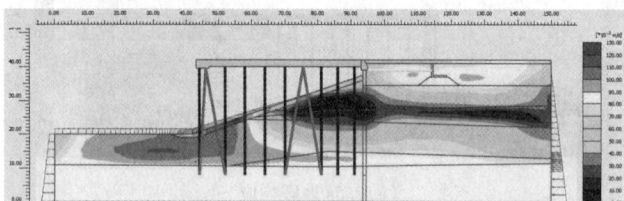

（a）2.5s 地震响应

（b）5.0s 地震响应

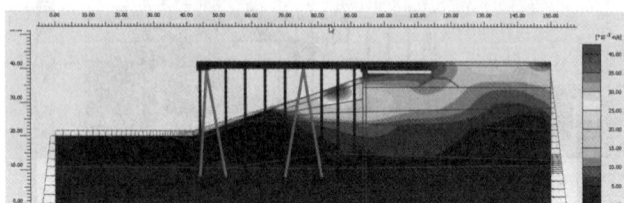

（c）7.5s 地震响应

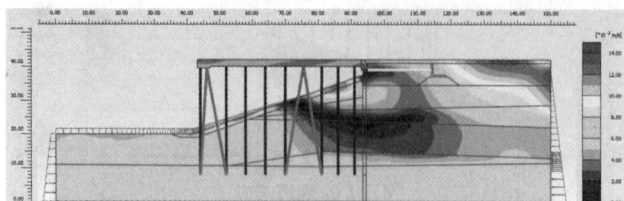

（d）10.0s 地震响应

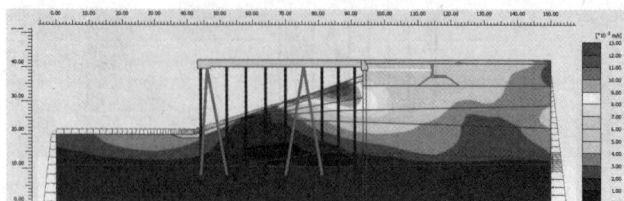

（e）12.5s 地震响应

图 15.31　岸坡地震响应总速度云图特征（2）

(4)岸坡总加速度云图特征。有限元静力分析后，对其模型进行地震动力响应模拟分析，在模型底部给定地震波的计算分析，得出典型 2.5、5.0、7.5、10.0、12.5s 的总加速度云图，如图 15.32 所示，模型中最大总加速度分别为 4.079、2.431、0.9665、0.4973、0.5291m/s²，表明随着地震动力影响时间的持续，码头泊位发生变形总加速度整体急剧减小移动特征。

(a)2.5s 地震响应

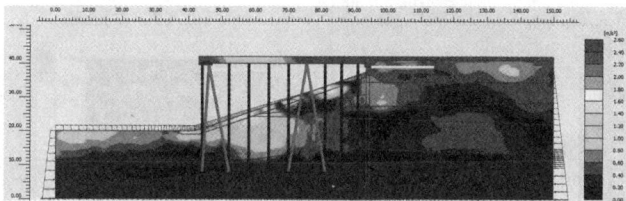

(b)5.0s 地震响应

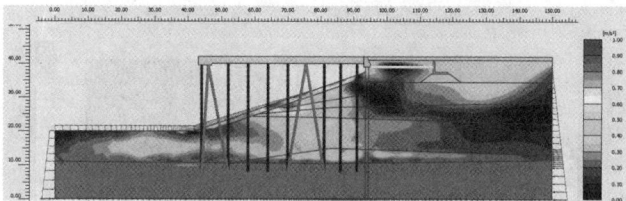

(c)7.5s 地震响应

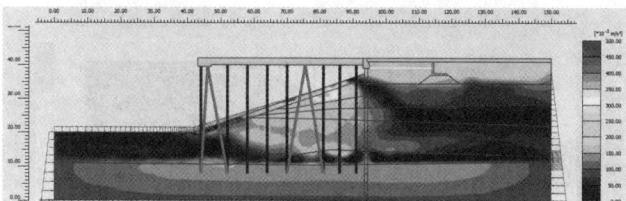

(d)10.0s 地震响应

(e)12.5s 地震响应

图 15.32 岸坡地震响应总加速度云图特征(2)

（5）岸坡剪应变云图特征。有限元静力分析后，对其模型进行地震动力响应模拟分析，在模型底部给定地震波的计算分析，得出典型2.5、5.0、7.5、10.0、12.5s的剪应变云图特征，如图15.33所示，模型中剪应变分别为2.913%、5.380%、5.591%、5.605%、5.599%，表明随着地震动力影响时间的持续，码头泊位发生变形剪应变整体均值移动特征。

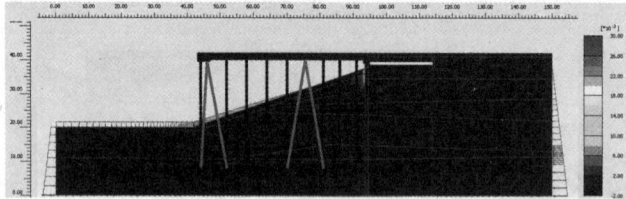

（a）2.5s地震响应

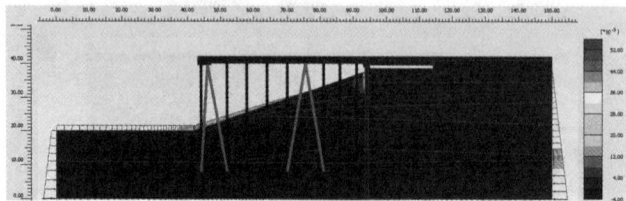

（b）5.0s地震响应

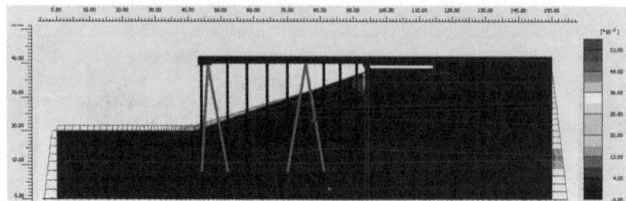

（c）7.5s地震响应

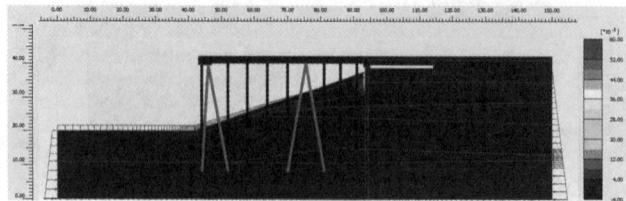

（d）10.0s地震响应

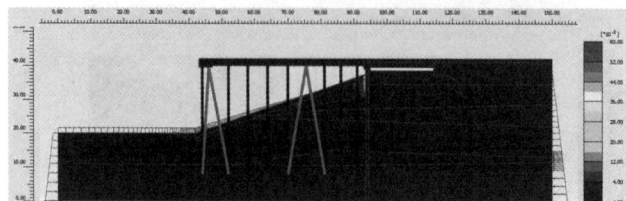

（e）12.5s地震响应

图15.33　岸坡地震响应剪应变云图特征（2）

（6）桩体速度矢量特征。有限元静力分析后，对其模型进行地震动力响应模拟分析，在模型底部给定地震波的计算分析，得出典型 2.5、5.0、7.5、10.0、12.5s 的桩体速度矢量特征图，如图 15.34 所示，模型中桩体速度矢量最大值分别为 0.2694、0.1356、0.07097、0.02720、0.03945m/s，表明随着地震动力影响时间的持续，码头泊位桩体发生变形整体速度急剧衰减移动特征。

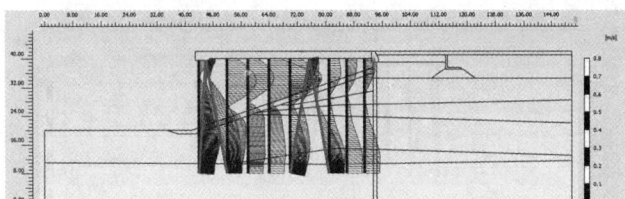

（a）2.5s 地震响应

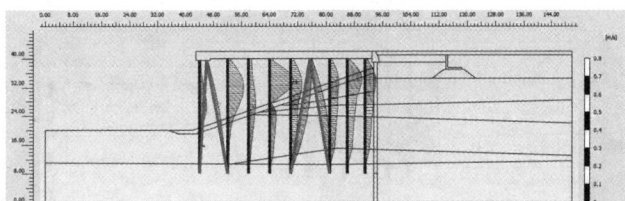

（b）5.0s 地震响应

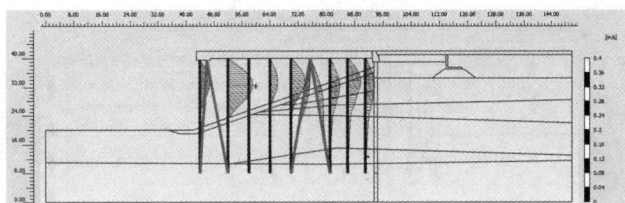

（c）7.5s 地震响应

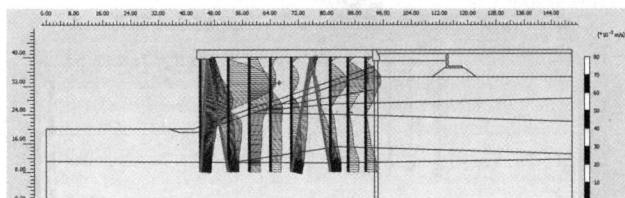

（d）10.0s 地震响应

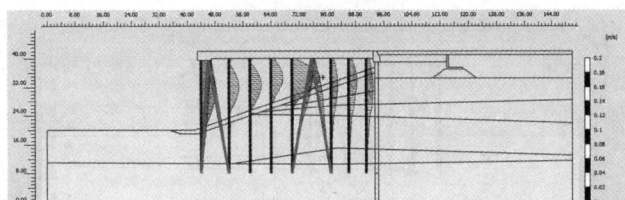

（e）12.5s 地震响应

图 15.34　桩体速度矢量特征图（2）

　　(7)桩体加速度矢量特征。有限元静力分析后，对其模型进行地震动力响应模拟分析，在模型底部给定地震波的计算分析，得出典型 2.5、5.0、7.5、10.0、12.5s 的桩体加速度矢量特征图，如图 15.35 所示，模型中加速度矢量最大值分别为 16.30、7.403、2.252、1.219、0.8246m/s^2，表明随着地震动力影响时间的持续，码头泊位桩体发生变形加速度整体急剧衰减移动特征。

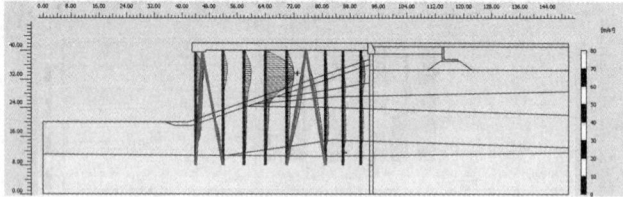

(a)2.5s 地震响应

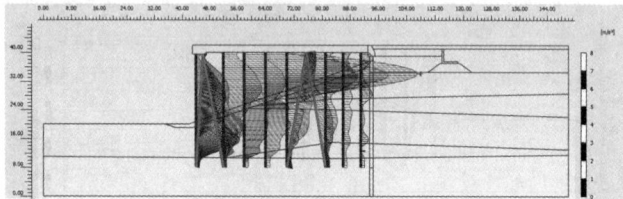

(b)5.0s 地震响应

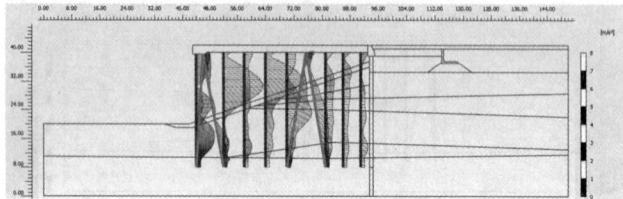

(c)7.5s 地震响应

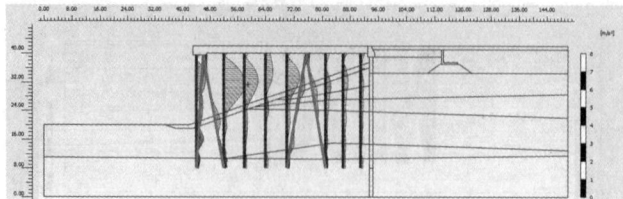

(d)10.0s 地震响应

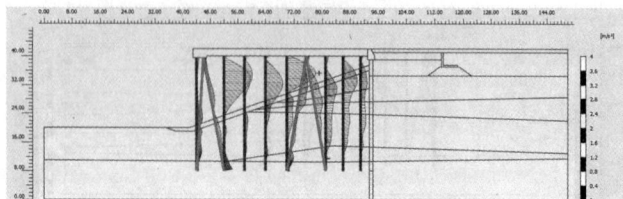

(e)12.5s 地震响应

图 15.35　桩体加速度矢量特征图(2)

（8）桩体轴力分布特征。有限元静力分析后，对其模型进行地震动力响应模拟分析，在模型底部给定地震波的计算分析，得出典型 2.5、5.0、7.5、10.0、12.5s 的桩体轴力分布特征图，如图 15.36 所示，模型中桩体轴力分布最大值分别为 120.8、132.6、78.90、74.97、71.99kN/m，表明随着地震动力影响时间的持续，码头泊位桩体发生变形整体轴力分布恒定移动特征。

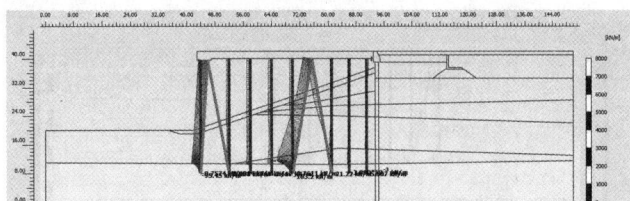

（a）2.5s 地震响应

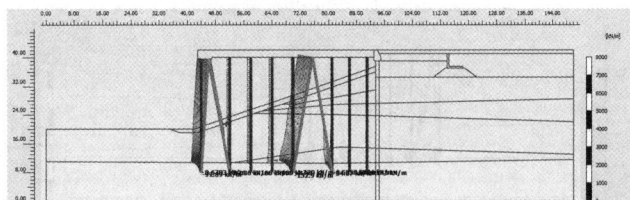

（b）5.0s 地震响应

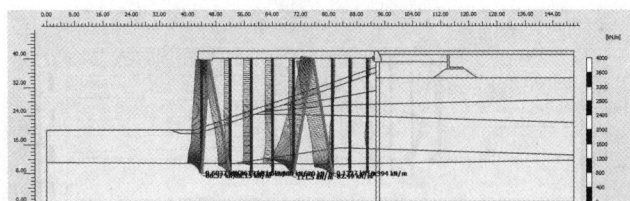

（c）7.5s 地震响应

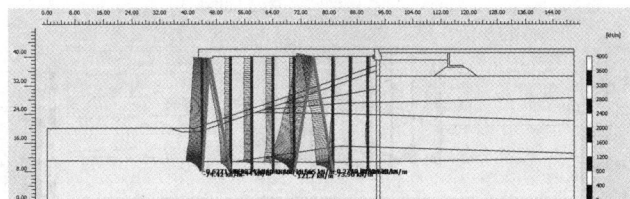

（d）10.0s 地震响应

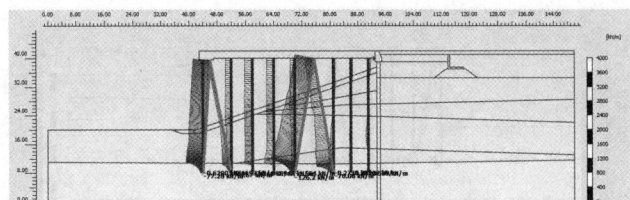

（e）12.5s 地震响应

图 15.36　桩体轴力分布特征图（2）

（9）桩体弯矩分布特征。有限元静力分析后，对其模型进行地震动力响应模拟分析，在模型底部给定地震波的计算分析，得出典型 2.5、5.0、7.5、10.0、12.5s 的桩体弯矩分布特征图，如图 15.37 所示，模型中桩体弯矩分布最大值分别为 1240、920.3、961.7、945.9、897.5kN·m，表明随着地震动力影响时间的持续，码头泊位桩体发生变形整体弯矩分布恒定移动特征。

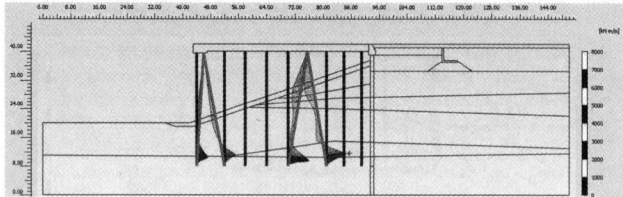

（a）2.5s 地震响应

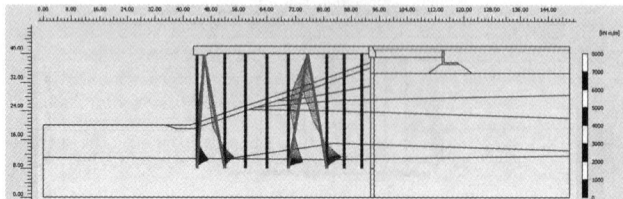

（b）5.0s 地震响应

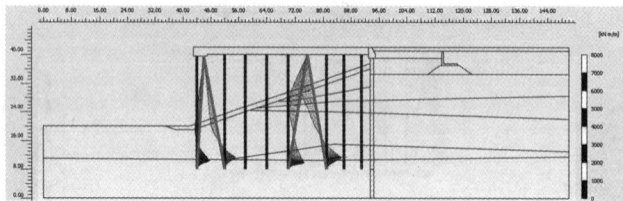

（c）7.5s 地震响应

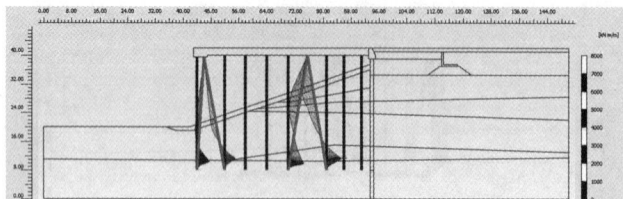

（d）10.0s 地震响应

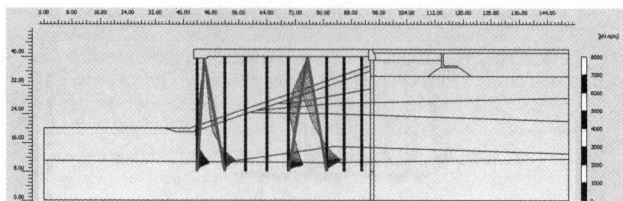

（e）12.5s 地震响应

图 15.37　桩体弯矩分布特征图（2）

（10）桩体摩擦力分布特征。有限元静力分析后，对其模型进行地震动力响应模拟分析，在模型底部给定地震波的计算分析，得出典型 2.5、5.0、7.5、10.0、12.5s 的桩体摩擦力分布特征图，如图 15.38 所示，模型中桩体摩擦力分布最大值分别为 0.9272、0.5874、0.6004、0.5902、0.5771kN，表明随着地震动力影响时间的持续，码头泊位桩体发生变形整体摩擦力分布恒定移动特征。

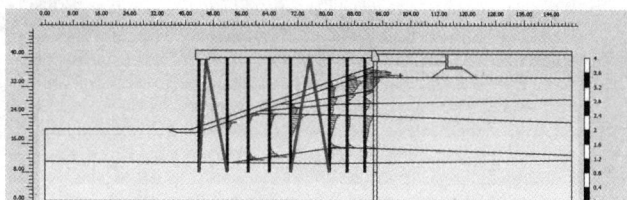

（a）2.5s 地震响应

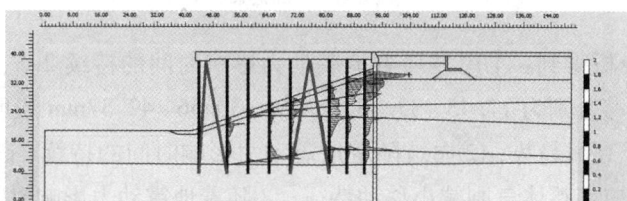

（b）5.0s 地震响应

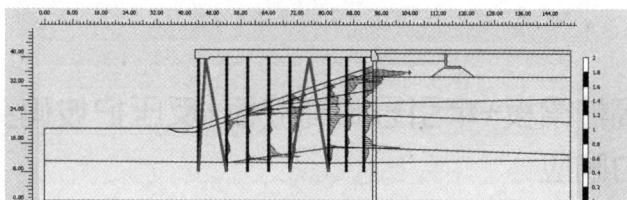

（c）7.5s 地震响应

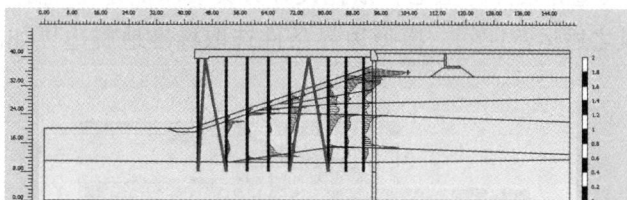

（d）10.0s 地震响应

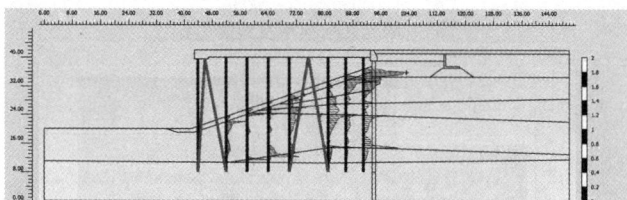

（e）12.5s 地震响应

图 15.38　桩体摩擦力分布特征图（2）

（11）位移、速度和加速度历时特征。图 15.39 所示模型中位移、速度和加速度历时曲线，表明随着地震动力影响时间的持续，码头泊位发生变形整体由加速至最大并急剧衰减移动特征。

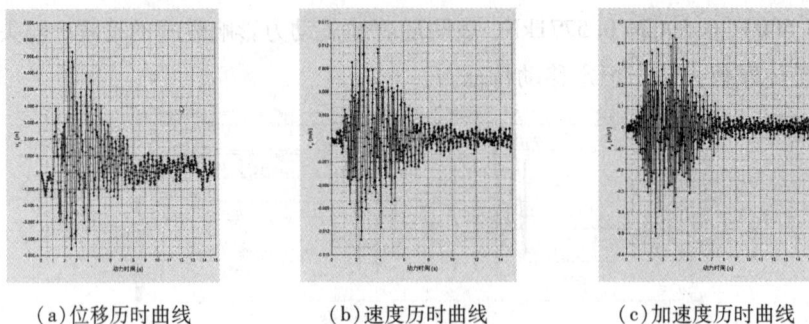

(a)位移历时曲线　　(b)速度历时曲线　　(c)加速度历时曲线

图 15.39　位移、速度和加速度历时特征(2)

综上所述，分析得到：①岸坡随着地震动力影响时间的持续 2.5、5.0、7.5、10.0、12.5s 的最大总位移分别为 17.45、33.83、27.63、30.56、42.37mm 表明，码头泊位发生总位移特征，趋于衰减趋势；②岸坡随着地震动力影响时间的持续，码头泊位发生变形速度、加速度、剪应变整体急剧减小移动特征；③随着地震动力影响时间持续，码头泊位桩体发生变形整体速度、加速度急剧衰减移动特征，桩体轴力、弯矩和摩擦力分布恒定移动特征。

15.3　高桩梁板+牵引悬式高桩板+反压护坡码头流固耦合动力响应

（1）建立模型及边界条件与阻尼。依托设计方案要求满足抵抗地震作用，地震力发生在工程建造完成之后运营期间。模型边界条件选取标准地震边界如图 15.40 所示(中国)。

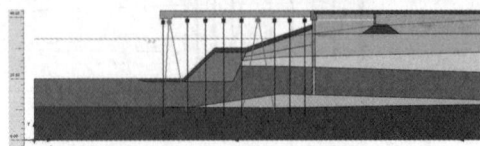

(a)有限元几何模型及地震边界

(b)有限元网格模型及地震边界

图 15.40　有限元几何与网格模型及地震边界(3)

（2）岸坡总位移云图特征。有限元静力分析后，对其模型进行地震动力响应模拟分析，在模型底部给定地震波的计算分析，得出典型 2.5、5.0、7.5、10.0、12.5s 的总位移云图，如图 15.41 所示，模型中最大总位移分别为 16.62、29.92、26.85、39.12、49.53mm，表明随着地震动力影响时间的持续，码头泊位发生总位移特征。

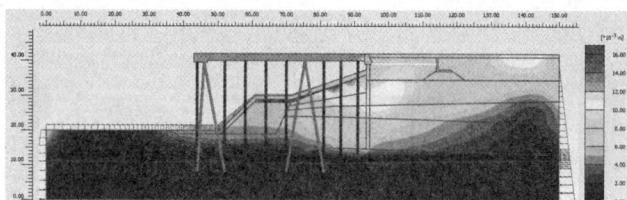

（a）2.5s 地震响应

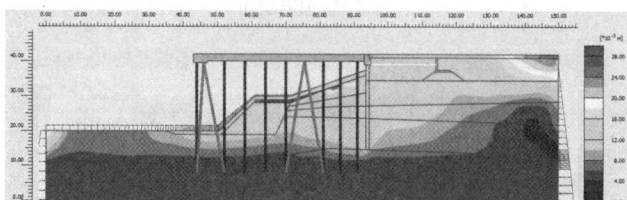

（b）5.0s 地震响应

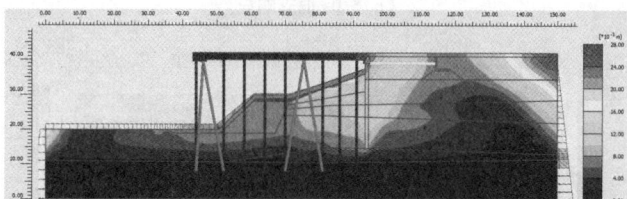

（c）7.5s 地震响应

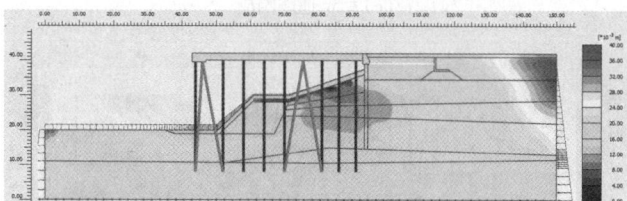

（d）10.0s 地震响应

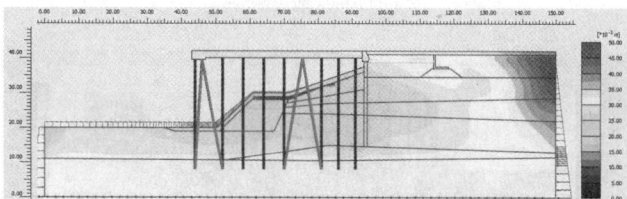

（e）12.5s 地震响应

图 15.41　岸坡地震响应总位移云图特征（3）

（3）岸坡总速度云图特征。有限元静力分析后，对其模型进行地震动力响应模拟分析，在模型底部给定地震波的计算分析，得出典型 2.5、5.0、7.5、10.0、12.5s 的总速度云图，如图 15.42 所示，模型中最大总速度分别为 0.1145、0.05205、0.02806、0.01614、0.008181m/s，表明随着地震动力影响时间的持续，码头泊位发生变形速度整体急剧减小移动特征。

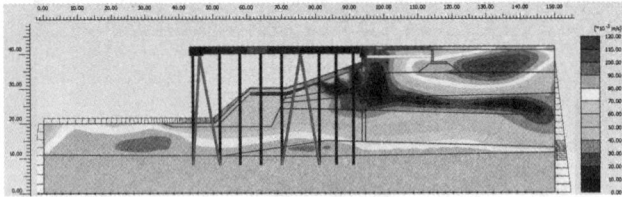

（a）2.5s 地震响应

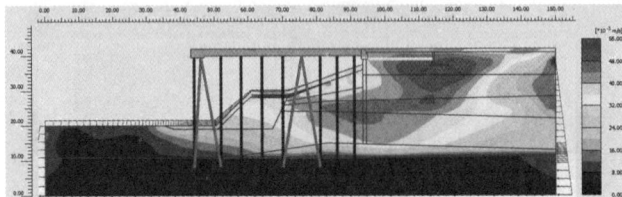

（b）5.0s 地震响应

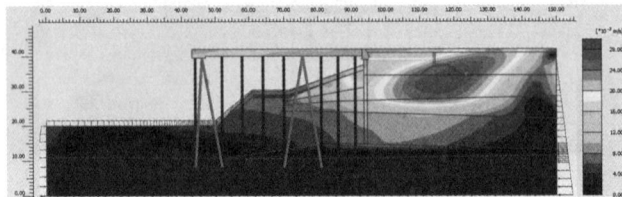

（c）7.5s 地震响应

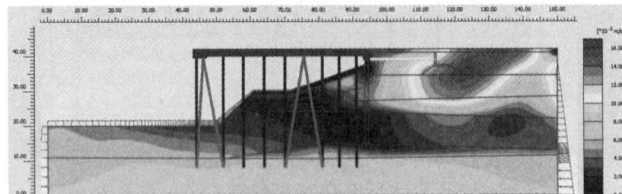

（d）10.0s 地震响应

（e）12.5s 地震响应

图 15.42　岸坡地震响应总速度云图特征（3）

（4）岸坡总加速度云图特征。有限元静力分析后，对其模型进行地震动力响应模拟分析，在模型底部给定地震波的计算分析，得出典型 2.5、5.0、7.5、10.0、12.5s 的总加速度云图，如图 15.43 所示，模型中最大总加速度分别为 5.399、6.510、0.8593、0.4026、0.4874m/s²，表明随着地震动力影响时间的持续，码头泊位发生变形总加速度整体急剧减小移动特征。

（a）2.5s 地震响应

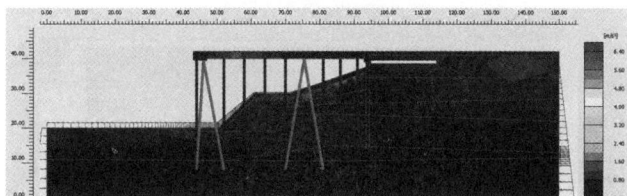

（b）5.0s 地震响应

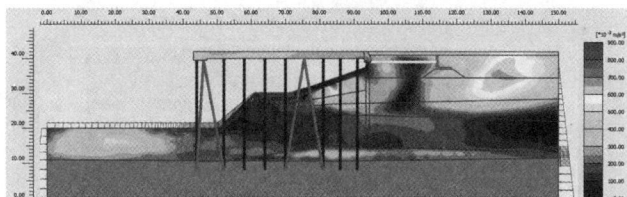

（c）7.5s 地震响应

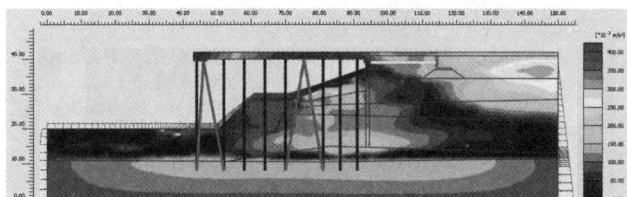

（d）10.0s 地震响应

（e）12.5s 地震响应

图 15.43　岸坡地震响应总加速度云图特征（3）

　　(5)岸坡剪应变云图特征。有限元静力分析后,对其模型进行地震动力响应模拟分析,在模型底部给定地震波的计算分析,得出典型 2.5、5.0、7.5、10.0、12.5s 的剪应变云图特征,如图 15.44 所示,模型中剪应变分别为 4.428%、3.061%、3.244%、3.256%、3.263%,表明随着地震动力影响时间的持续,码头泊位发生变形剪应变整体均值移动特征。

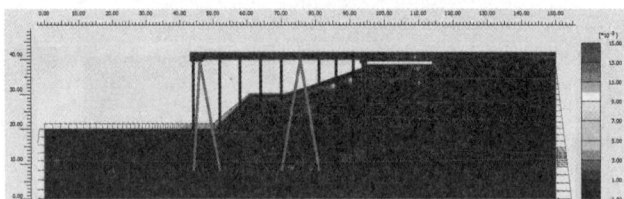

(a)2.5s 地震响应

(b)5.0s 地震响应

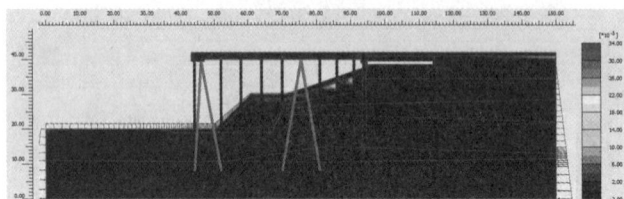

(c)7.5s 地震响应

(d)10.0s 地震响应

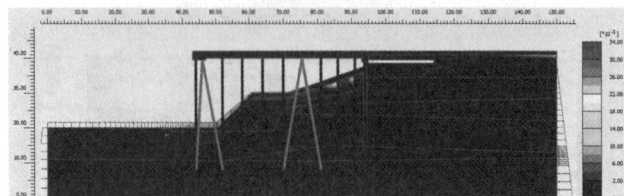

(e)12.5s 地震响应

图 15.44　岸坡地震响应剪应变云图特征(3)

(6)桩体速度矢量特征。有限元静力分析后,对其模型进行地震动力响应模拟分析,在模型底部给定地震波的计算分析,得出典型 2.5、5.0、7.5、10.0、12.5s 的桩体速度矢量特征图,如图 15.45 所示,模型中桩体速度矢量最大值分别为 0.1359、0.0652、0.04714、0.01334、0.02881m/s,表明随着地震动力影响时间的持续,码头泊位桩体发生变形整体速度急剧衰减移动特征。

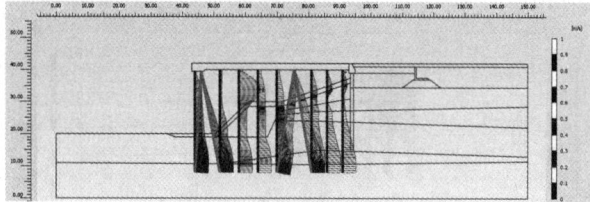

(a)2.5s 地震响应

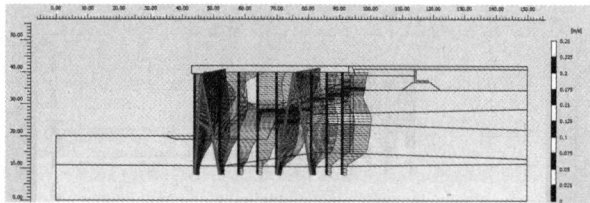

(b)5.0s 地震响应

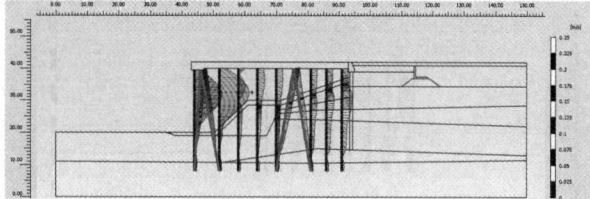

(c)7.5s 地震响应

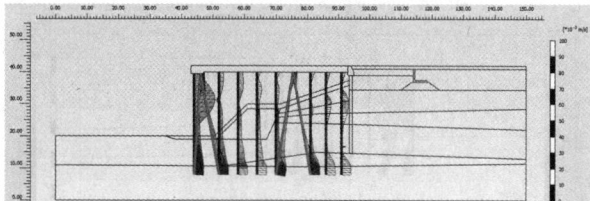

(d)10.0s 地震响应

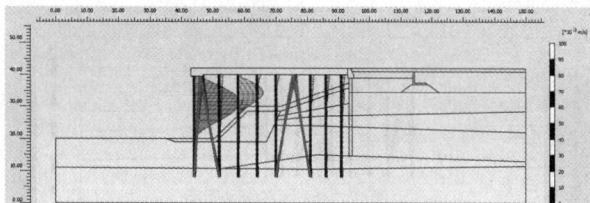

(e)12.5s 地震响应

图 15.45　桩体速度矢量特征图(3)

（7）桩体加速度矢量特征。有限元静力分析后，对其模型进行地震动力响应模拟分析，在模型底部给定地震波的计算分析，得出典型 2.5、5.0、7.5、10.0、12.5s 的桩体加速度矢量特征图，如图 15.46 所示，模型中加速度矢量最大值分别为 3.910、3.425、0.7444、0.5495、0.6758m/s^2，表明随着地震动力影响时间的持续，码头泊位桩体发生变形加速度整体急剧衰减移动特征。

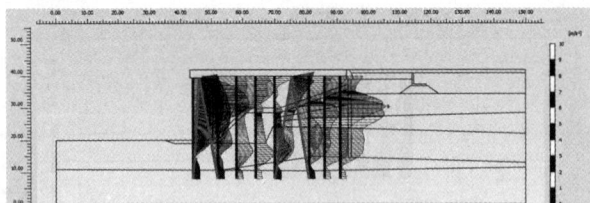
（a）2.5s 地震响应

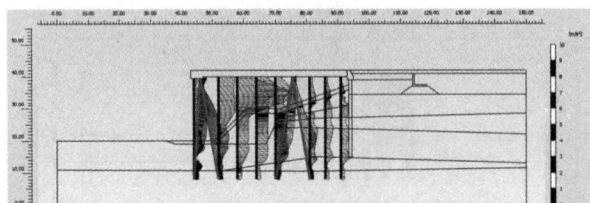
（b）5.0s 地震响应

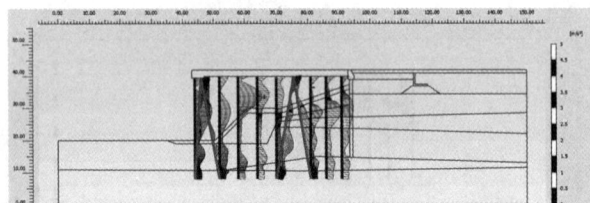
（c）7.5s 地震响应

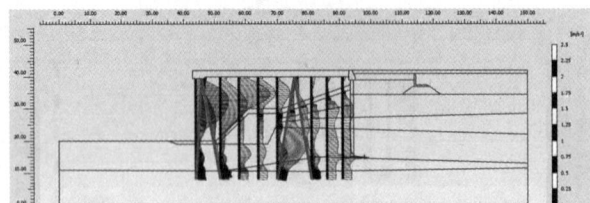
（d）10.0s 地震响应

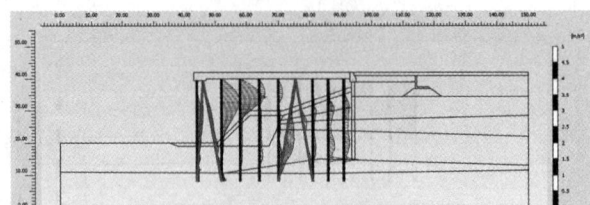
（e）12.5s 地震响应

图 15.46 桩体加速度矢量特征图（3）

（8）桩体轴力分布特征。有限元静力分析后，对其模型进行地震动力响应模拟分析，在模型底部给定地震波的计算分析，得出典型 2.5、5.0、7.5、10.0、12.5s 的桩体轴力分布特征图，如图 15.47 所示，模型中桩体轴力分布最大值分别为 394.5、86.63、303.5、248.0、228.0kN/m，表明随着地震动力影响时间的持续，码头泊位桩体发生变形整体轴力分布恒定移动特征。

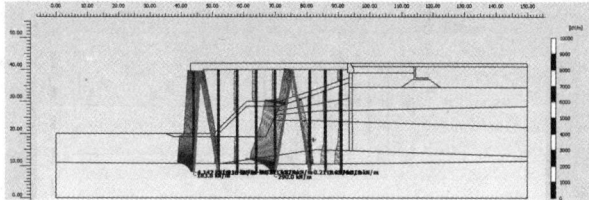

（a）2.5s 地震响应

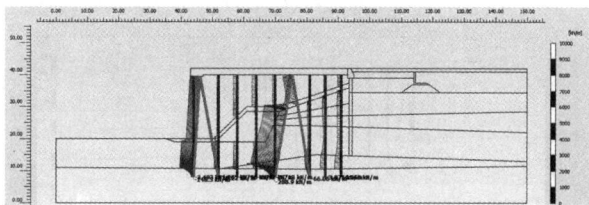

（b）5.0s 地震响应

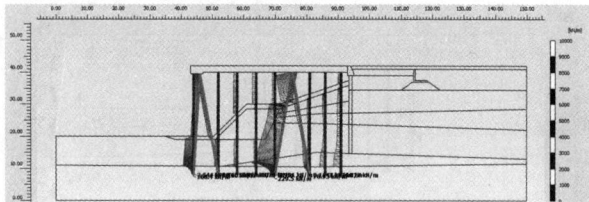

（c）7.5s 地震响应

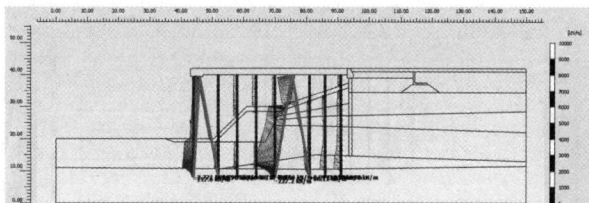

（d）10.0s 地震响应

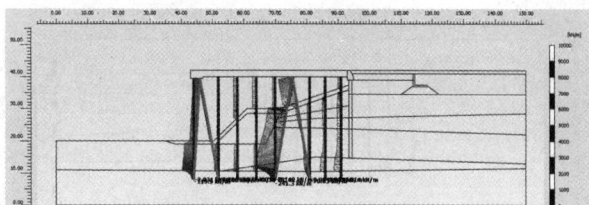

（e）12.5s 地震响应

图 15.47　桩体轴力分布特征图（3）

（9）桩体弯矩分布特征。有限元静力分析后，对其模型进行地震动力响应模拟分析，在模型底部给定地震波的计算分析，得出典型 2.5、5.0、7.5、10.0、12.5s 的桩体弯矩分布特征图，如图 15.48 所示，模型中桩体弯矩分布最大值分别为 1330、1014、972.9、985.7、980.2kN·m，表明随着地震动力影响时间的持续，码头泊位桩体发生变形整体弯矩分布恒定移动特征。

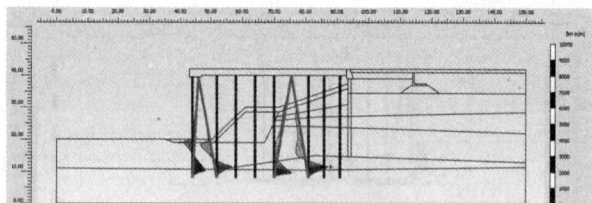

（a）2.5s 地震响应

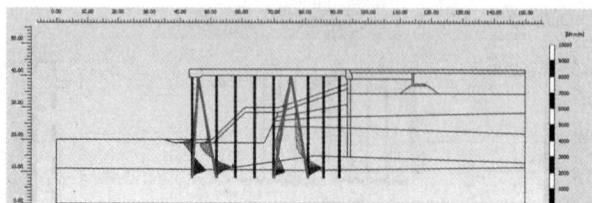

（b）5.0s 地震响应

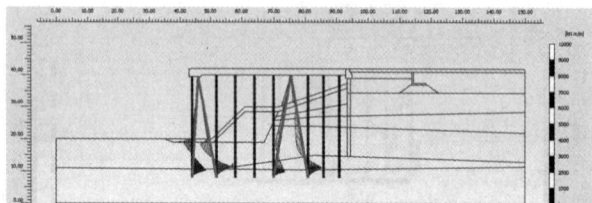

（c）7.5s 地震响应

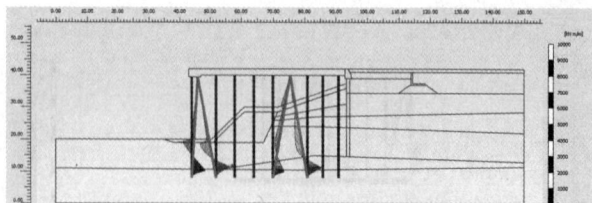

（d）10.0s 地震响应

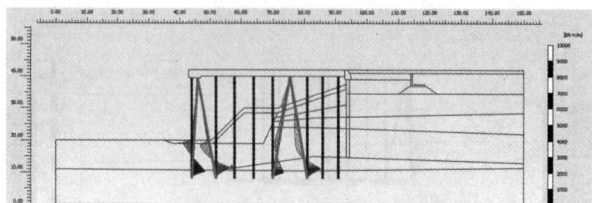

（e）12.5s 地震响应

图 15.48　桩体弯矩分布特征图（3）

（10）桩体摩擦力分布特征。有限元静力分析后，对其模型进行地震动力响应模拟分析，在模型底部给定地震波的计算分析，得出典型 2.5、5.0、7.5、10.0、12.5s 的桩体摩擦力分布特征图，如图 15.49 所示，模型中桩体摩擦力分布最大值分别为 0.9415、0.8408、0.8459、0.8276、0.8133kN，表明随着地震动力影响时间的持续，码头泊位桩体发生变形整体摩擦力分布恒定移动特征。

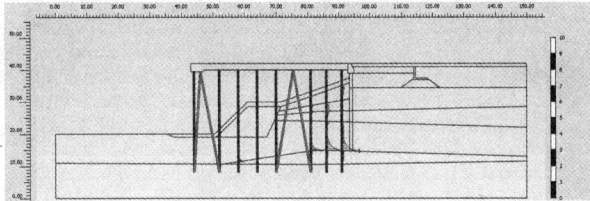

（a）2.5s 地震响应

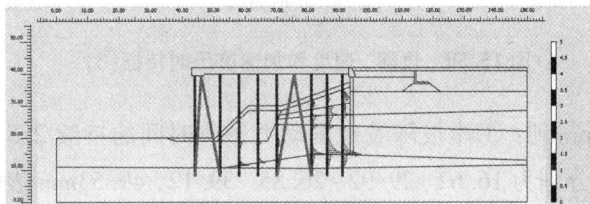

（b）5.0s 地震响应

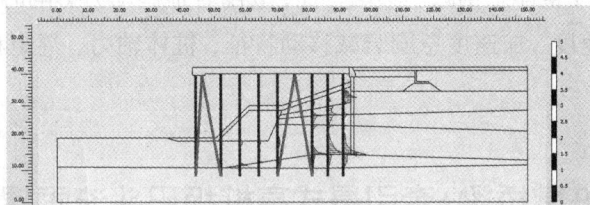

（c）7.5s 地震响应

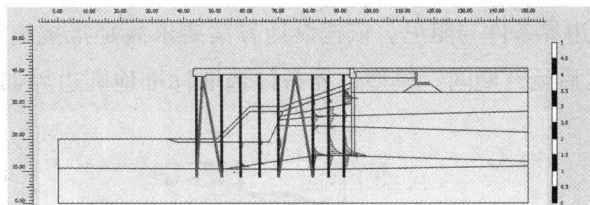

（d）10.0s 地震响应

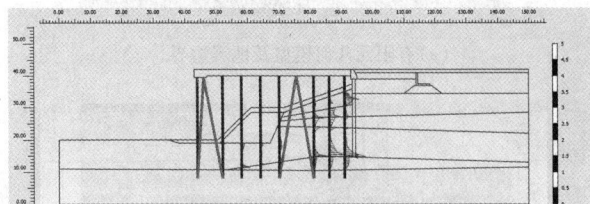

（e）12.5s 地震响应

图 15.49　桩体摩擦力分布特征图（3）

（11）位移、速度和加速度历时特征。图 15.50 所示模型中位移、速度和加速度历时曲线，表明随着地震动力影响时间的持续，码头泊位发生变形整体由加速至最大并急剧衰减移动特征。

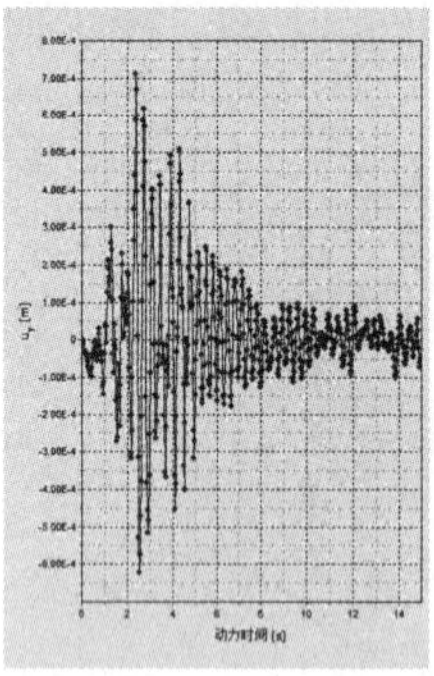

（a）位移历时曲线 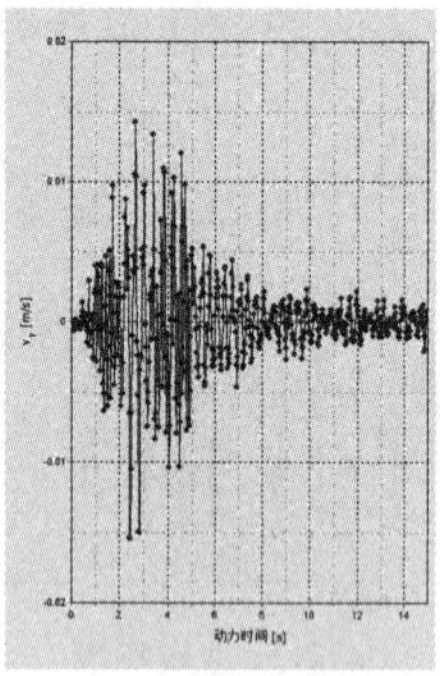　　（b）速度历时曲线 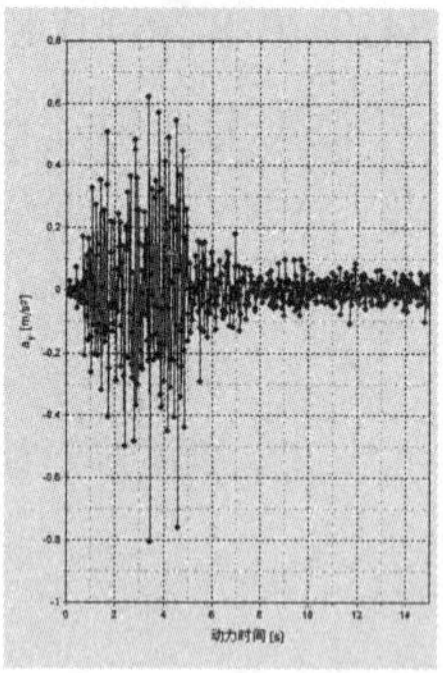　　（c）加速度历时曲线

图 15.50　位移、速度和加速度历时特征（3）

综上所述，分析得到：①岸坡随着地震动力影响时间的持续 2.5、5.0、7.5、10.0、12.5s 的最大总位移分别为 16.62、29.92、26.85、39.12、49.53mm 表明，码头泊位发生总位移特征，趋于衰减趋势；②岸坡随着地震动力影响时间的持续，码头泊位发生变形速度、加速度、剪应变整体急剧减小移动特征；③随着地震动力影响时间持续，码头泊位桩体发生变形整体速度、加速度急剧衰减移动特征，桩体轴力、弯矩和摩擦力分布恒定移动特征。

15.4　高桩墩桥梁+牵引悬式高桩板码头流固耦合动力响应

（1）建立模型及边界条件与阻尼。依托设计方案要求满足抵抗地震作用，地震力发生在工程建造完成之后运营期间。模型边界条件选取标准地震边界如图 15.51 所示（中国）。

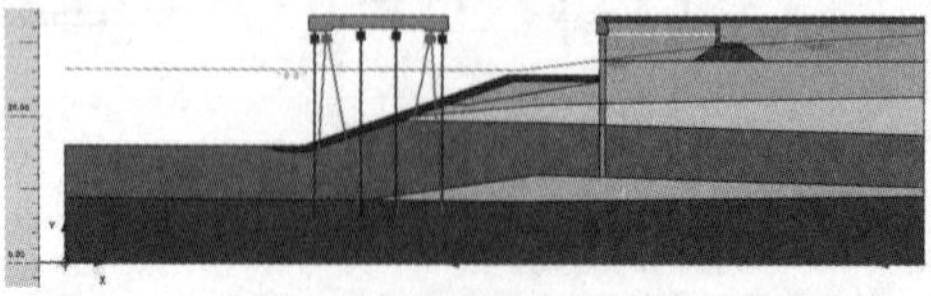

（a）有限元几何模型及地震边界

（b）有限元网格模型及地震边界

图 15.51　有限元几何与网格模型及地震边界（4）

（2）岸坡总位移云图特征。有限元静力分析后，对其模型进行地震动力响应模拟分析，在模型底部给定地震波的计算分析，得出典型 2.5、5.0、7.5、10.0、12.5s 的总位移云图，如图 15.52 所示，模型中最大总位移分别为 20.73、47.22、46.48、28.44、39.83mm，表明随着地震动力影响时间的持续，码头泊位发生总位移特征。

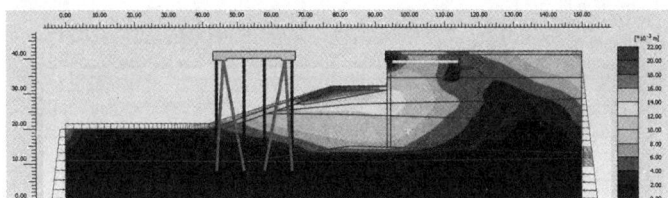

（a）2.5s 地震响应

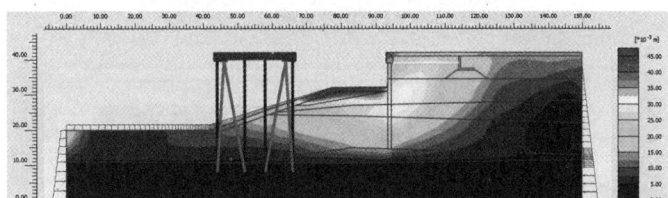

（b）5.0s 地震响应

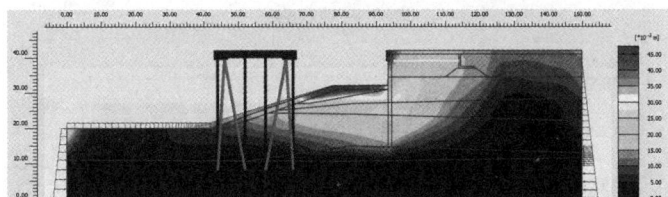

（c）7.5s 地震响应

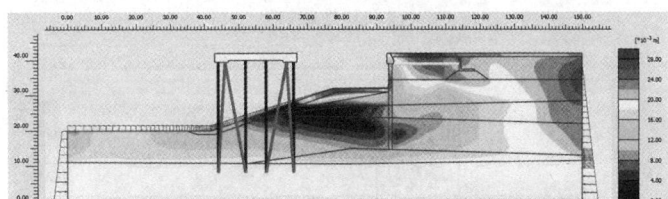

（d）10.0s 地震响应

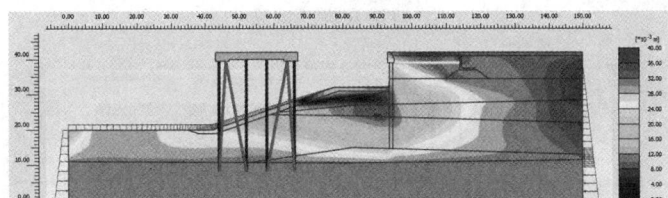

（e）12.5s 地震响应

图 15.52　岸坡地震响应总位移云图特征（4）

（3）岸坡总速度云图特征。有限元静力分析后，对其模型进行地震动力响应模拟分析，在模型底部给定地震波的计算分析，得出典型 2.5、5.0、7.5、10.0、12.5s 的总速度云图，如图 15.53 所示，模型中最大总速度分别为 0.1062、0.1182、0.08986、0.033.3、0.02420m/s，表明随着地震动力影响时间的持续，码头泊位发生变形速度整体急剧减小移动特征。

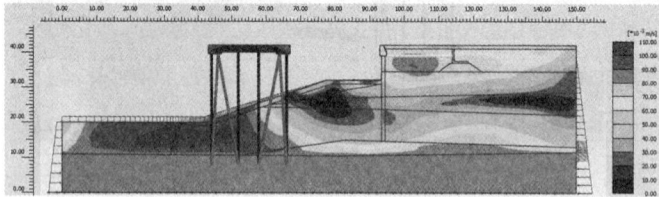

（a）2.5s 地震响应

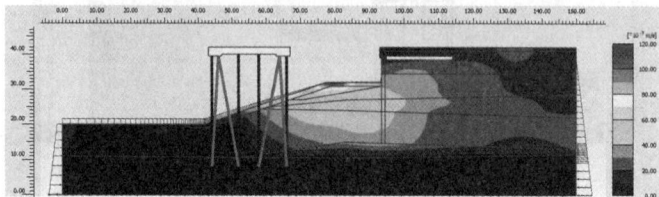

（b）5.0s 地震响应

（c）7.5s 地震响应

（d）10.0s 地震响应

（e）12.5s 地震响应

图 15.53　岸坡地震响应总速度云图特征（4）

（4）岸坡总加速度云图特征。有限元静力分析后，对其模型进行地震动力响应模拟分析，在模型底部给定地震波的计算分析，得出典型 2.5、5.0、7.5、10.0、12.5s 的总加速度云图，如图 15.54 所示，模型中最大总加速度分别为 4.329、3.845、1.081、0.6837、0.3855m/s^2，表明随着地震动力影响时间的持续，码头泊位发生变形总加速度整体急剧减小移动特征。

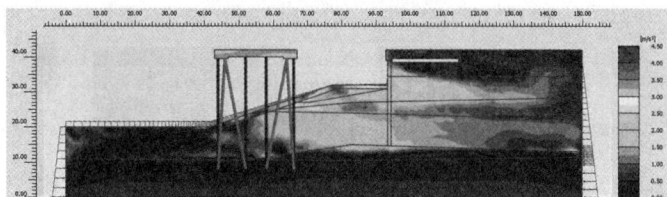

(a)2.5s 地震响应

(b)5.0s 地震响应

(c)7.5s 地震响应

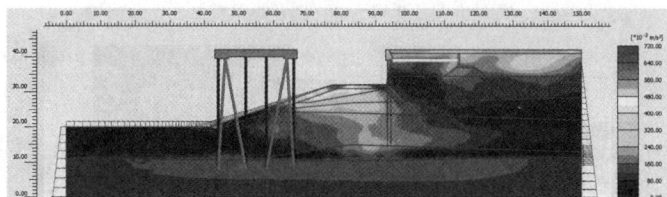

(d)10.0s 地震响应

(e)12.5s 地震响应

图 15.54　岸坡地震响应总加速度云图特征（4）

(5)岸坡剪应变云图特征。有限元静力分析后，对其模型进行地震动力响应模拟分析，在模型底部给定地震波的计算分析，得出典型 2.5、5.0、7.5、10.0、12.5s 的剪应变云图特征，如图 15.55 所示，模型中剪应变分别为 0.6612%、1.528%、1.616%、1.611%、1.611%，表明随着地震动力影响时间的持续，码头泊位发生变形剪应变整体均值移动特征。

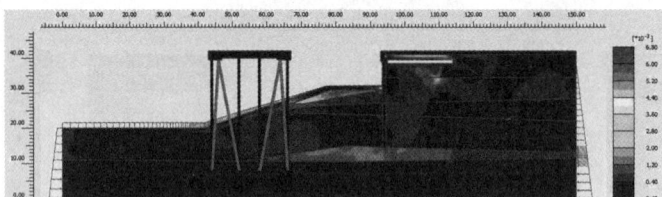

(a)2.5s 地震响应

(b)5.0s 地震响应

(c)7.5s 地震响应

(d)10.0s 地震响应

(e)12.5s 地震响应

图 15.55　岸坡地震响应剪应变云图特征(4)

（6）桩体速度矢量特征。有限元静力分析后，对其模型进行地震动力响应模拟分析，在模型底部给定地震波的计算分析，得出典型 2.5、5.0、7.5、10.0、12.5s 的桩体速度矢量特征图，如图 15.56 所示，模型中桩体速度矢量最大值分别为 0.1341、0.3422、0.06698、0.06281、0.02641m/s，表明随着地震动力影响时间的持续，码头泊位桩体发生变形整体速度急剧衰减移动特征。

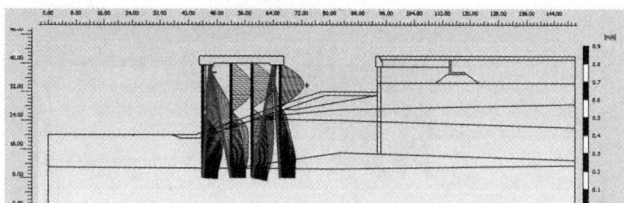

（a）2.5s 地震响应

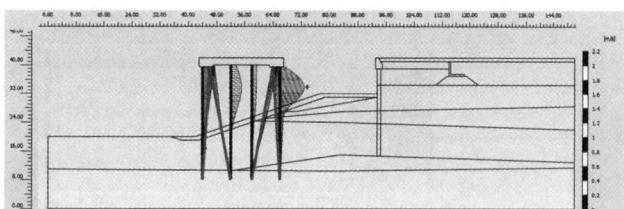

（b）5.0s 地震响应

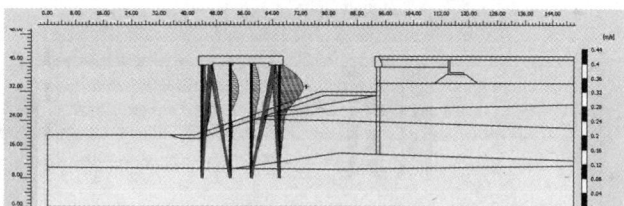

（c）7.5s 地震响应

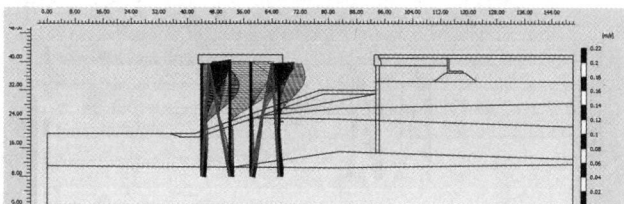

（d）10.0s 地震响应

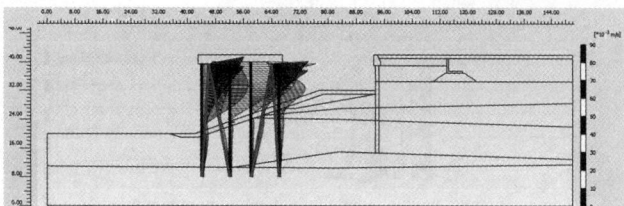

（e）12.5s 地震响应

图 15.56　桩体速度矢量特征图（4）

(7)桩体加速度矢量特征。有限元静力分析后，对其模型进行地震动力响应模拟分析，在模型底部给定地震波的计算分析，得出典型 2.5、5.0、7.5、10.0、12.5s 的桩体加速度矢量特征图，如图 15.57 所示，模型中加速度矢量最大值分别为 9.344、5.048、1.893、1.292、0.6604m/s^2，表明随着地震动力影响时间的持续，码头泊位桩体发生变形加速度整体急剧衰减移动特征。

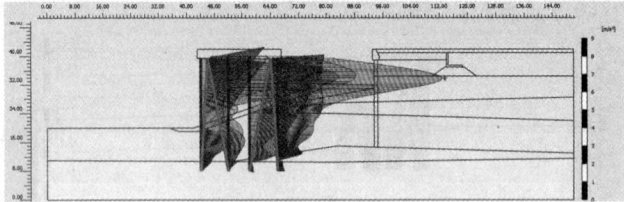

（a）2.5s 地震响应

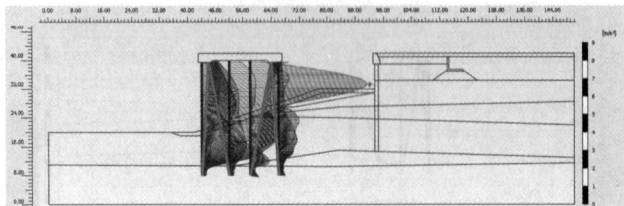

（b）5.0s 地震响应

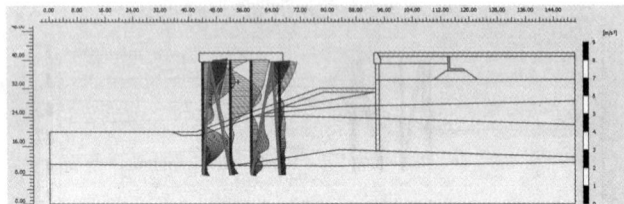

（c）7.5s 地震响应

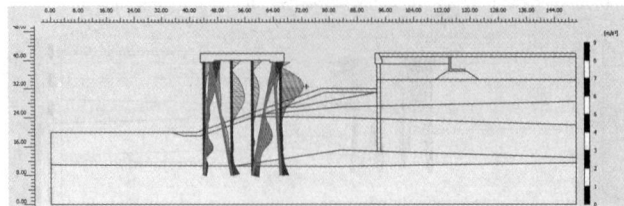

（d）10.0s 地震响应

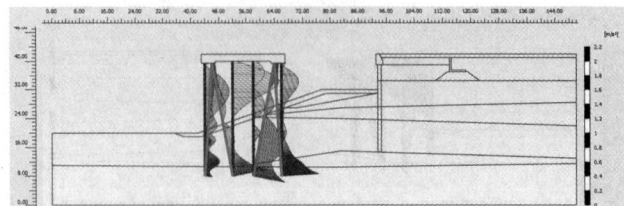

（e）12.5s 地震响应

图 15.57　桩体加速度矢量特征图（4）

（8）桩体轴力分布特征。有限元静力分析后，对其模型进行地震动力响应模拟分析，在模型底部给定地震波的计算分析，得出典型 2.5、5.0、7.5、10.0、12.5s 的桩体轴力分布特征图，如图 15.58 所示，模型中桩体轴力分布最大值分别为 743.8、41.13、30.69、36.01、42.13kN/m，表明随着地震动力影响时间的持续，码头泊位桩体发生变形整体轴力分布恒定移动特征。

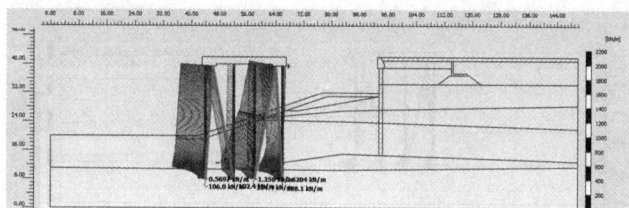

（a）2.5s 地震响应

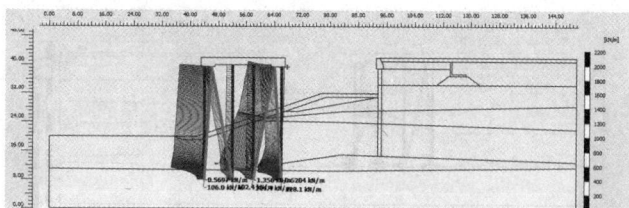

（b）5.0s 地震响应

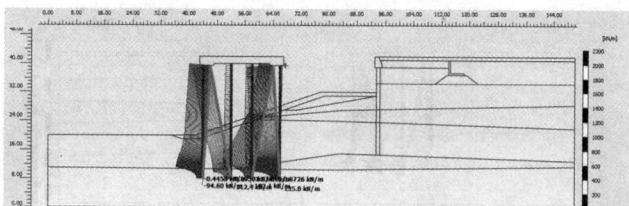

（c）7.5s 地震响应

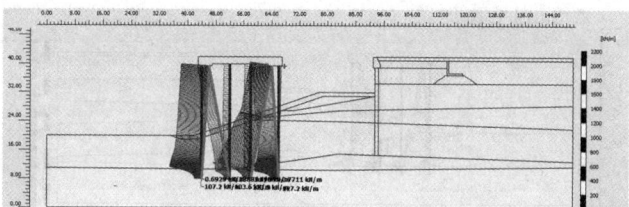

（d）10.0s 地震响应

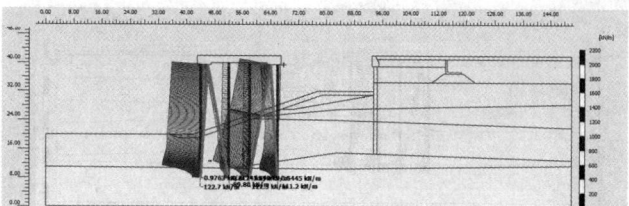

（e）12.5s 地震响应

图 15.58　桩体轴力分布特征图（4）

（9）桩体弯矩分布特征。有限元静力分析后，对其模型进行地震动力响应模拟分析，在模型底部给定地震波的计算分析，得出典型 2.5、5.0、7.5、10.0、12.5s 的桩体弯矩分布特征图，如图 15.59 所示，模型中桩体弯矩分布最大值分别为 1339、1052、1162、1157、1130kN·m，表明随着地震动力影响时间的持续，码头泊位桩体发生变形整体弯矩分布恒定移动特征。

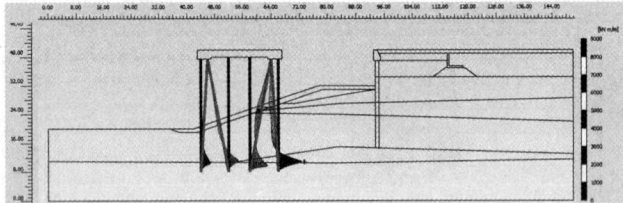

（a）2.5s 地震响应

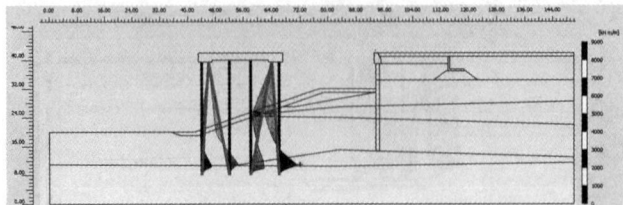

（b）5.0s 地震响应

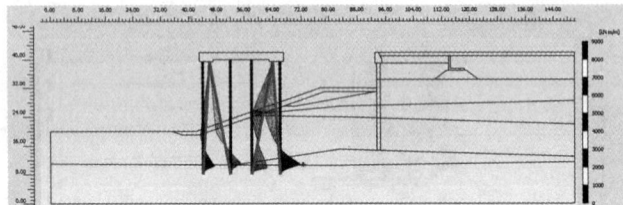

（c）7.5s 地震响应

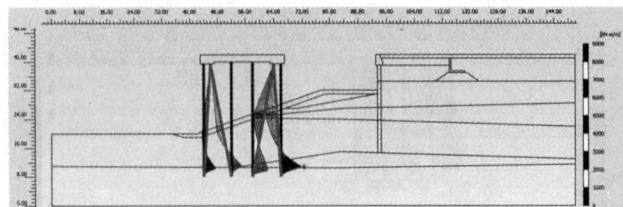

（d）10.0s 地震响应

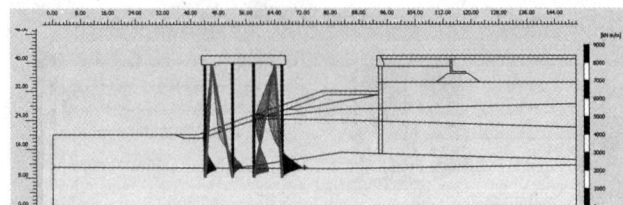

（e）12.5s 地震响应

图 15.59　桩体弯矩分布特征图（4）

　　（10）桩体摩擦力分布特征。有限元静力分析后，对其模型进行地震动力响应模拟分析，在模型底部给定地震波的计算分析，得出典型 2.5、5.0、7.5、10.0、12.5s 的桩体摩擦力分布特征图，如图 15.60 所示，模型中桩体摩擦力分布最大值分别为 0.4747、0.4323、0.4268、0.4256、0.4108kN，表明随着地震动力影响时间的持续，码头泊位桩体发生变形整体摩擦力分布恒定移动特征。

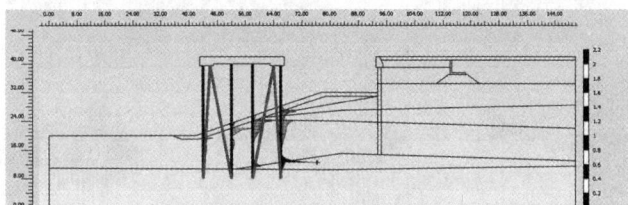

（a）2.5s 地震响应

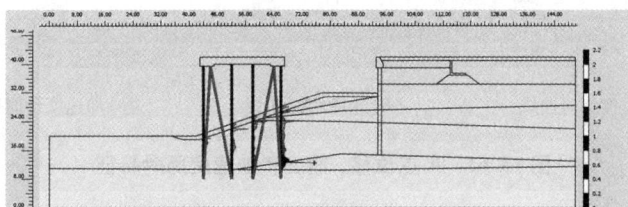

（b）5.0s 地震响应

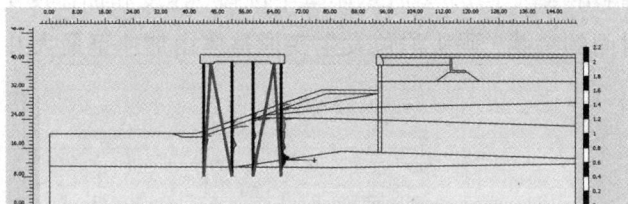

（c）7.5s 地震响应

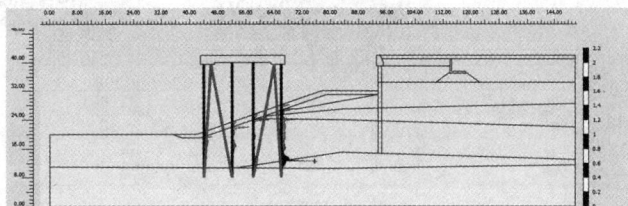

（d）10.0s 地震响应

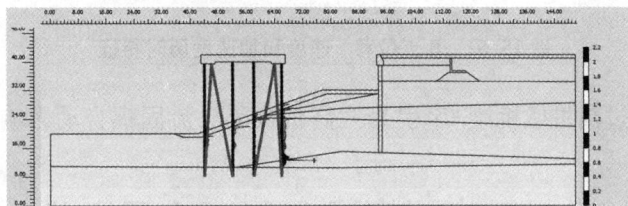

（e）12.5s 地震响应

图 15.60　桩体摩擦力分布特征图（4）

（11）位移、速度和加速度历时特征。A 点有限元静力分析后，对其模型进行地震动力响应模拟分析，在模型底部给定地震波的计算分析，得出典型图 15.61 所示模型中位移、速度和加速度历时曲线，表明随着地震动力影响时间的持续，码头泊位发生变形整体由加速至最大并急剧衰减移动特征。

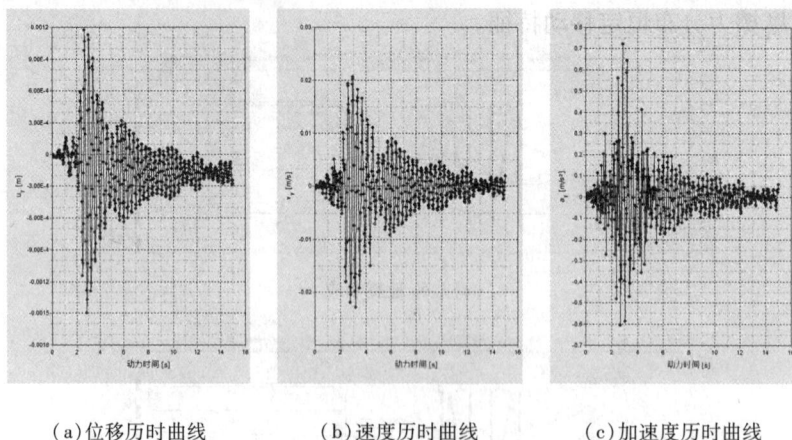

(a)位移历时曲线　　　　(b)速度历时曲线　　　　(c)加速度历时曲线

图 15.61　A 点位移、速度和加速度历时特征

B 点有限元静力分析后，对其模型进行地震动力响应模拟分析，在模型底部给定地震波的计算分析，得出典型图 15.62 所示模型中位移、速度和加速度历时曲线，表明随着地震动力影响时间的持续，码头泊位发生变形整体由加速至最大并急剧衰减移动特征。

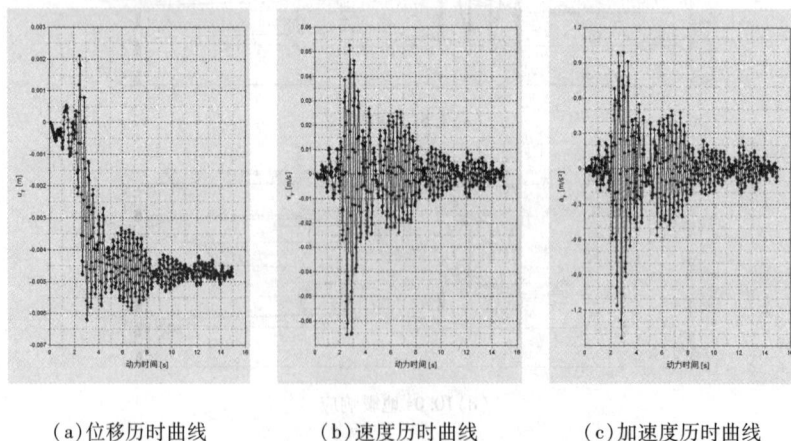

(a)位移历时曲线　　　　(b)速度历时曲线　　　　(c)加速度历时曲线

图 15.62　B 点位移、速度和加速度历时特征

综上所述，通过高桩墩桥梁+牵引悬式高桩板码头流固耦合动力响应分析，可以得到如下认识。

① 岸坡随着地震动力影响时间的持续 2.5、5.0、7.5、10.0、12.5s 的最大总位移分别为 20.73、47.22、46.48、28.44、39.83mm 表明，码头泊位发生总位移特征，趋于衰减

趋势。

② 岸坡随着地震动力影响时间的持续，码头泊位发生变形速度、加速度、剪应变整体急剧减小移动特征。

③ 随着地震动力影响时间的持续，码头泊位桩体发生变形整体速度、加速度急剧衰减移动特征，桩体轴力、弯矩和摩擦力分布恒定移动特征。

15.5 对比分析

通过高桩梁板码头流固耦合动力响应对比分析，对比高桩梁板+牵引嵌岩高桩板码头流固耦合动力响应分析、高桩梁板+牵引悬式高桩板+反压护坡码头流固耦合动力响应分析和高桩墩桥梁+牵引悬式高桩板码头流固耦合动力响应分析（见表 15.1），得出如下主要结果。

表 15.1 高桩梁板码头对比

高桩梁板+牵引悬式高桩板码头（日本）	
高桩梁板+牵引嵌岩高桩板码头（日本）	
高桩梁板+牵引悬式高桩板+反压护坡码头（中国）	
高桩墩桥梁+牵引悬式高桩板码头（中国）	

① 在开展高桩梁板+牵引悬式高桩板码头流固耦合动力响应分析（日本）的基础上，进行高桩梁板+牵引嵌岩高桩板码头流固耦合动力响应分析、高桩梁板+牵引悬式高桩板+

反压护坡码头流固耦合动力响应分析和高桩墩桥梁+牵引悬式高桩板码头流固耦合动力响应分析，进而为优化对比高桩梁板码头流固耦合动力响应提供了理论依据。

② 岸坡随着地震动力影响时间的持续码头泊位发生总位移特征，趋于衰减趋势。岸坡随着地震动力影响时间的持续，码头泊位发生变形速度、加速度、剪应变整体急剧减小移动特征。随着地震动力影响时间的持续，码头泊位桩体发生变形整体速度、加速度急剧衰减移动特征，桩体轴力、弯矩和摩擦力分布恒定移动特征。

③ 通过高桩梁板码头流固耦合动力响应对比分析，牵引悬式高桩板码头方案最优，高桩梁板+牵引嵌岩高桩板码头、高桩梁板+牵引悬式高桩板+反压护坡码头次之，高桩梁板+牵引悬式高桩板码头（日本）相对较差。

④ 利用高桩梁板码头流固耦合动力响应对比分析，以及高桩梁板码头结构分析与设计基础，为开展 Lach Huyen 港高桩梁板码头施工技术：高桩梁板码头桩梁板结构设计、高桩梁板码头高桩结构设计，建立高桩梁板码头施工关键技术，形成高桩梁板装载机码头设计施工技术提供了支撑。

第16章　高桩梁板码头施工技术

本章在高桩梁板码头结构分析与设计研究的基础上,开展高桩梁板码头桩梁板结构设计、高桩梁板码头高桩结构设计,建立高桩梁板码头施工关键技术,形成高桩梁板装载机码头设计施工技术。

16.1　高桩梁板码头结构设计

根据前述章节介绍和分析,高桩梁板码头结构基本设计如下。

(1)桩板港岸码头结构设计。码头建设长达百米,结构通常是相同的,使用快速施工方法是一个有利的条件。缩短施工时间,尽早使用,以便降低昂贵的建船舶(如图16.1至图16.5所示)。

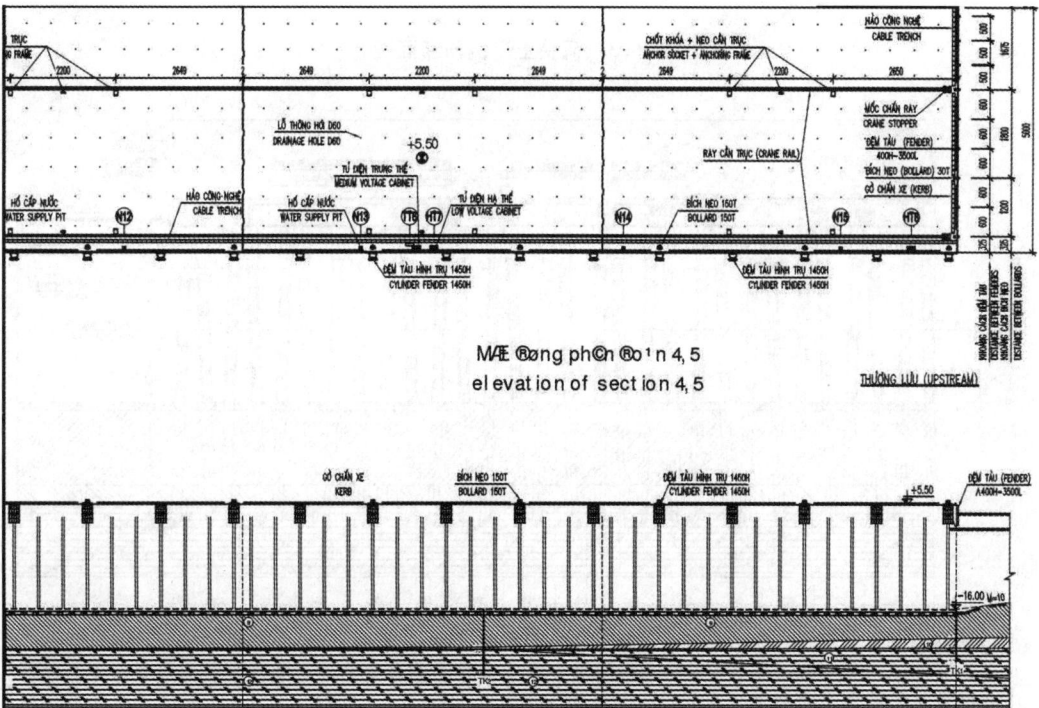

图16.1　平剖面布置图

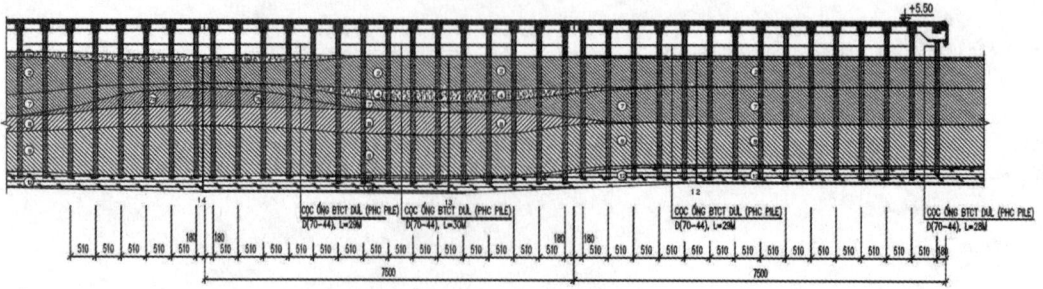

图 16.2　纵向断面图

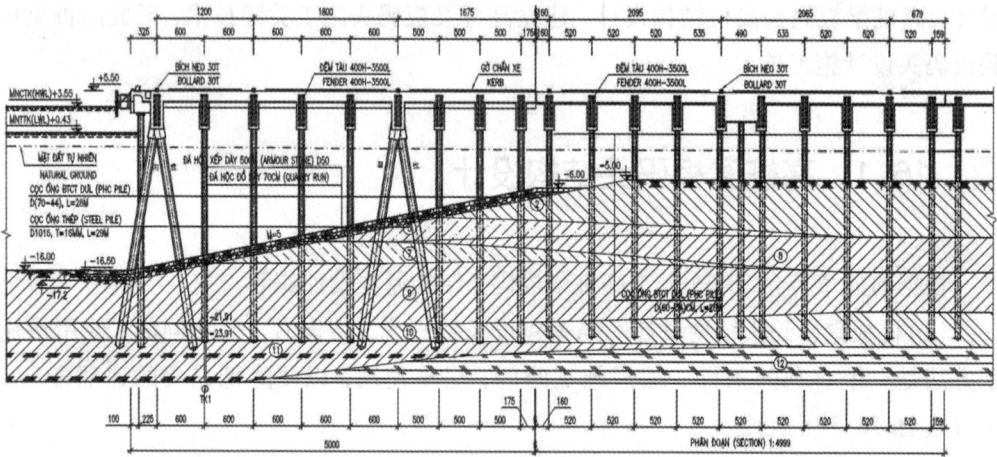

图 16.3　码头上游侧向断面图

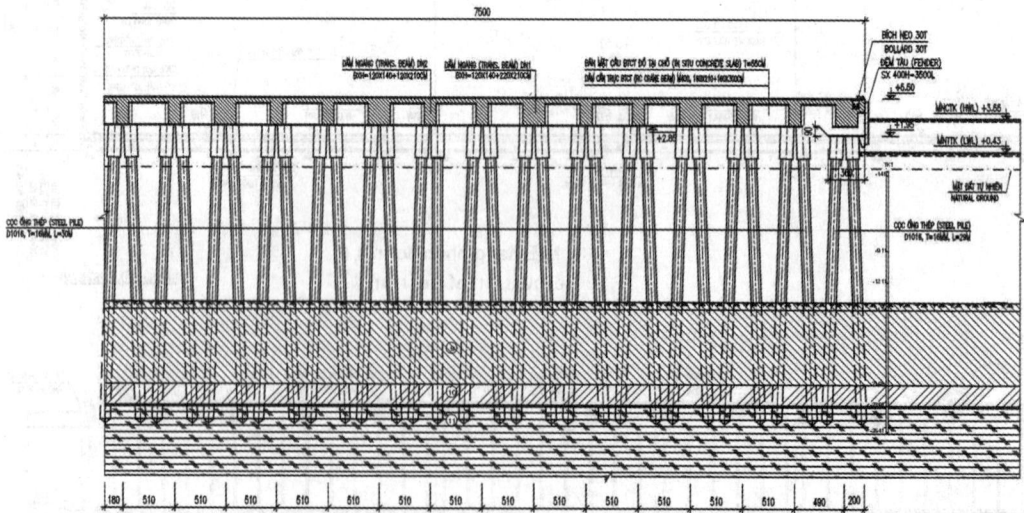

图 16.4　典型横断面图

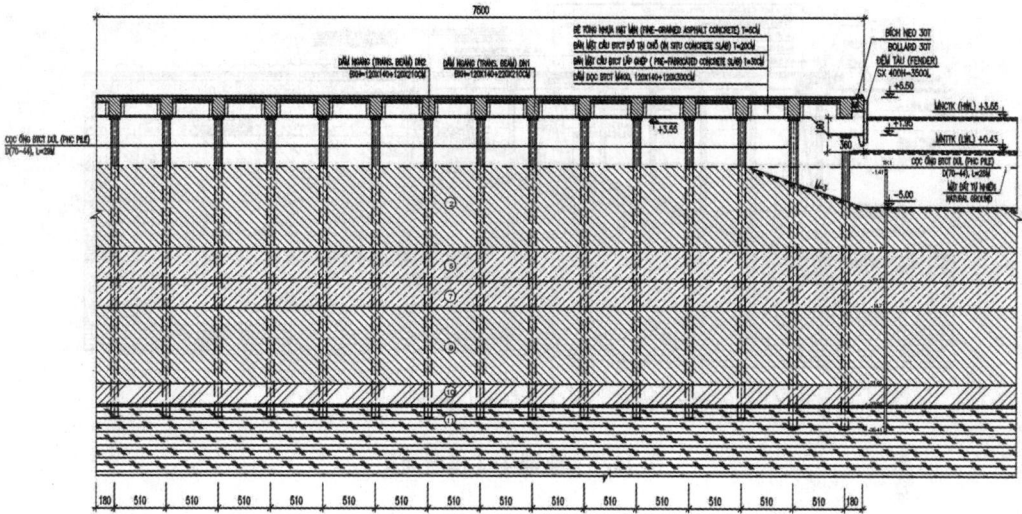

图 16.5　横断面图

（2）图 16.6 至图 16.10 为码头横截面。码头设施往往是建立在不良地段和场地，由于负载重，还必须采用特殊施工方法逐步增加地面载荷。同时，涨落潮位影响施工进度和施工方法，可以利用低潮水位的有利条件进行一些项目施工，如利用高潮水位运输，低潮水位岸边打桩。

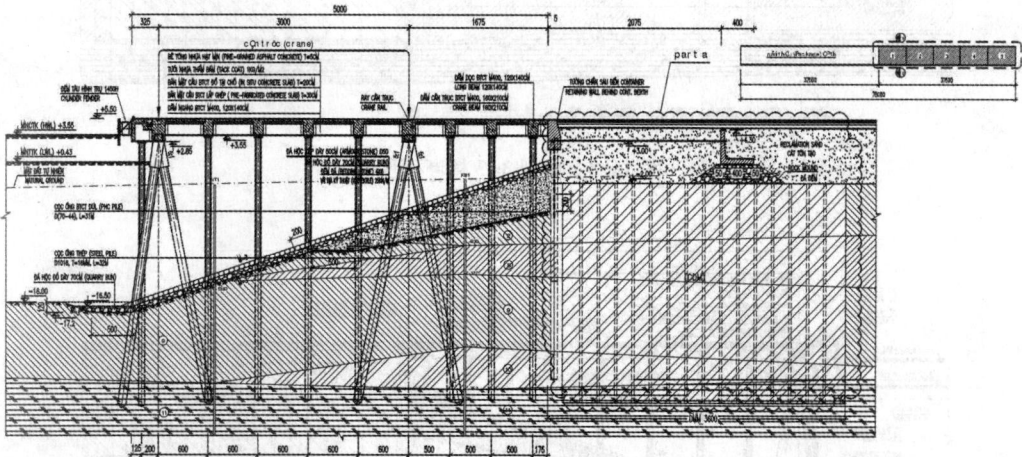

图 16.6　典型 1—1 横断面图

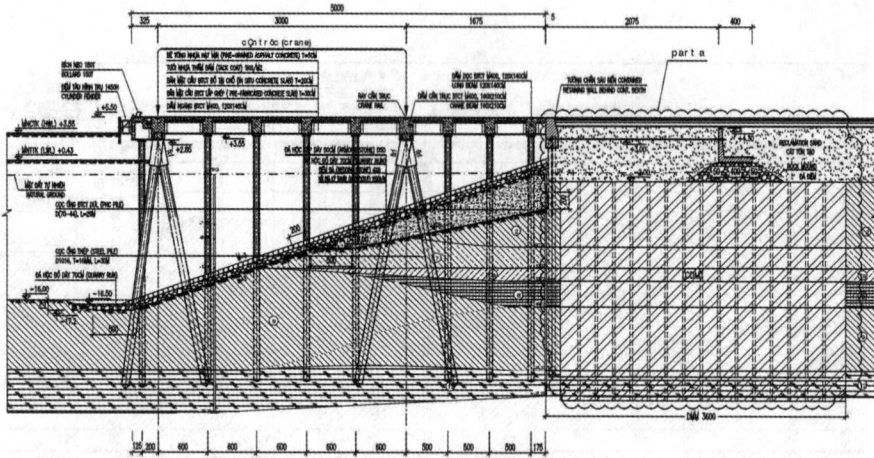

图 16.7　典型 2-2 横断面图

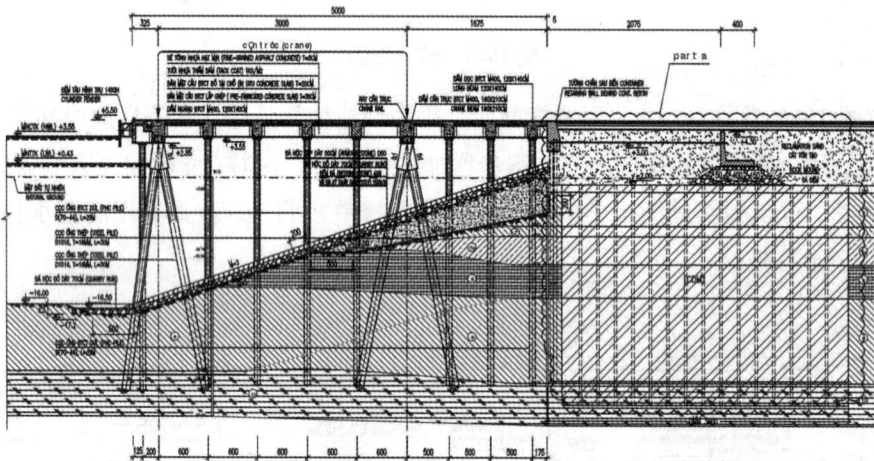

图 16.8　典型 3-3 横断面图

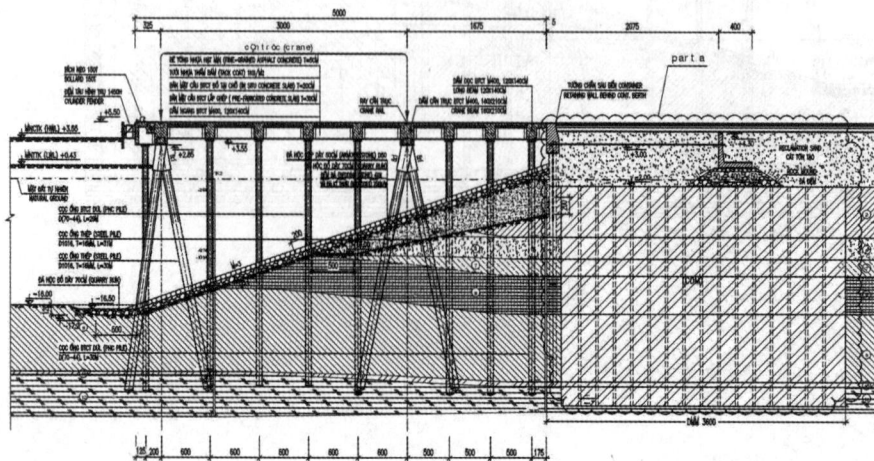

图 16.9　典型 3a-3a 横断面图

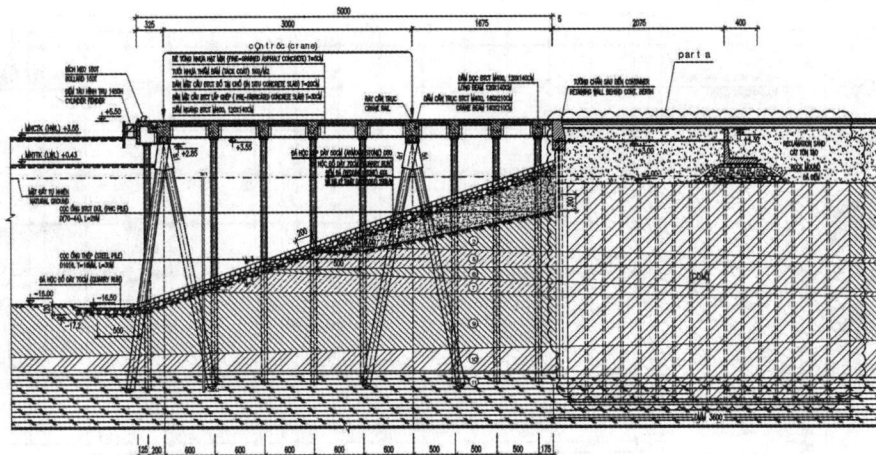

图 16.10　典型 4-4 横断面图

16.2　高桩梁板码头桩梁板结构设计

（1）桩布置。图 16.11 至图 16.15 是桩布置图。根据设计使用桩的类型——斜桩、垂直桩、试桩。

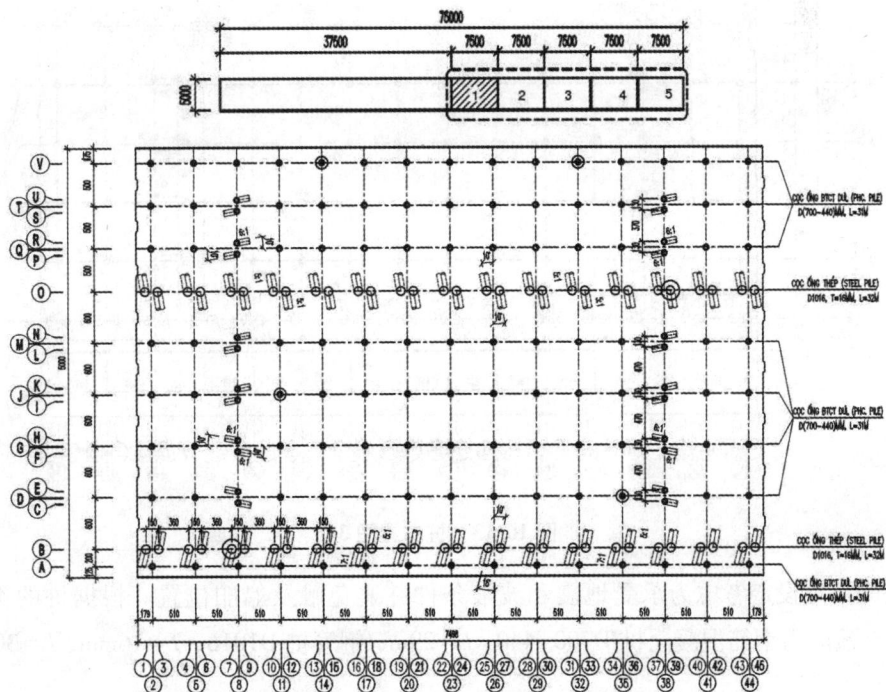

图 16.11　桩布置图 1

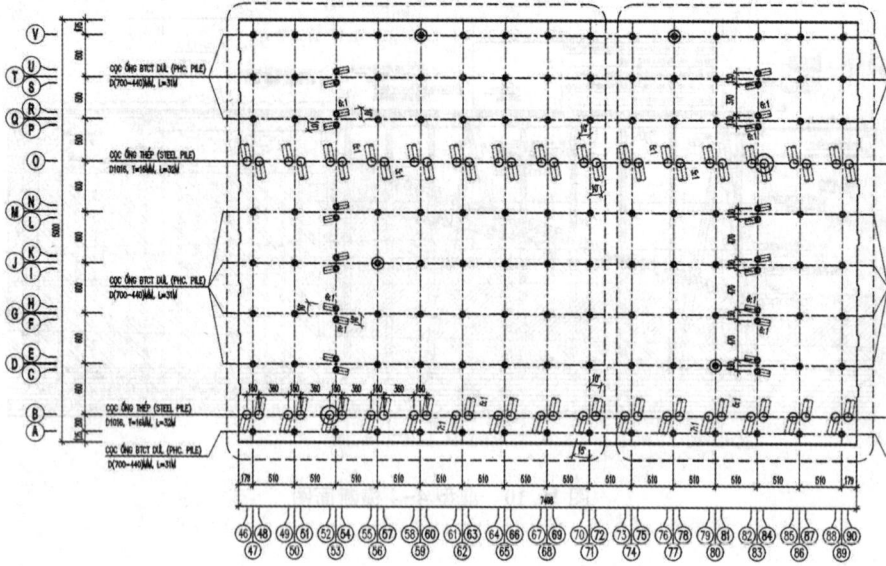

图 16.12　桩布置图 2

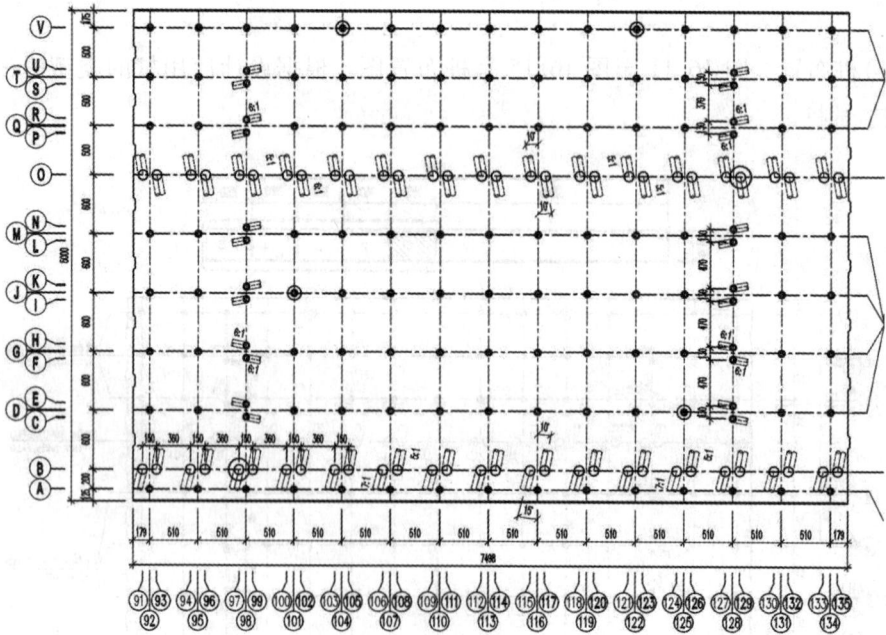

图 16.13　桩布置图 3

桩的距离设定考虑为承受地震和波浪条件并避免触及船舶位置。根据桩的类型设计，桩有预应力钢筋混凝土桩 D700-440，$L=29\mathrm{m}$，钢管桩 D1016，$T=16\mathrm{mm}$，$L=30\mathrm{m}$。

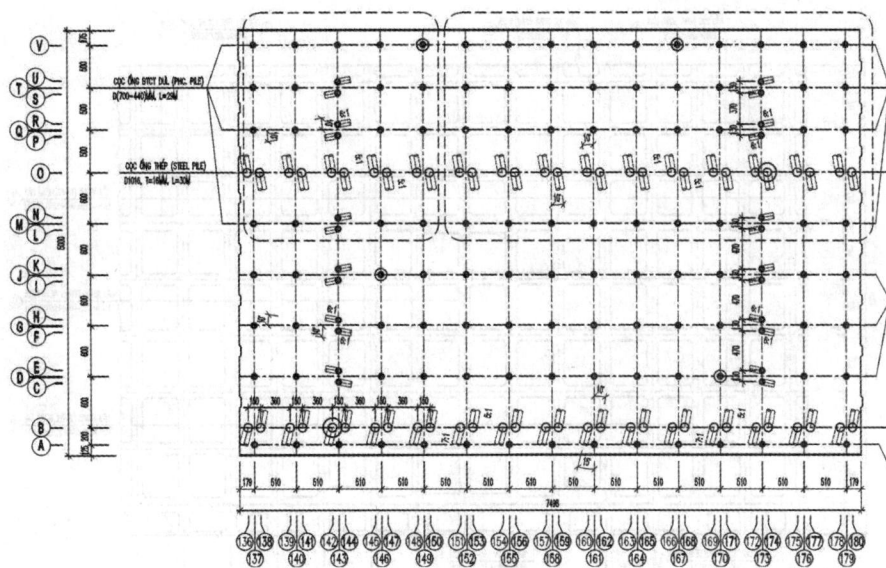

图 16.14　桩布置图 4

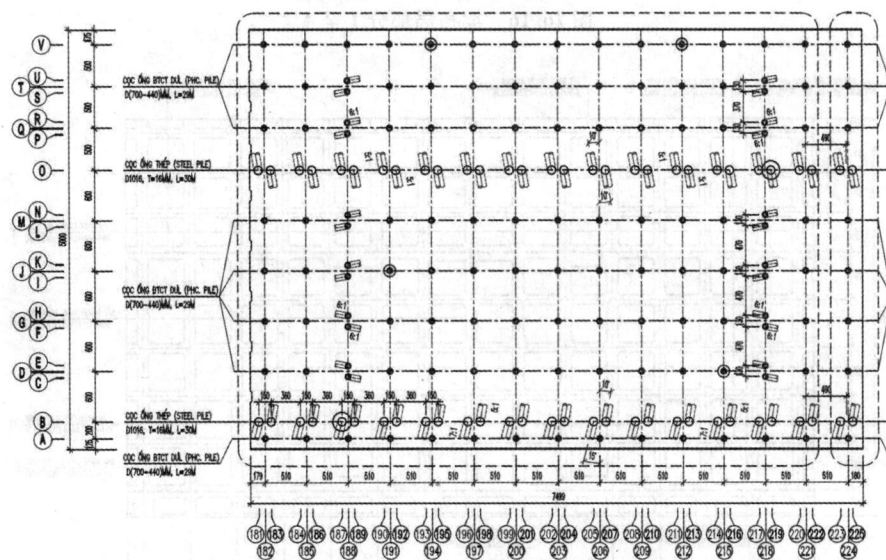

图 16.15　桩布置图 5

（2）梁布局部分。图 16.16、图 16.17 是梁布局部分。根据梁的设计，梁有横梁、纵梁、起重机梁几个类型。梁的尺寸不包括桥面的厚度。

纵梁：B×H = 120×140+120×300cm，L = 7499cm。

横梁：B×H = 120×140+220×210cm，L = 5000cm。

起重机梁：B×H = 160×210+160×300cm，L = 7499cm。

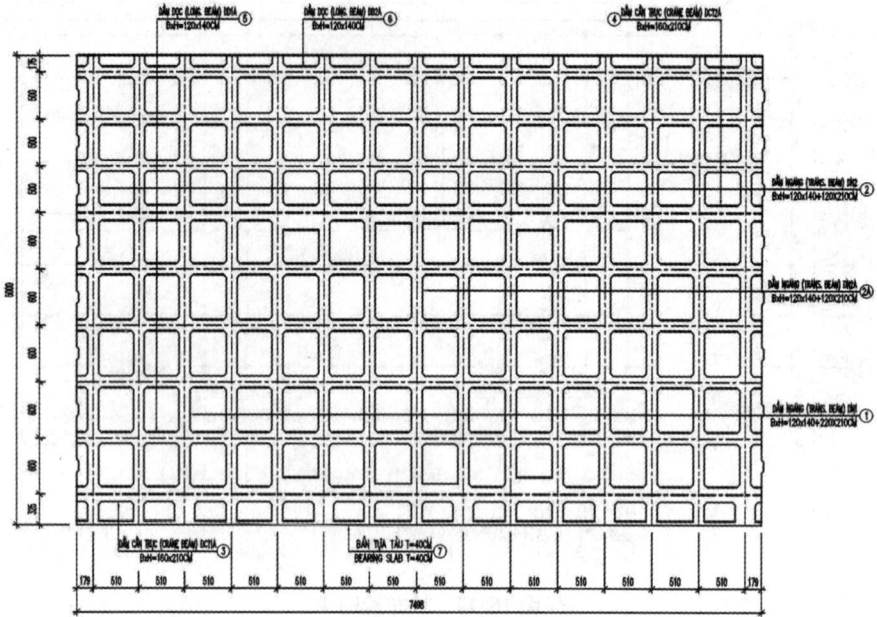

图 16.16 梁布局部分 1 至 4

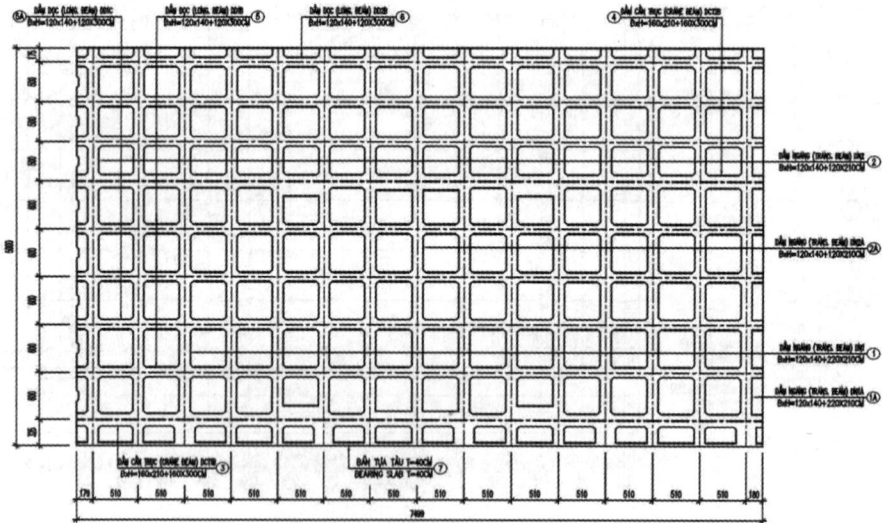

图 16.17 梁布局部分 5

16.3 高桩梁板码头高桩结构设计

(1)预应力钢筋混凝土桩 D700-440,L=34m(见图 16.18)。钢筋混凝土桩的优点是强度好、寿命长、经济。因此,被广泛应用于码头建设。缺点是容易破损,易被海水侵入破坏。采用预应力钢筋混凝土防腐桩。

预应力钢筋混凝土桩是混凝土轴向承受应力，所以裂化扭矩可提高 1.5～2 倍，能够提高抗裂稳定性，采用预应力钢筋混凝土桩将充分利用材料的强度。

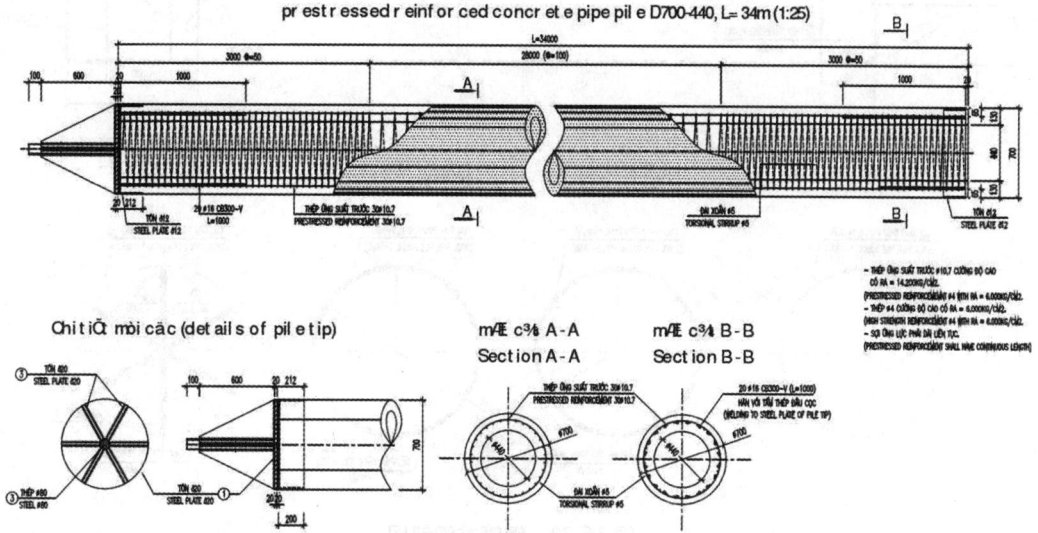

图 16.18　预应力钢筋混凝土桩 D700—440，$L=34\text{m}(1:25)$

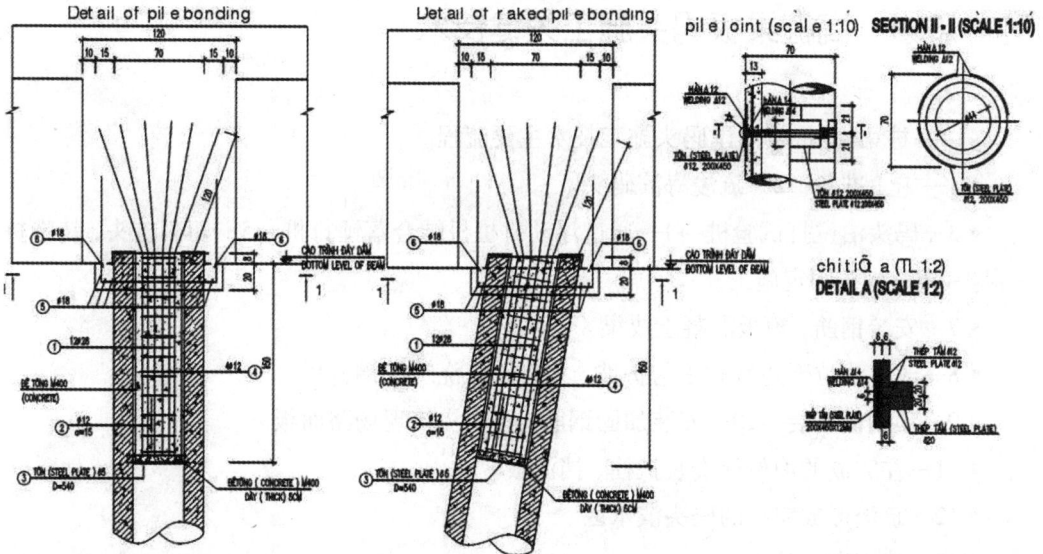

图 16.19　预应力钢筋混凝土桩细部设计图

（2）图 16.20 为钢管桩细部。钢管桩具有承载能力大、耐用的优点，但价格昂贵。通常只在重要工程部位使用。

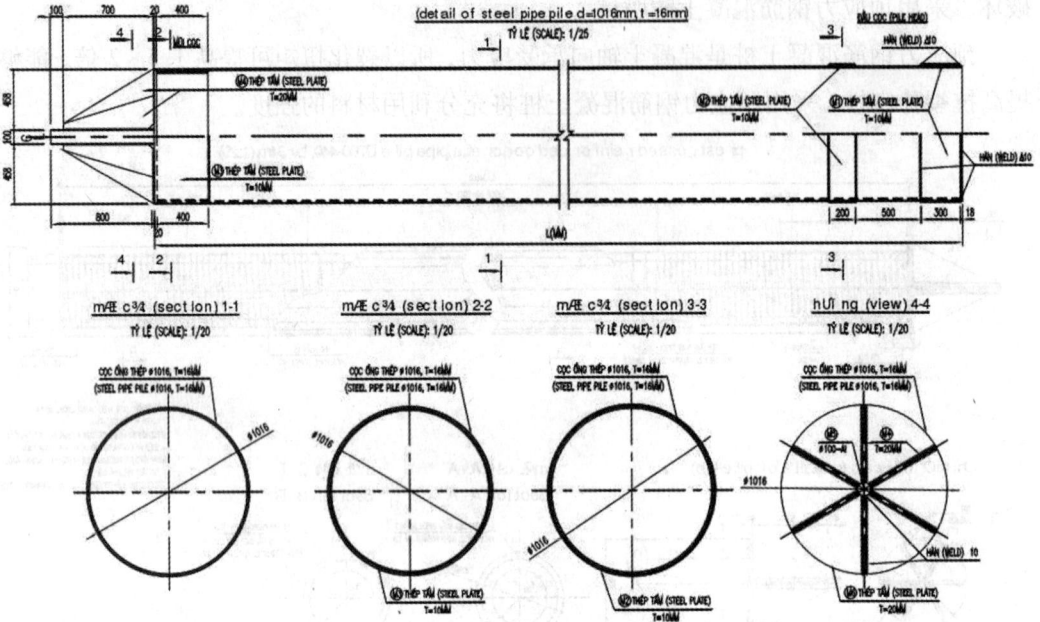

图 16.20　钢管桩细部图

16.4　高桩梁板码头施工关键技术

（1）高桩梁板/桩板港岸码头施工技术主要流程。

- 1—施工准备→2—疏浚海滨码头。
- 3—码头泊位打试验桩→4—通过浮动打桩机结合落锤打桩→5—切割桩头，铸造桩头保护→6—桩头固定施工。
- 7—安装钢筋，模板混凝土成梁。
- 8—改良泊位下边坡软土与护坡，并将砂土浇筑在钢桩里。
- 9—预制板安装→10—安装加固钢筋，模板浇筑现场路面板。
- 11—在完成的泊位处安装护柱、挡泥板。
- 12—疏浚形成完整的码头滨水区。
- 13—施工完工验收。

（2）建造桩类型的地面布局（如图 16.21 所示）。根据设计，使用桩的类型分为：斜桩、垂直桩、试桩。桩间距考虑设定为承受地震和波浪动力荷载，以及船舶冲击力等。根据设计资料，桩分为：①预应力钢筋混凝土桩，桩径 D 为 $700\sim440\text{mm}$，桩长 $L=29\text{m}$；②钢管桩，桩径 D1016，壁厚 $T=16\text{mm}$，桩长 $L=30\text{m}$，如图 16.22 所示。

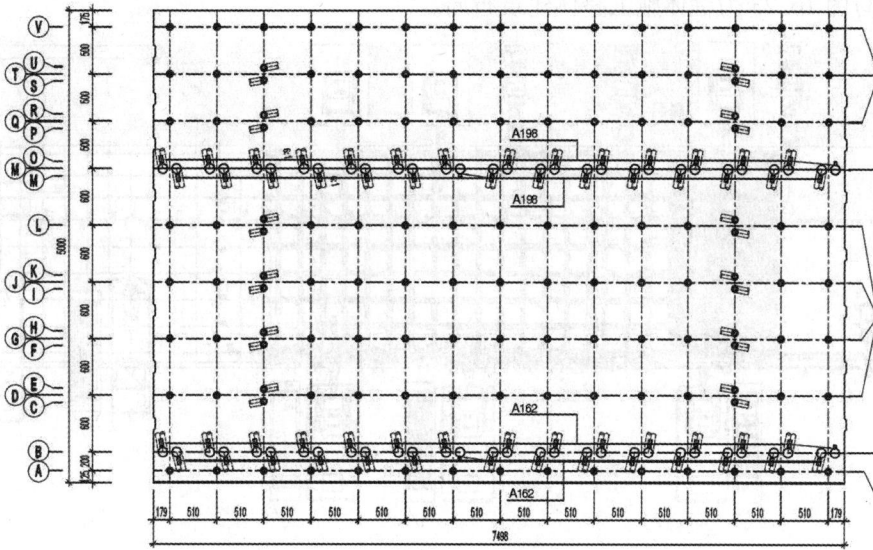

图 16.21　Anode 的布局

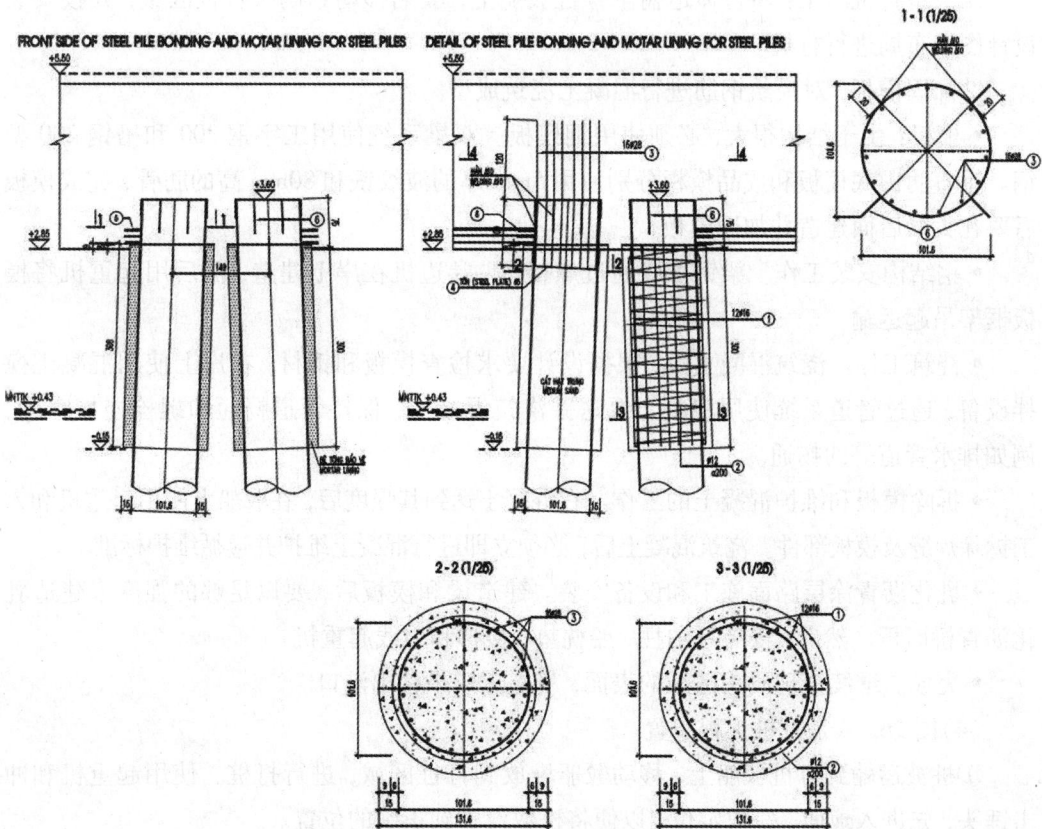

图 16.22　钢管桩结构连接

（3）图 16.23 为桩体施工整体建筑布局。

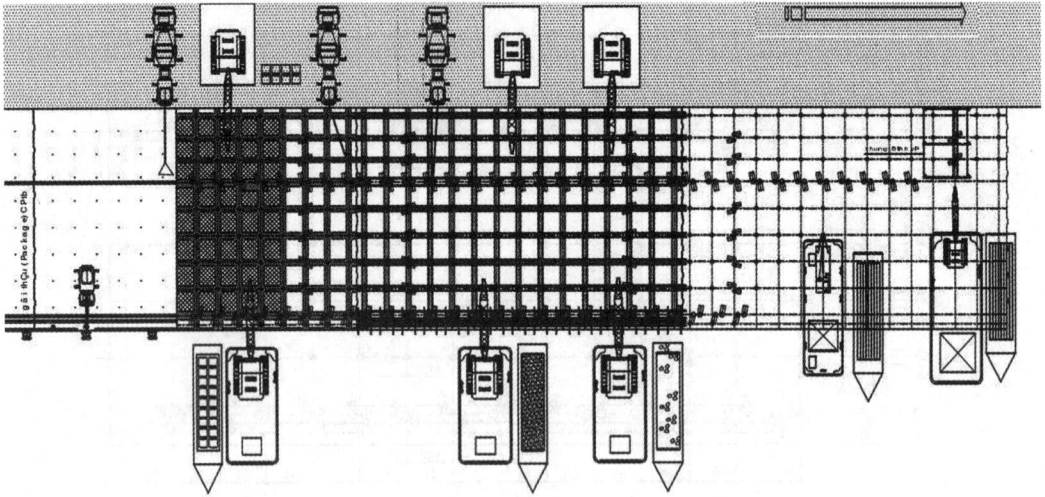

图 16.23　桩体施工整体建筑布局

①准备打桩施工：将桩体运输至打桩驳船上，驳船移动到码头打桩区域，并按安装设计图纸布局进行打桩。

②加固模板，对模筑钢筋进行混凝土浇筑成型。

• 模板：由于结构很大，必须使用钢模板。双梁系统使用工字钢 200 和槽钢 200 型钢。垂直肋山底模板和成品模板分别使用 5mm 厚的波纹铁和 80mm 高的肋骨，完成模板后要在大梁后面建造并加固模板。

• 钢结构安装工作。梁钢可以通过焊接机、卷边机在岸上建造，然后用起重机将模板框架吊起运输。

• 浇筑工作。浇筑混凝土前，根据设计要求检查模板和钢材，在岸上使用混凝土搅拌设备，通过管道系统使用混凝土泵送并浇筑混凝土，保持管道畅通和螺栓连接牢固，例如排水管道等的畅通。

• 拆除模板和维护混凝土的工作。在混凝土达到其强度后，在驳船上使用起重机和人工拆除焊缝及模板部件。浇筑混凝土后，必须立即进行混凝土维护并遵循维护标准。

• 乳化沥青涂层路面施工和设备安装。建造梁和模板后，要以足够的强度来建造乳化沥青桥面板。然后，安装系泊柱、船枕垫、楼梯和射线起重机。

• 完成。继续清理码头区域的表面，将施工成果移出港口。

（4）图 16.24 是打桩工程布置。

①桩被运输到打桩驳船上，移动驳船堆放到打桩区域，进行打桩。使用起重机和冲击锤头，先进入地面，完成定位，以便将桩数设置到正确的位置。

②打桩。由于长桩，有必要在设有冲击锤头的情况下进行打桩。

• 进行打桩：使用驳船上的起重机将锤子吊起到桩顶，必须使用高度计监控桩，以确定桩的确切高度。

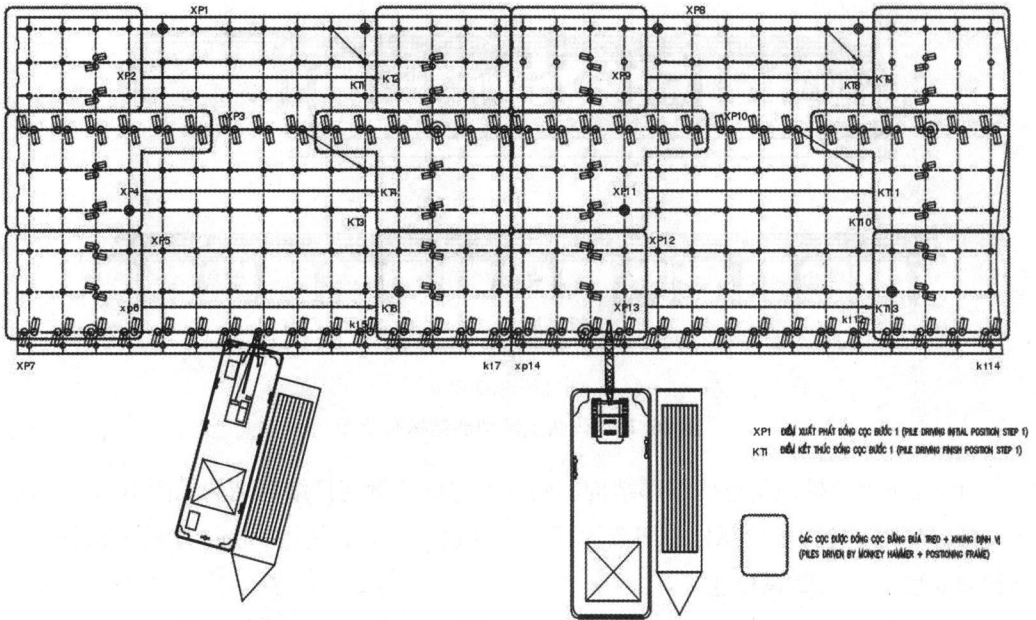

图 16.24　打桩工程布置图

- 当桩体靠近设计高度时，桩头和桩头支撑应采用双梁系统进行。

(5)码头上部整体细部结构。码头上部细部结构(如图 16.25 所示)由于结构很大，必须使用钢模板模筑施工。双梁系统使用工字钢 200 和槽钢 200 型钢。垂直肋山底模板和成品模板分别使用 5mm 厚的波纹铁和 80mm 高的肋骨，在完成模板后要在大梁后面建造并加固模板。钢结构安装工作，梁钢可以通过焊接机、卷边机在岸上建造，然后用起重机沿着模板框架运输。

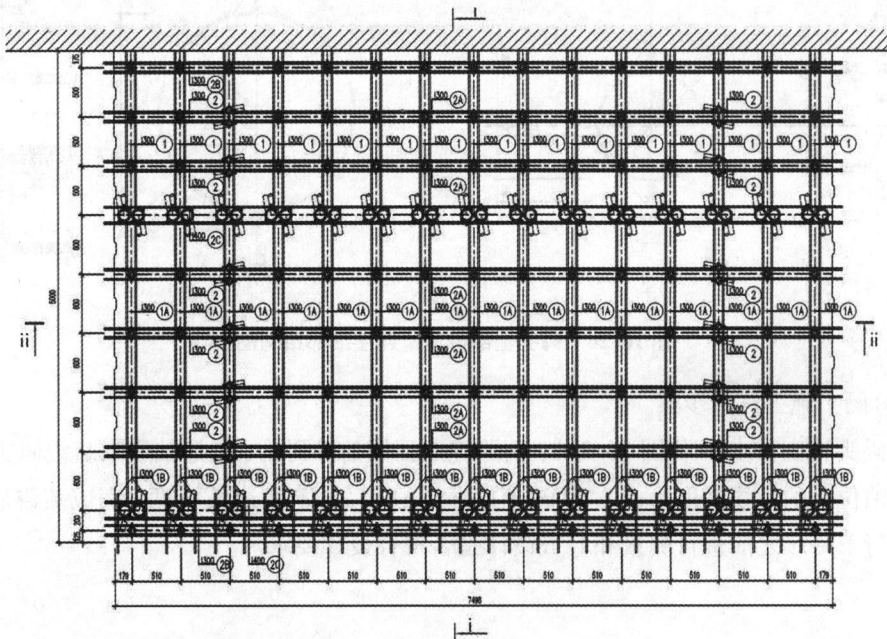

(a)平面图

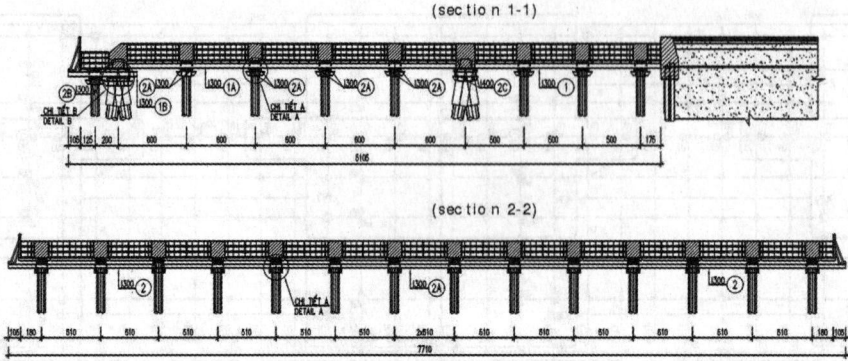

(b)横纵断面面

图 16.25　码头上部细部结构布置图

（6）码头上部桩顶量连接细部结构。码头上部桩顶量连接细部结构见图16.26，打桩至设计标高时，进行桩梁部分的细节焊接。根据设计资料，使用14mm厚的波纹铁与工字钢200型钢和m22螺栓连接。

（7）码头下部打桩与连接细部结构。码头下部打桩与连接细部结构见图16.27，由于结构很大，必须使用斜大梁连接加固。

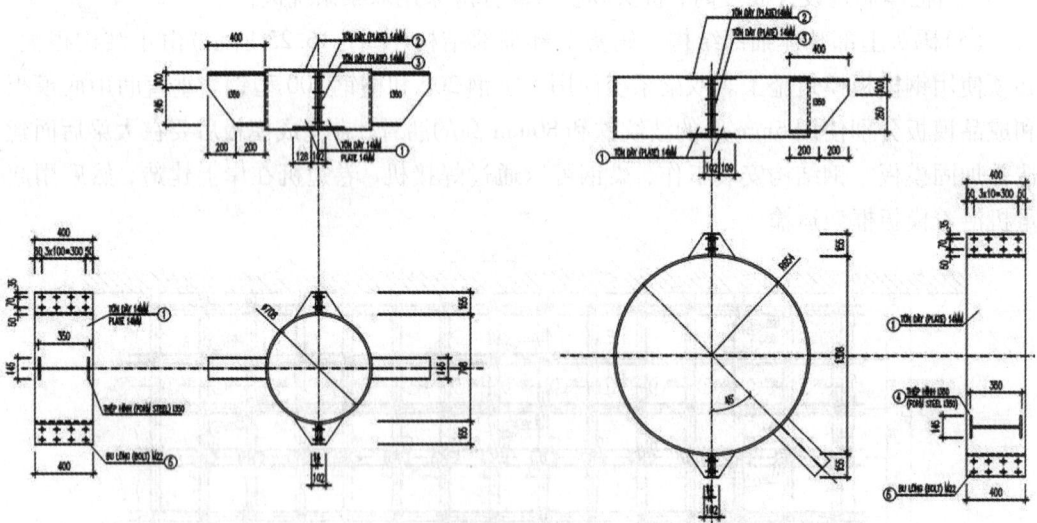

图 16.26　码头上部桩顶量连接细部结构图

（8）码头施工具体步骤。

①码头施工分步1(见图16.28)：清除施工区域的障碍物，通过抽吸来疏浚码头前的水域。泊位前的疏浚高度为-17.20m(依据海图)，1∶3 疏浚边坡坡度；完成疏浚后，必须在进行下一步之前进行测量和检查设计是否符合设计要求。

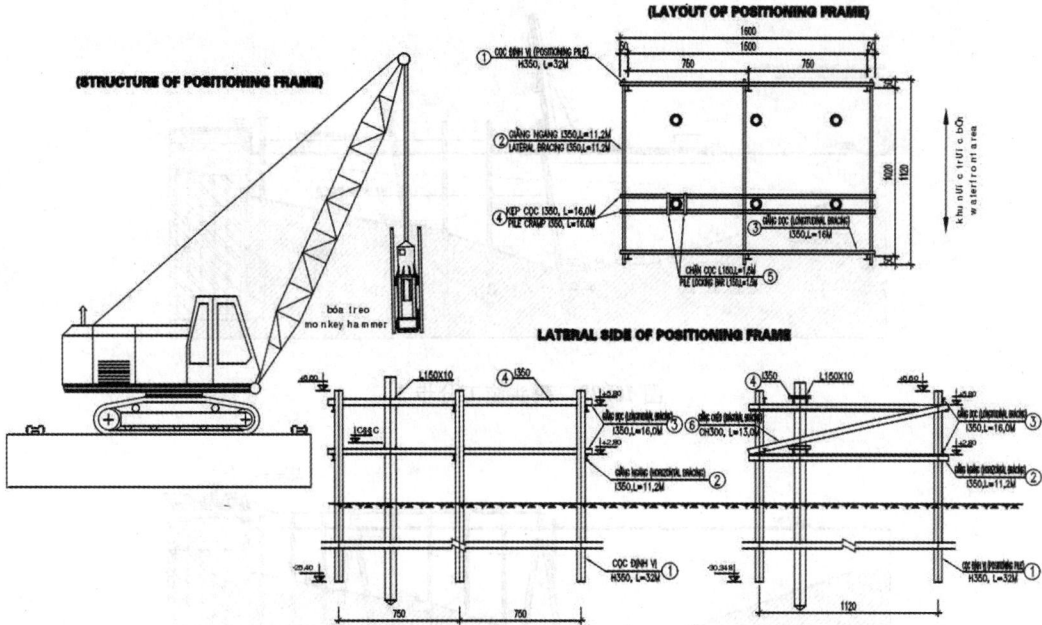

图 16.27　码头下部打桩与连接细部结构图

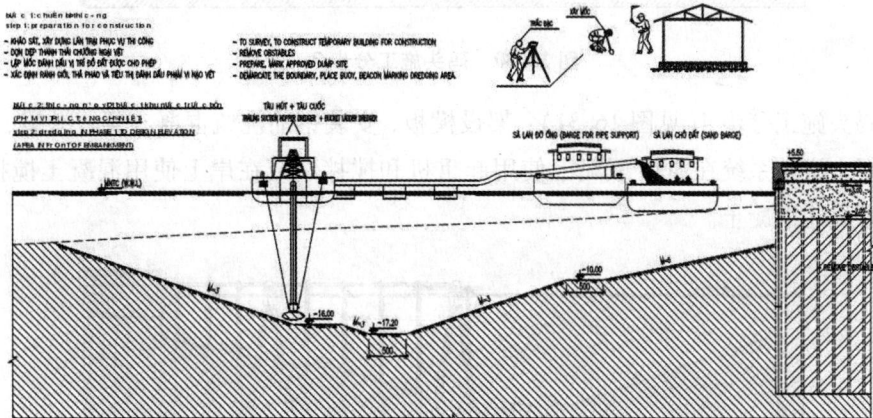

图 16.28　码头施工分步 1

②码头施工分步 2（见图 16.29）：采用重量大于 6t 的锤子。打桩设备放在驳船上，当驱动锤子打桩时，必须使用 2 台经纬仪来监控放样。打桩之前必须检查并布设桩，根据设计打入海床地层必须处于正确的位置。

③码头施工分步 3（见图 16.30）：打桩之后，钩环将桩头与设计成形状 I 或螺栓 $\phi 30$ 的钢梁系统连接起来。如果桩的顶部高于设计，则需要将桩头切割到设计高度。

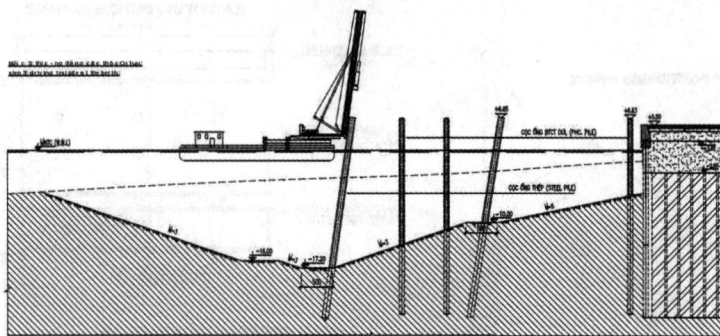

图 16.29　码头施工分步 2

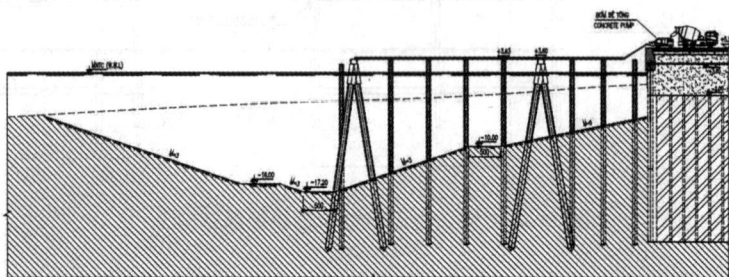

图 16.30　码头施工分步 3

④码头施工分步 4(见图 16.31)：架设模板，安装钢筋浇筑混凝土梁、纵梁、桥梁。通过混凝土浇筑系统在 300t 驳船上使用起重机和搅拌站或在岸上使用混凝土搅拌站和混凝土泵浇注混凝土。

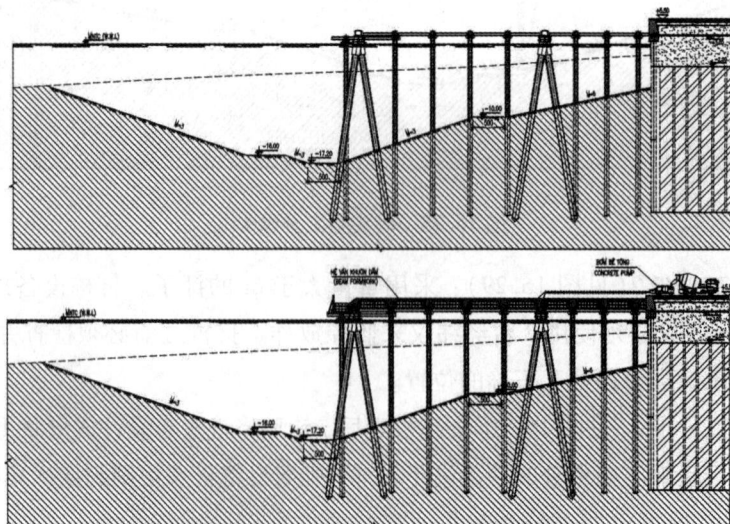

图 16.31　码头施工分步 4

⑤码头施工分步 5（见图 16.32）：架设模板安装钢筋浇筑混凝土梁、纵梁、头靠、技术沟、主桥体。

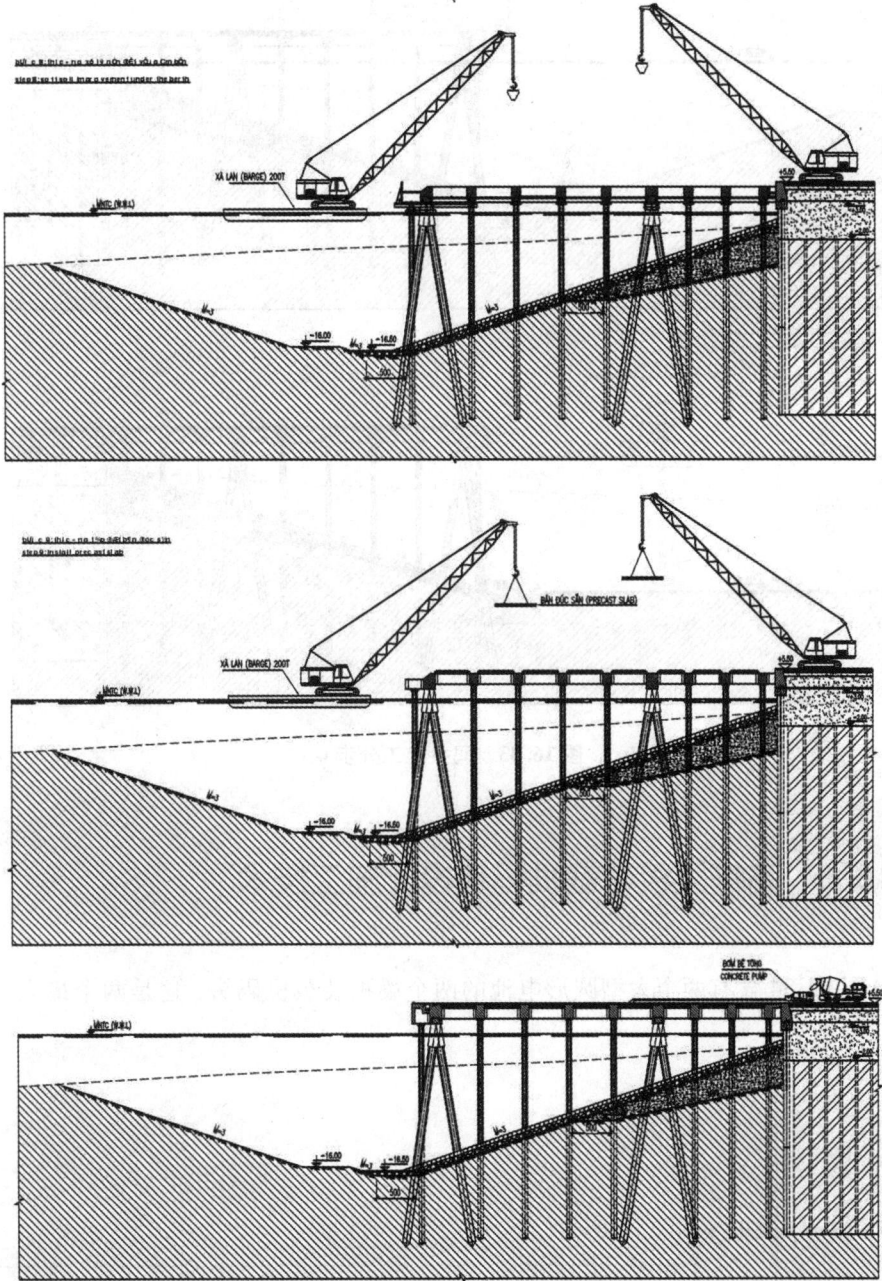

图 16.32　码头施工分步 5

⑥码头施工分步 6（见图 16.33）：安装系泊柱、船枕垫、楼梯、射线起重机。构建覆盖桥面的沥青混凝土面层。完成交工使用。

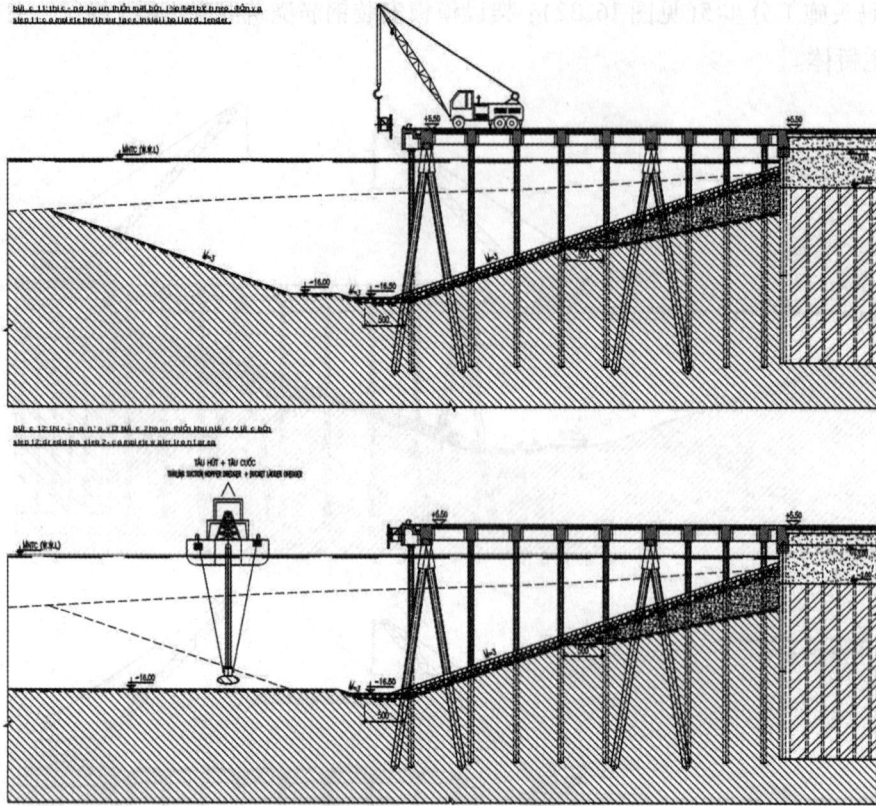

图 16.33　码头施工分步 6

16.5　高桩梁板装载机码头设计施工技术

（1）图 16.34 含有两个大型圆形电池的两个梁板装载机码头，这是两个最大的负载梁。

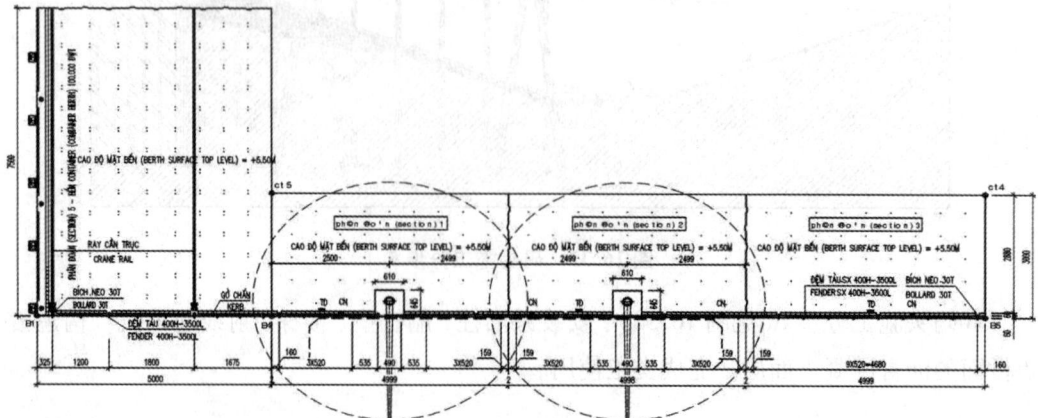

图 16.34　泊位分布

(2) 图 16.35 和 16.36 为横截面。图 16.35 为横截面有装载机，由于装载机载重大，因此要布置多斜桩。

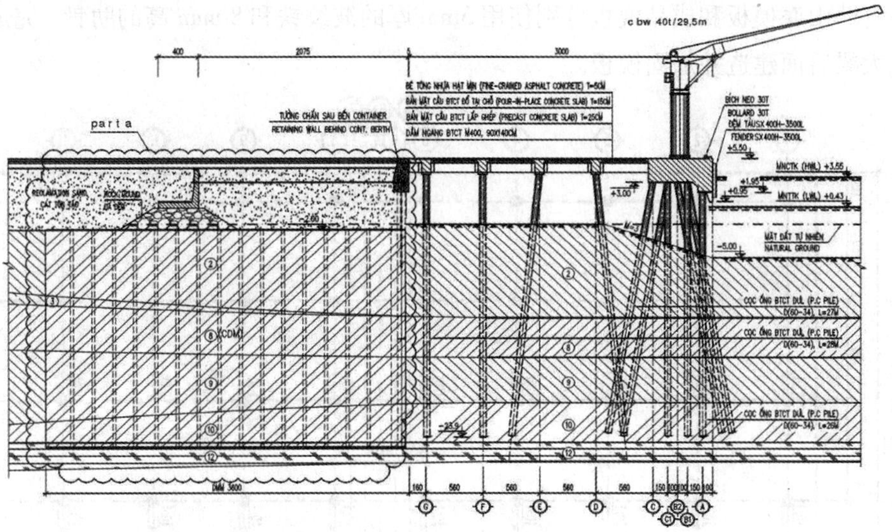

图 16.35　横截面 2-2(有装载机)

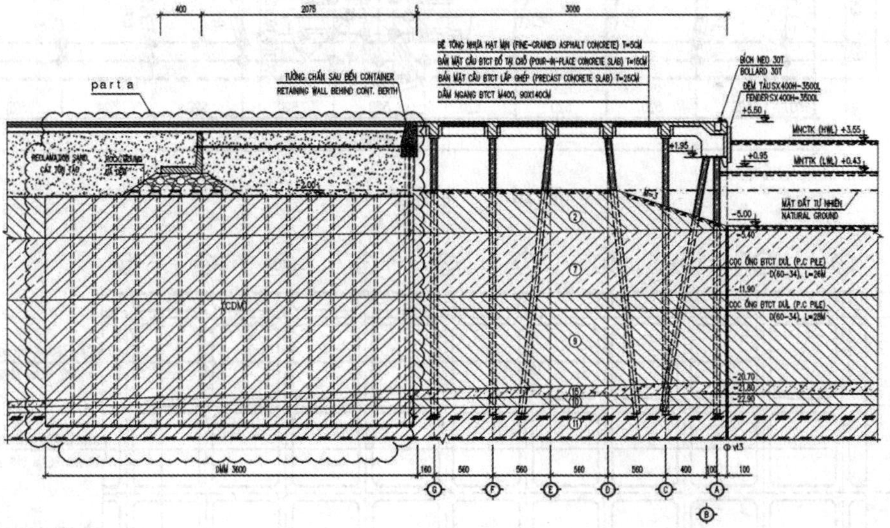

图 16.36　横截面 1-1

(3) 图 16.37 表示桩平面，横 E、D、B 表示位置斜桩，横 G、F、C 表示位置垂直桩，纵 5 至 8 和横 C 至 B 表示布置斜桩的装载机码头。

(4) 图 16.38 表示梁平面分布。横梁 DN90×140cm，纵梁 DD90×140cm。

(5) 图 16.39 为桩体施工整体建筑布局。

① 准备打桩施工：将桩体运输至打桩驳船上，驳船移动到码头打桩区域，进行打桩。由于打的是两种桩，可垂直桩采用重量大于 6t 的锤子，打斜桩使用吊锤。

② 加固模板：对模筑钢筋进行混凝土浇筑成型。

• 模板：由于结构很大，必须使用钢模板。双梁系统使用工字钢 200 和槽钢 200 型钢。垂直肋山底模板和成品模板分别使用 5mm 厚的波纹铁和 80mm 高的肋骨，完成模板后要在大梁后面建造并加固模板。

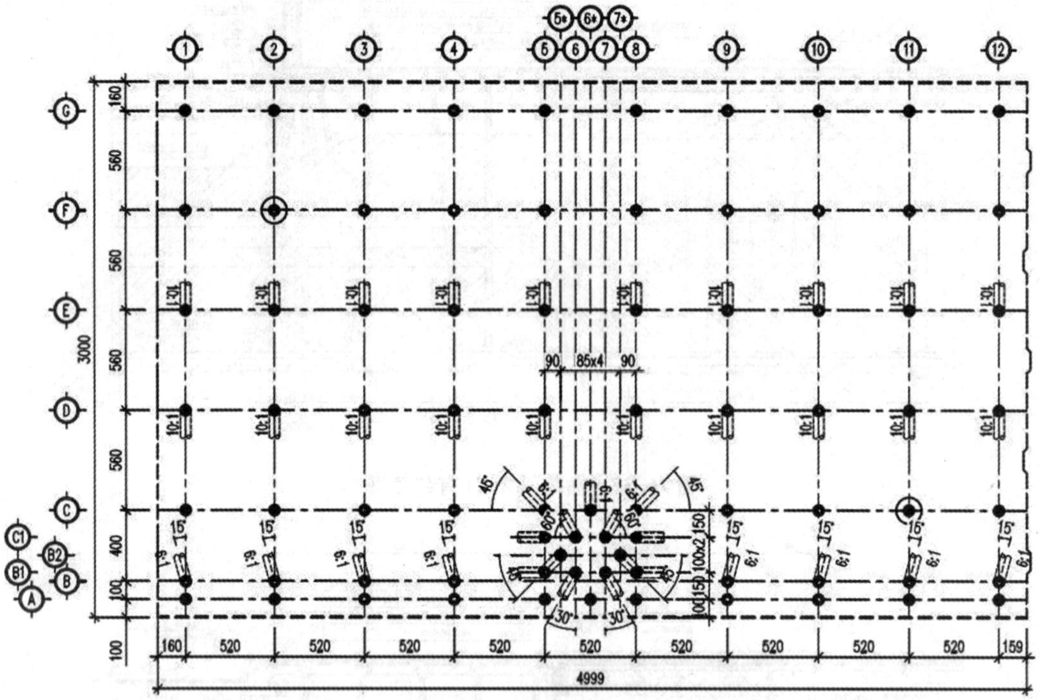

图 16.37　桩平面分布

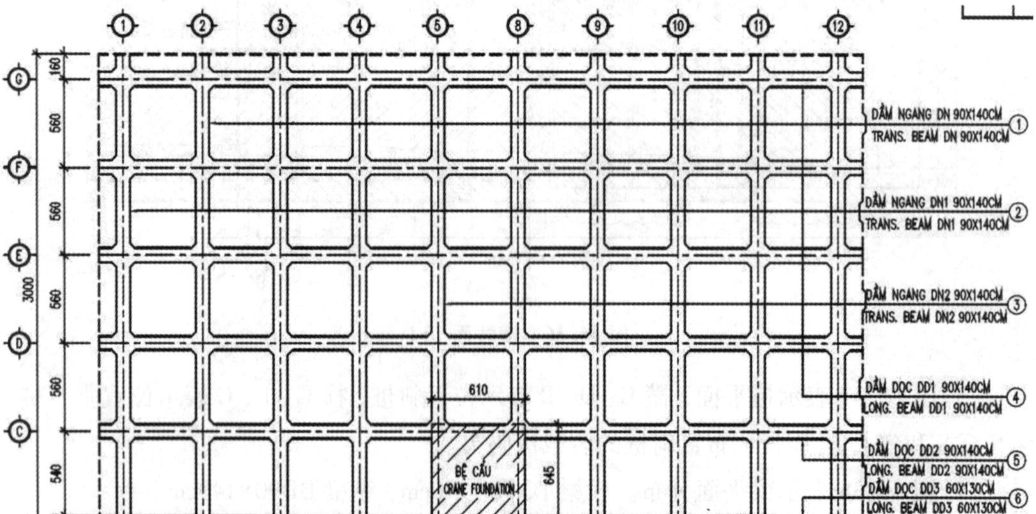

图 16.38　梁平面分布

• 钢结构安装工作。梁钢可以通过焊接机、卷边机在岸上建造，然后用起重机将模板框架吊起运输。

• 浇筑工作。浇筑混凝土前，根据设计要求检查模板和钢材，在岸上使用混凝土搅拌设备，通过管道系统使用混凝土泵送并浇筑混凝土，要保持管道畅通和螺栓连接牢固。

• 拆除模板和维护混凝土的工作。在混凝土达到其强度后，在驳船上使用起重机和人工拆除焊缝及模板部件。浇筑混凝土后，必须立即进行混凝土维护并遵循维护标准。

• 乳化沥青涂层路面施工和设备安装。建造梁和模板后，要以足够的强度来建造乳化沥青桥面板。然后，安装系泊柱、船枕垫、楼梯和射线起重机。

• 完成。继续清理码头区域的表面，将施工成果移出港口。

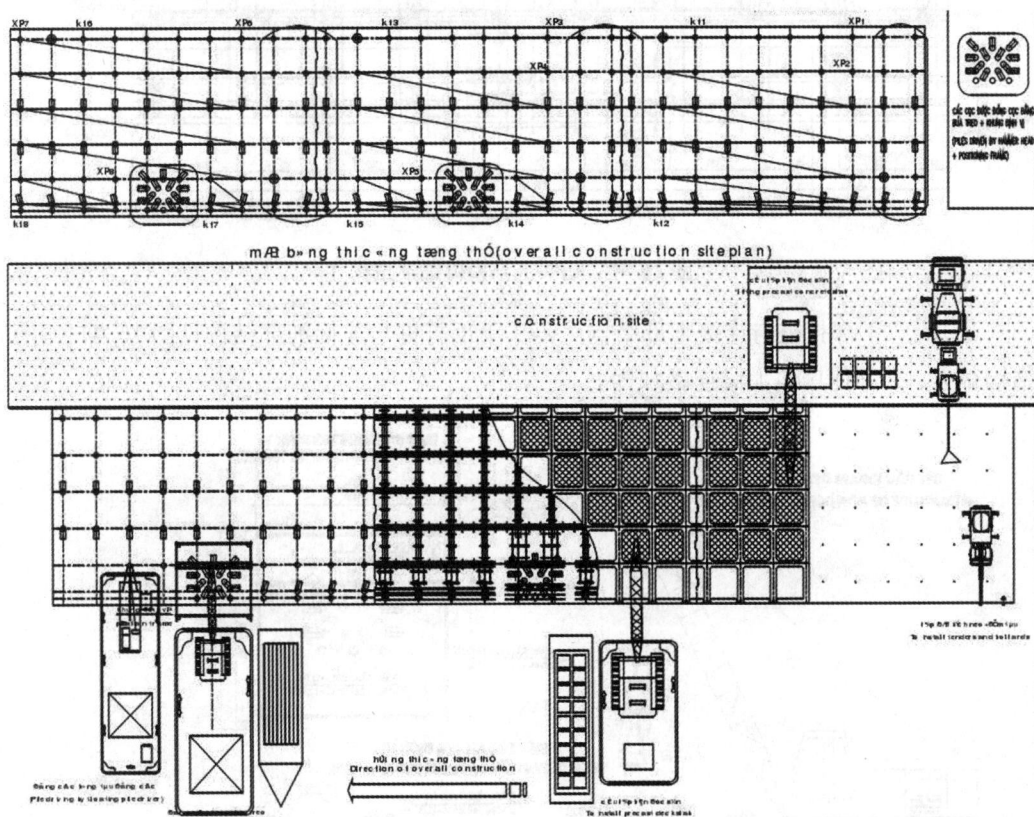

图 16.39 桩体施工整体建筑布局图

(6)码头上部整体细部结构。码头上部整体细部结构(见图 16.40)由于结构很大，必须使用钢模板模筑施工。双梁系统使用工字钢 250 和槽钢 200 型钢。垂直肋山底模板和成品模板分别使用 5mm 厚的波纹铁和 80mm 高的肋骨，在完成模板后要在大梁后面建造并加固模板。钢结构安装工作，梁钢可以通过焊接机、卷边机在岸上建造，然后用起重机沿着模板框架运输。

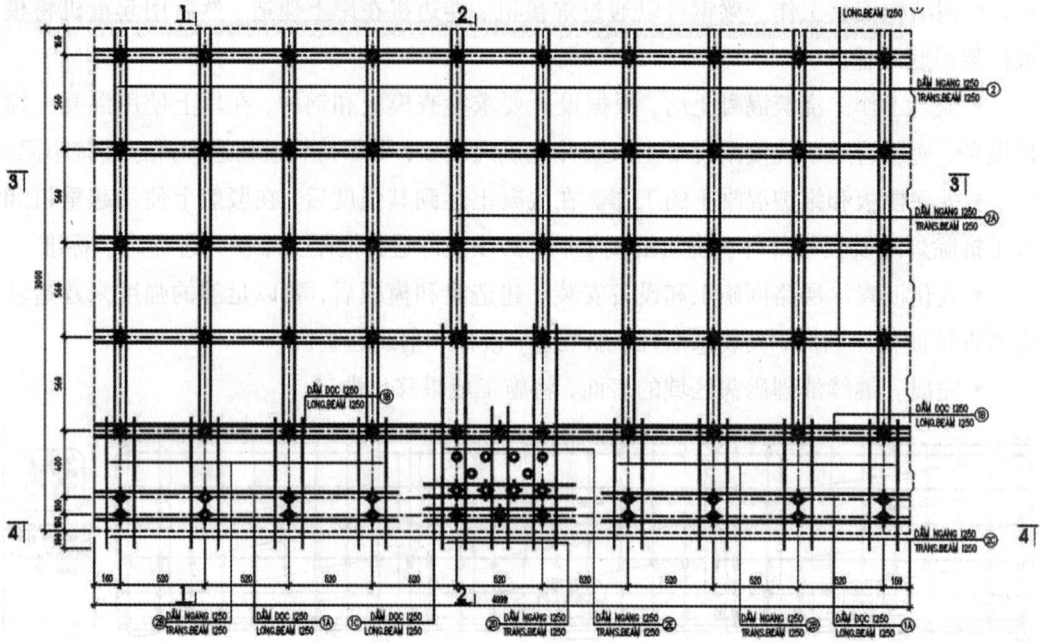

图 16.40　码头上部整体细部结构

（7）码头下部打桩与连接细部结构。码头下部打桩与连接细部结构见图 16.41，由于结构很大，必须使用斜大梁连接加固。

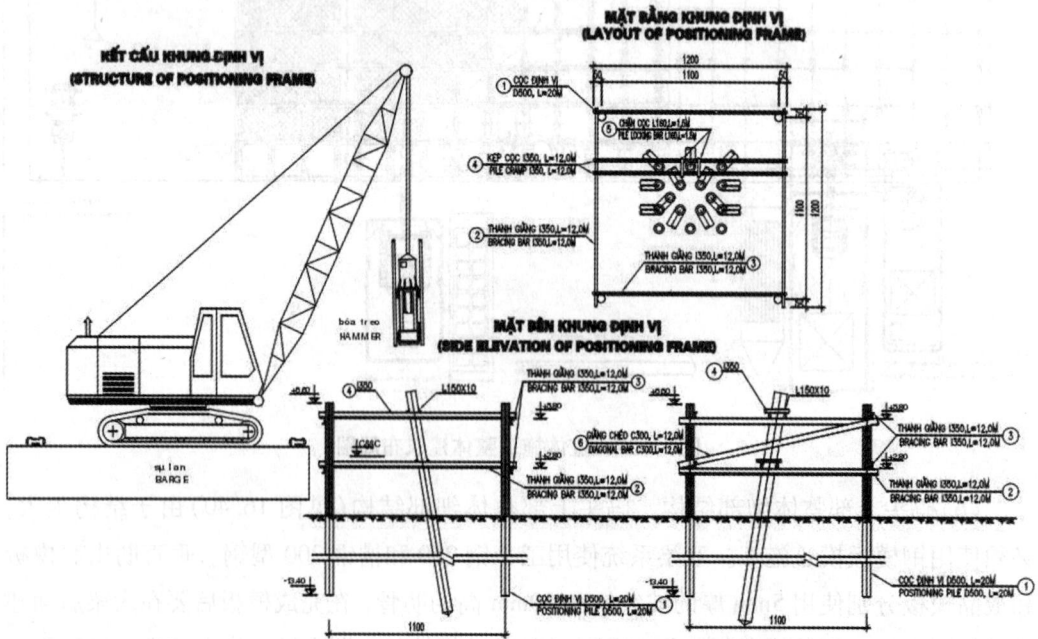

图 16.41　码头下部打桩与连接细部结构图

① 施工分步 1：打垂直桩（见图 16.42）采用重量大于 6t 的锤子。打桩设备放在驳船上，当驱动锤子打桩时，必须使用 2 台经纬仪来监控放样。打桩之前必须检查并布设桩，根据设计打入海床地层必须处于正确的位置。

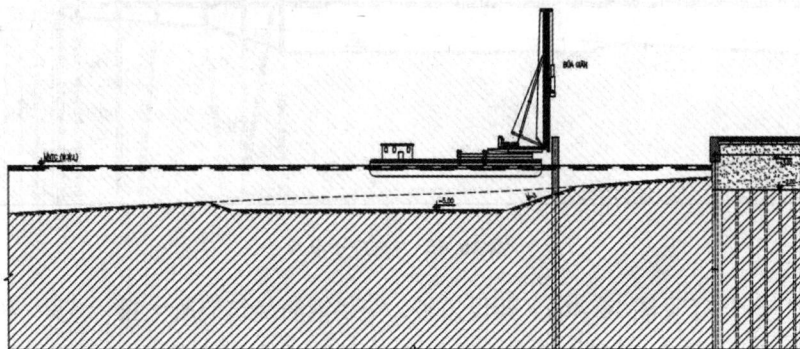

图 16.42　施工分步 1

② 施工分步 2：打斜桩（见图 16.43）。打桩设备放在驳船上，驱动锤子打桩时，当打斜桩时，除了定位外，还必须控制桩在地面上的斜角。

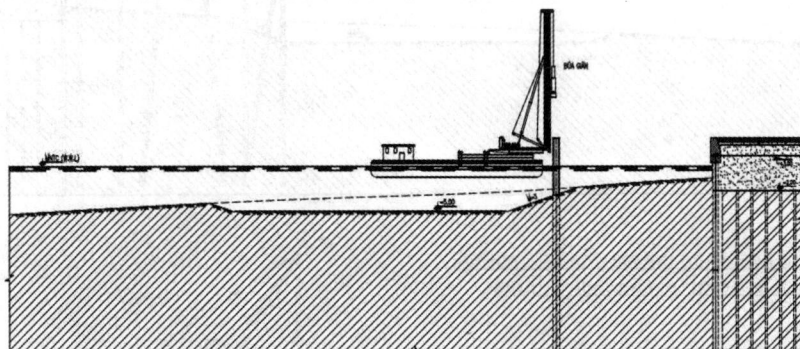

图 16.43　施工分步 2

③ 施工分步 3：打钢桩（见图 16.44）、打斜桩使用吊锤。打桩设备放在驳船上，当驱动锤子打钢桩时，必须使用 2 台经纬仪来监控放样。斜桩太多就得使用钢桩做定位桩。

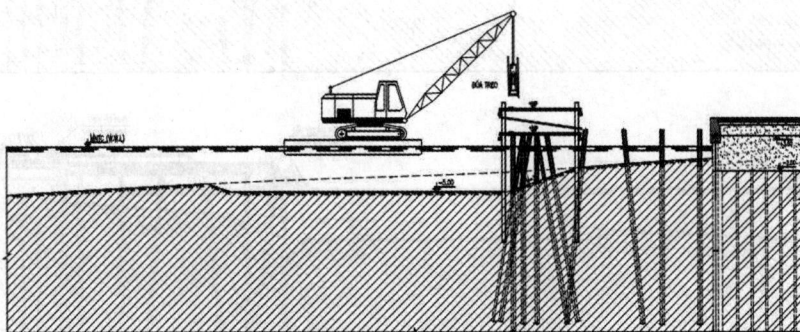

图 16.44　施工分步 3

④ 施工分步 4：打桩之后（见图 16.45），钩环将桩头与设计成形状 I 或螺栓 $\phi30$ 的钢梁系统连接起来。如果桩的顶部高于设计，则需要将桩头切割到设计高度。

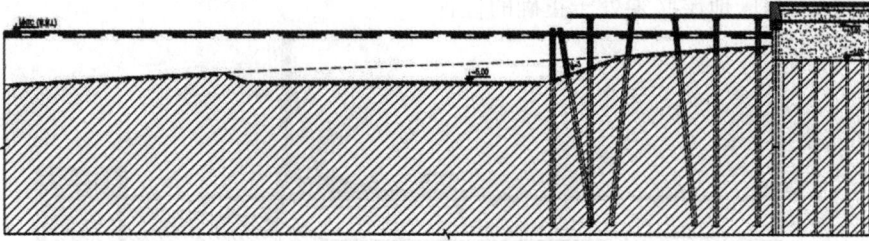

图 16.45　施工分步 4

⑤ 施工分步 5（见图 16.46）：架设模板，安装钢筋浇筑混凝土梁、纵梁、桥梁。通过混凝土浇筑系统在 300t 驳船上使用起重机和搅拌站或在岸上使用混凝土搅拌站和混凝土泵浇注混凝土。

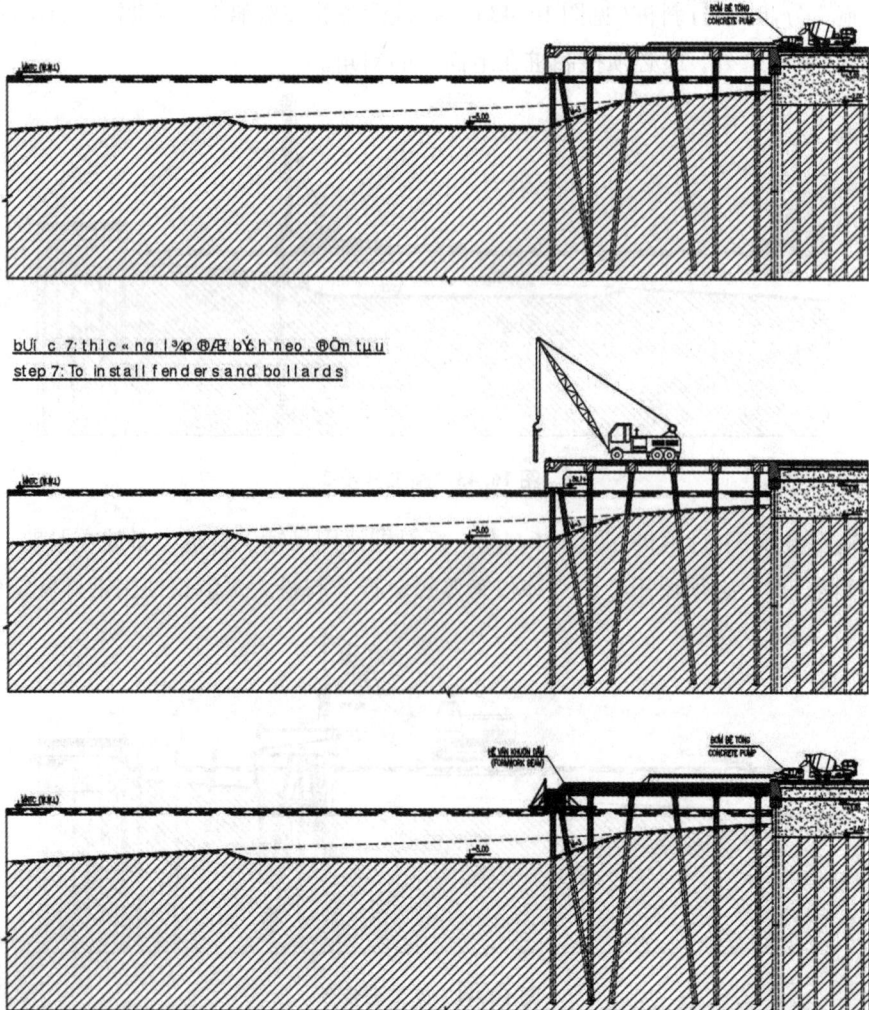

图 16.46　施工分布 5

⑥ 施工分步6(见图16.47)：构建覆盖桥面的沥青混凝土面层。完成交工使用。

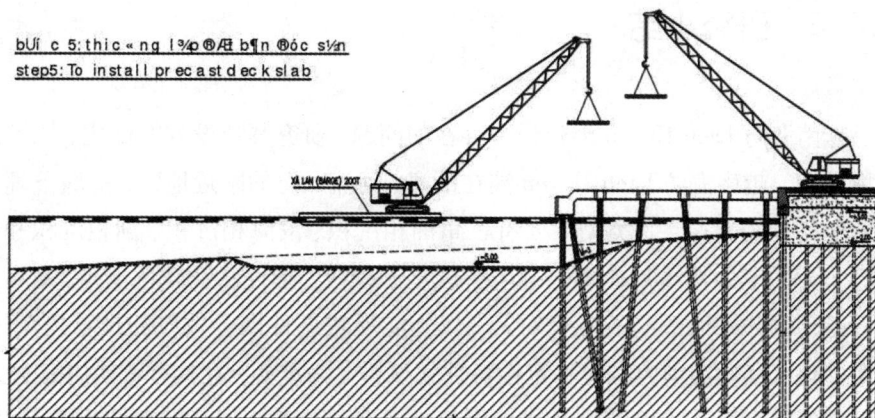

图16.47　施工分布6

综上所述，在高桩梁板码头结构分析与设计的基础上，开展了高桩梁板码头桩梁板结构设计、高桩梁板码头高桩结构设计，建立形成高桩梁板码头施工关键技术、高桩梁板装载机码头设计施工技术，实现越南海防 Lach Huyen 港建设方案优化，主要研究结果如下。

① 进行了高桩梁板码头结构设计，高桩梁板码头桩梁板结构设计包括桩布置、梁布局。

② 高桩梁板码头高桩结构设计：a. 预应力钢筋混凝土桩 D700-440，$L=29$m。钢筋混凝土桩，其优点是强度好、寿命长、经济性，因此被广泛应用于码头建设。缺点是容易破解，容易被海水侵入破坏，由于采用预应力钢筋混凝土桩，预应力钢筋混凝土桩是轴承之前受到应力，因此将裂化扭矩可提高 1.5~2 倍。因此，能够提高抗裂稳定性，采用预应力钢筋混凝土桩将充分利用材料的强度。b. 钢管桩 D1016-16，$L=30$m。钢管桩承载能力大、耐用，但价格昂贵。通常只在重要的工程中使用。

③ 高桩梁板码头施工关键技术：建立高桩梁板/桩板港岸码头施工技术主要流程，根据设计，使用桩的类型分为：斜桩、垂直桩、试桩。桩间距考虑设定为承受地震和波浪动力荷载，以及船舶冲击力等。

④ 桩体施工整体建筑布局：准备打桩施工，加固模板，对模筑钢筋进行混凝土浇筑成型；打桩施工；码头上部整体细部结构；码头上部桩顶量连接细部结构；码头下部打桩与连接细部结构；码头施工具体步骤。

⑤ 建立专项的高桩梁板装载机码头设计施工技术。

16.6 研究小结

针对越南海防 Lach Huyen 港建设中存在的问题，研究其建设方案优化，以及地震动力响应稳定性。越南海防 Lach Huyen 港在沿海、河流入海的附近地区，海底下埋藏有深厚的第四纪松软覆盖层，其类型主要有三角洲相沉积、滨海相沉积、湖相沉积和河流冲积沉积等。为了定量掌握 Lach Huyen 港中软土工程的变形性状和破坏规律，对可能产生的破坏进行预测并采取适当的工程对策，建立能反映这种耦合效应的计算模型，因此，建设方案优化及其地震动力响应稳定性特性就显得尤为重要，且具有重要研究意义。

通过查阅已有码头工程结构和岸坡海床软土处理方案、原理、支护方式以及效果，对软土性质进行查阅及相关实验及案例进行了深入研究，包括非饱和渗流特性理论分析方法，基本岩土本构关系模型，软土硬化模型 HS 参数及确定方法，软土/软弱夹层本构模型，有限元强度折减法，地震动力响应分析原理与方法。进行了 Lach Huyen 港高桩板/桩梁板码头施工设计方案研究、日本高桩板码头流固耦合动力响应分析、高桩梁板码头流固耦合动力响应分析，建立了 Lach Huyen 港高桩梁板码头施工技术。

（1）进行了国内外研究现状总结。基于国内外研究状况和存在的问题，展开了直立式码头的研究。直立式码头多建在水位变幅不大的港口，码头前沿面与水面垂直。直立式码头便于船舶系靠、装卸和车辆运转。研究分析了码头的主要结构形式（重力式、板桩式、高桩式和混合式四种）的特征。在此基础上，依托工程概况，建立了主要研究内容及技术路线。

（2）进行了相关文献综述与流固耦合动力响应方法研究。进行了软弱海基处理与动力响应理论文献综述，重点开展了大型码头泊位设计与施工文献综述。同时进行有限元流固耦合分析方法文献综述：非饱和渗流特性理论分析方法，岩土本构关系模型，软土硬化模型 HS 参数及确定方法，软土/软弱夹层的本构模型，有限元强度折减法，地震动力响应分析原理与方法。

（3）进行了 Lach Huyen 港高桩板/桩梁板码头施工设计方案研究。基于高桩板/桩梁板港岸码头基本构造要求，开展了日本码头方案与典型加固处理方案、日本码头优化方案、中国码头新型方案的探讨，研究了 Lach Huyen 港高桩梁板码头施工设计方案。

（4）进行了日本高桩板码头流固耦合动力响应分析。形成了有限元数值模拟动力分析方法，建立了高桩板港岸码头流固耦合与动力响应分析模型，开展悬式高桩板港岸码头流固耦合力学特征、嵌岩高桩板港岸码头流固耦合力学特征、牵引式高桩板港岸码头流固耦合力学特征、牵引式高桩板港岸码头动力响应力学特征、加固处理牵引式高桩板港岸码头动力响应力学特征研究，揭示了日本高桩板码头流固耦合动力响应特征。

（5）进行了高桩梁板码头流固耦合动力响应分析。建立了 2D 平面应变问题 3D 排桩单元的模拟原理,进行了高桩梁板+牵引悬式高桩板码头流固耦合动力响应分析(日本)、高桩梁板+牵引嵌岩高桩板码头流固耦合动力响应分析、高桩梁板+牵引悬式高桩板+反压护坡码头流固耦合动力响应分析、高桩墩桥梁+牵引悬式高桩板码头流固耦合动力响应分析,开展了高桩梁板码头流固耦合地震动力响应对比分析。

(6)形成了 Lach Huyen 港高桩梁板码头施工技术。在高桩梁板码头结构分析与设计的基础上,进一步开展了高桩梁板码头桩梁板结构设计、高桩梁板码头高桩结构设计,建立形成了高桩梁板码头施工关键技术、高桩梁板装载机码头设计施工技术,渴望实现越南海防 Lach Huyen 港建设方案优化及其地震动力响应稳定性研究应用借鉴。

研究集中围绕实现越南海防 Lach Huyen 港建设方案优化及其地震动力响应稳定性研究展开,基本实现了理论与工程实践的结合,但是研究难免存在很多纰漏和不尽人意的地方,希望今后研究完善,展望如下。

① 需要进一步完善越南海防 Lach Huyen 港的实体建模设计,通过有限元数值模拟分析指导施工过程,实时监控反馈设计,进行设计优化。

② 将 2D 平面应变问题 3D 排桩单元的模拟原理假设分析,拓展为高桩梁板码头流固耦合地震动力响应实体建模的有限元数值模拟分析。

参考文献

[1]　徐利锋.苏丹港(PORT SUDAN)简介[J].航海技术,2015(2):1-4.

[2]　任辉启,黄魁,朱大明,等.南沙群岛珊瑚礁工程地质研究综述[J].防护工程,2015(1):63-78.

[3]　赵焕庭,王丽荣.南海诸岛珊瑚礁人工岛建造研究[J].热带地理,2017,37(5):681-693.

[4]　翁同和.港口工程施工中重力式墩码头的应用[J].珠江水运,2019(5):71-72.

[5]　徐筠,杜谢贵,邓春林.珊瑚礁地质条件下重力式码头地基承载力计算[J].中国水运(下半月),2016,16(08):272-273+277

[6]　王新志.南沙群岛珊瑚礁工程地质特性及大型工程建设可行性研究[D].武汉:中国科学院研究生院(武汉岩土力学研究所),2008.

[7]　安振振,李广雪,马妍妍,等.珊瑚礁地质稳定性研究现状[J].海洋科学,2018,42(3):113-120.

[8]　袁征,余克服,王英辉,等.珊瑚礁岩土的工程地质特性研究进展[J].热带地理,2016,36(1):87-93.

[9]　廖宝林,刘丽,刘楚吾.徐闻珊瑚礁的研究现状与前景展望[J].广东海洋大学学报,2011,31(4):91-96.

[10]　袁征,余克服,王英辉,等.珊瑚礁岩土的工程地质特性研究进展[J].热带地理,2016,36(1):87-93.

[11]　徐炼."一带一路"助力苏丹港建设[J].交通建设与管理,2017(11):14-17.

[12]　徐炼.二十载:中国港湾不遗余力建设苏丹港[J].交通建设与管理,2017(5):14-17.

[13]　汪稔,吴文娟.珊瑚礁岩土工程地质的探索与研究:从事珊瑚礁研究30年[J].工程地质学报,2019,27(1):202-207.

[14]　王继成,叶剑.浅谈苏丹珊瑚礁地质条件下的海港规划与设计[J].中国水运,2012,12(6):18-20.

[15]　陈哲淮.小港池海港波浪条件与平面布置的研究[D].天津:天津大学,2012.

[16]　苏丹港项目[J].国际经济合作,2003(11):62.

［17］ Anonymous.South Sudan River Ports［J］.Civil Engineering, 2016, 24(10)：73-74.

［18］ 韩石，贡金鑫，张艳青.地震作用下重力式码头地基液化及变形［J］.水利水运工程学报，2013(4)：45-54.

［19］ 杜政.大型沉箱码头地基液化变形分析及加固措施研究［D］.长沙：长沙理工大学，2013.

［20］ 梁文成.苏丹珊瑚礁灰岩地区地质勘察总结［J］.水运工程，2009(7)：151-153.

［21］ 罗新华.浅谈苏丹港区工程地质特征［J］.水运工程，2004(3)：49-50.

［22］ 朱连义，安国利，董席亮.世界自动化集装箱码头发展现状及启示［J］.集装箱化，2015, 26(1)：7-10.

［23］ 李玉民，朱善庆.沿海港口基建 2016 年回顾和 2017 年展望［J］.中国港口，2017(2)：9-12.

［24］ 季则舟，杨兴宴，尤再进，等.中国沿海港口建设状况及发展趋势［J］.中国科学院院刊，2016, 31(10)：1211-1217.

［25］ 国外港口建设近况［J］.水运工程，1977(11)：28-35.

［26］ 高诚.法国勒阿弗尔港昂蒂费尔油码头（下）［J］.水运工程，1980(9)：31-34.

［27］ 高诚.法国勒阿弗尔港昂蒂费尔油码头（上）［J］.水运工程，1980(8)：14-19.

［28］ 刘晓锋，黄平华.港口重力式码头的工程建设研究［J］.中国水运，2017(8)：51-52.

［29］ 刘学花，王鹏开.沉箱码头与方块码头的经济比较及结构优化建议［J］.工程建设，2018, 50(10)：68-73.

［30］ 孙骁帆，孙士勇.海港工程疏浚对波浪传播的影响［J］.水运工程，2018(6)：158-164.

［31］ 张素，王亥索.海港码头波浪影响作业天数统计方法探讨［J］.中国水运，2017, 17(08)：190-191.

［32］ 朱申华.某海港码头直立式沉箱结构过渡段波浪力物理模型试验研究［J］.内江科技，2017, 38(12)：68-69.

［33］ ZWAMBORN J A, GREVE G.Wave Attenuation and Concentration Associated with Harbor Approach Channels［C］//Int.Conf.of Coast Eng., 1974.

［34］ 林尚飞，严士常，郑金海.码头结构对波高分布的影响［J］.中国科技论文，2013, 8(5)：465-469.

［35］ 林尚飞，陈国平，严士常，等.航道尺度对波高分布的影响［J］.中国港湾建设，2013(5)：40-45.

［36］ 邓重健.港口工程抗震综述［J］.港工技术，1988(Z1)：1-7

［37］ VYTINIOTIS, A.PANA GIOTIDOU A.WHITTLE A J.Analysis of seismic damage mitigation for a pile-supported wharf structure［J］.Soil Dynamics and Earthquake Engineering, 2019, 119(4)：21-35.

［38］ YUKSEL Z T, YUKSEL Y, CETIN K O, et al. Seismic response of hunchbacked block type gravity quay walls［J］. Soil Dynamics and Earthquake Engineering, 2017, 101 (10): 225-233.

［39］ 王云球. 黏性土地震土压力的计算方法［J］. 水运工程, 1980(8): 7-13.

［40］ 董涛. 动水压力对深水桥墩地震反应影响的研究［D］. 北京: 北京科技大学, 2006.

［41］ DAKOULAS P, VAZOURAS P, KALLIOGLOU P, et al. Effective-stress seismic analysis of a gravity multi-block quay wall［J］. Soil Dynamics and Earthquake Engineering, 2018, 115(12): 378-393.

［42］ QI D, TING T G, ZHOU B W. Analysis on the security threat of caisson gravity wharf ［C］. Proceedings of the 2017 2nd International Conference on Materials Science, Machinery and Energy Engineering(MSMEE 2017), 2017.

［43］ 王桂萱, 陈雄, 宋力. 地震荷载沉箱码头大变形分析的离散元法初探［J］. 海洋工程, 2004(4): 131-136.

［44］ 王丽艳, 陈香香, 刘汉龙. 液化地基中沉箱码头墙体地震残余变形的有效动应力研究［J］. 岩土力学, 2011, 32(11): 3361-3367.

［45］ 刘海笑, 周锡礽. 沉箱式结构的三维抗震反应谱分析及其简化平面分析方法［J］. 中国港湾建设, 2000(3): 7-10.

［46］ WANG B, LI Y, XU J Q, et al. Simplified method of seismic performance analysis for pile-supported wharf structures［J］. Applied mechanics and materials, 2014, 444-445 (10): 3-11.

［47］ 吴健雄. 结构抗震弹塑性时程分析方法［J］. 工程建设与设计, 2019(11): 32-34.

［48］ 杨志勇, 黄吉锋, 邵弘. 弹性与弹塑性动力时程分析方法中若干问题探讨［J］. 建筑结构学报, 2009(s1): 213-217.

［49］ 石根华. 数值流形方法与非连续变形分析［M］. 北京: 清华大学出版社, 1997.

［50］ 李培超, 孔祥言, 卢德唐. 饱和多孔介质流固耦合渗流的数学模型［J］. 水动力学研究与进展, 2003, 18(4): 419-426.

［51］ 吴健. 饱和软土复杂非线性大变形固结特性及应用研究［D］. 杭州: 浙江大学, 2008.

［52］ 高骥, 雷光耀, 张锁春. 堤坝饱和-非饱和渗流的数值分析［J］. 岩土工程学报, 1988, 10(6): 28-37.

［53］ 吴梦喜, 高莲士. 饱和-非饱和土体非稳定渗流数值分析［J］. 水利学报, 1999 (12): 38-42.

［54］ 陈卫金, 程东会, 陶伟. Van Genuchten 模型参数的物理意义［J］. 水文地质工程地质, 2017, 44(6): 147-153

［55］ 白建方, 董士欣. 常用岩土本构模型的选择及对场地动力反应分析结果的影响

[J].震灾防御技术，2017，12(03)：635-645

[56] 袁野，唐小微.循环弹塑性本构模型在港口沉箱码头抗震理论中的应用[J].中国港湾建设，2011(3)：13-16.

[57] Jason E.Heath, Richard P.Jensen, Sam D.Weller, Jon Hardwick, Jesse D.Reberts, Lars Johanning. Applicability of geotechnical approaches and constitutive models for foundation analysis of marine renewable energy arrays[J].Renewable and Sustainable Energy Reviews, 2017,72(5)：191-204.

[58] 谢东武，管飞，丁文其.小应变硬化土模型参数的确定与敏感性分析[J].地震工程学报，2017，39(5)：898-906.

[59] 刘方成.土-结构动力相互作用非线性分析及基于SSI效应的结构隔震研究[D].长沙：湖南大学，2008.

[60] 许宝田，阎长虹，刘军熙，等.边坡岩体软弱夹层剪切变形本构模型研究[J].岩土力学，2010，31(S2)：65-69.

[61] 周立.考虑流变和固结的基坑工程性状研究[D].南昌：南昌航空大学，2014.

[62] 王超月.潮汐和海浪引起的海岸带含水层地下水动态研究[D].北京：中国地质大学，2016.

[63] 肖剑波，胡大斌，胡锦晖.基于浅水海浪数值模型的近岸海浪仿真[J].武汉理工大学学报(交通科学与工程版)，2014，38(3)：511-515.

[64] 孙宗勋，赵焕庭.南沙群岛珊瑚礁动力地貌特征[J].热带海洋，1996(2)：53-60.

[65] 王新志.南沙群岛珊瑚礁工程地质特性及大型工程建设可行性研究[D].武汉：中国科学院研究生院(武汉岩土力学研究所)，2008.

[66] 港口规划[J].港口科技，2009(8)：47

[67] 贾大山.推动津冀港口群形成 实现港口协同发展[J].中国远洋海运，2017(8)：54-55.

[68] 张颖.苏丹港17/18号泊位修复工程后轨道梁设计[J].华南港工，1999(3)：25-30.

[69] 檀会春，刘用.苏丹港地区珊瑚礁回填料的加固效果检测分析[J].长沙大学学报，2014，28(5)：34-37.

[70] 陆红，郑远斌，曾明聪.混凝土面板运架机在苏丹港码头工程中的应用[J].水运工程，2010(7)：82-85.

[71] 汪莹鹤，赵新益，曾长贤.地基承载力确定方法综述[J].铁道工程学报，2013，30(7)：16-21.

[72] 王芳，郭进京，郑忠成.吹填土地基处理方法的讨论[J].矿产勘查，2009，12(6)：15-17.

[73] 姚忠岭.曹妃甸工业区吹填砂土地基的处理研究[D].唐山：河北理工大学，2008.

[74] 孙英皓.重力式码头地基基础承载力特性研究[D].天津：天津大学，2018.

[75] 徐筠, 杜谢贵, 邓春林.珊瑚礁地质条件下重力式码头地基承载力计算[J].中国水运, 2016, 16(8): 272-273.

[76] 王聪.影响地基承载力的因素[J].居业, 2019(9): 5.

[77] 贺飞.重力式码头扶壁结构立板应力特征分析[J].中国水运, 2019, 19(4): 158-159.

[78] 吉增光.重力式墩码头在港口工程中的应用问题解析[J].中国水运, 2018, 18(2): 149-150.

[79] 刘思阳, 孟祥成.重力式方块码头施工工艺分析[J].中国水运, 2018, 18(11): 137-138.

[80] 贺飞.重力式码头扶壁结构立板应力特征分析[J].中国水运, 2019, 19(4): 158-159.

[81] 蔡峥.径流、潮汐明显的码头间距及港池口门水域宽度的研讨[J].水运工程, 1999(2): 11-15.

[82] 刘宏坤.潮汐河段码头对水流影响的数值模拟分析[J].吉林水利, 2013(3): 25-27.

[83] 孙振尧.重力式方块码头承载能力的探讨[J].海岸工程, 1984(2): 24-30.

[84] 邵铁政.重力式码头沉箱自动优化设计[D].天津: 天津大学, 2012.

[85] SU L, WAN H P, DONG Y, et al.Seismic fragility assessment of large-scale pile-supported wharf structures considering soil-pile interaction[J].Engineering Structures, 2019, 186(5): 270-281.

[86] 戴小罡.重力式码头前沿挡土墙设计及稳定性分析研究[D].武汉: 武汉科技大学, 2007.

[87] 王金聚.浅析重力式码头基槽开挖施工技术[J].福建建材, 2018(9): 87-88.

[88] 许文贵.重力式沉箱结构码头基床处理的施工技术[J].中国水运, 2018, 18(5): 145-146.

[89] 郭隆洽, 邬光远, 袁达, 等.深基槽重力式码头地基应力分布研究及基槽开挖优化[J].水道港口, 2018, 39(2): 173-180.

[90] 陈柏云.重力式码头基床抛石的施工与质量控制[J].福建建材, 2015(3): 80-82.

[91] SUNG R K, SOON K, MYOUNG M K.Evaluation of force components acting on gravity type quay walls during earthquakes[J].Soil dynamics and earthquake engineering, 2004, 24(11):853-866.

[92] 高玉峰, 刘汉龙, 朱伟.地震液化引起的地面大位移研究进展[J].岩土力学, 2000(3): 294-298.

[93] MADABHUSHI S P G, ZENG X.Seismic response of gravity quay walls.II: numerical modeling[J].Journal of geotechnical and geoenvironmental engineering, 1998, 124

（5）：406.

[94] DAKOULAS P，VAZOURAS P，KALLIOGLOU P，et al.Effective-stress seismic analysis of a gravity multi-block quay wall[J].Soil dynamics and earthquake engineering，2018，115（12）：378-393.

[95] ZHANG H，CAO G W，LI Y Q.Dynamic response analysis of RC structures under seismic excitation considering strain rate[J].Applied mechanics and materials，2017，873：254-258.

[96] ZHANG H，ZHANG Z H，LI Y Q.Nonlinear dynamic analysis of prefabricated concrete shear wall structure under seismic excitation[J].Applied mechanics and materials，2017，873：259-263.

[97] 周道传，董作超，王林.基于性能抗震设计中的等效线性模型研究[J].地震工程与工程振动，2013，33（3）：110-117.

[98] 杨璐，陈虹，岳永志，等.反应谱法与时程分析法抗震分析对比[J].沈阳工业大学学报，2016，38（3）：331-336.

[99] 何建涛，马怀发，张伯艳，等.黏弹性人工边界地震动输入方法及实现[J].水利学报，2010，41（8）：960-969.

[100] 谯雯.重力坝动力分析黏弹性人工边界及其地震动输入处理方法[J].长春工程学院学报（自然科学版），2019，20（1）：52-57.

[101] 徐至钧，赵锡宏.地基处理技术与工程实例[M].北京：科学出版社，2008.

[102] 张春笋，吴进良，李晓军，等.边坡荷载作用下的边坡稳定性[J].重庆交通大学学报（自然科学版），2009，28（3）：569-571.

[103] 丁静声，吴进良，张春笋.荷载处理方式对边坡稳定性影响的效果分析[J].路基工程，2009（6）：63-65.

[104] 上海港外高桥港区一期工程-码头结构加固改造工程检测评估报告[R].上海：上海港湾工程质量检测有限公司，2012.

[105] 上海港罗径港区二期工程（钢杂码头）-码头结构加固改造工程检测评估报告[R].上海：上海港湾工程质量检测有限公司，2012.

[106] 海口港秀英港区件杂货码头 12#-14#泊位检测与评估[R].上海：上海港湾工程质量检测有限公司，2012.

[107] 岸坡变化对高桩码头结构影响研究报告[R].上海：中交第三航务工程勘察设计院有限公司，2010.

[108] 港口码头结构安全性检测与评估指南[R].广州：中交四航工程研究院有限公司.

[109] 廖雄华，张克绪.天津港高桩码头桩基-岸坡土体相互作用的数值分析[J].水利学报，2002（4）：81-87.

[110] 田双珠，李越松，黄敬东.天津港二突堤转角区域码头结构与土体三维有限元分

析[J].水道港口，2007，28(4)：270-273.

[111] 张鲁渝，郑颖人，赵尚毅，等.有限元强度折减系数法计算土坡稳定安全系数的精度研究[J].水利学报，2003(1)：21-27.

[112] 田双珠，张勇，李越松.天津港高桩码头岸坡变形规律研究[J].水道港口，2006，27(3)：180-184.

[113] 张强，刘现鹏，刘娜.岸坡土体变形对天津港高桩码头的危害[J].水道港口，2005，26(4)：241-243.

[114] 湛江港一区码头第九次位移沉降观测报告[R].广州：广东省航运规划设计院，1981.

[115] LEUNG C F，CHOW Y K，SHEN R F.Behavior of pile subject to excavation-induced soil movement[J].Journal of geotechnical and geoenvironmental engineering，ASCE，2000，126(11)：947-954.

[116] FAN Y F，JING Z，XIN F.Prediction of load carrying capacity of corroded reinforced concretebeam[J].China ocean engineering，2004，18(1)：107-118.

[117] 潘毅，陈朝晖.钢筋混凝土基本构件腐蚀后性能的试验研究[J].四川建筑科学究，2004，30(3)：71-74.

[118] 邓冰，丁乃庆.天津港高桩码头锈蚀损面板残余承载力试验及估算方法的研究[J].港工技术，1998(1)：25-31.

[119] 李果.钢筋混凝土耐久性的环境行为与基本退化模型研究[D].徐州：中国矿业大学，2004.

[120] OTSUKI N，MIYAZATO S，DIOLA N T，et al.Influences of bending crack and water-cement ratio on chlorider induced corrosion of main reinforcing bars and stirrups[J].ACI materials journal，2000，97(4)：454-464.

[121] SEN R，SHAHAWY M，ROSAS J，et al.Durability of Aramid Pretension Elements in a Marine Enviroment[J].ACI Structural Journal，1998，95(5)：578-587.

[122] JEPPSSON J，THELANDERSSON S.Behavior of reinforced concrete beams with loss of bond atlongitudinal reinforcement[J].Journal of structural engineering，2003，129(10)：1376-1383.

[123] 李棕琦，曹大富.锈蚀钢筋混凝土梁斜截面性能模拟试验研究和分析[J].建筑技术开发，2006，33(5)：6-8.

[124] BOARD B，PONE S，CAIRNS J.Strength in shear of concrete beams with exposed reinforcement[J].1995，(3)：176-185.

[125] 土庆霖，周晶.受腐蚀钢筋混凝土构件受力性能研究性状[J].土木工程学报，2004，37(7)：23-28.

[126] AUYEUNG Y.Bond Properties of Corroded Reinforcement with and without Confine-

ment［C］//PhD Thesis.New Brunswick Rutgers：The State University of New Jersey，2001：22-23.

［127］ 袁迎曙，章鑫森，姬永生.人工气候与恒电流通电法加速锈蚀钢筋混凝土梁的结构性能比较研究［J］.土木工程学报，2006，39(3)：42-46.

［128］ 袁迎曙，贾福萍，蔡跃.锈蚀钢筋混凝土梁的结构性能退化模型［J］.土木工程学报，2001，34(3)：47-52.

［129］ TAKASHI Y, MICHIAKI O, YASUHJRO M.Systematic Laboratory Test on Structural Performance of Corroded Reinforced Concrete and Its Utilization in Practice［M］// ANDRADE C, MANCINI G.Modelling of Corroding Concrete Structures, 2010：113-124.

［130］ 王海超，贡金鑫，何世钦.腐蚀环境相同应力水平砼梁的静动力性能研究［J］.哈尔滨工业大学学报，2005，37(11)：1526-1528.

［131］ 宋小雷.锈蚀钢筋混凝土梁静力及疲劳性能试验研究［D］.泉州：华侨大学，2008.

［132］ 罗亭.锈蚀钢筋混凝土受弯构件的抗弯刚度计算及裂缝特征研究［D］.长沙：长沙理工大学，2008.

［133］ 孙彬.在役钢筋混凝土结构的性能退化与抗震性能评估［D］.西安：西安建筑科技大学，2006.

［134］ KUMIKO S, SUDHIR M, KENICHI M.Corrosion products of reinforcing bars embedded in concrete［J］.Corrosion Science, 1993, 35(5-8)：1543-1549.

［135］ MALUMBELA C, ALEXANDER M, MOYO P.Lateral deformation of RC beams under simultaneous load and steel corrosion［J］.Construction and building materials, 2010, 24(1)：17-24.

［136］ 宋嘉文.荷载和氯离子作用下钢筋混凝土梁性能退化规律研究［D］.杭州：浙江大学，2011.

［137］ VAL D V, CHERNIN L, STWEART M G.Experimental and numerical investigation of corrosion-induced cover cracking in reinforced concrete structures［J］.Journal of structural engineering, 2009, 135(4), 376-385.

［138］ GUZMÁN S, GÁLVEZ J C, SANCHO J M, Cover cracking of reinforced concrete due to rebar corrosion induced by chloride penetration［J］.Cement and concrete research, 2011, 41(8), 893-902.

［139］ WILLIAMSON S J, CLARK L A.Effect of corrosion and load on reinforcement bond strength［J］.Structural engineering international, 2002, 12(2), 117-122.

［140］ FANG C, LUNDGREN K, PLOS M, et al.Bond behaviour of corroded reinforcing steel bars in concrete［J］.Cement and concrete research, 2006, 36(10), 1931-1938.

［141］ CORONELLI D.Corrosion cracking and bond strength modeling for corroded bars in reinforced concrete[J].ACI structural journal, 2002, 99(3): 267-276.

[142]   BALDWIN M I, CLARK L A.The assessment of reinforcing bars with inadequate anchorage[J].Magazine of concrete research, 1995, 47(171): 95-102.

[143]   WANG X H, LIU X L.Modeling bond strength of corroded reinforcement without stirrups[J].Cement and concrete research, 2004, 34(8): 1331-1339.

[144]   WANG X H, LIU X L.Modelling effects of corrosion on cover-cracking and bond in reinforcedconcrete[J].Magazine of concrete research, 2004, 56(4): 191-199

[145]   刁进东.腐蚀预应力混凝土结构力学性能的试验研究[D].大连: 大连理工大学, 2009.

[146]   李冰.局部区段锈蚀的钢筋混凝土梁抗剪承载力试验研究[D].上海: 上海交通大学, 2011.

[147]   赵新.锈蚀钢筋混凝土梁工作性能的试验研究[D].长沙: 湖南大学, 2006.

[148]   WANG X H, LIU X L.Bond strength modeling for corroded reinforcement in Reinforced concrete[J].Structural engineering and mechanics, an international journal, 2004, 17(6): 863-878.

[149]   BHARGAVA K, GHOSH A K, MORI Y, et al.Corrosion-induced bond strength degradation in reinforced concrete-analytical and empirical models[J].Nuclear engineering and design, 2007, 237(11): 1140-1157.

[150]   BHARGAVA K, GHOSH A K, MORI Y, et al.Models for corrosion-induced bond strength degradation in reinforced concrete[J].ACI materials journal, 2007, 104(6): 594-603.

[151]   BHARGAVA K, GHOSH A K, MORI Y, et al.Suggested empirical models for corrosion-induced bond degradation in reinforced concrete[J].Journal of structural engineering, 2008, 134(2): 221-222.

[152]   GONZÁLEZ J A, ANDRADE C, ALONSO C, et al.Comparison of rates of general corrosion and maximum pitting penetration on concrete embedded steel reinforcement [J].Cement and concrete research, 1995, 25(2): 257-264.

[153]   ANDRADE C, ALONSO C.On-site measurements of corrosion rate of reinforcements [J].Construction and building materials, 2001, 15(2-3): 141-145.

[154]   VAL D V, STEWART M G, MELCHERS R E.Effect of reinforcement corrosion on reliability of highway bridges[J].Engineering structures, 1998, 20(11): 1010-1019.

[155]   DU Y G, CLARK L A, CHAN A H C.Effect of corrosion on ductility of reinforcing bars[J].Magazine of concrete research, 2005, 57(7): 407-419.

[156]   PANTAZOPOULOU S J, PAPOULIA K D.Modeling cover-cracking due to reinforcement corrosion in RC structures[J].Journal of engineering mechanics, 2001, 127

(4), 342-351.

[157] BAZANT Z P, OH B H.Crack-band theory for fracture of concrete[J].Materials and structure, 1983, 16(3): 155-177.

[158] PARK H G,CHOI K K, WIGHT J K.Strain-based shear strength model for slender beams without web reinforcement[J].ACI structural journal, 2006, 103(6): 783-793.

[159] PARK H G, CHOI K K, WIGHT J K, Unified shear strength model for reinforced concreteBeams—Part I: development[J].ACI structural journal, 2007, 104(2): 141-152.

[160] WANG X H, LIU X L.Simplified methodology for the evaluation of the residual strength of corroded reinforced concrete beams[J].ASCE, Journal of performance for constructed facilities, 2010, 24(2): 108-119.

[161] PANNELL F N.The ultimate moment of resistance of unbonded prestressed concrete beam[J].Magazine of concrete research, 1969, 21(66): 43-54.

[162] AU F T K, DU J S.Prediction of ultimate stress in unbonded prestressed tendons[J]. Magazine of concrete research, 2004, 56(1): 1-11.

[163] WANG X H, LIU X L.Predicting the flexural capacity of RC beam with partially un-bonded steel reinforcement[J].Computer and concrete, 2009, 6(3): 235-252.

[164] GUSTAFSSON P J, HILLERBORG A.Sensitivity in shear strength of longitudinally re-inforced concrete beams to fracture energy of concrete [J].ACI structural journal, 1988, 85(3): 286-294.